KB186717

재난과 평화

폐허를 딛고 평화를 묻다

* 이 저서는 2010년 정부(교육과학기술부)의 재원으로
  한국연구재단의 지원을 받아 수행된 연구임(NRF-2010-361-A00017).

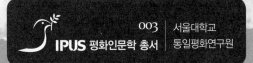

003 IPUS 평화인문학 총서 | 서울대학교 통일평화연구원

재난과 평화

페허를 딛고 평화를 묻다

김성철 편

아카넷

🎺 간행사

평화인문학 기획 총서 3권을 내면서

  서울대학교 통일평화연구원(IPUS)은 한국연구재단 인문학한국(HK) 사업의 일환으로 2010년 12월부터 시작한 한반도발 평화인문학 장기 연구 사업의 세 번째 기획 총서로 『재난과 평화: 폐허를 딛고 평화를 묻다』를 내놓게 되었다. 위험을 증폭시키는 현대 문명의 속성이 얼마나 많은 재난을 가져오며, 그것이 또 우리 삶의 평화를 얼마나 위태롭게 하는가를 실감하는 시대에 적실하고도 요긴한 문제의식을 담았다고 자부한다. 이 기획을 주도하고 책임진 김성철 교수를 비롯하여 함께 참여하고 고민을 나눈 국내외의 연구자들에게 고마움을 표하며 이런 야심찬 기획을 시도하도록 지원해 준 한국연구재단, 서울대학교, 출판을 기꺼이 감당해 준 아카넷에 감사의 뜻을 전한다.

  평화인문학은 21세기 인류에 필요한 평화의 총체성을 구현하기 위한 종합적인 지식 체계이다. 당연히 사회과학과 인문학, 자연과학과 예술까지 포함하는 것이고, 우리의 삶의 자세를 성찰하는 실천적인 영역에까지 관심을 갖는다. 분단된 한반도에서의 평화와 통일은 물론이고 유혈로 얼룩진 다른 분쟁 지역에서의 평화 구축은 우리 미래의 삶을 위해 절실한 기획이 아닐 수 없다. 평화는 전쟁의 부재만으로 이루어지는 것은 아니며, 폭력을 관리하는 것만으로 자연스레 확보할 수 있는 것도 아니다. 근대 문명과 뗄 수 없는 비평화의 조건들을 대체할 새로운 삶의 양식을 찾아 나서는 일은 그래서 중요하며, 지속적으로 추구해야 한다는 점에서 이는 현재 진행형의 문명 기획이다.

이 기획 총서 『재난과 평화: 폐허를 딛고 평화를 묻다』는 자연과 문명 사이에 존재했던 긴장이 한순간에 폭발적으로 재앙으로 발전하는 과정 또는 그 이후에 나타나는 여러 형태의 비평화 상황들을 종합적으로 사례를 통해 분석하고 있다. 자연 재해는 자연의 법칙에 등을 돌린 인류의 수많은 생명을 앗아 가거나 평화로운 인간관계를 송두리째 짓밟는다. 뿐만 아니라 전 세계를 실시간으로 묶어 주는 정보 네트워크나 인간의 편의를 보장해 주는 각종 인프라는 너무나 치밀하게 얽혀져 있어 인간의 오차와 실수만으로 거대한 재앙을 초래하기도 한다. 자연 재해이든 기술 재해이든 그것이 재해로 멈추지 않고 재난으로 변하고 복합 재난으로 발전하는 데는 인간이라는 요소가 크게 작용한다. 잘못된 관행과 사유의 부재는 재난을 키우고, 재난 대응 과정에서 차별과 배제의 정치는 평화로운 삶의 공동체를 무너뜨린다. 이 책은 재난의 원인과 결과를 분석하기보다는, 재난을 둘러싼 사유의 부재, 불평등, 왜곡된 기억 등을 두루 조망하면서 평화를 갈망하는 하나의 문명 기획의 과제로 삼고자 하였다.

이 책을 기획하고 함께 연구해 가는 과정에 세월호 사건을 겪었다. 참담한 사고 앞에 우리 모두 침통해 했고, 이런 복합 재난을 야기한 구조와 문화를 성찰하고 대안적 지혜를 모색할 필요성을 절감했다. 재난은 우리의 생활 안에 잠복해 있으며, 발생을 억제할 수많은 장치들을 무시할 때 흉악한 모습을 드러낸다. 평화의 심성과 아비투스를 키워 가는 것은 무척 어려운 일이지만 그만큼 절실한 작업이다. 진정한 재난의 방지와 극복은 타자(그것이 자연이든, 자연의 법칙이든 혹은 타인이든)의 소리에 세심히 귀를 기울이려는 노력과 성찰이 있을 때 가능할 것이다. 『성경』의 표현을 빌리면 평화는 '바라는 것의 실상이고 보지 못하는 것의 증거'일 터, 종합적인 예지와 융합적인 상상력으로 평화를 꿈꾸는 노력 자체가 곧 평화를 구성해 내는 힘이 될 것으로 기대한다.

서울대학교 통일평화연구원장 박명규

차례

재난의 사이클

김성철

우리나라도 재난이 적잖은 나라이다. 홍수, 태풍, 가뭄으로 인한 자연
재해는 생활이 어려웠던 시절에 삶을 더욱 고단하게 만들었다. 산업화와
경제 발전, 그리고 민주화 과정 속에서도 재난은 끊이지 않았다. 압축 성
장을 하며 달려온 결과, 재난의 성격에서도 자연적 요소에 인적·사회적 요
소가 덧붙게 되었다. 민주화는 인권뿐만 아니라 제도적 신장을 일으키므
로 재난 대비도 강화되어 인간의 생명과 재산이 헛되이 사라져서는 안 되
었다. 그러나 실제는 그렇지 않았다. 삼풍백화점 붕괴, 성수대교 붕괴, 서
해 페리호 침몰 사고, 대구 지하철 화재 사고, 허베이 스피리트호 오염 사
고 등 인적·사회적 재난이 줄을 이어 발생했고, 세월호 참사로 안전 관리
체계의 허점뿐만 아니라 우리 사회의 모순이 총체적으로 드러났다.

일반적인 재난 연구와 달리, 이 책은 재난을 '평화인문학'의 맥락에서 다

른다.[1] 좀 더 구체적으로는 재난이 왜, 그리고 어떻게 평화의 반대편에 서게 되는가를 탐구함으로써 재난의 폐허 위에 평화를 회복할 수 있는 방안을 모색하는 데 궁극적인 목적이 있다. 이 책은 재난의 기원과 과정에 관한 인문학적 및 사회과학적 개념을 논의하는 두 개의 장을 비롯하여, 다양한 관점과 사례를 다루는 일곱 개의 장으로 구성되어 있다. 고도화된 과학 기술 문명 사회는 그런 사회대로, 그리고 체제의 속성 때문에 취약한 거버넌스를 지닌 사회는 그런 사회대로, 재난의 과정을 제때 제어할 능력을 발휘하지 못하는 경우가 많다. 재난을 후진국형 현상으로만 보는 것은 잘못이다.

재난의 과정은 일종의 사이클이다. 세월호를 포함한 모든 재난은 일정한 과정을 거치게 마련인데, 마치 생명이나 자연 현상이 일정한 주기를 갖고 있는 것과 같다. 재난은 그것이 비롯되고 예견되다가 나중에는 기어이 발생하여, 물적 및 정신적 피해와 인간의 존엄성에 상처를 남기며, 더욱이 줄곧 고통스럽게 또는 사실과 달리 기억되는 과정을 거친다. 재난은 이런 층들이 하나씩 뚫리면서 복합성을 더해 간다. 재난은 이 층들을 통과하는 동안 여러 차례 피할 수 있는 기회가 있다. 한 층에서라도 문제를 발견하고 잘 대처하면 재난을 막을 수도 있다.[2] 재난이 발생한 후라도 이를 신속, 공평하게 통제할 수 있다면 복합 재난이 아닌 단순 재난으로 끝날 것이다. 하지만 여러 가지 이유로 인간은 그 기회를 놓치고 만다.

이 서문은 재난이 비롯되고 발생하고 전개되며 재난이 기억되기까지의

---

1 평화인문학의 문제의식에 대해서는 서울대 평화인문학연구단 편, 『평화인문학이란 무엇인가』(아카넷, 2013), 특히 박명규의 서장 「지금 왜 평화인문학인가」 참조.
2 이재열은 이를 스위스 치즈 모델이라고 부른다. 「리스크 관리와 커뮤니케이션」, 《원자력문화》 제230호, 2014, 5쪽 참조.

모든 과정을 추적한다. 재난의 사이클을 이해함으로써 우리는 재난에서부터 평화로울 방도를 찾을 수 있기를 기대한다. 이 글은 각 장의 내용을 참고하여 재난의 사이클을 재구성한다.

기원

한국의 '재난 및 안전관리 기본법'에 따르면, 재난은 국민의 생명, 신체, 재산과 국가에 피해를 주는 것이며 크게 자연 재난과 사회 재난으로 나뉜다. 자연 재난은 태풍, 홍수, 지진, 풍랑, 해일, 가뭄, 조수 등 다양한 자연 현상으로 발생하는 재난을 말한다. 그리고 사회 재난은 화재, 붕괴, 교통사고, 환경 오염 사고뿐만 아니라 감염병 및 가축 전염병의 확산까지를 포함하는 넓은 의미의 인적·사회 구조적 재난을 말한다. 기본법에 기초한다면, 자연 재난이 아닌 모든 것은 사회 재난에 해당된다.

이상과 같은 법이나 사회적 통념에 따른 재난의 정의와 구분은 인간과 자연을 대비시키고 피해 중심으로 보는 것이다. 하지만 어원상 재난은 인간과 자연을 함께 생각하는 개념이다.

한자의 뜻으로 볼 때 재난은 자연의 재앙[災]으로 인해 어려움[難]이 발생하는 상황이라고 할 수 있다. 영어 disaster는 그리스어 dis(잘못된)와 astro(별, 천체)에 기원을 두는 말로서, 잘못된 천체, 즉 자연의 부조화를 뜻한다. 자연의 부조화는 왜 발생하는가(이찬수, 이문영). 자연의 어떤 잘못된 상황 또는 부조화 상황에는 어떤 주체의 존재가 암시되어 있다. 그 주체를 종교적인 언어로 신이라 하기도 하고 인간 안에서 찾기도 한다. 특히 인간 안에 기원을 두는 재난은, 인간이 자연을 타자화 또는 탈자연화함으로써 자연을 더욱더 자연적이지 않은 상황으로 변화시키는 데서 비롯된다.

자연으로 인한 다양한 현상, 즉 가뭄, 홍수, 해일, 지진 등에 의한 피해는 '재해'이지만 그 자체가 재난은 아니다. 이 같은 피해가 재난이 되는 상황은, 이미 인간이 그 피해를 더욱더 불가피하게 만들거나, 인간의 대응방식으로 차별적 피해가 심각해지거나, 인간의 잘못으로 다른 재앙을 초래하는 경우이다. 즉 자연 재해가 인간에 의해 복합성을 띤 재난, 즉 복합재난이 된다(김성철). 따라서 흔히 말하는 자연 재난에도 인적 요소를 포함하지 않은 것이 없다고 해야 할 것이다.

자연 현상에 인적 요소가 개입되면서 재난이 된다. 재난은 인간이 자연을 타자화하는 데서 비롯된다는 말이다. 인간에 의한 자연의 타자화는 무엇인가? 근본적으로 그것은 과학 기술을 동반한 인간의 문명이다. 문명은 인간으로 하여금 자연을 극복하거나 정복하려는 많은 도구와 수단을 만들어 내도록 했다. 문명은 특히 자연의 법칙에 대해 인간의 지능과 합리성을 기반으로 하여 계산 방식을 만들고 공유하게 했다. 중요한 문제는 계산 방식 자체보다는 그것이 정치에 의해 왜곡되고 편의에 맞게 해석되어 이용된다는 점이다. 계산 방식에 정치가 개입하는 대표적인 예로서 핵을 들 수 있다. 유럽의 물리학자들이 발견한 핵분열 원리가 제2차 세계 대전 중 미국의 핵무기 제조에 활용되었고 태평양 전쟁에서 사용되었다. 그 원리는 에너지로 이용되기 이전 10여 년 동안이나 미국과 소련 간의 핵무기 경쟁을 위해서만 사용되었다. 이른바 원자력의 평화적 이용도 냉전 시대의 산물이다. 미국과 소련은 각각의 동맹국들에 자신의 기술을 제한적으로 이전해 주었다. 핵무기가 이전의 무기와는 다른 차원에서 인류의 생존을 위협하는 것처럼, 원전으로 인한 사고 또한 끝을 가늠할 수 없는 재앙을 초래하는 중이다. 세계적으로 이미 대형 원전 사고는 세 차례나 발생했다.

이중 인명 피해가 없었던 스리마일 아일랜드 사고를 제외하더라도 1986년 체르노빌 사고와 2011년 후쿠시마 사고는 그 피해를 측정하기조차 힘들며 현재까지 진행형이다. 후쿠시마 사고 후 방사능 수치는 히로시마 원폭 이후보다 훨씬 웃도는 수치를 보인다(시미즈 나나코). 방사능이 새로운 세포가 형성되는 태아와 아동에게 더 치명적이라는 사실은 알려져 있지만, 피폭 기준치와 인체에 미치는 영향에 관해서는 다양한 해석이 제기된다. 이 해석에도 정치가 작용한다. 일본 정부는 후쿠시마 이전 연간 1밀리시버트 이하의 방사능 노출을 피해 기준으로 삼았지만, 사고 이후 5밀리시버트로 기준치를 올렸다.[3] 정치가들은 무엇보다도 피난으로 인한 사회 정치적 혼란을 더 우려했을 것이다.

인간이 자연법칙을 터득하고 계산 방식을 만들었어도 이를 무시한 데서 재난이 기원하기도 한다. 세월호 사고에서 보듯이 배의 복원력의 원리와 평형수의 운용에 관한 규정이 있었으나 선박 회사와 선원들은 이를 무시했다.

결국 재난은 일견 외부에서 온 것으로 보이지만 인간에 의해 확대되고 복합화한다. 과학 기술 문명으로 첨단화된 사회는 재난에 훨씬 더 취약해졌다. 선진국과 후진국 사이에서는 재난의 성격만 다를 뿐, 둘 다 재난에 노출되어 있기는 마찬가지이다.

---

3 이에 대해 유엔 인권이사회의 특별보고관 아난드 그로버(Anand Grover)의 2013년 보고서는 이 같은 기준 상승이 건강권을 해친다고 보고, 일본 정부에 연간 기준량을 1밀리시버트로 다시 낮추라고 요구했다.

예견

　인간은 예견력과 예측력을 가지고 있다. "어쩌면 무슨 일이 일어나고 말 거야"라는 직감부터 시작해서, 경험과 추리에 바탕을 둔 직관, 그리고 과학 기술 능력에 기초한 예측에 이르기까지 인간은 다양한 형태의 예견 능력을 소유하고 있다.

　예를 들어 지진이 발생하기 전 자연에서 나타나는 여러 현상에 대한 경험 및 이를 분석한 자료를 바탕으로 지진을 감지할 수 있다. 1976년 중국의 탕산 대지진이 발생하기 전 베이징과 지방의 지진국 관리들은 지진을 예측하는 보고서를 제출하였다. 그러나 이는 정치적 이유에서 다 무시되고 말았다. 이와는 달리 탕산에서부터 115킬로미터 떨어진 칭룽시는 지진 발생 때 수십만 채의 가옥 피해를 보았지만 자체적으로 대비하여 사망자가 없는 '칭룽의 기적'을 만들었다(백지운). 그 당시의 과학 기술 수준으로 보아 오늘날과 같은 계측 능력이 있었을 리는 만무하지만 말이다.

　만일 베이징의 공산당 지도부가 지진 예측 보고서를 받아들여 대비했다면 피해를 줄일 수 있었겠지만, 반대로 대비했는데도 예측이 맞지 않았다면 공산당은 신뢰를 잃었을지 모른다. 따라서 공산당 지도부의 선택은 그 같은 사실과 기록을 영원히 묻어 두는 것이었다. 그리스 신화에서 아폴론은 카산드라 공주와 사랑에 빠져 그에게 예지력을 주었으나 그녀가 거부하자 설득력을 잃는 저주를 내렸다. 베이징과 탕산의 지진국 전문가들은 카산드라였으나, 설득력을 가진 아폴론과 같은 베이징의 공산당 지도자들은 지진국 전문가들의 예측을 빌려다 쓰면 정치적으로 도박을 하게 되자 예측을 무시하는 선택을 했다. 그들은 정치적 실패를 감수하지 않기 위해 아예 그런 예측이 없었던 것처럼 만든 것이다.

과거의 경험에 비추어 본 예견도 있을 수 있다. 세월호 이전에도 한국은 성장에만 몰입한 채 안전을 소홀히 했다. 삼풍백화점 및 성수대교 붕괴, 서해 페리호 침몰, 대구 지하철 화재 등 많은 사고들은 세월호와 같은 참사를 암암리에 예견했다고 해도 과언이 아니다.

인간의 예견력이나 예측력에 한계도 있다. 인간은 개별적인 과정에서 위험을 종합적으로 인지하고 파악하는 데 한계를 지니고 있다. 사실 찰스 페로가 정상 사고를 말하면서 사고는 필연적이라고 결론지은 이유는, 위험은 잘 파악되지 않으며 재난의 가능성은 언제나 존재하기 때문이다. 실제로 인간은 복잡한 첨단 기술에서 사고가 발생할 가능성을 미리 발견하지 못한다. 더 중요한 것은 인간이 매우 낮은 확률을 무시한다는 점이다. 인간은 단순한 재해로 끝날 수 있는 사고들을 정상적·필연적인 재난으로 만드는 셈이다. 이런 맥락에서 보자면, 페로가 말하는 '정상'은 인류 문명이 아니라면, 즉 자연 상태라면 정상이 아니라는 역설적 의미를 지닐 것이다.

콘텍스트

사고나 재해가 재난으로 발전하는 콘텍스트가 있다. 재난에 이르는 콘텍스트로 먼저 관행을 지적하지 않을 수 없다. 흔히 관행은 일상이며 문화라는 이름으로 정당화되기도 한다. 그러나 관행의 주체는 과정의 정당성과 결과에 대한 책임에 대해 생각하지 않는다. 도덕적인 판단이 없는 관행은 오랜 기간 동안 사회 성원들이 인정하는 관습과는 다르다. 관행은 지켜야 할 제도와 규칙이 있음에도 불구하고 지나치는 일을 되풀이한다. 관행으로 인해 그 제도와 규칙은 유명무실해지며, 이를 지키는 것이 오히려 겸

연쩍고 부끄럽게 된다.

관행은 한나 아렌트가 말하는 "사고(思考)의 무능력"에서 출발한다. 아렌트가 말하는 사고의 무능력은 홀로코스트 집행자들이 상대의 미래에 대해 아무런 상상도 하지 못했음을 또는 않았음을 의미한다. 직접적 폭력이 아닌 재난에서도, 결과에 대한 상상력의 부재로 인해 다른 사람들에게 돌이킬 수 없는 상황을 초래할 수 있다. 사고의 무능력은 단순한 감수성 부족에서 비롯되기도 하고 비도덕적 타협의 결과로 나타나기도 한다. 관행은 이미 제도와 규칙을 무너뜨린 행위이므로 내부 고발자의 노력이 있다 해도 쉽게 시정되지 않는다. 오히려 관행을 사회 구조적으로 용인되거나 이를 보호하는 상위의 행위 주체가 존재한다.

세월호의 경우에도 선박의 안전 운항을 크게 위협하는 문제, 즉 배의 복원력을 해치는 증축, 개조에 대해 한국선급은 적합 판정을 내렸다. 심각한 복원력 문제를 안고 있던 세월호는 화물 과다 적재와 결박 부실로 이미 출항 때부터 재난 가능성을 안고 있었다. 이 같은 사실에도 불구하고 안전 점검을 생략한 채 인천항 출항을 허가한 해운조합은 재앙을 재촉하는 주체였다고 해도 과언이 아니다.

선박 소유주와 선장에게는 부당한 개조 지시와 과다 적재가 관행이었으며, 이들에게 승객의 생명과 직결되는 안전은 주요 관심 대상이 아니었다. 여기에는 사고의 무능력, 감수성의 결여, 그리고 무엇보다도 도덕적 공백이 있었다. 관행은 비도덕적이면서, 도덕을 의도적으로 무시하기도 한다. 관행의 주제들은 그것을 일상으로 여기며, 이들에게 책임이라는 정신 공간은 존재하지 않는다.

중요한 것은 관행의 일상화가 방치되거나 비호된다는 점이다. 우리는 흔히 통제를 통해 인간의 삶을 억압하는 독재를 비판하고 문제 삼는다. 그

러면서 통제를 벗기는 것이 급선무이며 통제에서 벗어나면 인간이 자유
롭고 평화로워질 것이라고 생각하는 경향이 있다. 그러나 통제에서 벗어
난 상황이 반드시 자유와 평화인 것만은 아니다. 통제의 해체가 방치를 낳
을 수 있으며, 방치는 인간이 자유롭지도 못한 비평화적 상황을 초래한다.
방치는 자유와 다르며 자율을 허용하는 제도나 규칙과도 다르다. 관행의
일상화를 방치하는 정치권력은 제도와 규칙에 저항하는 이들의 보호막이
된다. 설사 체제가 민주적이라 할지라도 정치권력이 관행을 방치하는 경우
자유와 평화를 보장할 수 없다. 이 점에서 체제의 종류와는 상관없이 관행
은 재난 발생의 콘텍스트이다.

대응과 복구

재난 대응 거버넌스의 효율성에 따라 피해의 규모와 성격이 달라진다.
지금까지의 여러 층을 통과하여 사고가 발생할 수밖에 없는 상황이라 할
지라도, 재난 대응 거버넌스가 잘 구축되어 있으면 재난은 그 자체로서 수
습되고 피해는 복구될 것이다. 통치와는 달리 거버넌스는 위계적·관료적
통제에 의존하는 대신 권한의 분산과 이양을 강조한다. 거버넌스의 주체
는 중앙 정부, 지방 정부, 시민 사회, 그리고 국제 사회(국제기구, 주변 국
가, 국제 비정부 기구 등)이다. 거버넌스의 연결망은 유연성, 적응성에 초점
을 맞추지만 결코 책임의 분산이나 책임의 회피를 의도하지는 않는다. 오
히려 거버넌스의 성공은 현장에 관여하는 주체에 책임을 주고 연결망을 통
해 다양한 자원을 동원하고 활용하는 권한을 부여할 때 가능하다. 재난 거
버넌스는 재난 발생 지역의 재난 행정 책임자의 주관 아래 대응해야 한다.

거버넌스에서 비정부 기구는 유용성과 한계를 동시에 지니고 있다. 1999년 대만의 921지진에서 불교 지원 단체인 츠지가 보여 준 구조 활동이나, 2005년 미국 남동부를 강타한 카트리나 직후 종교 단체들의 구조 활동은 신속성, 기동성이 대처 요령이라는 측면에서 재난 거버넌스의 필수 요소이다(정유선). 또한 재난 대응에 시민 사회가 참여한다는 중요한 의미를 지니고 있다. 유의할 것은 비정부 기구와 시민 사회를 국가와 대척점으로 놓고 해석할 수 없다는 점이다. 시민 사회가 국가를 대신할 수 없고, 양자는 상호 구성적이며 특히 재난과 같은 상황에서 상호 보완적이다. 국제 비정부 기구가 대표성이 아직 취약한 나라의 재난에 인도적 지원을 제공하는 경우, 중앙이나 지방 정부의 제도를 건너뛰면 그 제도들이 더욱더 약화되고 만다. 새로운 국가를 건설 중인 나라들이 여기에 해당될 것이다.

재난 거버넌스에서는 제때(이른바 골든타임)에 대처하는 것이 결정적이다. 재난의 기로에서 거버넌스가 제때에 성공적으로 작동한 사례로는 2009년 1월 US에어웨이스 149편이 불시착할 때 소방 당국이 체계적으로 대응했던 일을 들 수 있다. 새 떼와 충돌하여 엔진 고장을 일으킨 항공기가 뉴욕 허드슨 강에 미끄러지면서 비상 착륙하게 되었다. 사고 후 일단 인근의 출퇴근용 여객선과 유람선 등이 접근해 구조 활동에 참여했지만, 보다 체계적인 구조는 해당 지역의 소방 당국이 주체가 되어 이루어졌다. 소방대원과 경찰은 현장에 있던 민간 선박 여섯 대를 지휘 통제하면서 구조에 참여시키는 동시에 해안구조대에 경비선 지원을 요청했으며, 인근 여객선 터미널에 임시 지휘 본부를 설치하고 구조 후속 조치에 대비하였다. 항공기라는 교통수단의 사고였지만 구조의 책임 주체는 연방정부의 교통성이 아니라 현장 인근의 소방 당국이었으며, 소방 및 경찰, 해안경비대 등 공공 기관의 인적·물적 자원을 동원하는 권한을 행사했다. 더욱이 소방 당국은 구조 업무와 관계없는 민간 선박을 활용하고 승무원들과 승객들의 지원을 유도, 지휘하였다. 이로써 승객과 승무원 155명은 단 한 명의 피해도 없이 모두 구조되었고, 준비된 구급차에 실려 병원으로 호송되었다. 이 같은 현장 중심의 재난 거버넌스는 2001년 9·11 테러의 경험을 바탕으로 체계화되었다고 하는바, 불과 30분 정도의 결정적 시간 동안 그 효용이 극대화되었다.

세월호의 경우는 달랐다. 해경은 구조의 주체로서 체계적인 인명 구조를 수행하지 못했다. 책임도 권한도 보여 주지 못했으며 가용 자원에 대한 지휘 통제 능력이 없었다. 그러나 실패의 이면에는 제때에 대응할 거버넌스가 사실상 존재하지 않았음을 알 수 있다. 거버넌스는 재난 관련 법이나 기구만으로 완성되는 것이 아니다. 우리나라에도 '재난 및 안전관리 기본법'이 있으며, 재난 발생시 행정안전부에 범부처가 참여하는 중앙재난안전대책본부가 구성되어 운영된다. 법과 중앙 기구보다는 현장의 관련 기구가 책임과 권한을 지니고 모든 가용 자원을 지휘, 통제할 수 있어야 한다. 또 법과 기구가 실제 효율적으로 작동하기 위해서는 현장 대응 훈련과 연습도 충분히 이루어져야 한다.

세월호 사고 이후 제때에 대응하지 못한 책임과 권한의 문제, 이른바 컨트롤 타워의 부재에 대한 비판이 있었다. 이에 대해 정부는 재난안전처라는 기구를 새로 설립해 소방 방재, 교통안전 등의 컨트롤 타워 지위를 부여하고 있다. 그러나 중앙 정부의 총괄적 재난 대응 기구의 설치보다 더 중요한 것은 현장 대응을 위한 거버넌스 구축이다. 다시 말해 중앙 집중식의 위계적 지휘 통제의 제도화보다 중요한 것은 현장 대응에 대한 책임과 권한 부여, 가용 인적 및 물적 자원 능력의 제고를 위한 제도 및 규범의 확립이다.

대응, 복구와 관련하여 또 하나 중요한 것은 정치가 작용한다는 점이다. 이른바 '재난의 정치학'으로 인해 하나의 재난이 단순 재난으로 끝나지 않고 복합 재난으로 발전한다. 정치 체제가 중요한 변수가 되기도 하는데, 집권자가 국가 주권자로서 구조적 폭력을 행사하는 경우 더욱 두드러진다. 이는 마치 국가 폭력과 같은 직접적 폭력의 양상이 체제와 밀접하게 연관되어 있는 것과 같다. 재난에서도 자국민을 스스로 보호할 의지와 능력이 없는 체제, 이른바 보호 책임을 지지 않는 체제는 재난 상황에서도 무책임할 뿐만 아니라 주권 행사를 통해 국제적 인도주의 지원을 봉쇄하거나 제한한다. 이런 배경 속에서 북한의 경우도 1990년대 중반의 자연 재해가 기아라는 재난으로 발전했다. 북한은 식량난과 이에 따른 기아에도 불구하고 당국이 외부의 지원을 통제하려 했고 감시 체계를 무용화하기도 했다. 그럼에도 기아는 식량 분배 등 통제 경제의 골간을 붕괴시키고 비공식적 시장을 발전시킴으로써, 재난이 체제의 속성을 변화시키는 결과를 낳았다(김병로). 이 과정에서 사회적 불평등 구조는 더욱 심화되었는바, 북한의 기아는 이런 점에서 복합 재난이다.

차별과 배제는 재난 때 더욱 극명하게 드러난다. 즉 재난 피해의 불평등 또는 재난 부정의(injustice in disaster)는 이미 배태되어 있다는 말이다(김성철). 로버트 머턴이 재난이라는 극도로 열악한 상황에서 사회 현상 및 인간관계가 더욱 극명하게 드러난다는 점을 갈파했듯이, 사회적 취약 계층, 즉 노약자, 아동, 여성, 장애인뿐만 아니라 빈곤 계층, 소수 인종 등이 재난 거버넌스에서부터 일찌감치 배제되기 마련이다. 이들 집단은 재난 발생으로 더욱 희소해진 자원과 수단에 접근하기 어려워진다. 동일한 재난이라도 차별적 자원 배분 또는 국제기구의 접근 불가능 때문에 사회적 불평등 구조가 더욱 심화된다. 내란이 있는 경우 더욱 그렇다. 서로 경쟁하는 주권

중에서 약한 쪽, 특히 국제적으로 인정받지 못하는 쪽은 흔히 국제적 인도주의 지원에서 배제된다. 유엔 기구뿐만 아니라 비정부 기구들은 국가주권이라는 장벽을 쉽게 넘을 수 없다.

스리랑카 사례는 재난이 평화의 기회였음에도 불구하고[4] 차별과 배제의 정치 때문에 무력 갈등으로 종식된 경우이다. 쓰나미가 스리랑카를 강타한 2004년 당시는 신할라 인 주도의 스리랑카 정부와 타밀 LTTE 간의 주권 경쟁이 2002년부터 이뤄진 휴전 협상에 의해 잠시 주춤하던 때였다. 재난 속에서 신할라 세력은 민족주의를 내세워 타밀 쪽의 인도주의적 협상 제안을 거부하거나 무력화하였다. 국제 사회의 압력으로 인해 스리랑카 당국과 LTTE 사이에 설립된 인도주의 재난 관련 기구인 P–TOMS조차 신할라 인에 의해 무력화되었다. 막 싹이 튼 화해 협력과 인도주의적 기회를 신할라 민족주의는 거부하였다. 신할라 인은 스리랑카 내에서 독점적 권력을 추구하였다(주드 랄 페르난도). 이는 재난 속에서 피어날 수 있는 협력 정신과 공동체 의식에 정면으로 대치되는 차별과 배제였다.

차별과 배제는 민주–비민주, 또는 선진–후진의 문제가 아니다. 민주적이며 선진국인 경우에도 이 같은 재난 부정의에서부터 자유롭지 못하다. 2005년 미국의 카트리나 대응 과정에서 드러난 흑백 차별은 민주 국가도 예외가 아님을 여실히 보여 준다.

재난 정의라는 용어는 아직 없다. 하지만 환경과 관련한 편익과 비용을 둘러싼 불균형 문제를 다루는 환경 정의가 있듯이, 재난 시 발생하는 피해를 둘러싼 불균형에 대한 문제의식이 필요하다고 하겠다. 근원적인 문제

---

4 재난 상황에서 갈등하는 세력들 사이에 인도주의적 차원에서 화해가 이루어지는 다른 사례도 있다. 예를 들어 2005년 10월 카시미르 지역에서 지진이 발생하자 인도와 파키스탄 군 당국이 공동 구조 활동을 전개해 화해 분위기가 이루어지기도 했다.

로 들어가 보자. 과학 기술의 진보와 산업화의 결과 이산화탄소 배출의 증가가 기후 변동에 미친 영향이 과학적으로 입증되고, 기후 변동이 자연 재해의 발생 요인이라는 사실이 밝혀지고 있다. 결국 인류 문명이 재난의 원인 제공자이다. 원인 제공의 주체와 피해자가 비대칭적이다. 주체인 선진국은 오늘날 자연 재해에 대체로 잘 대응하는 반면, 그렇지 못한 후진국들은 기후 변동에 따른 재난에 취약하다(송영훈).

한 사회 내에서도 불균형 문제는 발생한다. 후쿠시마 사고 후 다카하시 데쓰야는 "희생 시스템론"을 제기하였다. 이는 원전으로 전기를 생산하는 지역의 피해자와 전기를 소비하는 지역 주민 사이의 관계를 지적한 용어이다. 희생 시스템은 피해자들(후쿠시마 주민)의 생명, 건강, 일상, 존엄, 희망을 희생시킨 대가로 다른 이들(도쿄 주민)의 이익을 창출해 준다. 핵전쟁방지국제의사회가 지적한 바와 같이, 생성하는 세포가 방사능에 더욱 취약하기 때문에 후쿠시마 지역의 태아와 아동이 방사능의 가장 큰 피해자가 되고 있다. 이에 대한 정보가 은폐되기도 하고 무관심을 받기도 하며, 또 공동체 전체를 위해서 값진 희생으로 정당화되기도 한다. 피해 지역이 열악한 재원 때문에 원전을 수용했다는 점을 감안한다면, 이상의 소비자−생산자 간 불균형 관계는 자본주의의 중심부−주변부 관계라고 할 수 있다.

기억

구호와 복구로 재난이 끝난 것은 아니다. 재난은 전쟁이나 국가 폭력 등 직접적 폭력이 남기는 것과 유사한 기억의 상처를 남긴다. 따라서 구호와 복구 이후에도 재난은 현재 진행형이다. 외상 후 스트레스 증후군

(PTSD)은 이라크전이나 아프간전에 참여한 미군만의 이야기가 아니다. 이 같은 정신적 장애는 4·16 세월호 사고 후 유가족, 생존 학생들은 물론 일반 시민들에게서도 발견되는데, 이는 참사로 인한 형언하기 힘든 정신적 상처가 개인적 또는 집단적 기억으로 남아 있기 때문이다.

후쿠시마 사고의 피해자 중에서도 많은 이들이 방사능 피해와 강제적 이주(피난)의 폐해뿐만 아니라 상황 부적응에 따른 외상 후 스트레스 증후군을 겪고 있는 것으로 드러났다. 비교적 풍요롭고 안정된 복지 국가에서 살아온 이들은 원전 사고로 인해 일생 겪어 보기 힘든 정신적 충격을 받았을 것이다. 이들은 태평양 전쟁 시기 미일 간의 치열한 전투 속에서 일본군에 의해 집단 자살을 강요당한 적이 있던 오키나와 주민들 사이에서 나타났던 것과 동일한 정신적 장애를 보인다고 한다.[5] 생존한 이들의 정신적 장애는 생활 자체를 파괴시켜 간다.

재난의 기억이 정신적 장애를 가져오기도 하는 한편, 지구화 시대에 재난의 이미지가 일상화·상업화되어 전 세계적으로 유통, 소비되는 현상을 보이기도 한다. 재난의 폐허가 환상의 재료로 활용되어 인류의 종말과 같은 파국을 재현하기도 한다. 체르노빌 사고 후 20년이 지나 '스탈케르'라는 게임이 핵 재앙의 현실과 허구를 넘나드는 이미지를 재현했다. 그런데 후쿠시마 원전 사고가 있은 지 넉 달 만에 핵전쟁 이후를 배경으로 하는 '폴아웃'의 후쿠시마 버전이 인터넷을 통해 등장했다. 후자는 곧 퇴출되기는 했지만, 디지털화에 따른 재난 이미지의 재현과 소비가 더욱 가속화되어 가고 있음을 알 수 있다(이문영).

재난의 기억에도 정치가 작용한다. 정치에 의해 기억이 채색되기도 하고

---

5 사사키 다케시와의 인터뷰, 2014년 6월 23일. 사사키는 『원전의 재앙 속에 살다』(2013)의 저자로서, 후쿠시마 원전으로부터 20km 북쪽에 위치한 미나미소마에 거주하고 있다.

새롭게 구성되기도 한다. 스리랑카 정부가 2009년 타밀 토벌 작전 이후 공개한 2004년 쓰나미 피해에 관한 통계에는 정부의 의도가 숨겨져 있었다. 3만 5320명 사망, 2만 1000명 부상 등 숫자는 지역별, 인종 집단별로 구분되어 있지 않았다. 이를 밝히지 않은 통계는 재난에 대한 기억을 일방적으로 유도하려는 정치적 의도가 깔려 있었다. 피해의 규모 못지않게 피해의 구분도 중요한 이유는 차별과 배제에 대한 사실을 밝혀야 하기 때문이다(주드 랄 페르난도).

재난의 기억이 정치에 의해 적극적으로 구성되기도 한다. 스리랑카의 쓰나미에 관한 기억이 은폐라는 소극적인 방식에 의존한 반면, 중국의 탕산 지진에 관한 기억은 의도적 구축이라는 적극적 방식을 취했다. 2008년 쓰촨 지진 이후 탕산 지진을 배경으로 제작된 영화 「대지진」(2010년)은 쓰촨에 관해 위로받고 싶은 중국인들의 심리와 민족주의를 교묘하게 결합하였으며 이 때문에 큰 흥행을 이루었다(백지운). 정치 이념 성격의 민족주의는 일종의 피해자 심리를 영웅과 영웅주의로 감추거나 대체한다. 이 같은 탕산의 기억 구성은 쓰촨의 아픈 기억을 상쇄시켰을 것이다.

세월호를 기억하는 데도 이념과 정치 세력들이 개입하고 있다. 무사 귀환, 사회적 성찰을 상징하는 노란 리본을 둘러싸고도 갈등이 조장되고 투쟁이 발생하고 있다. 남북한 관계를 보는 보수와 진보의 갈등이 세월호에 대한 기억을 둘러싸고도 재현된다는 우려를 지울 수 없다.

이상에서 살펴본 재난의 과정을 깔때기에 비유할 수 있다. 넓은 부분으로부터 점점 좁은 부분까지(기원, 예견, 콘텍스트, 복구와 대응, 기억까지)를 통과하면서 재난이 발생하고 복합화되어 간다. 이 사이클은 되풀이된다. 기원과 예견은 재난 발생의 심연(深淵)이어서, 그 부분을 인간이 제어하고 통제하기란 쉬운 일이 아니다. 과학 기술 문명이 이미 그 같은 배경을 만들어 놓은 셈이기 때문이다. 자연 재해로 보이는 것도 문명과 무관하지 않으며 사회적 배경을 가지고 있다. 문명과 사회적 배경이 역설적으로 정상 사고인 재난 발생의 불가피성을 제공한다. 인간이 문명과 사회에 대한 깊은 성찰을 해야만 하는 부분이다.

깔때기의 좁은 부분인 콘텍스트, 복구와 대응, 기억은 상대적으로 덜 근원적인 과정이라고 할 수 있다. 관행, 사고의 무능력, 방치, 망각 등의 콘텍스트는 사회 안에 존재하며, 대응과 복구, 기억에는 정치가 개입한다. 그 어느 것도 교정하거나 제어하기가 쉽지 않다. 따라서 위험에 대한 인지 능력과 도덕성을 회복시켜 재난을 통제하고 극렬한 사회적 갈등을 막는 것이 중요한 과제이다. 인지 능력의 제고는 무엇이 위험하고 위험하지 않은가를 분석적으로 파악하는 데 도움을 주는 한편, 도덕성 회복은 타자의 호소를 듣고 현장 중심의 책임주의를 바탕으로 거버넌스를 구축하는 데 기여할 것이다. 이것이 재난에 맞서는 노력의 시작이다. 그리고 평화를 구현하는 중요한 과정의 출발이기도 하다.

1

평화인문학에서 본 **재난**

1장

자연의 타자화, 인간의 사물화, 그리고 '세월호'

이찬수

1. 재(災)의 난(難)

재난(災難)은 '재(災)의 난(難)'이다. 이 때 '재(災)'는 '물[川]'과 '불[火]', 한 마디로 자연의 힘이다. 그 자연의 힘을 인간이 감당할 수 없는 곤란한 상황이 재난이다. 영어 disaster는 '별(aster) 또는 천체(astrum)의 어긋남(dis)'이다. 자연의 질서가 기존과 어긋난다고 느껴지는 현상이 재난이다. 중요한 것은 자연 현상 또는 질서를 '난(難)'으로 여기는 것은 인간이라는 사실이다. 자연의 힘에서 인간이 곤란을 겪지 않고 피해로 느끼지 않으면 물도 불도 난(難)이 되지 않는다.

가령 지진(地震)은 맨틀(mantle) 위에 떠 있는 지각 판들이 움직이면서 서로 부딪칠 때 나타나는 현상이다. 그 움직임 자체는 자연의 질서이고 조화이고 끝없는 균형 과정이다. 지각들이 '빈틈'을 향해 움직이는 현상이다.

폭풍도 태양열로 데워진 대기의 순환 현상과 지구의 자전으로 인한 기압의 변화 과정이다. '약함', '낮음'을 향해, 그저 '빈틈'을 향해 움직이는 공기의 이동 과정이다. 대기가 급격하게 움직여 인간에게 피해가 닥치면 그것을 '천재(天災)'라 하지만, 천재도 원칙적으로는 자연으로 가득 찬 자연 현상일 뿐이다.

하지만 문명이 시작되면서 자연이 '난'으로 느껴지기 시작했다. 자연이 인간적 성취의 과정이자 산물인 문명을 '파괴'하기 때문이다. 이것은 인간이 만든 문명이 자연의 흐름에 대처하지 못할 만큼 나약하다는 뜻이다. 인명이 살상되고 인간적 성취가 무너진다는 점에서 자연에 의한 문명의 파괴는 천재(天災)이면서 동시에 인재(人災)가 되는 것이다.

이 글에서는 천재가 인재가 되는 논리를 추적해 보고자 한다. 칸트가 신정론(theodicy)을 해설하면서 자연적 악과 도덕적 악을 구분하고 악을 신에게 직접 연결시키기보다는 인간의 이성 안에서 논의해야 한다고 보았듯이,[1] 이 글에서도 자연적 재난이 아닌, 인간의 문명이 개입된 재난, 사회적 구조에서부터 비롯되는 재난의 근본 원인 및 의미에 대해 분석해 보고자 한다.[2] 특히 국내 최악의 해상 참사인 '세월호 침몰 사건(2014. 4. 16.~)'을

1 Immanuel Kant, "On the Miscarriage of All Philosophical Trials in Theodicy," eds. Allen Wood and George Di Giovanni, *Religion and Rational Theology*(Cambridge: Cambridge University Press, 1996), pp. 27 – 28.

2 재난은 "자연 현상으로 인해 일정 규모 이상의 피해가 발행하는 현상"이다. 『한국브리태니커백과사전』에서는 재난을 "국민의 생명과 재산에 피해를 주는 자연 현상과 사고 및 일정 규모 이상의 피해"로 규정한다. 이러한 정의에 대한 좀 더 구체적인 해설은 '재난및안전관리기본법'(2013. 8. 6. 일부 개정)을 따르는 경우가 많은데, 여기에서는 재난을 자연 재난과 사회 재난으로 구분하고서 이렇게 규정한다. "재난이란 국민의 생명·신체·재산과 국가에 피해를 주거나 줄 수 있는 것으로서 다음 각 목의 것을 말한다. 가. 자연 재난: 태풍, 홍수, 호우(豪雨), 강풍, 풍랑, 해일(海溢), 대설, 낙뢰, 가뭄, 지진, 황사(黃砂), 조류(藻類) 대발생, 조수(潮水), 그 밖에 이에 준하는 자연 현상으로 인하여 발생하는 재해. 나. 사회 재난: 화재· 붕괴· 폭

염두에 두고, 한나 아렌트, 슬라보예 지젝, 조르조 아감벤 등의 입장을 참조하면서, 재난이 재난으로 되는 자연 철학적·정치 철학적 논리를 문명 비판적 차원에서 살펴보고자 한다. 이를 통해 예외적이어야 할 재난이 사실은 자연을 타자화하며 건설해 온 문명의 본질이며, 문명을 향유하는 일상의 속살이라는 사실을 드러내고자 한다. 아울러 아우슈비츠 대량 학살에서 드러나듯이, 권력이 인간을 사물화하며 비인간적 예외 상태를 일상적인 것으로 만드는 보이지 않는 근간이라는 사실도 비판적으로 제시하고자 한다. 나아가 종교 언어를 구체적으로 사용하지는 않겠지만, 라인홀드 니버, 에마뉘엘 레비나스 등의 입장을 원용해, 재난 방지 거버넌스는 결국 진정한 의미에서의 종교적 정신과 함께 기획되고 시도될 필요가 있다는 내용을 결론으로 삼고자 한다. 제목에 담겨 있듯이, 재난의 근본 원인은 '자연의 타자화', '인간의 사물화'에 있다는 것이 이 글의 요지가 될 것이다.

2. '자연의 타자화', 그리고 재난

1) 자연의 타자화와 자연의 재주체화

인간은 생물학적 본성상 자연법칙에 따라 살 수밖에 없도록 되어 있다. 그러면서도 동시에 그 법칙을 지적으로 대상화할 줄도 안다. 가령 고대인

발·교통사고·화생방 사고·환경 오염 사고 등으로 인하여 발생하는 대통령령으로 정하는 규모 이상의 피해와 에너지·통신·교통·금융·의료·수도 등 국가 기반 체계의 마비, '감염병의 예방및관리에관한법률'에 따른 감염병 또는 '가축전염병예방법'에 따른 가축 전염병의 확산 등으로 인한 피해."

이 마른 나무를 비벼 불을 일으키는 방법을 알았을 때, 그 고대인은 불이 붙는 자연의 법칙을 대상화하며 아는 것이다. 법칙을 대상화할 줄 아는 인간은 그 법칙을 하나의 '방법'으로 정리해 다른 이에게 전수한다. 이렇게 전수되는 자연법칙이 기술이다. 그 기술로 인해 문명이 발생한다.

인간은 전수된 자연법칙을 자신의 목적에 맞게 통제한다. 불도 인간의 목적에 맞추어진다. 제사를 드리기 위해 불을 지피고, 고기를 굽고 집을 데우기 위해 불을 일으킨다. 인간이 자연법칙을 자신의 목적에 어울리도록 조작하는 것이다. 여기에서 인간은 스스로를 자연에 대하여, 나아가 타자의 통제자나 조절자로 인식하기 시작한다.[3]

인간에 의해 기계적으로 피워진 불은 인간에 의해 통제되고 조작된 자연법칙이다. 자연은 결코 인간에게 타자가 될 수 없지만, 자연을 조절할 줄 알게 된 인간에게 자연은 하나의 '대상'이고 조작 가능한 '타자'이다. 자연법칙은 원칙적으로 인간을 전 존재적으로 지배하지만, 인간은 자신이 자연에 지배당하고 있다는 사실을 망각한다. 데카르트적 자아에서 잘 드러나듯이, 근대적 인간은 스스로를 자연에 대한 주체로 인식하고, 자연은 사물의 연장(延長)이 된다.[4] 자연법칙은 기술로 전수되는 지식적 대상이다.

---

3 위 두 문단은 西谷啓治, 『宗教とは何か』(東京: 創文社, 1961), 87 - 95쪽의 아이디어를 원용한 글이다.

4 아리스토텔레스에 따르면, 주체(히포케이메논)는 자연 존재의 근저에 있는 것[基體]으로서, "그 자체는 다른 어떤 것에 의해서도 술어가 될 수 없는 것"이다. 인식론적 차원에서 보면, 일체 판단의 문법적 주어와 같은 것이다. 토미즘에서의 주체(수브엑툼)는 자신의 존재에 있어서 자신을 통해서만 규정될 수 있는 실체(습스탄시아)와 같은 것이다. 이에 비해 데카르트는 인간 자신이 스스로 자신을 정립하는 행위에서 형이상학의 근거를 보았다. 그래서 특별히 실체로서의 수브엑툼, 다시 말해 자존적(自存的) 수브엑툼을 강조했다. '자존적' 수브엑툼은 그 무엇에 의해 규정되지 않고, 도리어 다른 일체의 것을 규정하는 근거이다. 그러다 보니 데카르트의 수브엑툼은 '앞에 놓여 있는 것', '근거로서 모든 것을 자기에게로 모으는 것'이 된다. 자기가 모든 것의 근거가 되어, 모든 것을 그 근거 아래로 모은다. 데카르트는 이 모으는 주

그 안에 '나'는 없다. 자연의 타자화이다. 타자이기에 자연은 나와 무관하다. 책임도 없기에 자연을 조작하면서도 방기한다. 그렇게 인간에게 자연은 사물의 연장, 조작적 공간이 된다.

타자화한 공간에 인간이 추상화한 기계적 법칙이 들어선다. 그 기계적 법칙은 인간을 위한 수단이다. 인간은 자신에 의해 통제된 자연법칙이 자신을 위한 수단이기를 바라며, 그 속에 욕망과 환상을 투사한다. 자연이 탈성화(脫聖化)되고, 조작 가능한 사물이 되면서 자연에서 자연성이 탈각한다. 그렇게 사물화, 탈성화한 자연은 욕망과 환상의 중층적 집합체가 된다.

문제는 그 욕망을 일부라도 현실화하려면 통제된 자연법칙에 인간이 다시 따라야 한다는 것이다. 인간이 만든 기술에 인간이 스스로를 종속시키는 것이다. 기술화한 자연법칙에 따를 때에만 그 효용성을 누릴 수 있기 때문이다. 인간이 찾아내고 만든 자연법칙이 다시 인간에게 자신의 법칙에

체를 인간 안에서 본 것이다. 본래 수브엑툼은 자아, 인간을 지칭하는 용어가 아니었지만, 데카르트를 거치면서 수브엑툼은 인간의 주체가 되었고, 근대 철학은 주체를 인간 속에서 찾게 되었다. 인간이 주체가 되어 모든 존재자를 자기 자신의 존재와 자기 자신의 진리를 규정하는 수단으로 여기게 되었다. 주체로서의 인간, 즉 '나'가 존재하는 모든 것을 규정하는 절대 중심이자 기초가 된 것이다. 따라서 모든 것은 이 '나'에게 표상되고 주어지고 문초된다. 대상을 앞에 세우고 문초하는 자로서의 나, 곧 '코기토 숨'의 자아(ego)가 모든 존재자의 존재를 근거 짓는 절대 부동의 기초, 그런 의미의 주체(subiectum: 아래에 던져진 것)가 된 것이다. 여기에서 자아란 절대 독립체이며, 다른 무엇으로도 대치될 수 없다. 거기에서 비로소 인간 개개인의 주체성도 나온다. 그 자아는 대상에 대해 항상 그 근거로 현전하는 주체인 것이다. 또 코기토의 자아가 존재하는 모든 것의 근거가 됨으로써, 물질세계는 '연장'으로 파악되고, 연장의 본질은 인간 앞에 닦달되는 데 있으며, 따라서 세계는 이제 신의 피조물이 아닌, 바로 그 주체의 지배권 아래 놓이게 되었다. 앞으로 살펴보겠지만, 재난은 인간이 자연을 타자화하는 데서 비롯되며, 그래서 천재(天災)가 인재(人災)가 된다는 사실의 논리적 근거를 데카르트적 주체에서 적절히 확인해 볼 수 있을 것이다(이찬수, 『생각나야 생각하지: 사유, 주체, 관계 그리고 종교』(다산글방, 2002), 48-51쪽을 요약했다).

따르라며 요구하는 셈이다. 인간이 자연에 대한 통제 방법과 관리 기술의 주체로 스스로를 간주하는 사이에, 인간은 자신도 모르게 그 방법과 기술의 종속물이 된 것이다. 인간에 의해 탄생되었으면서도 인간에 의해 속박되지 않는 기술, 그 기술의 결과인 문명에 인간이 다시 객체화되는 것이다.

인간은 문명을 통제하지 못한다. 문명 자체가 자연의 타자화 과정에서 생겼으며, 추상화한 기계 법칙이 다시 인간을 종속시키는 과정에서 생겨난 것이기 때문이다. 문명은 인간의 이성적 계획의 산물이었다기보다는, 인간의 이성적 계획 밖에서 스스로 주체성을 획득하며 형성된 것이기 때문이다. 들뢰즈(Gilles Deleuze)가 인간의 자발적인 행위라는 것도 실제는 욕망들의 중층적 얽힘 속에서 전혀 다른 복수의 의미를 발생시키며 우발성들로 이어진다고 보았던 것도 이런 흐름에 대한 통찰의 결과라고 생각한다.[5] 인간이 인간을 위해 만든 문명 안에 인간의 얼굴이 없어진 것도 인간적 산물이 인간의 의도와 계획을 벗어나기 때문이다.

문명은 인간의 처분 대상이 아니다. 인간이 자연을 수단화하는 과정에 형성된 과학 기술 또는 과학적 합리성이 인간을 돌아볼 수 없다는 것은 논리적으로 자명하다. 인간 없는 문명, 인간의 능력을 넘어선 차가운 법칙이 어찌 인간을 돌볼 것인가. 돌보기는커녕 문명은 호시탐탐 인간에게 도전을 감행해 온다. 그 문명의 급격한 도전이 넓은 의미의 '재난'이다. 지각 판들이 '빈틈'으로 움직이듯, 대기가 '낮은 곳'으로 흐르듯, 자연이 욕망들 '사이'의 그 '빈틈'으로 흐르면서 벌어지는 현상이 재난이다. 인간이 자연에 대해 스스로를 배제시킨 그 책임으로 인해 천재는 더 이상 천재가 아니다. 자신의 책임을 삭제했던 그 책임으로 인해 자연 현상이 사실상 인재(人災)가 되는

---

5 질 들뢰즈·펠릭스 가타리, 『천개의 고원: 자본주의와 분열증2』, 김재인 옮김(새물결, 2001), 서문 참조.

것이다. 그리고 인간의 과학적 합리성 '밖'에서 얻어진, 문명의 부산물이다.

2) 타자의 역습

추상화된 기술은 어디에서든 적용될 수 있는 '방법'으로 전달되기 위해 표준화되고 전문화된다. 하지만 가다머(H.‑G. Gadamer)가 '진리'란 객관적 '방법'으로 얻어지는 것이 아니라 대상적 사실이 인간의 내적 선이해 안에 융합되는 방식으로 얻어진다고 보았듯이,[6] 인간의 얼굴을 한 진리는 인간 밖에서 표준화한 방법 안에 담기지 않는다. 가다머는 말한다. "근대 학문에서 '방법'이라는 것은 어디에서나 동일하게 유지되고 또 자연 과학에서는 특히 범례적 형태로 드러나지만, 인문학은 특별한 방법을 갖지 않는다."[7] 방법으로서의 기술은 늘 인간 밖에 있다. 그리고 그 방법의 농도가 짙고 구조가 복잡할수록 인간을 더욱 종속시킨다. 그만큼 재난의 가능성도 커진다.

가령 2011년 동일본 대지진에 따른 후쿠시마 핵발전소 폭발 사고는 인간의 편의에 맞게 급격히 객체화한 자연법칙이 결국 인간에게 공격해 온 결과이다. 일본 동북부 바다에서 대지진과 쓰나미가 발생했고, 그 쓰나미로 인해 후쿠시마 핵발전소들이 연쇄 폭발하는 엄청난 사건이 벌어졌다. 대지진과 쓰나미는 단순하게 말하면 '천재'인 데 비해, 그로 인한 핵발전소 폭발 사고는 '인재', 즉 인간이 대상화시킨 자연법칙의 도전이라는 데에 두

---

6 Hans‑Georg Gadamer, *Truth and Method*(New York: Crossroad, 1982)는 전반적으로 이러한 시각을 견지하고 있는 철학적 해석학의 대표적인 책이다. 이런 입장에 대한 간단한 요약은 5‑10쪽 참조.

7 같은 책, 9쪽.

재난의 근본적인 차이와 사태의 심각성이 있다.

물론 핵발전 자체도 미시적 차원에서 보면 자연법칙에 따라 이루어지는 일이다. 원자핵이 분열할 때 막대한 에너지가 발생하는 것도 엄밀하게는 자연법칙에 따르는 현상이다. 하지만 그 자연법칙은 인간에 의해 대상화되고 조작된 자연법칙이다. 문제는 외견상으로는 인간에 의해 통제되고 조작되는 것 같지만, 핵분열 과정에 열에너지가 발생하는 자연법칙은 사실상 인간이 온전히 통제할 수 없다는 데에 있다.[8] 핵발전 기술은 인간에 의해 통제된 자연법칙 치고는 그 법칙의 농도가 지나치게 높다. 자연법칙을 급격하게 객체화할수록 자연 내 존재인 인간의 통제 기술에도 한계가 분명해지기 마련이다. 완벽한 통제란 불가능하며, 따라서 치명적인 위험은 늘 안고 살 수밖에 없다.

특히 핵발전 기술은 소수 전문 기술자의 손에 맡겨져 있다. 핵 관련 기술은 온 인류가 십시일반으로 조절할 수 있는 보편 기술이 아니라, 극소수 전문인의 손에만 맡겨져 있는 기술이다. 인류의 생명이 극소수 전문가의 손에 맡겨져 있는 상황은 재난의 농도와 가능성을 고조시키고 확대시킨다. 통제된 자연법칙의 농도가 높을수록, 그리고 통제 주체가 소수에 집약되어 있을수록 위험성도 커진다. 나아가 전문가들조차 자신의 전문성을 벗어나면 위험의 정도에 대해 판단하기 힘들 정도로 기술이 세분화된 전문가주의적 상황은 이미 그 자체로 재난의 전조이자 시작이다.

기술 정치에서 전문가주의는 효율성과 확실성을 내세우며 정책 관련 의

---

8 핵분열 원리에 따라 만든 발전도 인간이 그 핵분열의 수준과 원리에 맞출 때에만 예상되는 기능을 한다. 핵분열의 수준과 원리에 맞출 때에만 예상 기능을 한다는 것은, 만일 완벽하게 맞추지 못하면, 결국 통제 불능의 대응적 폭력을 맞을 수밖에 없고 엄청난 재난이 일어나게 된다는 뜻이다. 인간이 핵분열에 따른 열에너지의 발생과 방사성 물질을 완벽히 조절하고 통제할 수 있을 때에만 핵발전은 인간에게 유용한 에너지가 된다.

사 결정 과정에 시민 참여를 배제하는 등 민주주의와 대립된다.[9] 위험한 상황 자체는 '민주적'이지만, 위험의 관리 능력에서는 '독재적'이다. 위험 관리에 주체적 참여가 힘들어지는 그만큼 사회가 위험에 빠질 가능성도 커진다. 자연 현상을 통제하며 만든 문명이 자연 현상에 온전히 대처할 만한 능력을 갖추지 못한 상태에서 전문가주의는 위험성을 도리어 높인다.[10] 전문가주의는 '국제적십자사'에서 내놓은 재난경감국제전략의 재난 등식, 즉 '취약성+위험/능력=재난'에서 분자(취약성+위험)를 높이고 분모(능력)를 낮추어, 그만큼 재난의 정도를 키운다.[11] 재난(disaster)은 일단 인명 살상, 재산 피해, 사회적·경제적 혼란 등 위해 상황(hazards)과 그에 대한 취약성(vulnerability)의 합에 비례하며, 그에 대한 대응 능력(capacity)이 떨어질수록 재난의 정도는 더 커진다는 뜻이다. 일종의 전문가주의는 재난의 정도를 훨씬 심화시킨다.

물론 순수하게 이론으로만 보면 핵발전은 재난을 일으키지 않는다. 거대한 화물선·여객선도, 침몰 직전까지의 이론에 따르면, 결코 침몰하지 않는다. 하지만 구소련의 체르노빌, 미국 스리마일 섬(TMI), 일본 후쿠시

---

9 강윤재, 「원전 사고와 민주적 위험 거버넌스의 필요성」, 《경제와 사회》 제91호, 2011, 20쪽.

10 같은 글, 24–27쪽.

11 International Federation of Red Cross and Red Crescent Societies, "What is Disaster? http://www.ifrc.org/en/what–we–do/disaster–management/about–disasters/what–is–a–disaster/(검색일: 2013년 10월 15일). 김성철, 「평화학에서 본 재난: 거버넌스, 인간안보, 정의의 문제」, 서울대학교 통일평화연구원 제21차 HK평화인문학콜로퀴엄 발제문, 3쪽에서 인용. 이 재난 등식은 인간의 능력을 넘어서는 '위험'의 정도와 그에 대한 대응력의 '취약성', 감당할 수 있는 능력의 상관성 속에서 재난의 정도를 규정하는 간명한 등식이다. 하지만 재난의 현상은 잘 분석하고 있는 데 비해 그 근본 원인을 분석하는 일에는 취약해 보인다. 취약성, 위험, 능력의 배후에는 한결같이 자연 현상이 놓여 있다. 자연 현상을 추상화(abstraction) 및 대상화(objectification)하면서 이룬 문명 속에 따뜻한 인간애를 삭제시켜 온 필연적인 결과가 재난인 것이다.

마 등 이미 대형 핵발전소 폭발 사고가 났고, 세월호 침몰 참사를 포함해 대형 해상 사고도 끊이질 않는다. 이것들은 모두 자연에 대한 인간의 통제 기술이 자연 전체에 대한 통제일 수 없다는 사실을 보여 준다. 콘크리트 핵발전소가 핵분열에 의한 방사성 물질을 어디까지 막아 줄 수 있을까. 거대한 철판이 언제까지 물 위에 떠 있을 수 있는 것일까. 배가 바다에 떠 있다는 것은 사실상 가라앉고 있다는 뜻이다. 침몰은 미래가 아니라 현재진행형이다. 자연이 타자화하고 소수에 의해 통제되는 곳에서 자연은 인간의 의도를 넘어 자신의 힘을 보여 줄 준비를 한다.

이 점에서 사고와 재난은 어느 정도 필연적이다. 예일 대학교의 사회학자 페로(Charles Perrow)는 현대 사회가 '고도 위험 기술 사회(high-risk technology society)'이며, 아무리 안전장치가 있어도 사고는 불가피하게 발생한다고 보았던 것도 사고의 필연성에 설득력을 제공해 준다. 재난을 연구하는 사회학자 이재열의 정리에 따르면, 가령 "보팔 참사, TMI의 방사능 유출, 그리고 우주 왕복선 챌린저호의 공중 폭발 등과 같은 재난을 분석해 보면, 작은 기계적 결함이 처음 설계를 할 때 엔지니어들이 전혀 생각하지 못했던 방향으로 다른 부품과 하위 체계에 영향을 주어 결국 파국적 결과를 낳았음을 알 수 있다. 그런 점에서 현재의 기술과 과학의 수준으로 볼 때 안전 대책을 사전에 설계해 시스템에 내장할 수 없기 때문에 피치 못하게 사고가 일어날 확률이 존재"한다. 이런 사고를 페로는 '정상 사고(normal accident)'라고 명명했다.[12]

이상에서 알 수 있듯이, 고도의 기술 사회는 고도의 위험 사회이기도

---

12 Charles Perrow, *Normal Accidents: Living with High-Risk Technologies*(Princeton: Princeton University Press, 1999). 이재열·김동우, 「이중적 위험사회형 재난의 구조: 대구 지하철 화재사고를 중심으로 한 비교 사례연구」, 《한국사회학》 제38집 제3호, 2004, 146쪽.

하다. 기술의 작동 과정이 기계 설계의 의도를 넘어서기 때문이다. 현대
문명이 인간의 이성적 계획 밖에서 작동되고 있다는 사실과도 같은 이치
이다. 그렇다면 재난에 대해 좀 더 발전된 과학 기술로 대응하려는 시도도
그것이 어떤 것이든 근본적인 한계를 지니고 있는 셈이다. 울리히 벡이 『위
험사회』(1986)에서 설득력 있게 분석한 바 있듯이, 과학적 합리성에 기초해
형성된 문명이 그 자체로 위험을 재생산해 내고 있는 것이다.[13]

3. 인간의 사물화, 그리고 재난

1) 인지적 유동성과 종교의 물상화

재난은 다른 각도에서도 온다. 대량 학살이나 전쟁처럼 더 많은 원인
이 인간에게서 비롯되는 재난들도 여전히 세계 도처에서 발생한다. 한국의
'재난및안전관리기본법'에서는 대량 학살이나 전쟁과 같은 가장 반인간적
인 참사들을 재난 관련 항목에 포함시키지 않는 실수를 범하고 있지만,[14]
대량 학살이나 전쟁은 인간이 인간에게 가하는 가장 참혹한 재난이다. 대
형 화재나 핵발전소 폭발과 같은 재난보다 훨씬 더 직접적인 재난이다. 어
떻게 해서 인간이 재난의 원인이 되고, 재난의 대상도 되는 것일까. 자연의
타자화가 자연에 기반을 둔 재난의 근본 원인이듯이, 전형적인 인재(人災)
역시 인간이 인간에 의해 타자화되고, 나아가 사물화되는 데서 비롯된다.
인지 고고학자 스티븐 미슨(Steven Mithen)에 따르면, 자연을 도구화하

---

13 울리히 벡, 『위험사회』, 홍성태 옮김(새물결, 2006).
14 각주 2 참조.

는 능력, 사물을 조작하는 능력이 사람에게 적용되면서 사람과 사물 사이의 '인지적 유동성(cognitive fluidity)'이 생겼다고 한다. 인지적 유동성은 한편에서 보면 과학이나 예술, 그리고 종교 현상을 가능하게 한 동인이기도 하지만, 다른 한편에서는 사람과 동물에 대한 인식 체계가 뒤섞이고, 사람이 사람에게 도구화되면서 특정 인종을 우월시하거나 동물시하게 만드는 기제이기도 하다는 것이다.[15] 인종차별주의도 이런 자세에서 비롯된다.

이것은 원시적 풍습을 이어 오고 있는 부족에서 생명의 원천인 사냥감에 대해 보여 주는 이중적 태도에서도 살펴볼 수 있다. 가령 수렵 채집인들이 자신들의 사냥감을 한편에서는 사람 이상으로 존중하면서도, 실제로는 별 가책 없이 죽이기도 하는 태도는 종종 확인되는 일이다.[16] 사람에 대한 자세와 동물에 대한 자세가 뒤섞이는 증거인 것이다. 동물을 신격화하기도 하고, 사람을 사물화하기도 하는 자세는 고대에는 물론 오늘날에도 곳에 따라 관찰된다. 가령 강아지의 죽음을 이웃의 죽음보다 더 슬퍼한다든지, 각본에 따라 화면에서 형성된 연예인 이미지를 가족보다 더 좋아한다든지 하는 정서도 이와 연결된다.

종교를 눈에 보이는 하나의 사물처럼 대하는 자세도 이와 크게 다르지 않다. 현대인이 흔히 범하는 행위, 즉 종교를 하나, 둘, 셋 등의 셀 수 있는 명사적 실재로, 동일한 교리 체계를 고백하고 보존하는 가시적 집단으로 해석하는 행위는 종교를 겉으로 드러난 하나의 사물로 물상화(reification)하고 있는 증거이다. 종교는 인간이 던지는 깊은 질문에 대한 해답 체계와 관련된 인간적 현상이지만, 비종교인에게 종교는 사물의 연장(延長)이거나, 특정 종교인에게 다른 종교는 배타의 대상일 때가 많다.

---

15 스티븐 미슨, 『마음의 역사』, 윤소영 옮김(영림카디널, 2001), 284-285쪽.
16 같은 책, 274쪽.

종교 현상에서 인간의 내면을 읽어 내고 그와 공감하기보다는, 종교 현상들 간에 경계를 세우고, 경계 밖의 '다름'에 대해서는 대립하거나 부정하면서도 별 거리낌이 없기도 한다. 종교의 인간화가 아니라 사물화인 것이다.

윌프레드 캔트웰 스미스(Wilfred Cantwell Smith)가 분석한 대로, '종교의 물상화'는 서양에서 만들어서 지난 200여 년 동안 전 세계로 수출한 근대적 개념이지만,[17] 넓게 보면 인간의 정서에 여전히 '인지적 유동성'이 작동하고 있는 흔적들이라고 할 수 있다. 종교에서 정작 인간은 빠진 채 사물화한 현상만을 우열(優劣) 내지 정오(正誤)를 판단하는 근거로 삼는 경향이 크기 때문이다.

재난을 다루는 우리의 주제와 관련짓건대, '홀로코스트'라고 하는 전무후무한 부조리가 발생하는 근거도 '인간의 사물화'가 개입되기 때문이다. 타인의 종교를 인간 내면의 초월 지향적 성향으로가 아니라, 가시적 사물처럼 대함으로써 배타적 자세가 정당화되듯이, 인간의 사물화는 인간에 대한 공감적 능력이 배제되거나 결여된 데서 비롯된다. 이것은 한나 아렌트(Hannah Arendt)가 잘 분석한 바 있다.

2) 개념적 혼성과 악의 평범성

아렌트는 제2차 세계 대전의 전범 아이히만의 재판 과정을 책으로 만들면서 '악의 평범성(der Banalität des Bösen)에 관한 보고서'라는 부제를 붙였다. 악이라는 특별한 상황이 어떻게 평범한 것일 수 있을까. 아렌트는 '생각하는 데 무능력'한 데서 악이 생긴다고 결론지었다. 홀로코스트라

---

17 윌프레드 캔트웰 스미스, 『종교의 의미와 목적』, 길희성 옮김(분도출판사, 1991), 제2장 참조.

는 전무후무한 폭력도 그저 의도적인 거짓말 때문이 아니라, "타인의 입장에서 생각하는 데 무능력함"과 연관되어 있다는 것이다.[18] 그저 자신의 일상에만 연결되어 있는 말들은 자신의 일상에서 물러나 있는 타인을 사물화하고 타인의 아픔은 말 그대로 남의 것으로 치부하는 일이 벌어지는 것이다.

아우슈비츠 생존 작가인 프리모 레비(Primo Levi)가 증언하듯이, 히틀러에게 영향받은 반유대주의자들에게 유대 인은 인간이 아니었거나 인간 이하였다. 레비는 말한다. "유대교는 세례를 통해 멀리해야 할 종교도, 다른 것을 위해 포기해야 할 문화적 전통도 아니다. 유대 인은 가장 하급 인간이며 다른 인종과 다르고 그 어떤 인종보다 열등하다. 유대 인은 겉으로만 인간일 뿐이며 사실은 인간과 다른 무엇이다. 혐오스럽고 설명하기 어려운 존재이며, 인간과 원숭이의 거리보다 독일인들과 유대 인들의 거리가 더 멀었다."[19] 심지어 유대 인을 동물처럼 '사냥'하는 행위도 자연스러웠으니, 이것은 모두 사람의 사물화에 대한 폭력적인 사례들인 것이다.

흑인을 노예로 부리거나 재산처럼 매매하던 행위도 마찬가지이다. 사람이 사물을 대하는 능력이 사람과 동물 간에, 사람과 사람 간에도 적용되면서 사람을 사물처럼 여기는 일상적 삶도 가능해지는 것이다. 정치적·이념적·심리적 이유도 있지만, 해방 전후 시기에 한국 사회에서 벌어진 각종 대량 학살도 사람에 대한 무능한 공감력과 사람을 사물처럼 대하는 자세를 반영한다.

인지 과학자 질 포코니에(Gilles Fauconnier)와 마크 터너(Mark Turner)는 전술했던 미슨의 입장에 동의하며 사람과 사물에 대한 개념들의 뒤섞임을

---

18 한나 아렌트, 『예루살렘의 아이히만』, 김선욱 옮김(한길사, 2006), 106쪽.
19 프리모 레비, 『이것이 인간인가』, 이현경 옮김(돌베개, 2007), 297-298쪽.

'개념적 혼성(conceptual blending)'으로 설명한 바 있다.[20] 이들에 따르면, "개념적 혼성은 언어, 예술, 종교, 과학 등 여타 인간이 이룩한 놀라운 성취의 기원이며, 예술적·과학적 능력에 필수적인 것은 물론 기본 일상 사고에도 필수적이다."[21] 하지만 뒤집어서 보면 개념적 혼성은 인간을 사물화하는 근거도 될뿐더러, 나아가 '홀로코스트'라는 엄청난 부조리를 설명하는 틀로 사용될 수도 있다. 가령 이들에 따르면, 개념들의 입력 공간(input space)이 혼성 공간(blended space)에서 결합되어 인간 – 동물 또는 인간 – 사물이라는 제3의 대상을 정신 공간(mental space) 안에 창조한다. 이러한 개념적 혼성은 홀로코스트에서 인간에 대한 집단 학살이 행정 체계와 혼합되는 과정, 행정 용어와 학살 용어들이 뒤얽히는 과정에서 잘 보인다.[22] 레비가 증언하듯이, 홀로코스트 학살자들은 "비밀을 유지하기 위해 여러 방책을 강구했는데, 공식석상에서 신중하고도 냉소적인 완곡 어법을 사용하는 것도 그중 하나였다. '학살'이 아니라 '최종 해결책'이라 표현했고, '강제 이송'이 아니라 '이동', '가스실 살해'가 아니라 '특별 처리' 등등으로 썼다."[23] 일상의 언어로 번역되면서 학살은 행정적 행위가 된다. 이와 관련하여 찰스 프레드 앨퍼드(Charles Fred Alford)는 이렇게 말한다.

워싱턴에 있는 유대 인 대학살 박물관에 가 보면 당신을 압도하는 것은 사진이나 수많은 신발 더미, 머리칼 등이 아님을 알게 될 것이다 … 압도

---

20 질 포코니에·마크 터너, 『우리는 어떻게 생각하는가』, 김동환 외 옮김(지호, 2009). 38-69쪽.

21 같은 책, 7쪽.

22 이향준, 「쇼아': 익명의 아이히만은 어떻게 가능한가』, 《폭력 이미지 재난》 조선대 인문학연구원 이미지연구소 편(앨피, 2012), 342쪽.

23 프리모 레비, 앞의 책, 273쪽.

하는 것은 그 모든 것들의 사악한 합리성이고, 말살한 인간들을 분류해 놓은 그 '인종위생연구소', '제국정화사무소', '특수처리과' 같은 범주의 세심함이다. 유대 인 대학살은 과학이자 산업이며 관료 체제였다.[24]

이것은 살인 행위가 사무적 행정 절차로 둔갑하는 과정을 잘 보여 준다. 즉 "이것은 양쪽에 행정 행위와 살인 행위라는 입력 공간을 갖고서 이 둘이 하나의 정신 공간에서 통합되어 살인이 행정 조치이고, 행정 조치가 살인이 되는 혼성 공간 속에서 탄생할 수 있는 상상적인 사유의 결과인 것이다."[25] 그렇게 해서 "집단 학살과 일상적 일과는 결국 하나가 되었다. 일상 자체가 몹시 비정상적인 것이 되어 버린 셈이다."[26]

아렌트에 의하면, 아이히만이 심문을 담당한 독일계 유대 인에게 "어떻게 자신이 친위대의 중령의 지위밖에 오르지 못했고 또 자기가 진급하지 못한 것이 자기의 잘못이 아니라는 것을 또다시 설명을 하면서 4개월 동안 앉아 있을 수 있었던 것은 바로 이 같은 상상력의 결여 때문이었다."[27] "기존의 상상적 사고, 즉 '유대 인은 동물/사물', '집단 학살은 행정 조처', '살인은 최종 해결'이라는 기존의 상상적 구도가 그를 지배하고 있었기 때문이기도 하다."[28] 아이히만의 상상력 속 '혼성 공간'은 인간을 '일상적' '행정 처리'의 대상으로 간주하고 있었던 것이다. 그 일상적 행정 처리가 학살의 주요 원인일뿐더러, 자신의 일상에 매몰되어 타자의 아픔에 대한 공감적

24 찰스 프레드 앨퍼드, 『인간은 왜 악에 굴복하는가』, 이만우 옮김(황금가지, 2004), 161쪽.
25 이향준, 앞의 글, 343쪽.
26 크리스토퍼 R. 브라우닝, 『아주 평범한 사람들』, 이진모 옮김(책과함께, 2010), 16쪽.
27 한나 아렌트, 앞의 책, 391쪽.
28 이향준, 앞의 글, 355쪽.

상상마저 결여되면서 비인간적 재난은 지속된다. 그런 점에서 '악은 평범'
하다.

3) 재난, 평범함의 누적

세월호 참사와 같은 재난도 평범한 일상이 누적되면서 다가온다. 최악
의 해상 사고로 기록될 '세월호 사건' 역시 만일 사고만 나지 않았다면 관
행이라는 이름으로 지나갈 만한, 그저 '평범한' 일들의 연속이었다. 사고만
없었다면 세월호 운항은 내일도 모레도 계속 진행될 일상사의 하나였다.
해운사 관계자의 개념적 혼성 공간 안에서는 설령 염려는 될지언정 배는
침몰하지 않겠기 때문이다. 하지만 인간을 사물화하는 '평범함'이 홀로코
스트라는 전무후무한 재난을 발생시키듯이, 누적되어 온 평범함은 거대 여
객선도 침몰시키고 수백 명을 죽음에 이르게 한다.

그동안 한국에서 발생했던 재난들은 대체로 단순한 사건들, 달리 말하
면 일상적이라 여겨질 별것 아닌 일들이 누적되고 증폭되면서 벌어진, 이
른바 '단순·증폭형' 재난이었다고 한다.[29] 성수대교 붕괴(1994. 10. 21.), 삼
풍백화점 붕괴(1995. 6. 29.), 대구 상인동 지하철 공사장 가스 폭발 사고
(1995. 4. 28.) 등은 단순한 원인이 오랜 시간 누적되고 증폭되면서 생긴 재
난이라는 것이다. 경주 마우나리조트 붕괴 사고(2014. 2. 17.)와 세월호 침
몰 참사(2014. 4. 16.)도 '단순·증폭형' 재난에 가깝다고 할 수 있을 것이다.

이러한 단순·증폭형 재난들은, 조직론의 입장에서 보면, "사전의 경로

---

29 이재열과 김동우는 재난을 '복합·증폭형'(환경 오염 재난 유형), '복합·돌발형'(고도 기술 재
난 유형), '단순·증폭형'(단순 기술 부실 유형), '단순·돌발형'(단순 사고 범죄 유형)으로 구
분한다. 이재열·김동우, 앞의 글, 164-165쪽.

들을 무시하거나 간과하는 문화 속에서 축적된 위험 요소들이 한꺼번에 동일한 시간과 공간에서 집중하여 나타나서 한 사회나 사회의 하위 체계의 존속을 위협하는 사건"이다. "이런 정의에 입각해서 보면 많은 인재 사고들은 상당 기간 동안 드러난 사전 징후들을 인식하지 못하는 문화적 요인에 의해 증폭되고 배양된 결과로 나타난다는 점을 알 수 있다. 사전에 여러 가지 사고의 신호들이 나타나지만, 이것을 무시하거나 잘못 해석해서 위험 요인이 숙성되는 결과를 낳은 것이다."[30]

이것은 재난 역시 그 재난이 일어나기 전에는 관행이라는 이름으로 평범한 일상이 진행되고 있었다는 뜻이라고 할 수 있다. 이러한 일상화된 평범함이라는 것이 개인적 판단의 실천적 영향력 또는 사회적 지평을 보지 못하게 한다는 것이다. 그런 점에서 재난을 일으킨 평범은 나와 너, 그리고 개인적 판단과 실천적 결과를 분리시킨 모순적 평범이다. 개인적 경험과 사회적 결과 사이에 막대한 간극을 지닌 무지한 평범이다.

슬라보예 지젝은 전술했던 아렌트의 분석에 동의하며, 대량 살상과 같은 악도 평범함을 통해 일어난다고 말한다. 가령 스탈린의 딸이 아버지는 다정하고 배려심이 많은 지도자인데 라브렌티 베리야가 아버지에게 대량 살상의 혐의를 뒤집어씌웠다며 회고하고, 베리야의 아들 역시 아버지는 다정하고 가정적이며 그저 스탈린의 명령을 따랐을 뿐이라 회고하며, 게오르기 말렌코프(스탈린의 후계자)의 아들도 아버지가 정직하고 성실한 사람인데도 항상 생명의 위협을 느끼며 살았다고 기억하는 내용들이 그렇다.[31] 아이

---

30 같은 글, 165, 169쪽. 이에 비해 대구 지하철 화재 사고는 복합·돌발형 재난에 가까우면서 복합·증폭형 성향도 보여 준다고 분석한다. 이재열·김동우는 한국 사회의 재난이 정상 사고적·복합적 성향을 띠어 가고 있다는 것이다.

31 슬라보예 지젝, 『폭력이란 무엇인가』, 이현우 외 옮김(난장이, 2011), 82쪽.

히만은 물론 스탈린, 베리야, 말렌코프는 그 자신에게나 가족에게나 평범했고, 때로는 성실한 존재였다. 다만 개인의 일상적 판단이 타자에, 사회에 어떤 영향을 끼치는지에 대한 감수성이 결여된, 자신만의 일상적 평범함이 있었다. 앞에서의 표현을 빌리면, 자신의 행정 행위가 어떻게 살인 행위로 이어지는지 둔감한 데서 오는 평범함이었다. 그래서 지젝은 말한다.

한나 아렌트의 말이 옳았다. 이들은 바이런이 말한 숭고한 악마적 악의 화신이 아니다. 그들의 개인적 경험과 그들이 저지른 무시무시한 행동 사이에 막대한 간극이 있으니 말이다. 우리의 내면의 삶에 대한 우리의 경험, 우리의 행동을 설명하기 위해 우리가 스스로에게 들려주는 우리 자신에 대한 이야기는 근본적으로 거짓말이다. 진실은 외부에, 우리가 하는 행동 속에 있다.[32]

지젝은 "스탈린 시대의 공개 재판에서 유죄 판결을 받은 이 대부분은 총살 집행대 앞에 섰을 때 자신은 결백하며 스탈린을 사랑한다고 고백했다"는 증언들이 실상은 "대타자(가령 신)의 눈에 비친 자신의 이미지를 만회해 보려는 노력에서 나온 애처로운 행동이었다"고 분석한다.[33] 적들에게는 끔찍한 폭력을 저지르면서 자기 집단 구성원들에게는 따뜻한 인간애와 친절을 베푼다든지, 인질들에게 살상 명령을 내려 놓고 바로 그날 밤 가족에게는 진심 어린 사랑으로 가득한 편지를 쓴다든지 하는 행위는 위선이다. 심지어 비행기가 추락하는 절박한 위험 상황에서야 친지에게 '사랑한다'는 말을 남기는 것도 죽음에 임박해서야 신을 찾는 것과 비슷한 가식적인 태

32 같은 책, 83쪽.
33 같은 책, 86쪽.

도라고 지젝은 의심한다. '이웃'을 긍정하는 도덕적인 언사 속에 정말 '이웃'이 담겨 있지는 않다는 것이다.

사회가 다원화되었고 다양성을 존중한다지만, 다원화가 도리어 타자를 계산에서 제외한다. 다원화한 개인의 방 안에 들어가는 순간 더 이상 타자를 묻지 않는다. 인류를 사랑해야 한다는 보편적인 주장도 현실에서는 아무도 형제·자매가 아닐 수 있다는 역설을 품고 있다. 이웃에 대한 언사 속에 이웃이 들어 있지 않다. 그래서 지젝이 보건대 "이웃은 사물"이다.[34] '타자의 비인칭화(非人稱化)'라고 할 수 있다. 타자가 다시 타자화되고 사물화되었기에 타자는 사실상 실종된다. 세월호 침몰과 그 수습 과정에서 보듯이, 재난을 당한 개인들의 울부짖음은 난무하지만, 개인들의 울부짖음을 연결할 사회적 장치는 확립되어 있지 않다. 가족과 이웃을 잃고 울부짖는 개인들의 희망과는 달리 국가는 결핍되어 있다. 그 결핍이 사실상 근대 국가의 속성이라 해도 과언이 아니다. 예외적이어야 할 참사가 사실은 정상적인 것이라는 역설이 근대적인 의미의 재난 속에 담겨 있는 셈이다.

4) '호모 사케르', 예외의 일상화

조르조 아감벤의 책 『호모 사케르』는 이것을 잘 보여 준다.[35] 고대 로마법에 등장하는 '호모 사케르'는 신에게도 바쳐질 수 없고 누군가에게 죽

---

34 같은 책, 80쪽.

35 조르조 아감벤, 『호모 사케르』, 박진우 옮김(새물결, 2008). '호모 사케르'를 우리말로 정확히 번역하기는 힘들다. '사케르(sacer)'에는 '신에게 바친', '신성한', '축성한', '엄숙한' 등의 의미가 있는가 하면, '저주할', '가증스러운', '저주받은', '흉악한', '금지된' 등의 상반되는 의미도 동시에 지닌다(가톨릭대학교 고전라틴어연구소 편찬, 『라틴–한글 사전』, 가톨릭대학교 출판부, 2006). 이 상반되는 의미를 적절히 엮으면 '가까이 할 수 없는', '범접하기 힘든'

임을 당해도 죽인 자가 죄를 받지 않는, 종교적·법적으로 배제된 존재이다.[36] 제물로 바쳐질 수 없다는 점에서 종교 질서에서부터 배제된 존재이면서, 누군가에게 죽임을 당해도 죽인 자가 죄를 받지 않는다는 점에서 법 질서와도 이중적으로 배제된 존재인 것이다. 아감벤에 따르면, 어떤 사람을 '호모 사케르로 만들어 가는 행위(사크라시오)'는 "살인죄에 대한 면책과 희생 제의로부터의 배제라고 하는 두 가지 특성이 결합되"어 나타난다.[37] 아감벤은 이것을 이중적인 예외 상태라고 부르면서, 근대 권력이라는 것이 예외를 발생시킴으로써 결국 자신을 정당화한다고 분석한다. 즉 호모 사케르는 권력이 인간을 배제하는 방식으로 인간을 포획하는, 다시 말해 권력이 인간을 위해 있는 것 같지만 사실은 인간을 배제하고 자신을 위해 있는 모습을 잘 보여 준다는 것이다. 아감벤은 "무언가를 배제시킴으로써만 그것을 포함하는 이러한 극단적인 형태의 관계를 예외 관계"라고 부른다.[38] 예외여야 할 것을 정상이 되도록 하는 곳에 권력이 있다는 것이다.

호모 사케르는 법에서부터 배제되었기에 예외적 존재이다. 하지만 역설적이게도 법에서부터 배제된 존재로 인해 법의 정체성이 확인된다. 호모 사케르는 법에서 배제하는 방식으로 법을 유지하고, 제물로 바치지 못하게 하는 방식으로 신성을 유지하는 방식을 잘 보여 준다. "법은 주권적 예

등의 번역이 가능할 것이다. '호모 사케르'는 '범접 불능의 인간' 정도로 번역될 수 있겠다.

36 가령 2-3세기경의 라틴어 문법학자인 페스투스(Sextus Pompeius Festus)는 '호모 사케르'를 이렇게 규정한다. "호모 사케르란 사람들이 범죄자로 판정한 자를 말한다. 그를 희생물로 바치는 것은 허용되지 않지만 그를 죽이더라도 살인죄로 처벌받지 않는다. 사실 최초의 호민관법은 '만약 누군가 평민 의결을 통해 신성한 자(호모 사케르)로 공표된 사람을 죽여도 이는 살인이 되지 않는다'는 점을 명기하고 있다. 이로부터 나쁘거나 불량한 자를 신성한 자라 부르는 풍습이 유래한다." 조르조 아감벤, 앞의 책, 156쪽에서 재인용.

37 같은 책, 173쪽.

38 같은 책, 61쪽.

외 상태에서 더 이상 자신을 적용시키지 않고 그것으로부터 물러남으로써 예외 상태에 적용되듯이, 호모 사케르 역시 희생물로 바쳐질 수 없음의 형태로 신에게 바쳐지며 또한 죽여도 괜찮다는 형태로 공동체에 포함된다. 희생물로 바칠 수는 없지만 죽여도 되는 생명이 바로 신성한 생명이다."[39]

이처럼 예외는 더 이상 예외가 아니다. 도리어 법의 한복판으로 들어온다. 가령 아감벤에 따르면, 아우슈비츠의 은어인 '무젤만(이슬람교도의 뜻)'[40]은, 마치 '걸어다니는 시체'처럼, 주변의 철저한 무관심으로 인해 살아 있는 존재로서의 특징을 더 이상 갖고 있지 못한 이들이다. 예외적 존재여야 하지만, 아우슈비츠에서는 일상이었던 그런 존재들이다. 아우슈비츠의 실상을 증언할 수 있는 의지와 의식이 상실된 존재이지만,[41] 역설적으로 아우슈비츠의 진정한 증언자들이다. 아감벤은 이렇게 말한다. "아우슈비츠는 바로 예외 상태가 상시(常時)와 완벽하게 일치하고, 극한 상황이 바로 일상생활의 범례가 되는 장소이다. 한계 상황이 흥미로운 것은, 한계 상황이 반대의 것으로 뒤집어지는 이러한 역설적인 경향 때문이다."[42]

세월호 참사 역시 예외적이어야 할 사건이지만, 사실은 일상의 본질을 적나라하게 드러내 주는 일상의 속살이다. 침몰 사건이 그렇고 수습 과정이 그렇다. 예외 상태가 사실은 문명이 낳고 권력이 지지하는 일상의 한복판에 들어온 지 오래되었다. 권력은 자신을 위해서 존재하지 타자를 위해서 존재하지 않으며, 인간을 버림으로써 존재하는 폭력적인 것이 된다. "이 시대의 지배 방식은 국민을 억압하는 것이 아니라 방치하는 것

---

39 같은 책, 175쪽.
40 조르조 아감벤, 『아우슈비츠의 남은 자들』, 정문영 옮김(새물결, 2012), 61쪽.
41 같은 책, 67쪽.
42 같은 책, 73쪽.

이다. 따라서 주권의 역할은 국민을 보호, 탄압, 통제하는 것이 아니라 국민을 모호한 곳에 있게 하는 것이다. 외부와 내부, 배제와 포함이 구별되지 않는 곳으로 우리를 몰아간다. 세월호는 항상 비상임을 상징하는 지역이다. '나를 보호해 줄 국가는 어디에?'라는 두려움 자체가 통치 권력인 것이다."[43]

세월호 참사가 벌어진 지 여러 달이 지나도록 수습은커녕 도리어 수습 주체에서 거대한 '빈틈'만을 확인하는 상황이 지속된다. 권력에 가까울수록 책임도 커진다는 사실을 국민은 다 알지만, 법은 이것을 잘 모른다. 법을 지배하며 유지되는 권력은 인간을 배제시키는 방식으로 스스로를 위해 존재하고, 문명은 예외를 낳으며 지속되는 '사케르한' 것이기 때문이다. 그런 점에서 참사를 수습하는 것은 법이나 권력이나 문명이 아니고, 시간이고 망각이다. 법, 권력, 문명의 총체일 것 같은 국가는 사실상 거대한 틈새, '공(空)-간(間)'이다. 그것이 근본적인 의미의 재난일지 모른다.

5) 위험한 재난, 비도덕적 수습

재난은 울리히 벡이 분석한 '위험 사회'의 가장 적나라한 증거이다. 위험 사회에서 개인들의 불안은 가중되지만, 그 불안을 안정시킬 정치적 장치는 실종된다. 정치 제도 자체가 위험을 생산하는 주체로 작용하기 때문이다. 벡에 따르면, "위험 사회의 정치적 주체는 정도의 차이는 있지만, 생생한 대규모 위난에 의해 희생자가 되는 모든 사람들뿐이다." 그러나 희생자들의 대대적 조직은 힘들다. 그래서 벡은 의심하며 묻는다. "생생하지 않은,

43 정희진, 「일상과 비상의 구별?」, 《한겨레신문》 2014년 6월 2일 2면에서 '호모 사케르'에 대해 정리한 내용의 일부이다.

보편적인 고통이 도대체 정치적으로 조직될 수 있는가? '모든 사람'이 정치적 주체가 될 수 있는가?"[44]

전통적 계급 사회가 평등의 이상을 발전의 동력으로 삼아 부를 적극적으로 추구하는 데 비해 위험 사회는 안전(safety)을 동력으로 삼아 불안(anxiety)의 공동성을 확대시킨다. 그렇지만 실제로 불안에서 비롯된 유대가 정치적 힘으로까지 작동하지는 못한다.[45] 도리어 불안의 공동체는 반대되는 정보만으로도 흩어질 정도로 기반이 취약하다. 그래서 위험 사회에서 위험의 희생자들은 조직되기 힘들고, 정치는 진공 상태에 빠진다.

이것은 라인홀드 니버(Reinhold Niebuhr)가 『도덕적 인간과 비도덕적 사회』(1932)를 통해 개인적 도덕성과 사회적 비도덕성을 구분했던 것과 비슷하다. 니버에 따르면, 개인적으로 도덕적이라고 해서 사회적으로 도덕적이되는 것은 아니다. 개인은 본성상 자신들과 비슷한 사람들에 대한 동류 의식·공감·이해심을 갖고 있고, 다른 이들의 이해관계를 고려하기도 한다는 점에서 도덕적이다. 하지만 집단은 "충동을 올바르게 인도하고 때에 따라 억제할 수 있는 이성과 자기 극복 능력, 그리고 다른 사람들의 욕구를 수용하는 능력이 훨씬 결여되어 있고" "심한 이기주의가 모든 집단에서 나타나기" 때문에 개인에서와 같은 도덕성을 획득하기 어렵다. 개인들의 이기적 충동이 중층적으로 결합된 집단이기주의가 합리적 판단을 불가능하게 한다는 것이다.[46] 그래서 사회는 재난을 낳고도 재난을 해결하지 못한다.

가령 세월호 참사가 벌어진 지 여러 달이 지나도록 실종자 수습은커녕 사태에 책임이 크다고 할 집단들 간의 모략과 타협과 경쟁의 공간으로 작

---

44 울리히 벡, 앞의 책, 96-97쪽.
45 같은 책, 97-98쪽.
46 라인홀드 니버, 『도덕적 인간과 비도덕적 사회』, 이한우 옮김(문예출판사, 2004), 9-10쪽.

용한다. 실종자 수색 작업은 자기책임을 줄이기 위한 거래, 이익을 극대화하기 위한 거래, 권력을 유지하고 확장하기 위한 거래가 된다. 실종자 수색보다 대통령 의전에 더 힘을 쏟으며, 뒤늦게 현장에 방문한 대통령은 '의례적' 사과를 한다. 선체 인양을 세월호 해운사와(사실상 해경과) 독점 계약한 구난 업체는 계약 관계의 유지를 실종자 수색 이상으로 중시한다. 해경은 특정 업체와의 독점 계약을 통해 사고의 원인과 결론을 가능한 자기 중심적으로 해석할 여지를 확보한다. 해운사는 탑승객의 생명과 안전보다 과적과 불법으로 수익을 극대화하고, 사고의 책임도 회피 또는 축소하려는 꼼수에 우선순위를 둔다. 세월호 참사는 국가가 용인하고 추동한 탐욕적 자본의 결과이지만,[47] 이 '거대한 죽음'에 대해 청와대조차 '재난의 컨트롤타워가 아니다'라는 책임 회피성 말을 한다. 재발 방지를 위해 '국가안전처'를 총리실 산하에 신설하겠다는 말로, 사실상 청와대는 국가적 재난에 대한 법적 책임을 지지 않겠다는 이중 전략을 노골화한다.[48] 참사의 원인을 밝히기 위한 '세월호특별법' 제정 과정에 드러나는 것은 주로 책임을 줄

47 2011년 9월 22일 부산지방해양항만청에서 서울특별시교육청에 학생들 수학여행을 보낼 때 제주 뱃길을 이용해 달라는 협조 공문을 보낸 사실이 있다(우석훈, 『내릴 수 없는 배』(웅진지식하우스, 2014), 105–106쪽 참조). 2009년을 정점으로 국내 연안 여객선 수송이 줄어들자 수학여행이라는 교육 행위를 볼모로 해서라도 국내 여객선 이용을 활성화하려는 비도덕적 정책의 일환이었던 것이다. 정부도 '크루즈산업지원및육성에관한법률'을 마련해 국회에 제출하는 등 지원 방안을 모색했다. 이 법안은 여전히 국회에 계류 중이지만, 그 과정에 배의 수명을 기존 20년에서 최대 30년까지 연장할 수 있는 길을 열어 주었다. 당장 이익을 가져다주지 않는 안전은 안중에 없었다. 일본이 배의 운용 기간을 줄이는 방식으로 공적 안전을 도모했다면, 한국은 배의 운용 기간을 늘이는 술수로 상업성만을 내세운 것이다(같은 책, 105–129쪽). 부산지방해양항만청의 공문이 세월호 침몰의 직접 원인이라고 할 수는 없지만, 그런 공문이 작성되고 유통되는 과정이야말로 학생들을 포함하여 수많은 희생자를 낳은 참사의 복잡한 원인을 잘 보여 준다. 세월호 사건은 사실상 필연에 가까운 사건이라고 할 수 있다.

48 같은 책, 130쪽, 180쪽.

이거나 회피하기 위한, 또는 권력을 확대하기 위한 전략들이다. 해운사와 직·간접적 관계를 맺고 있는 종교 단체는 감정적 변화를 구원의 증거로 내세우며 각종 의례를 통해 종교적 감정의 통제와 조절을 도모한다. 그 과정에 생긴 헌금은 실제로는 사업의 수단으로 이용되며, 사업도 신앙적 실천이라는 명목 아래 정당화된다. 이렇게 해경, 정부, 선사, 종단은 고통스러워하는 목소리들을 자의적으로 해석하며, 서로 다른 행보를 보인다. 엄청난 죽음 앞에 안타까워하는 개인들의 '도덕성'에도 불구하고 사회는 '비도덕성'을 여지없이 드러내고 있는 것이다.

이런 맥락에서 보면 사고가 발생하는 것은 오히려 필연에 가깝다. 앞에서 말한 페로의 '정상 사고'론에 담겨 있듯이, 오늘날의 사고는 비정상적 사회 시스템으로 인해 발생하는 것이 아니라, 도리어 정상적으로, 달리 말해 시스템적으로 발생한다는 것이다. 오늘날 각종 재난은 인간의 문명이 대형화, 집중화한 곳일수록 더 크게 벌어지고, 근대 산업 사회, 신자유주의적 자본주의 사회에서 재난은 피할 수 없는 일이기도 하다. 물론 효율성보다 신뢰성을 중시하는 조직 관행을 만든다면 사고는 피할 수 있다는 '안전 문화론'적 시각도 있다. 하지만 자연의 타자화로 성립된 문명의 논리에 따르면, 자연의 역습, 그런 의미의 재난은 불가피하다. 과학 기술의 문제를 과학 기술로 해결한다는 말이 순환 논법의 오류에 빠지는 것이듯, 사고를 정상적인 것으로 여길 수밖에 없는 사회와 문명 속에서 재난은 감수해야만 하는 일이 되고 있다. 타자의 입장에서 생각하는 데 무능력하면 할수록, 세월호 참사 그 이상의 거대한 재난이 발생할 가능성은 일상 속에, 문화라는 이름으로 남아 있게 되는 것이다.

4. 인간의 얼굴을 한 재난 거버넌스

1) 타인의 얼굴

이러한 절망적 상황을 어찌할 것인가. 무엇보다 절망적 상황을 있는 그대로 인정하고 문제의 원인을 그 심연에서부터 통찰해 내야 한다. 더 철저하게 절망하면서, 대단히 종교적인 언어이겠으나, 그 속에서 솟아오르는 한 줄기 빛에 희망을 걸어야 한다. 니체가 철저한 허무의 심연에서 '초인'의 기대를 품었듯이, 절망의 상황에서 절망을 딛고 재난의 정도와 빈도를 줄이려 시도하는 것 외에는 달리 도리가 없다.

결핍된 국가에 의존하지 말아야 한다. 다원화한 개인의 방에서 나와 삭제했던 이웃을 회복해야 한다. 레비나스의 표현을 빌리면, 타인에게서 '얼굴'을 보는 실존적 감수성을 살려 내야 한다.[49] 얼굴의 호소를 듣는 것이다. 레비나스의 은유인 '얼굴'은 사물이 아니다. 얼굴은 바라보고 호소하며 스스로 표현한다. '얼굴'과의 만남은 사물과는 전혀 다른 차원을 열어 준다. 얼굴이 스스로를 드러내는 방식을 레비나스는 '계시'라고 표현한다. 그만큼 절대적인 경험이다. 강도를 만나 다 죽어 가던 사람의 얼굴에서 절대적인 요구를 읽었던 성서의 '사마리아 사람 이야기'(『루가복음』 10, 29-37)는 적절한 예이다. 타인의 곤궁과 무력함에 부딪힐 때 나는 나 자신이 죄인임을, 나는 부당하게 소유와 부와 권리를 향유한 사람임을 인식하게 된다. 그래서 사마리아 사람은 자신의 것을 내어 주어 그를 치료해 주

---

49 에마뉘엘 레비나스, 『윤리와 무한』, 양명수 옮김(다산글방, 2000), 7장. 에마뉘엘 레비나스, 『시간과 타자』, 강영안 옮김(문예출판사, 1996), 3강.

고 보살펴 준 것이다.[50] 타인의 '얼굴'은 보편적인 인간성을 열어 주는 '그이'다. 사물화되기 이전의 타자이며, 호소하는 타자이다. 나의 도덕성을 열어 주는 타자이다.[51] 이 타자의 호소를 듣는 것은 고통의 상황을 극복하는 시작이다.

지젝이, 진실은 이야기가 아니라 행위 속에 있다고 보았듯이, 레비나스는 고통을 그저 해석함으로써 정당화시키는 행위를 거부한다. 이웃의 고통을 그대로 남겨 두는 시도는 도리어 비도덕성의 근원이다.[52] 그런 비도덕적 자세를 비판하며, 타자에 대한 나의 책임을 묻는다. 타자에 대한 책임성이 "주체성의 바탕을 이루는 제일 구조"라고 본다. 주체는 처음부터 타자에 대해 있는 것이기 때문이다.[53]

이것은 니버가 사회의 비도덕성에 대해 말하면서도, 사회적 도덕성의 회복을 결코 포기하지 않았던 것과 연결된다. 니버에게 사회는 개인이 지닌 정치적 본성들의 중층적 결합으로 인한 집단이기주의로 무장해 있지만, 그럼에도 불구하고 니버는 결국 사회적 정의를 꿈꾸었다. 니버가 국제 정치학에 끼친 영향도 적지 않지만, 기본적으로 기독교 신학자이자 윤리학자이기도 했던 니버는 개인적 도덕성의 국제 정치화를 희망하였다. 인간의 초월성, 즉 자기가 자기를 대상화하는 능력이 현실 안에서 현실을 넘어서게 하며, 그 능력이 신학적 이상을 상대적인 현실의 영역에서 일부라도 가능

---

50 강영안, 『주체는 죽었는가』(문예출판사, 1996), 235-241쪽 참조.
51 지젝은 이런 식의 타자를 비판한다. 박애주의 속에 사랑은 들어 있지 않듯이, 나에게 절대적 명령을 한다는 타자의 얼굴이라는 것은 유대 인을 인간 이하의 타자, 즉 '적'으로 보았던 나치의 관점과 동전의 양면과 같은 관계라는 이유에서이다. 슬라보예 지젝, 앞의 책, 92쪽.
52 Emmanuel Levinas, *Entre Nous: On Thinking-of-the-Other*. tr. by Michael B. Smith and Barbara Harshav(New York: Columbia University Press, 1998), pp. 98-99.
53 에마뉘엘 레비나스, 『윤리와 무한』, 123-126쪽.

하게 한다고 그는 보았다. 그가 보건대 욕망으로 부활하는 인간의 '원죄'에도 불구하고, 그 욕망을 넘어서려는 초월성은 현실 정치를 바로잡을 수 있게 해 주는 근본적인 조건이다.[54] 도덕적 개인과 비도덕적 사회를 분리해 말하면서도, 결국 개인적 도덕성을 국제 정치적 차원에서 도덕화하는 것은 가능하다는 희망을 놓지 않았던 것이다.

2) 종교적으로 기획하는 재난 거버넌스

재난이 복합화하고 거대해질수록 인간을 인간되게 해 주는 근본 원인에 대한 물음을 던져야 한다. 그것이 단순한 형이상학적 전제로 비칠지라도, 그 근본 원인을 확보하지 않고서는 재난의 근본 이유에 대해서도 물을 수 없다. 종교학적 차원에서 정리하면, 캔트웰 스미스가 말한 인간의 보편적 자질로서의 신앙, 하비 콕스(Harvey Cox)나 마커스 보그(Marcus Borg)가 고대 유대 인의 언어를 빌려 인간의 '심장'에 비유했던 그 신앙을 회복시켜야 한다. 이때의 신앙은 그저 특정 종단에 속하는 행위이거나 특정 종교의 교리 체계를 수용하는 수준을 말하는 것이 아니다. 그것은 인간 안에 갖추어진 초월성의 다른 이름이며, 스스로를 대면해 실존적 실상을 통찰하게 하고, 본래 그랬어야 할 어떤 모습을 회복시켜 줄 본원적 자질이다. 신앙이라는 종교적인 언어로 표현된 인간의 초월성은 거대한 절망 속에서도 결코 절망으로 끝나지 않을, 강력한 허무 속에서도 결국은 그 허무의 틈을 비집고 솟아올라 개인과 세계의 전환을 가능하게 해 줄 그 무엇이다.

외견상 상이한 언어를 구사하는 것 같지만, 이것은 지젝이 말하는 초월

---

54 전재성, 『정치는 도덕적인가: 라인홀드 니버의 초월적 국제정치사상』(한길사, 2012), 29-32쪽 참조.

과도 어긋나지 않는다. 지젝에게 초월이란 저 멀리 있어서 불러도 대답 없는 초월이 아니라, 이미 세계에 들어와 그 세계에 틈을 내고, 그 틈으로 인해 혁명의 가능성을 감지하게 만드는 그 무엇이다. 세계 속에 개입하지 않는 초월성은 아무런 의미가 없다. 초월은 이미 내재적이다. 신은 자신이 존재하지 않는다는 사실을 알고 있을 정도로 인간 안에 내재해 있다. 유물론적 무신론자 지젝은 이렇게 신에 대해 말한다. "온전하게 '인간이 된' 신 ——우리들 중 하나인 동지, 이중의 사회적 추방으로 십자가에 못 박힌 신——, 그리고 '존재하지 않을' 뿐 아니라 그 자신도 이 사실을 알고 있는 신. 그러한 신은 자신의 지워짐을 받아들이며 성령의 구성원들(당, 해방적 집합체)을 묶는 사랑으로 온전히 넘어간다."[55]

신의 죽음에 대해 이야기하면서도 결국 신을 담론의 주제로 부활시키는 지젝의 역설은 신 담론의 깊이를 역설적으로 웅변한다. 종교의 근간인 자기 대면 능력으로서의 신앙, 신 담론의 핵심인 신의 초월성, 그러나 철저하게 육화함으로써 인간이 되어 버린 그 초월성은 [56] 거대한 '빈틈'으로 인해 울부짖는 고통스런 상황에서도 결국 그 고통을 비집고 절망의 울음을 그치게 해 줄 역사 내적인 그 무엇이다. 인간화된 초월성, 그런 의미의 역사 내적 초월성은 타인에게서 '얼굴'을 보며 실제로 고통에 동참하는 행위에서 그 모습을 가장 잘 드러낸다.

달리 말하면 이것은 공감적 관계성(empathic relationship)에 충실한 행위이기도 하다. 재난이 '자연의 타자화'에서 비롯되었고, '인간의 사물화'

---

55 슬라보예 지젝·존 밀뱅크, 『예수는 괴물이다』, 배성민·박치현 옮김(마티, 2013), 9쪽(한국어판 서문).

56 이찬수, 『인간은 신의 암호』(분도출판사, 1999)는 칼 라너의 신학 사상을 중심으로 이러한 내재적 초월성에 대해 분석 및 정리하고 있다.

가 대량 학살을 제공했다면, 타자화한 자연을 회수해 내면화하고, 파편화된 인간에서 벗어나 사이성(betweenness) 및 관계성(relationship)으로 인간에 대한 공감적 감수성을 회복하는 일이 중요하다. 인간을 'human being'이 아닌 'human betweenness'로, 원자화된 실체가 아니라 '사이(the between)'로 이해하고, 그 '사이'에서 공감적 또는 공생적 사회의 모델을 구축하는 작업이야말로 재난의 원인을 되돌려 축소하고 삭제하는 근본적인 작업이 된다.

실제로 신앙 속에서, 그리고 그 신앙에 대한 깨달음 속에서 종교적 천재들에 의해 증언된 범아일여(梵我一如), 일체중생실유불성(一切衆生悉有佛性), 심즉불(心卽佛), 신적 형상으로서의 인간, 인즉천(人卽天), 시천주(侍天主) 등 동서양의 오랜 형이상학적 또는 통찰적 지혜는 신, 인간, 자연을 일원론적으로 또는 '사이의 존재'로 볼 수 있는 논리를 제공한다. 자연을 그대로 두면서도 인간 안에 내면화해, 결국 인간을 성화시키는 종교적 공통 전제이기도 하다. 국가와 사회가 재난이 되어 버린 시대, 이 전제를 되살리는 일은 재난의 근본 원인을 삭제해 가는 시원적 동력이다. 재난 관련 거버넌스는 그래서 타인에게서 '얼굴'을 보는 '종교적인' 기획과 함께 시도되어야 할 필요가 있다.

* 이 글은 《종교문화비평》 제26호(2014)에 출간된 필자의 논문 「재난: 자연의 타자화, 인간의 사물화」를 일부 수정 보완한 것이다.

참고 문헌

국문

강영안, 『주체는 죽었는가』, 문예출판사, 1996.

강윤재, 「원전 사고와 민주적 위험 거버넌스의 필요성」, 《경제와 사회》 제91호, 2011.

김성철, 「평화학에서 본 재난: 거버넌스, 인간안보, 정의의 문제」, 서울대학교 통일평화연
구원 제21차 HK평화인문학콜로퀴엄 자료집, 2014년 5월 14일.

라인홀드 니버, 『도덕적 인간과 비도덕적 사회』, 이한우 옮김, 문예출판사, 2004.

스티븐 미슨, 『마음의 역사』, 윤소영 옮김, 영림카디널, 2001.

슬라보예 지젝, 『폭력이란 무엇인가』, 이현우 외 옮김, 난장이, 2011.

슬라보예 지젝·존 밀뱅크, 『예수는 괴물이다』, 배성민·박치현 옮김, 마티, 2013.

에마뉘엘 레비나스, 『윤리와 무한』, 양명수 옮김, 다산글방, 2000.

에마뉘엘 레비나스, 『시간과 타자』, 강영안 옮김, 문예출판사, 1996.

우석훈, 『내릴 수 없는 배』, 웅진지식하우스, 2014.

울리히 벡, 『위험사회』, 홍성태 옮김, 새물결, 2006.

윌프레드 캔트웰 스미스, 『종교의 의미와 목적』, 길희성 옮김, 분도출판사, 1991.

이재열·김동우, 「이중적 위험사회형 재난의 구조: 대구 지하철 화재사고를 중심으로 한 비
교 사례연구」, 《한국사회학》 제38집 제3호, 2004.

이찬수, 『생각나야 생각하지: 사유, 주체, 관계 그리고 종교』, 다산글방, 2002.

이찬수, 『인간은 신의 암호』, 분도출판사, 1999.

이향준, 「'쇼아': 익명의 아이히만은 어떻게 가능한가」, 《폭력 이미지 재난》, 조선대 인문학

연구원 이미지연구소 편, 앨피, 2012.

전재성, 『정치는 도덕적인가: 라인홀드 니버의 초월적 국제정치사상』, 한길사, 2012.

정희진, 「일상과 비상의 구별?」, 《한겨레신문》 2014년 6월 2일.

조르조 아감벤, 『호모 사케르』, 박진우 옮김, 새물결, 2008.

조르조 아감벤, 『아우슈비츠의 남은 자들』, 정문영 옮김, 새물결, 2012.

질 들뢰즈·펠릭스 가타리, 『천개의 고원: 자본주의와 분열증 2』, 김재인 옮김, 새물결, 2001.

질 포코니에·마크 터너, 『우리는 어떻게 생각하는가』, 김동환 외 옮김, 지호, 2009.

찰스 프레드 앨퍼드, 『인간은 왜 악에 굴복하는가』, 이만우 옮김, 황금가지, 2004.

크리스토퍼 R. 브라우닝, 『아주 평범한 사람들』, 이진모 옮김, 책과 함께, 2010.

프리모 레비, 『이것이 인간인가』, 이현경 옮김, 돌베개, 2007.

한나 아렌트, 『예루살렘의 아이히만』, 김선욱 옮김, 한길사, 2006.

영문

Gadamer, Hans‒Georg, *Truth and Method*, New York: Crossroad, 1982.

International Federation of Red Cross and Red Crescent Societies, "What is Disaster?" http://www.ifrc.org/en/what‒we‒do/disaster‒management/about‒disasters/what‒is‒a‒disaster/(검색일: 2013년 10월 15일).

Kant, Immanuel, "On the Miscarriage of All Philosophical Trials in Theodicy," eds. Allen Wood and George Di Giovanni, *Religion and Rational Theology*, Cambridge: Cambridge University Press, 1996.

Levinas, Emmanuel, *Entre Nous: On Thinking‒of‒the‒Other*, tr. by Michael B. Smith and Barbara Harshav, New York: Columbia University Press, 1998.

Perrow, Charles, *Normal Accidents: Living with High‒Risk Technologies*, Princeton: Princeton University Press, 1999.

일문

西谷啓治, 『宗教とは何か』, 東京: 創文社, 1961.

2장

재난의 정치적·사회적 제 쟁점:
인간 안보, 정의, 거버넌스 문제

김성철

1. 서론

인간의 삶, 그리고 평화와 자유를 침해하는 주제들을 다룰 때 유의해야 할 점은 두가지이다. 하나는 전통적 갈등과 비전통적 갈등 사이의 연관성에 관한 문제의식이 높아지고 있다는 점이다. 예를 들어 북아프리카와 중동의 민주화 과정에서 발생하는 내란과 무력 충돌을 피하려는 다수의 사람들이 유럽으로 불법 유입되어 일종의 난민 문제를 낳는 데서 볼 수 있듯이 새로운 형태의 비평화적 상황이 끊임없이 발생하거나 분쟁으로 발전하기도 한다. 반대로 쿠르드 족의 이라크-터키 국경의 범람으로 터키 정부는 무력을 사용하기에 이르고 서방 국가들은 이를 지원하는 양상에서 볼 수 있듯이 비군사적 혼란 상황이 무력 충돌로 비화하기도 한다. 모두 무력 충돌과 인간 안보에 관한 이해의 확대를 필요로 한다.

다른 하나는 새로운 형태의 갈등 요소가 등장하고 있다는 점이다. 온난화로 인한 기후 변동은 대표적인 예로서 다양한 형태의 갈등 요소이다. 가뭄이나 홍수뿐만 아니라 해빙, 해수면 상승 등은 20세기에는 크게 문제되지 않았지만 오늘날에는 새로운 형태의 갈등 요소임에 틀림없다. 전통적인 국가 주권의 대상인 영토를 둘러싼 분쟁 못지않게 물 분쟁, 특히 여러 국가를 경유하는 강으로부터 수원을 확보하려는 분쟁은 더 이상 간과할 수 없는 새로운 분쟁 형태이다. 또 기후 변동은 홍수, 가뭄 등의 자연 재해와 농업 피해와 이로 인한 주민들의 월경 또는 주거 불명은 인간 안보의 심각한 문제를 초래하기도 한다. 이들은 난민으로 인정되든 그렇지 않든 간에, 인권의 취약 계층이 되고 만다. 이런 문제들에 대해서는 생태와 인권을 연관시키는 새로운 인식이 필요하다.

재난은 전통적 갈등과 비전통적 갈등 사이에 위치하면서 새로운 형태로 진화하고 있다. 자연적이든 인위적이든 재난은 새로운 비평화적 요소 또는 요한 갈퉁(Johan Galtung)이 말한 구조적 폭력의 한가운데에 있다.[1] 우리는 재난이 그 자체로서 인명을 앗아 갈 뿐만 아니라 극한 상황에서 인간 안보를 위태롭게 만들며 기존의 불평등과 부정의를 확대하고 심화한다는 점에 새롭게 주목해야 할 것이다. 다시 말해 재난은 적극적 평화의 근간을 흔들어 구조적 폭력을 심화한다. 갈퉁의 구조적 폭력은 사회 구조 또는 사회 제도가 인간의 기본 욕구의 충족을 저해하는 폭력이다. 구조적 폭력은 회피할 수 있는 것이며, 그런 만큼 누군가 인위적으로 그것을 방치하거나 조장하여 인간의 생명을 무모하게 박탈할 수 있음을 환기한 것에 의의가 있다. 구조적 폭력은 정체되어 있는 것이 아니라 인종 차별, 성차별, 엘리트주의 등

---

1 Johan Galtung, "Violence, Peace, and Peace Research," *Journal of Peace Research*, 6-3(1969), pp. 167-191.

인간의 의식, 태도, 상징 체계 등을 통해 비평화적 상황을 심화한다. 따라서 갈퉁은 구조적 폭력과 연관하여 문화적 폭력을 논하기도 한다. 문화적 폭력은 인종적 폭력, 제노사이드, 전쟁 등 직접적 폭력을 정당화하기 때문이다.[2]

재난은 사회 주류로부터 벗어나 있는 주변부의 개인과 집단을 물리적·정서적으로 소외시키거나 정신 질환을 초래하기도 한다. 이런 점에서 재난은 구조적 폭력의 매개체이기도 하다. 재난은 구조적 폭력의 한가운데 조용히 놓여 있는 소극적인 존재가 아니라 적극적으로 인간 안보를 위협하고 구조적 폭력을 촉진하기도 한다. 재난이 대부분 자연 재해나 기술 실패에 의해 일어나는 경우이든, 아니면 내전이나 전쟁과 같은 직접적 폭력으로 파생되는 경우이든, 이미 피폐된 공동체와 인간 안보를 더욱 침해하면서 폭력을 연장시키기도 한다.

이 글은 재난을 인간 안보의 위협과 구조적 폭력이라는 관점에서 다루는바, 첫째로 재난의 정의를 복합성 개념과 관련시켜 살펴본다. 둘째, 인간 안보를 위협하는 주체들을 다룬다. 국가주권의 우선성으로 인해 특히 비민주적 국가의 재난 대응 과정에서 인간 안보가 도외시되는 문제를 논하며, 국가 내 관료제의 병리 현상에 따른 문제를 살펴본다. 셋째, 재난에 의한 공동체 내의 불평등 또는 부정의(不正義)가 심화되는 문제를 사례를 들어 다룬다. 넷째, 재난과 관련된 거버넌스 개념을 행위 주체를 중심으로 논하고자 한다. 마지막으로 이상의 논의를 요약하고 함의를 찾고자 한다. 여기에서 말하는 재난은 자연 재해 및 기술-산업 재해에 의한 재난에 중점을 두면서도 재난의 대응 과정에 인적·사회적 요소가 크게 작용함을 염두에 두고자 한다(많은 재난을 자연 또는 기술에 의해 촉발되었지만 인재라고

---

2 Johan Galtungm, *Peace by Peaceful Means: Peace and Conflict, Development and Civilization*(Sage, 1996), pp. 196-210.

부르는 이유도 여기에 있다).

2. 재난의 정의 및 복합성

재난을 분석하고 재난이 수반하는 제반 문제를 다루는 것은 평화 구축의 중요한 부분일 것이다. 우선 재난은 전쟁, 인종 학살, 국가 폭력 등 직접적 폭력에 못지않게 순식간에 많은 인명 및 재산 피해를 낳는다. 예를 들어 2003년부터 2012년까지 10년 동안 115만 명 이상이 자연 재해 및 기술 재해로 사망했는데, 이 숫자는 동일 기간에 발생한 아프가니스탄 전쟁 및 이라크 전쟁 등 주요 전쟁에 의한 사망자 수(약 16~23만 명)를 훨씬 능가한다.[3] 또한 2004년 12월 인도네시아 수마트라의 서쪽 해안에서 발생한 지진에 의해 발생한 쓰나미는 스리랑카 동부 및 북부 지역을 침습해 2만 2000명의 인명을 빼앗아 갔으며 100만 명에 가까운 이재민을 낳았다.[4] 사망자 수는 근 20년에 걸친 스리랑카 내전으로 인한 당시까지의 사망자 수보다 많았다.[5]

재난은 인명을 빼앗아 갈 뿐만 아니라 인간 안보의 취약성을 극도로 노출시키기 때문에, 국제연합(UN)을 비롯한 국제 사회와 학계가 관심을 가

---

3 International Federation of Red Cross and Red Crescent Societies, *World Disaster Report 2013*(IFRC, 2013), p. 236.

4 당시 쓰나미가 미친 피해는 인도네시아, 미얀마, 인도, 스리랑카 전체를 합치면, 사망자 15만 7000~17만 8000명, 실종자 2만 6000~14만 2000명에 이른다.

5 Joachim Ahrens and Patrick M. Rudolph, "The Importance of Governance in Risk Reduction and Disaster Management," *Journal of Contingencies and Crisis Management*, 14-4(2006), p. 207; Liu, Philip L. F. et al., "Observations by the International Tsunami Survey Team in Sri Lanka," *Science*, 308(June 10, 2005), p. 1595.

질 수밖에 없다. 냉전 종식 후 국가주권 존중과 내정 불간섭 원칙이라는 UN의 작동 원리가 재난 발생 시 인간의 기본적 생존권을 보호하는 데 한계가 있음이 드러났다. 지난 10여 년 동안 보호 책임(responsibility to protect, 이른바 R2P)의 논리와 이념이 정착되어 감에 따라 해당 국가가 책임지지 않는 반인도적 범죄들에 대해 국제 사회가 개입할 수 있는 여지가 생기게 되었다. 그러나 보호 책임의 논리와 이념은 재난 상황에는 적용되지 못하고 있다. 특히 독재 국가에서 재난이 발생했을 때 국제 사회의 인도적 지원이 주권 국가의 권한이라는 이름으로 거절되어 인간 안보는 심각한 위험에 빠진다.

1) 재난의 정의

재난이란 무엇인가? UN의 국제법위원회(International Law Commission)는 2007년부터 2008년 사이에 '재난 시 인간의 보호'라는 주제의 보고서를 작성했는데, 이 보고서는 3조에서 "재난은 하나의 비참한 사건 또는 연속적인 사건들에 의해 대량의 인명 손실, 다대한 인간의 고통 및 비탄 또는 대규모의 물적·환경적 손실을 초래하고, 사회의 작동을 심각하게 훼손한다"라고 정의하고 있다.[6] 국제법위원회가 지금까지 위기 관리법 또는 재난 관리법이 각국의 국내법으로서만 존재해 왔던 한계를 인식하고 국제법 차원에서 법 제정을 고려하고 있다는 점에서, 동 위원회의 재난

---

6 Article 3. Definition of Disaster: "Disaster" means a calamitous event or series of events resulting in widespread loss of life, great human suffering and distress, or large-scale material or environmental damage, thereby seriously disrupting the functioning of society. http://legal.un.org/ilc/reports/2013/english/chp6. pdf(Retrieved October 15, 2013).

에 관한 정의는 장차 UN이 법적 근거를 가진 국제적 재난 구조 및 대응을 하는 데 기여할 것으로 보인다. 하지만 재난에 관한 국제법위원회의 정의가 결과를 중시하고 원인에 등한시하다는 점에서 재난을 제대로 정의하고 있다고 보기는 어렵다.

이런 점에서 국제적십자사 – 적신월사연맹(International Federation of Red Cross and Red Crescent Societies: IFRC)의 재난에 관한 정의를 살펴볼 필요가 있다. IFRC는 "재난은 공동체나 사회의 작동을 심각하게 파괴시키는 참화로서, 그 공동체나 사회가 보유한 자원을 가지고는 감당해 내기 힘든 정도의 인적·물적·경제적 또는 환경적 손실을 초래한다. 재난은 자연에서 비롯되지만, 인적인 원인을 지니고 있다"[7]고 정의하고 있다. 주목할 것은 인적 요소를 중요한 요소로 포함하여 (취약성+위험)/능력=재난 [(vulnerability+hazard)/capacity=disaster]이라는 등식을 제시하고 있다는 점이다.[8] 취약성은 단순히 자연환경, 산업, 기술 등 물리적 측면뿐만 아니라 공동체 및 사회 구조 및 네트워크 등 인적 측면에서 재난에 약하거나 재난 시 더욱 손상되는 고리를 의미한다. 또한 위험은 자연적·기술적으로 불가피한 것뿐만 아니라 인위적으로 발생 가능하거나 실수에 의한 것까지 포함된다. 능력은 인적·물적 요소가 모두 포함되지만 이에 대비하고 운용하는 주체는 인간이라는 점을 주목하지 않을 수 없다. 재난을 이상 세 가

---

7 A disaster is a sudden, calamitous event that seriously disrupts the functioning of a community or society and causes human, material, and economic or environmental losses that exceed the community's or society's ability to cope using its own resources. Though often caused by nature, disasters can have human origins.

8 International Federation of Red Cross and Red Crescent Societies, "What is Disaster?" http://www.ifrc.org/en/what – we – do/disaster – management/about – disasters/what – is – a – disaster/(Retrieved October 15, 2013).

지 요소 간의 관계로 정의하는 IFRC의 입장은 재난이 사회 외적 변수에 따른 것뿐만 아니라 해당 사회의 일상에 뿌리박힌, 즉 사람의 문제 또는 사람들 간 관계의 문제와 깊게 연관되어 있음을 보여 준다. 이는 사회적 취약성이라는 용어로 요약될 수 있을 것이다. 사회적 취약성이 아니라면 홍수나 가뭄 등 자연 재해가 재난이 되지는 않을 것이며, 해상 사고가 재난이 되지는 않을 것이다. 예를 들어 2014년 4월 우리 사회를 뒤흔든 세월호 사고는 인적 요소가 사고의 원인부터 사고의 수습 전 과정에 걸쳐 있던 인적·사회적 재난으로서, 우리 사회의 총체적 취약성이 다른 어떤 외적·물리적 요소보다도 중요한 것이었음을 일깨워 주었다.

재난의 의미를 명확히 하기 위해 이와 연관된 용어인 위기의 의미와 연관시켜 살펴볼 필요가 있다. 위기는 매우 광범위한 뜻을 지닌 용어인데, 오늘날 흔히 사용되는 국가 위기(관리)라는 용어에서 보듯이 위기가 주권 국가의 존속과 관련해 정의되고 있는 것이 사실이다. 여기에서 위기는 기존 질서와 안전이 심각히 무너져 향후 사태를 예견하기 힘들 뿐만 아니라 질서와 안전의 관리에 관여해 온 주체들과 시민이 크게 불안을 느끼는 상황을 말한다. 따라서 위기는 물리적 측면뿐만 아니라 다분히 심리적 측면도 함축한다. 위기는 편의상 전쟁, 무력 충돌 등 군사적 상황과 그렇지 않은 재해, 사고 등 비군사적 상황으로 나누어 볼 수 있으나, 두 가지는 서로 연계되어 있다. 위기는 예고 없이 발생할 수 있기 때문에 중앙 정부, 지방 정부, 경찰, 소방, 군 등 공공 및 공공 안전 기관에서는 위기 발생 시 시나리오를 상정해 매뉴얼을 갖기도 한다. 위기가 기존 상태로부터의 이탈임에 틀림없으나 반드시 파멸적인 것이 아닐 수도 있는바, 위기 관리에 성공한다면 위기가 새로운 형태의 질서와 제도를 구축하는 기회가 될 수도 있다. 즉 위기는 분기(bifurcation)의 상황이라고 말할 수 있다.

재난에 의한 상황을 분명히 위기라고 말할 수는 있을 것이다. 하지만 재난은 상황에 초점을 맞추는 위기와는 그 의미가 다르다. 재난은 자연 재해에 의한 것이든 기술적·의도적 결과에 의한 것이든 어느 정도 발생 가능성을 지니고 있다고 말할 수 있다. 정상 사고를 주창한 찰스 페로(Charles Perrow)의 주장을 원용한다면, 특히 현대 사회에서의 기술 재난 및 산업 재난은 일종의 불가피성을 지니고 있다고 할 수 있다.[9] 이런 재난은 체계를 구성하는 요소들이 지나치게 팽팽하게 연결되어 있다는 데 그 원인이 있으며, 한 요소에서의 사소한 문제가 연쇄 반응을 일으켜 대형 재난으로 발전하게 된다. 이런 연쇄적 재난은 도시화, 첨단화, 자동화, 집중화와 같은 사회 발전 및 기술 변화에 기인한 바가 크다. 최초의 원인 제공이 어디에 있든 간에 상관없이, 과학적 및 기술적 합리성에 의한 예방 조치로 재난을 회피하기 힘들다는 특성을 지닌다.[10] 페로가 정상 사고를 주창하는 계기가 된 1979년 스리마일 아일랜드 원전 사고나 한 승객의 비정상적 행동으로 시발된 2003년 대구 지하철 사고를 보더라도, 정밀하게 통제되어 보이는 시스템이 문제의 원인이 되며 막대한 인명 및 재산 피해를 낳았던 것이 사실이다.

재난이 발생할 확률은 비교적 낮겠지만, 피해 규모에 대해서는 어느 정도 추정이 가능하기도 하다. 지진과 쓰나미가 그러하며, 항공기 및 선박 사고도 그렇다. 중요한 것은 재난 당시 외형적으로 보이지 않으나 구조적으로 내재된 인적 요인들이 재난의 발생 가능성을 훨씬 높이고 재난의

9 Charles Perrow, "The Limits of Safety: The Enhancement of a Theory of Accidents," *Journal of Contingencies and Crisis Management*, 2-4(1994), pp. 212-220.

10 이재은·김겸훈·류상일, 「미래사회 환경변화와 재난 관리시스템 발전전략: 국가핵심기반 위기를 중심으로」, 《현대 사회와 행정》 제15권 제3호, 2005, 53-83쪽.

피해를 가중시킴에 틀림없다는 점이다. 인적 요소가 크게 작용하는 재난은 또 다른 재난으로 연계되거나 재난 이후에 복합적·장기적 폐해를 낳게된다. 또한 인적 또는 사회적 취약성을 교정하기는 쉽지 않다.

2) 재난의 복합성

이상에서 알 수 있듯이 재난은 이론적으로나 경험적으로 복합성(complexity)을 지니고 있음에 틀림없다. 최근 몇 년 동안 우리 사회와 학계에서 복합 재난이라는 용어를 흔히 사용해 왔으며, 특히 안전행정부, 국립재난안전연구원, 국립방재연구소 등 공공 기관은 재난의 복합적 성격을 인식한 것이 사실이다.[11]

재난의 복합성은 복합 체계론의 관점을 원용한다면 그 이해가 쉬워질 것이다.[12] 복합성의 우선적 특성은 용어 자체에서 감지할 수 있듯이 사건들 사이의 연계성이다. 재난을 구성하는 요소들 사이의 관계가 고립되어 있지 않고 연계성을 지니고 있어서, 한 요소의 동요가 다른 요소로 전달되어 재난에 대한 대비, 대응, 사후 복구 등을 매우 어렵게 한다. 요소들 간 느슨한 결합(loosely coupled)의 체계에서는 사건의 연계성이 낮은 편이지만, 반대로 치밀하게 묶여져 있는 체계에서는 연계성이 높다.[13] 연계성은

---

11 안철현 외, 「대규모 복합 재난대비 체계적인 훈련방안 연구」(행정안전부, 2011); 박덕근, 「복합 재난이 대부분 긴급 뉴스, 단순보도 탈피해야: 쓰촨성 지진사태로 본 국제 재난 보도」, 《신문과 방송》7월호, 2008, 76–79쪽.

12 여기에서 복합성은 complexity를 말하며, 몇 개의 사건들이 결합되어 있음을 뜻하는 compound와는 다르다고 해야 할 것이다. 특별히 compound라는 개념으로 재난을 분석한 연구로는 Charles Kelly, "Field Note from Tajikistan: Compound Disaster—A New Humanitarian Challenge?," *Journal of Disaster Risk Studies*, 2–3(2009), pp. 295–301.

13 Robert B. Glassman, "Persistence and Loose Coupling in Living Systems," *Behavioral*

페로의 정상 사고에서 말한 기술 재난의 경우 특히 기술 작동의 내적 논리에 의해 그러하다. 하지만 현대 문명 자체가 요소들 사이의 결합의 정도를 한층 높이고 연계성 또한 상승시켜 인재, 자연 재해, 산업 재해를 구분하기 힘들게 하고 있다.[14] 지각 변동, 기후 변동, 생태 위기, 방사 등의 재해가 기술 재난으로 이어지기도 하며, 항공기 및 선박 사고와 이에 따른 재난은 기술 재난과 인재를 구분할 수 없는 속성을 지니게 된다. 또한 재난의 연계성은 사회 구조와도 깊이 연관되어 있어서, 사회의 갈등 및 불평등 구조를 따라 연쇄적인 파괴 효과를 가져오게 된다. 재난의 이 같은 연계성을 파악하는 것은 평화학의 중요한 과제가 되고 있다.

복합성은 불확실성 또는 비결정성의 성질을 지니고 있다. 재난은 일단 발생하게 되면 전개 방식이 불확실성의 요소를 지녀 어떤 작고 단순한 체계 내외의 차이가 예측하기 힘든 결과의 차이를 낳을 수 있음을 말한다. 재난은 이미 논한 바와 같이 확률은 낮되 불가피성을 지니기도 하지만, 정확한 발생 시점과 장소에 따라 결과에 많은 차이가 나타날 수 있다. 또한 재난의 연계성으로 인해 전개 과정 또는 대응이나 복구 방식 및 순서에 따라 결과에서 큰 차이를 낳을 수 있다. 여기에서 불확실성 또는 비결정성이 결코 우연을 뜻하는 것은 아니어서, 사건들 사이에는 일종의 선호적 상관관계(preferential corelation)가 있다.[15] 거의 동일한 파괴 효과를 지닌 자연 재해라 하더라도 사회 불평등의 정도를 달리하는 공동체들에 매우 다른

Science, 18-2(1927), pp. 83-89; Karl E. Weick, "Educational Organizations as Loosely Coupled Systems," Administrative Science Quarterly, 21-1(1976), pp. 1-19.

14 박명규, 「녹색평화의 문제의식과 쟁점들」, 박명규·김성철·이찬수 외, 『녹색평화란 무엇인가』(아카넷, 2013); 이찬수, 「녹색의 평화적 가치와 종교적 생명」, 같은 책.

15 Ervin Laszlo, The Interconnected Universe: Conceptual foundations of Transdisciplinary Unified Theory(World Scientific, 1995), p. 3.

결과를 초래할 것이다. 여기에 시간 변수가 적용된다면 재난 결과의 불확실성은 더욱 높아질 것이다.

복합성은 비선형의 성질을 가지기도 한다. 재난에 대한 대응이나 복구에서 일정한 투입에 비례하는 결과가 나오기보다는 예기치 못한 결과가 나타날 수 있음을 의미한다. 예를 들어 지진으로 파괴된 학교와 주택을 재건한다 해도 피해 이전만큼 복구하기는 기대할 수 없으며, 부족한 식량만큼 식량을 지원해 주어도 식량난이 해결되지 않을 수 있다. 이는 지진에 의해 제도가 왜곡되거나 중대한 결손을 입게 되고, 그 이전의 취약성(인지되었거나 또는 그렇지 않은 경우 모두)이 더욱 부각되기 때문일 것이다.[16] 예를 들어 이미 불균등한 분배 구조가 식량난으로 인해 더욱 왜곡되어 외부로부터의 식량 지원이 있어도 실수요자에게 전달되지 않는 경우가 있을 수 있다. 이럴 때는 일정한 투입에 대해 동일한 결과를 기대할 수가 없다. 비선형이란 양적인 해결의 한계를 의미하는데, 질적·비물질적·정신적 해결 요소가 결합되어야 할 필요성을 제기한다. 이런 점에서 신뢰, 특히 최근의 사회적 자본을 통한 재난 복구에 관한 정지범과 이재열의 논의가 이와 같은 양적 해결의 한계를 극복하고 질적 해결을 위한 길잡이가 될 수 있음을 시사해 준다고 하겠다.[17]

그리고 복합성은 비가역적 성질을 지니고 있다. 어떤 재난으로 인해 생긴 피해는 아무리 복구한다고 해도 이전 상태로 복원되는 경우가 거의

---

16 Daniel J. Alesch, "Complex Urban Systems and Extreme Events: Toward a Theory of Disaster Recovery," First International Conference on Urban Disaster Reduction(January 18–20, 2005), Kobe, Japan, pp. 3–4.

17 정지범·이재열 편저, 『재난에 강한 사회시스템 구축: 복원력과 사회적 자본』(법문사, 2009); Darini ajasingham–Senanayake, "Sri Lanka and the Violence of Reconstruction," *Development*, 48–3(2005), p. 118.

없다는 뜻이다. 인간 안보라는 측면에서 특히 그러하다. 재난은 무수한 생명을 앗아 가기도 하지만, 생존자들의 삶의 기반인 가옥은 물론 직업, 가족, 공동체 및 사회를 통째로 파괴하는 경우가 허다하다. 비가역성은 재난에 의한 인간관계의 변화, 정신적 장애 등을 보아도 잘 드러난다. 실제로 많은 경우, 생존자들조차 주변의 사랑하는 이들의 갑작스런 부재 탓에 인간관계는 변화를 겪지 않을 수 없으며, 충격으로 인한 외상 후 스트레스 장애(post-traumatic stress disorder)를 겪기도 한다. 따라서 재난의 복구 후에도 물리적 및 정신적 환경은 예전과 다를 수밖에 없다.

이상과 같이 재난의 개념을 복합성 맥락에서 본다면, IFRC의 정의에서 말하는 사회적 취약성이 공동체(예를 들면 경제적 및 기술적 저발전 국가 또는 사회) 준비 또는 대비의 부족 이상의 의미를 지니고 있음을 알 수 있다. 취약한 공동체는 자연-인간의 조화, 인간 안보, 생명 보존에 대한 대비가 미흡함과 동시에, 기왕에 존재했던 불평등, 부정의가 재난에 의해 더욱 심화되고 그로 인해 사회관계 전반이 악화되는 문제를 낳는다. 재난은 자원과 수단의 배분을 더욱 왜곡시키며 재난 대응의 결과는 애초 의도한 바와 다른 비선형적으로 나타나게 된다. 이 과정에서 훼손된 인간 안보, 사회관계, 정신적 장애는 개선이 불가능한 비가역적 성격을 지니는 경우가 많으며, 재난 이전의 공동체로의 복원을 힘들게 만들기도 한다.

재난에 대한 분석과 연구 과제는 직접적 폭력뿐만 아니라 구조적 폭력까지를 내용으로 삼는 평화 연구와 깊은 연관성을 지니고 있음에 틀림없다. 재난 연구는 사회적 배경 및 물적 취약성의 고리를 확인해야 하고, 또 가능하다면 이에 대한 이해를 바탕으로 건강한 거버넌스를 구축해야 한다. 또한 재난이 동시적 또는 연쇄적으로 전개되는 양상에 대한 정보의 확보, 공유, 분석에 근거하여 대응해야 함은 모두 평화 연구에서 다루어야 할 주제들이라고 말할 수 있다. 재난이 자연 재해로 인한 것이든, 인간의 실수 또는 의도에 따른 것이든, 무력 충돌에 파생되어 발생하는 것이든, 기술적 결함에 원인을 둔 것이든 간에, 가해 주체가 점차 사회적 변수(인종, 계층, 성별, 연령 등)로 바뀌면서, 피해자가 단순히 재난 그 자체의 피해자에 멈추지 않고 사회 구조의 더 큰 희생자가 된다. 직접적 폭력에서의 가해자와 피해자의 관계보다도 훨씬 더 역동적인 셈이다. 예를 들면 국가 폭력의 경우, 민주적 이행 과정에서 지금까지 은닉해 있던 가해자를 법정에 세우거나 진실 규명 위원회의 절차를 거쳐 사면하고 피해자의 권리와 오명을 벗겨 주는 것이 주된 해결의 방법일 것이다. 반면, 재난의 사회적 배경은 깊고 구조적으로 뿌리박혀 있어 재난이라는 충격에 의해 종결되기보다는 오히려 강화되거나 심화되는 복합성을 지니고 있다.

3. 인간 안보 위협의 주체

인간 안보라는 개념이 주창된 지 20여 년이 흘렀으며, 이로 인해 국가라는 정치 공동체보다도 이를 구성하는 개개인의 삶이 기본이 되어야 한다는 인식이 충분히 확산되었다.[18] 여기에는 1990년 중반부터 르완다, 구 유고, 코소보 등에서 발생한 조직적이고 반인륜적 범죄에 대한 국제 사회의 자성이 있었기 때문이다. 인간 안보는 생명의 물리적 존재만을 의미하는

18 인간 안보가 국가 안보의 대척적 개념으로 등장하기는 했지만, 엄밀히 말하자면 안보에는 경계가 있을 수 없으며 조화가 있어야 할 것이다. 대규모의 자연 재해, 산업-기술 재해(예를 들어 지진이나 화산 폭발 또는 원전 사고)로 인해 인간 안보가 심각히 위협받는 상황이라면 국가의 존속이 위기에 처할 수도 있을 것이다. 반대로 전쟁으로 인한 전재(戰災)는 당연히 인간 안보를 위협한다.

것이 아니라 폭력의 위협, 공포 및 이에 따른 정서적·정신적 평화까지를 의미한다.

그러나 인간 안보를 위협하는 주체들이 존재한다. 아직도 국가주권이라는 이름에 의해 국가가 직접적인 가해자가 되는 경우도 있고, 국가 안보의 우선에 의해 인간 안보가 훼손되는 사례는 지금도 빈번하다.[19] 또한 세월호 사건에서 보듯이 국가 기구들이 인간 안보를 지켜 주지 못하고 있다. 부처 간 협력 부재, 관료제의 경직, 안일과 부패의 고리가 인간의 생명을 지척에서 앗아 가기도 한다. 전쟁도 아닌 재난 시에 이와 같은 현상들이 흔히 발생한다. 여기에서는 재난을 국제적 맥락을 중심으로 먼저 국가주권이 인간 안보를 위협하는 현상을 살펴보기로 한다.

재난의 원인이 자연 재해이든 기술 실패이든 간에, 피해 국가의 구호 및 대응을 위한 국제 사회의 인식은 매우 성숙되어 있으며 재난 극복을 위한 UN, 국제기구 및 국내외 비정부 기구들의 지원 체제도 상당히 구축되어 있는 것도 사실이다(거버넌스 부분에서 상세 논의). 그리고 대부분의 재난 피해 국가들은 이런 지원 기구들의 입국과 현장 접근을 허용하고 협조한다. 그러나 일부 피해국 정부는 그러한 지원을 거부함으로써 국가주권(state sovereignty)과 인간 안보 사이에 충돌을 낳고 있다. 세계화와 지역 통합이 급속히 진행되고 있기는 하지만, 국가주권의 존중 또는 내정 불간섭은 국제법 일반 원칙 및 유엔의 이념 및 작동 원리로 남아 있다. 피해국 정부가 국제 사회의 인도적 지원을 거부하는 경우, 인도주의 정신과 인간 안보는 위협받을 수밖에 없는 실정이다. 여기에서는 국가주권이 인간 안보의 장애가 되는 측면을 분석해 보고자 한다.

---

19 박명규, 「지금 왜 평화인문학인가」, 서울대학교 평화인문학연구단, 『평화인문학이란 무엇인가』(아카넷, 2013).

1) 국가주권의 장벽

국가주권의 존중이 문제되는 경우는 크게 세 가지이다. 첫째는 독재 국가인 경우이다. 일례로, 2008년 미얀마에 태풍 나기스로 인해 13만 명이 사망하거나 실종되었고 200만 명 이상의 이재민이 생겼다. 그러나 미얀마 군부 정권은 국제기구 요원들의 입국에 필요한 비자 발급을 3주 동안이나 거부했으며, 이후 입국을 허용해도 피해민들에 대한 접근을 차단했다. 군부 정권은 구호품의 배분을 중앙 정부가 담당해야 한다는 논리로 일관했다.[20] 이는 독재 국가의 속성상 주민들의 외부 접촉을 차단하려는 목적 이외에도, 구호품을 일종의 복지 재원으로 간주하고 이에 대한 독점권을 행사하려는 목적이었다고 분석할 수 있다. 둘째는 내란으로 인해 두 개의 주권 주창자가 경쟁하는 경우이다. 예를 들면 2004년 12월 쓰나미가 스리랑카를 덮치던 당시는 스리랑카 정부와 소수 민족인 타밀 족 반군 세력(Liberation Tigers of Tamil Eelam: LTTE) 사이에 평화 협상에 따른 잠정적 안정 상태를 이루던 때였다. 가장 큰 피해 집단은 어느 쪽에도 속하지 않은 소수 집단이었다. 셋째는 기술 안보 또는 기술폐쇄주의의 경우이다. 2000년 러시아 잠수함의 해저 사고가 발생했을 때 미국의 국방장관 코헨이 러시아에 기술 및 구원 지원을 제안했지만, 러시아의 거부로 실현되지 않았다.[21] 기술 안보(크게 보면 국가 안보라는 맥락 속에서)가 인간 안보보다 우위에 선 대표적인 경우였다. 2011년 후쿠시마 원전 사고가 발생했을 때, 방사능 대응과 관련한 미국의 기술적 지원을 위한 제안은 일본 정부의 거부로 무산되었으며, 국제원자력기구가 방사능 측정 및 기준치 문제를 둘

---

20 박기갑, 「국제재난법에 관한 보편적이며 포괄적인 국제조약은 존재가능한가?」, 《고려법학》 제61호, 2011, 80쪽.

러싸고 기술적 지원을 시도했으나 일본 기술진이 거부하기도 했다. 이는 분명 기술폐쇄주의의 결과였다. 이상은 국가주권의 장벽이 인간 안보를 위협하는 경우로서, 피해 공동체 내에서의 집단 분화와 취약 계층에의 부정의를 심화하는 문제를 낳는다.

이상의 문제를 인식하는 국제 사회는 재난 시 인간 안보가 우선되어야 한다는 주장을 제기하기도 한다. 실제로 UN의 국제법위원회에서 일부 법학자들은 피해 국가의 요청보다도 인도적 개입과 피해자 인권이 무엇보다도 중시되어야 한다는 주장을 내세워 왔다.[22] 하지만 아직까지도 국가주권은 사실상 성역으로 남아 있어서, 재난과 관련해 피해 국가의 의무는 몇 가지 통고 의무만이 국제법에 규정되어 있을 뿐이다.[23]

2) 보호 책임 논의가 주는 함의

과연 재난을 스스로 관리할 수 없는 국가, 인간 안보를 외면하는 국가, 구조적 폭력 상황의 악화를 방치하는 국가에도 국가주권과 내정 불간섭의 원칙은 성역이어야 하는가? 냉전 후 UN을 중심으로 한 국제 사회의 역할

---

21 R. G. Gidadhubli, "Kursk Submarine Disaster: Obsolete Technologies, Outdated Governance," *Economic and Policy Weekly*, 35(August 26 – September 8, 2011), pp. 3102 – 3104.

22 박기갑, 앞의 글, 81쪽.

23 통보의 의무 규정은 해양법 협약, 산업 사고의 초국경적 영향에 관한 협약 등 환경 관련 국제법에 여러 가지 형태로 존재한다. 예를 들어 유해 물질 폐기물(harzadous wastes), 기름 등 유출에 의한 해양 오염(marine pollutions) 발생 시 발생 주체가 주변 국가와 피해 예상 대상자에게 통보해야 한다. 그러나 이 밖에 재난과 관련해 국가주권을 능가하는 어떤 국제 기구가 강제를 요구할 근거는 없는 셈이다. Malcolm N. Shaw, *International Law*, 6th ed.(Cambridge University Press, 2008), pp. 892 – 893.

에 관한 논의를 중심으로 이 질문에 답해 보기로 하자.

냉전 종식 직후인 1990년대 초반 인간 안보 개념의 사용과 함께 인도적 개입(humanitarian intervention)에 대한 논의가 UN의 역할을 중심으로 진지하게 전개되었다. 이는 시대의 흐름 속에서 나온 중요한 변화였다. 제2차 세계 대전 종전 후 국가 간 전쟁 방지를 위한 강력한 국제기구가 필요하다는 요구 속에서 UN과 UN 안보리가 창설되었으나, 실제로는 동서 냉전으로 기능 부전에 빠지게 되었다. 그러다 냉전이 종식되고 국가 간 전쟁의 가능성이 감소하게 되자, 국제 사회가 인도적 차원에서 무력을 사용해 국가 내 잔혹 행위에 개입할 가능성과 법적 및 논리적 근거에 대해 논의하기에 이른 것이다. 인도적 개입에 관한 논의는 제노사이드, 인종 청소, 반인도적 범죄 등이 발생했을 경우 국제 사회가 무력을 사용해 국가주권에 대응, 개입할 수 있는가 하는 문제가 중심이 되었다. 실제로 1990년대 중후반에는 르완다, 구 유고, 코소보 등에서 반인륜적 잔악 행위가 발생하여 무력을 동반한 인도적 개입 여부는 국제 사회의 중요한 현안이 되었다.

그러나 국제 사회의 역할과 임무에 관한 논의도 시대적 요구에 따라 재조정되었다. 20세기 말의 논의가 인도적 개입 시 무력 사용의 정당성 문제에 초점이 맞추어졌다면, 21세기에 접어들면서는 인간 안보가 절실한 상황, 특히 해당 국가가 보호해야 할 자국민의 생명과 인권을 직접 유린하는 대규모의 조직적 폭력과 관련해 국제 사회의 책무와 국가주권 사이의 관계를 어떻게 규정해야 하는가가 논의의 초점이 되었다. 후자는 보호 책임(또는 R2P) 논의라고 한다.

보호 책임 논의는 UN 사무총장이던 코피 아난이 1999년 제기한 것으로서, 2001년 캐나다에서 개최된 개입과 국가주권에 관한 국제 위원회(International Commission on Intervention and State Sovereignty: ICISS) 회의의 보고서에서는 국제 사회의 보호 책임이 심도 있게 다루어졌다. 그러나 해당 국가의 주권과의 상충성이 지속적인 논란의 대상이 되었고, 또 실제적인 적용 가능성을 둘러싸고 국제법 관련 학계와 유엔에서 논쟁이 계속되었다. 2005년 세계정상회의에서 ICISS의 성과를 더 명료화하려는 협상을 전개해 UN 총회의 지지를 받았다. 2006년 새로 부임한 반기문 사무총장의 주도하에 "좁고 깊게(narrow and deep)" 구호 아래 국제 사회의 인도주의적 개입이 한계가 있지만 적용 가능한 국제 규범으로 정착시키려는 노력이 있었다. 반 총장 일행은 제노사이드, 인종 청소, 전쟁 범죄, 반인도적 범죄 등 네 가지에 한해 보호 책임을 적용하는 데 있어서, 국가주권과 보호 책임과의 관계를 상호 대립이 아니라 "주권의 친구(ally of sovereignty)"라는 표현으로 정리하였다. 이는 국가주권이나 내정 불간섭 원칙과 직접 충돌하지 않으면서 인도적 개입의 여지를 남겨 두려는 의지의 표현이었다. 아무튼 국제 사회의 보호 책임에 관해서는 2006년의 안보리 결의 1674호, 1704호 및 2009년의 총회 결의 63/308호 등으로 구체화되어 왔으며, 실제로 2007~2008년 케냐의 선거 관련 살상 문제에 개입해 인명 피해를 줄이는 데 기여하기도 했다.[24]

그러나 재난은 보호 책임의 대상에서 제외된 점이 분명해졌다. 네 가지 범죄에 국한시킨 만큼 여기에 속하지 않는 다른 형태의 비인도적 상황에 대한 국제 사회의 보호 책임은 적용될 수 없게 된 셈이다. 더욱이 독재 국가의 재난에 대한 인도적 목적의 국제적 개입이 설 자리를 잃게 되었다.

이상의 논의에서 보듯이 국가주권은 여전히 국제법과 규범의 중요한 부

---

[24] Alex J. Bellamy, "The Responsibility to Protect," ed. Paul D. Williams, *Security Studies: An Introduction*(Routledge, 2013), pp. 488–497; 박기갑·박진아·임예준, 『국제법상 보호 책임』(삼우사, 2010), 26쪽.

분으로 남아 있으며, 따라서 국제 사회에서 인도적 개입은 제한받을 수밖에 없다. 그러나 보호 책임의 논의를 살펴보면서 재난 대응(그리고 이에 관한 연구)을 위한 시사점을 찾을 수 있을 것으로 보인다. 국제 사회의 개입은 해당 국가가 허락하는 범위에서만 제한되기 때문에, 국제 사회는 조기 경보 체계를 구축해 재난에 대비해야 할 것이다. 특히 자연 재해의 경우, 온난화로 인한 기후 변동과 이에 따른 재난 발생 가능 지역, 지각 변동 특히 화산 및 지진대, 방사 및 방진 취약 지역 및 그 영향, 원전의 노후화와 자연 재해와의 연관 가능성, 원자력 기술 체계 등에 관한 정보 공유를 바탕으로 다양한 종류의 재난 방지 조기 경보 체계를 구축해야만 할 것이다. 재난에 관한 포괄적인 국제법이 존재하지 않는 한, 통고의 의무 등의 국제법의 활용과 정보 공유에 기반한 조기 경보 체계 등이 적시적(time-critical) 재난 대응에 도움이 될 것이다.[25] 이러한 체계 구축은 국제 사회의 인도적 개입을 다소 용이하게 하고 재난의 연계와 사회적 불평등 폐해의 심화를 막는 데 일정하게 기여할 수 있을 것이다.

3) 관료제의 문제

인간 안보를 위협하는 주체로서 현대 국가의 관료제를 **빼놓을** 수 없을 것이다. 관료제의 최상층부인 각 정부의 부처는 일종의 유질동상의 원리에 따라 동일한 방식으로 행정의 기능 분화를 거쳐 왔다. 재난 관리 및 위기 관리 기구도 교통 및 안보 안전에 관한 정부의 행정 부처에 존치되어 오는 경향이 있다. 그러나 재난과 관련한 기구가 조직화되는 방식도 나라마다

---

25 김성삼·구신회·박영진, 「국제재난기구 협업을 통한 적시적 재난 대응」, 《한국지형공간정보학회지》 제20권 제2호, 2012, 109-117쪽.

다르고 선진국이라 해도 재난 예방, 대비, 대응, 복구 등이 반드시 성공적이라고만 말할 수는 없다.

미국의 국토안전부(그 산하의 연방재난관청)와 한국의 안전행정부(재난안전실, 외청으로서 경찰청 및 소방방재청 등)는 정부 내 부처 및 하부 조직으로 존재하며, 일본의 경우는 협의체로서 중앙방재회의(이하 지방 정부의 방재회의)를 두고 있다. 미국이나 일본이나 선진국이라고 하지만 뉴올리언스의 카트리나 재난, 후쿠시마의 원전 재난에서 보듯이 관료제에 따른 많은 문제를 노출했다. 후쿠시마의 경우, 문제 발생 시 총리를 중심으로 회의체를 가동해 즉각 대응하는 듯했으나, 관료의 보수적 정보 통제와 투명성 부재로 인해 일본 사회 내에서는 물론 타국 정부에서 일본 정부의 발표에 대해 의문을 품게 되었다. 또한 원전 사고와 같은 특수 상황에 대한 매뉴얼이 없었는데, 이는 사업 주체가 민간이라는 이유도 있었다. 결국 정부는 위기 상황에 대한 대응마저 기업에 맡기는 셈이 되었다. 더 큰 문제는 방사성 물질의 확산에 대한 정부의 대응에서 나타났다. 피해 주민들과 시민 단체들의 항의와 대책 요구에 대해 정부는 가해 주체를 도쿄전력으로 보고 사실상 국가의 책무를 방기하는 태도를 보이기도 했다. 반면 지자체장들은 원전 재난 대응을 위한 실질적 권한을 가질 수 없었을 뿐만 아니라, 중앙 정부와 각 부처는 지방 정부에 대한 지원에 대해 한계를 드러냈다. 예를 들어 후쿠시마 현 지사는 대피 및 피난 지역 설정에 대해서는 중앙 정부의 통제를 받고 원전 재난의 대응과 복구에 대해서는 기업에 무력했으며 중앙 정부로부터는 지원을 기대할 수도 없었다. 뉴올리언스의 카트리나 경우도, 연방 정부가 안보적 차원에서 질서와 통제를 강조함으로써 사회적 취약 집단인 아프리카계 주민 공동체의 상황은 더욱 열악해지게 되었다.

세월호 사건에서도 여실히 드러나듯이, 해상 재난의 현장 주체인 해경은 부처 간 벽(스스로 만든 벽을 포함)으로 인해 신속한 정보 공유를 위한 연락 체계를 원활하게 운용하지 못했으며, 해군, 민간 부문의 전문가 집단을 적절히 동원하지 못했을 뿐만 아니라 해난 구조를 위한 인적 및 물적 자원을 종합적·유기적으로 활용하지도 못했다. 책임을 단순히 해경에만 돌릴 수 없는 이유도 있다. 중앙 집권적 관료제하에서 안전행정부는 전문성, 권한, 책임을 동시에 지닌 대응 기구가 되지 못했으며, 이런 조건에서 구조 작업은 한계를 드러낼 수밖에 없었다. 어느 누구도 권한과 책임을 가지지 못하는 상황에서 총리, 안행부, 해경 등 여러 층으로 권한과 책임이 분산되었다. 즉 권한과 책임의 공동화(空洞化)가 발생한 것이다.

재난의 배경을 보면, 많은 재난은 인재이다. 재난이 단순한 사고로 그치지 않고 거대한 재난이 되는 이유는 관료제의 병리적 현상인 부조리 때문이다. 세월호의 경우, 특히 모피아, 관피아, 원피아, 해피아 등으로 묘사되는 왜곡된 인사 관행, 즉 피규제 조직의 우두머리에 규제 부처의 퇴직 관료가 전직함에 따라 발생하는 제도와 규범의 균열로 점철된 인재였다. 도쿄전력의 경우에도 경제산업성 및 원자력안전원 간부들의 아마쿠다리(天下リ: 일본식 낙하산 인사)가 그러했다. 투명성이 결여된 저개발국이나 개발 도상국의 경우 이 같은 상황은 더욱 심할 것이다.

4. 재난과 부정의(不正義) 문제

재난 피해 공동체의 내부를 들여다보면, 인간 안보의 문제는 더욱 복합적인 문제임을 알 수 있게 된다. 재난에 의한 불평등 구조의 심화, 즉 정의의 부재를 둘러싼 문제가 그러하다. 재난에 대한 분석, 그리고 재난과 관련한 인간 안보 및 구조적 폭력에 관한 논의는 불평등 또는 부정의 (injustice)의 문제로 귀결된다고 해도 과언이 아니다. 일반적으로 재난 상황에서 사회적 차별 또는 일부 계층의 특권화는 더욱 두드러진다. 일부 특권 계층을 제외한 다른 사회 집단들은 재난에 그냥 노출되어 있으며, 재난 발생 시 이들 취약 집단은 희소해진 자원과 수단에 대한 접근이 더욱 제한된다. 지진이나 허리케인에 의한 자연 재해의 경우, 특히 비민주적 국가에서는 이들 취약 집단이 더 큰 피해의 대상이 된다. 저소득층, 소수 인종이 더 차별을 받게 되며, 아동, 여성, 노약자 등이 피해 상황으로부터의 탈출이 더 긴급하지만 실제로 그렇지 못한 것이 사실이다. 내란의 경우에는 경쟁하는 주권들이 미치지 않은 영역의 소수 집단은 주변부화하여 잊힌다. 인도적 국제기구는 국가주권의 문턱을 넘지 못하고 배제되기도 하고, 피해국 내 차별적 자원 배분 및 수단의 접근은 고질적 불평등을 더욱 심화시키거나 고착화시키는 문제를 남긴다.[26]

재난 상황에서 발생하는 부정의의 사례를 찾기는 힘들지 않다. 1990년 후반 북한에서는 고질적인 농업 정책 실패와 자연 재해가 결합되어 식량난 및 기아라는 재난을 낳았고, 이 과정에서 사회 계층별로 차등적인 피해를 낳은 것은 잘 알려진 사실이다. 이른바 고난의 행군 시기(1996~2000년)에는 국가 식량 배급 체계가 붕괴되었음은 물론, 기아로 63~69만 명의 아

---

26 인재의 경우, 재난의 소재 자체가 불평등을 안고 있다. 예를 들어 선박 사고, 특히 페리 사고로 인한 재난이 비행기 사고로 인한 재난보다 훨씬 더 재앙적인 이유는 교통수단 자체가 계층화, 계급화되어 있기 때문일 것이다. 고급화된 교통수단일수록 그만큼 안전 통제, 기술적 안전 기준, 승무원의 훈련 정도 등이 더 엄격하다. 이는 2014년 발생한 두 가지의 교통 관련 재난, 즉 샌프란시스코 공항 아시아나 항공기 추락과 진도 팽목항에서의 세월호 침몰에서 잘 비교된다.

사자가 발생했다.[27] 당시 이 아사자들은 영양실조와 각종 질병으로 사망한 것으로 파악되는데, 특히 빈민층과 취약 계층에서 집중적으로 발생한 것으로 판단된다. 간부들은 비공식적이나마 식량을 획득할 수 있는 일정한 네트워크를 가지고 있었으며 지정된 병원에서 의료 혜택을 받기도 했다. 그러나 일반 노동자들은 병원 의약품의 부족과 시설 낙후로 질병 감염의 위험에 더 많이 노출되었다. 더욱이 일부 장마당이나 암시장이 배급 체계를 대신하게 되자, 기득권층의 부를 축적하는 현상이 두드러지고 빈곤층과의 차별은 더욱 심화되었다.[28]

2004년 스리랑카를 덮친 쓰나미는 동부와 북부 지역에 큰 피해를 낳았는데, 스리랑카 중앙 정부와 내전 중에 있던 타밀 반군(LTTE)이 대부분의 피해 지역을 장악하고 있었다. 재난 발생 당시 중앙 정부는 대통령의 권력 집중으로 유연성이 결여되고 관료적·위계적 체계로 인해 재난에 신속히 대응하지 못하면서도, 타밀 반군이 통제하는 지역에 대해 국제기구가 접근하는 것을 차단하는 데 힘을 기울였다.[29] 반면 타밀 반군은 무장 조직을 재난 대응 조직으로 즉각 전환하고 신속하게 피해 지역 구제에 나섰다. 그러나 문제는 중앙 정부도 타밀 반군도 통제하지 않고 있던 또 다른 소수 집단인 무슬림 공동체가 양쪽으로부터 배제되었다는 점이다. 재난 시에 내전으로 두 개의 주체가 주권을 주장해 국제 사회의 인도적 지원이 차질을 빚은 것도 문제인 동시에, 두 주체의 주변이 된 다른 소수 민족은 더욱 심화된 문화적 배제, 민족 갈등의 공포 등으로 인해 극심한 구조적 폭력의 피

27 이석, 『1994-2000년 북한기근』(통일연구원, 2004).
28 김병로·김성철, 『북한사회의 불평등 구조와 정치사회적 함의』(민족통일연구원, 1998), 57-58쪽.
29 Jayadeva Uyangoda, "Ethnic Conflict, the State and Tsunami Disaster in Sri Lanka," *Inter-Asia Cultural Studies*, 6-3(2005), pp. 341-352.

해자가 되었다는 점에 주목할 필요가 있다.[30] 2008년 말부터 2009년 7월에 걸친 정부군의 LTTE 무력 진압 이후 2004년의 재난 피해쯤은 잠시 가려졌을지도 모른다. 하지만 재난의 피해자들이 정부군 승리의 수혜자가 되었을 리 만무하다.

2010년 지진 발생 후의 아이티는 전형적인 불평등과 부정의의 상황이었다. 특권층과 빈민층의 간격은 더욱 분명해졌다. 지진이 발생한 직후 포르토프랭스 공항을 통해 탈출한 대부분의 사람들은 아이티계 미국인들이거나 부유한 아이티 인들이었는데, 탈출자는 전체 인구 900만 명 중 15만 명을 차지했다. 또한 비상 상황에서 공항을 통해 입국한 일부 미국인들은 재난 지역의 고아들을 입양 목적으로 데려가는 불법 행위를 저지르기도 했다. 비행기는 일반 아이티 인들이 이용할 수 없는 특권 계층만의 교통수단이었다. 미미 셸러(Mimi Sheller)는 피해자들 사이에 사회 경제적 계층에 따라 이동의 자유에 대한 평등이 깨진 사실을 "공간 불평등(spatial inequality)"이라고 칭하기도 했다.[31] 더욱이 미국이 재난 관리 과정을 장악하면서 미군 수송기의 이착륙이 우선시되었고 국제기구 및 비정부 기구들의 지원품 운송과 이를 탑재한 수송기 착륙은 지연되었다. 즉 인도적 지원이 군사화된 것이다.

민주적인 국가라도 부의 분배나 사회적 차등이 심한 사회에서는 이상과 유사한 상황이 발생한다. 예를 들어 2005년 발생한 허리케인 카트리나가 멕시코 만 주변의 미국 도시들을 휩쓸 때 빈곤층에 속한 흑인들은 더욱 소

30 Darini Rajasingham-Senanayake, op. cit., pp. 111-120; Jennifer Hyndman, "The Securitization of Fear in Post-Tsunami Sri Lanka," *Annals of the Association of American Geographers*, 97-2(2007), pp. 361-372.

31 Mimi Sheller, "The Islanding Effect: Post-Disaster Mobility Systems and Humanitarian Logistics in Haiti," *Cultural Geographies*, 20-2(2012), pp. 185-204.

외되었다. 이들 흑인은 재난 발생 시 대피 경고를 따르지 않는 경향을 보여 피해가 컸다. 이들의 무반응은 피해의 예상 규모에 대해 무관심했기 때문이기도 하지만, 대피할 장소 및 인적 네트워크(가족 또는 친구)가 마땅히 없었기 때문인 것으로 분석된다. 또한 재난 후 아프리카계 미국인 노동자들은 백인 노동자보다도 재난으로 인한 실직률이 네 배나 된 것으로 드러났다.[32] 재난 후 스트레스는 아프리카계 실직자들 사이에서 많이 발생했는데, 이는 취약 집단이 사회 경제적 측면은 물론 정신적 측면에서도 재난으로 인한 고통과 후유증을 더 오랫동안 감내해야 했음을 보여 준다. 카트리나 사례는 인종과 계급이 재난 시 부정의의 심화를 낳는 저변의 구조임을 보여 준다.

5. 인간 안보와 정의의 재난 예방 – 대응 거버넌스: 전 지구적 차원에서

인간 안보의 가해 주체와 부정의의 문제를 '촉진'하는 것이 아니라 반대로 '완충'하는 메커니즘이 필요하다. 즉 거버넌스는 재난의 피해 공동체 또는 피해 잠재성이 있는 사회의 취약성을 최소화해야 한다. 거버넌스는 매뉴얼이나 지휘 체계만을 의미하지는 않는다. 거버넌스는 다양한 행위 주체들로 구성되며 이들을 연결해 주는 네트워크를 가지고 있다. 또한 행위 주체들이 서로 얽히는 것과 관련한 규범과 관례가 있다. 통치를 의미하는 거번먼트(government)와는 달리, 거버넌스는 위계적 질서나 관료적 통제 대

---

32 James R. Elliott and Jeremy Pais, "Race, Class, and Hurricane Katrina: Social Differences in Human Responses to Disaster," *Social Science Research*, 35(2006), p. 301.

신에 유연성과 적응성을 위한 권위의 분산이 중요하며, 다양한 자원의 동원 및 활용 능력도 긴요하다.[33] 재난과 관련한 거버넌스 논의는 다양한 행위 주체들이 어떻게 효율적·효과적·종합적으로 재난에 대응하는 협력 구조를 만들며, 피해 지역의 개인, 제도, 공동체, 사회가 자생력을 갖거나 새로운 차원의 복원력을 갖도록 해 줄 것인가 하는 문제를 중심으로 전개된다. 또한 재난 거버넌스에서 규범과 관례에 관한 논의는 재난 이전에 존재하는 법, 제도 등이 위기 상황에서 적용되거나 변용되는 것과 관련될 것이다. 그러나 서구나 한국의 학계에서 거버넌스 개념을 재난에 적용하기 시작한 것은 그리 오래된 일은 아니어서, 이에 대한 지속적인 논의가 필요한 실정이다.[34]

이상적인 형태의 거버넌스는, 앞에서 언급한 IFRC의 재난에 관한 정의에서와 같이 재난 발생 지역 공동체 또는 더 크게는 사회 전체의 취약성 및 대응 능력과 관련된 것이라 할 수 있다. 동일한 재난이라도 피해 규모는 재난 대응 거버넌스의 능력에 달려 있다고 하겠다. 또한 거버넌스는 사회적 자본, 규범, 제도, 인프라 등(반대로는 이와 같은 것들의 취약성)에 달려 있다. 이런 의미에서 보면, 사회적 차별이 존재하고 인권을 중시하지 않으며 비민주적이고 부정부패와 부조리가 만연하는 사회에서는 재난 관련 거버넌스가 제대로 구축되기 힘들 것이다. 다음에서 설명하려는 다층적 거버넌스의 존재가 필요한 이유가 여기에 있다.

33 Edgar A. Maldonado, Carleen F. Maitland, Andrea H. Tapia, "Collaborative Systems Development in Disaster Relief: The Impact of Multi-Level Governance," *Information Systems Frontiers*, 12-1(2010), p. 11.

34 Joachim Ahrens and Patrick M. Rudolph, op. cit., pp. 207-220.

1) 다층적 거버넌스 구축

먼저 재난의 대응 및 복구에 개입하는 거버넌스의 다양한 행위 주체에 대해 살펴보자. 형식적으로는 국제(국제기구 및 정부 간), 국가(중앙 정부 및 지방 정부), 비정부 기구(국제 및 국내) 등 다층적으로 구성된 거버넌스이다.[35] 재난에 대한 인도적 지원의 제공을 선도적으로 조정하는 주체로서 UN의 인도지원조정실(Office for the Coordination of Humanitarian Affairs)이 있는데, 이는 동구 사회주의 해체 및 독일 통일 즈음이던 1991년 12월 UN 총회의 결의에 따라 설립되었다. 인도지원조정실은 전세계 80여 나라에 국제 구조 자문단 그룹을 운영하고 있으며, 긴급 구호 조정관(Emergency Relief Coordinator), 인도적 업무국(Department of Humanitarian Affairs) 등과 함께 재난 및 긴급 상황 시의 명실상부한 총괄 조정 역할을 행하고 있다. 물론 이들 기구가 재난뿐 아니라 분쟁 지역의 위기 상황에 대응하는 데 목적이 있는바, 냉전 후 UN 내의 이 같은 기구의 발전은 인간 안보를 위협하는 양상과 국제 사회가 이에 대응하는 방식이 크게 바뀌었음을 여실히 보여 준다.[36]

또한 UN은 재난 관련 규범 구축을 위해, 총회 결의로 1990년대를 '자연 재난 감소를 위한 10년(International Decade for Natural Disaster

---

35 Edgar A. Maldonado, Carleen F. Maitland, Andrea H. Tapia, op. cit., pp. 9–27; Kathleen Tierney, "Disaster Governance: Social, Political, and Economic Dimensions," *Annual Review of Environment and Resources*, 37(November 2012), pp. 341–363; Ngoh Tiong Tan, "Emergency Management and Social Recovery from Disasters in Different Countries," *Journal of Social Work in Disability and Rehabilitation*, 12(2013), pp. 8–18.

36 박기갑, 앞의 글, 49쪽.

Reduction)'으로 정하고 인명 구조, 빈곤 감소, 사회 경제적 혼란을 방지하는 데 힘쓸 뿐만 아니라 조기 경보 체계를 구축하는 데 기여했다. 그리고 이런 노력을 더욱 구체화하기 위해 2005년 일본 효고에서 이른바 행동 프레임워크(International Strategy for Disaster Reduction)를 채택해 2005년부터 2015년까지 10년 동안 강력한 제도 기반을 구축하는 데 힘을 기울이고 있다. 주목할 만한 것은 세계은행, ASEAN, EU 등과의 공조 체제를 구축하고 있다는 점이다.[37]

그러나 UN 중심의 활동은 지극히 제한되어 있다. 이는 단일화된 재난 관련 국제법이 존재하지 않은 현실인 데다 국가주권이 성역과 같은 역할을 하고 있기 때문이다. 물론 재난 상황과 관련하여 통고의 의무를 규정한 '해양법협약'이나 '산업 사고의 초국경적 영향에 관한 협약' 등의 일부 조항이 존재한다.[38] 그러나 재난은 국경을 존중하지 않는다. 예를 들어 후쿠시마 원전 사고로 인한 방사성 물질 확산은 국경도 없으며 이를 완전히 저지할 지킴이도 없다. 피해 국가의 정부가 재난 대응의 일차적 역할을 하며, 국제적 지원이 아무리 인도적이라 해도 이를 거절할 경우 실행할 근거와 수단이 없는 것이 현실이다.

지역 차원에도 재난에 관한 행위 주체는 존재하지만, 지역 안보 기구나 경제 협력체에 비한다면 미미한 상태에 머물러 있다고 보아야 한다. 아시아의 경우, 대표적인 것으로 1986년 방콕에 본부를 두고 설립된 아시아 재난대비센터(Asian Disaster Preparedness Center)를 들 수 있다. 이 센터는 독립된 비정부 기구로서 방글라데시, 미얀마, 라오스 등에도 사무국을 두고 있으며, 동남아 및 남아시아 국가에서 재난 위험 매니지먼트를 위한 정

37 Kathleen Tierney, op. cit., p. 353.
38 박기갑, 앞의 글, 58–60쪽.

보 및 체계 구축에 관여하고 있다. 이 센터는 재원과 기술을 UNDP, 일본 국제 협력 기구, 아시아개발은행 등 국제기구와 호주, 덴마크, 핀란드, 노르웨이, 스웨덴 등 개별 국가들로부터 지원받고 있다.

행위 주체를 국가 단위로 내려가 보면, 중앙 정부에 속한 재난 관리 또는 위기 관리 조직이 있으며, 재난 발생 지역의 지방 정부 조직은 당사자가 될 것이다. 재난 거버넌스는 어느 사회나 수평적 및 수직적 체계를 동시에 지니고 있기는 하지만, 구조상 일본식의 중층적 수평 행정형과 미국식의 중앙 집중형으로 나누어 볼 수 있을 것이다. 일본식의 중층적 수평 행정형에서는 재난이 발생했을 때 중앙과 각 행정 단위(도도부현 시정촌 등)들이 여러 층의 협의체들을 발동하며, 여기에는 해당 단위의 재난 대응 기구들인 소방, 방재, 경찰, 의료 및 사회 보장 기구 등이 참여해 활동하게 된다. 미국식 중앙 집중형에서는 해당 주 정부 또는 재난 피해 단위가 책임 주체가 되지만, 국토안전부 산하의 연방재난관리청은 가용 지원 기구들을 연계해 이들을 지원하고 자문을 제공한다. 선진국일수록 재난 관련 기구들이 잘 정비되어 있으며 전문 인력의 훈련도와 정보 체계 등이 잘 수립되어 있는 것이 사실이지만, 이들 나라에서 재난 대응이 언제나 성공적인 것만은 아니다.

IFRC의 재난 정의에 비추어 보면, 저발전 국가는 취약성이 높고 대응 능력(capacity)이 낮으며, 재난 대응 거버넌스 또한 취약할 수밖에 없다. 저발전국 대부분은 정치적으로도 비민주적일 가능성이 높은 반면, 투명성이 낮고 발전과 복지에 관한 결정 과정과 기구들이 중앙 집중적이고 위계적이다. 사회적 신뢰가 낮고 인권과 생명에 대한 의식이 저조할 것이다. 또한 정보 수집 체계도 기술적인 면이나 제도적인 면에서 낙후되어 있다고 보아야 할 것이다.

그러나 선진국이라고 해서 반드시 유연성이 있는 재난 관리 거버넌스의 모델을 보여 주는 것만은 아니다.[39] 예를 들어 미국의 재난 관리 거버넌스는 1990년대의 총괄 지원형에서 9·11 사건 이후 중앙 조정형으로 전환되었다. 총괄 지원형 거버넌스의 기원은 1993년 허리케인 앤드류에서 기원하였다. 1979년 카터 행정부 시절 연방 차원의 여러 기구들을 통합해 연방위기관리청(Federal Emergency Management Agency)이라는 총괄 지원 기구가 탄생했으나, 허리케인 앤드류에 대한 미흡한 대응으로 연방위기관리청이 비판의 도마 위에 오르게 되었다. 그러자 1993년 클린턴 대통령은 제임스 위트(James Witt)를 청장으로 임명하고, 위트는 기구의 기능을 재난 대응의 조정, 조율에 국한함으로써 기구가 오히려 유연성을 지닌 촉매자로서 재난 관리 거버넌스를 유도하게 되었다.[40] 하지만 이 기구는 9·11 테러 사태 이후인 2003년 창설된 국토안전부(Department of Homeland Security)에 편입되었는바, 이는 재난 관리가 안보의 맥락에서 중앙 집중형으로 통합 관리됨을 보여 준다. 실제로 2005년 허리케인 카트리나 피해 당시 미국은 뉴올리언스에 계엄령을 선포하고 6만 5000명의 병력을 배치해 일종의 군사 작전 지역을 만들었다.[41] 재난의 국가 안보적 관리 상황하에서 취약 계층, 즉 저소득 아프리카계 시민들의 인간 안보는 더욱 열악했다.

이상에서 살펴본 바와 같이, 재난은 어떤 한 행위 주체에 의해 대비되거

39 김도균·박재묵, 「허베이 스프리트호 기름유출사고 이후 재난관련 거버넌스 구축 실패와 복원력 약화: 관련 행위자들 간의 이해와 대응을 중심으로」, 《ECO》 제16권 제1호, 2012, 7-43쪽.

40 이재은·김겸훈·류상일, 「미래사회 환경변화와 재난 관리시스템 발전전략: 국가핵심기반 위기를 중심으로」, 《현대 사회와 행정》 제15권 제3호, 2005, 78쪽; 박동균, 「한국 위기 관리 시스템의 효율화 방안」, 《한국경찰연구》 제7권 제1호, 2008, 185쪽.

41 Henry A. Giroux, "Reading Hurricane Katrina: Race, Class, and the Biopolitics of Disposability," *College Literature*, 33-3(2006), p. 177.

나 해결될 수 없음을 알 수 있다. 재난이 복합적인 것처럼 재난에 대응하는 거버넌스도 다층적이며 전 지구적일 수밖에 없다. 이미 논의한 바와 같이 국가주권은 일부 독재 국가에 대한 지원을 어렵게 만들고 있으며, 일부 선진국인 경우에도 사회적 불평등 구조로 인해 거버넌스의 취약성이 드러나고 있다. 재난에 대한 국제적 인식이 높아지고 UN을 중심으로 하는 지원 기구와 지역 중심의 재난 대응 기구도 활성화되어 가는 현실 속에서, 인간 안보와 정의를 위한 전 지구적 재난 대응 거버넌스는 유연성, 권위 분산형, 네트워크형이어야 한다. 재난의 경우, 인간 안보의 책임 주체인 국가가 스스로 책임을 방기하더라도, 국제 사회가 국가주권을 무시하고 개입할 법적 근거는 없다. 따라서 국가주권의 존중과 국제 사회의 지원이 균형을 이루는 거버넌스의 구축이 현실적인 대안이다.

2) 비정부 기구의 역할

세계화, 민주화와 더불어 비정부 기구 또는 시민 사회의 증대된 역할이 주목받아 왔으며, 재난 대응과 관련해서도 이들은 중요한 행위 주체로 간주되고 있다. 특히 재난 피해국의 국가주권에 의해 인간 안보가 오히려 위기에 처하는 상황들이 목격되면서 이들 행위 주체에 대한 기대와 관심은 더욱 고조되고 있다. 여기에서는 국제 및 국내 비정부 기구의 접근 방식이 재난에 취약한 정부에 중요한 영향을 미친다는 점에 주목하고자 한다.

대표적 국제 비정부 기구로서 IFRC 및 ICRC는 각국의 적십자사들과 연대를 가지면서 수많은 지원 경험과 모금 활동의 노하우를 이용해 활동하고 있다. 특히 IFRC는 2001년부터 국제 재난 대응법, 규칙 및 원칙 (International Disaster Response Laws, Rules and Principles: IDRL) 프로그램을 운영해 국제 재난 대응 활동에서의 실용 가이드라인으로 발전시켰다. 이 가이드라인은 회원국들의 재난 관련 국내법 제정에 장려하거나 자극하는 역할을 행하고 있다. 가이드라인은 구체적으로 국제 재난 활동에서 나타나는 문제점, 즉 규제나 제도가 제대로 작동 못하여 지연되는 현상을 막기 위한 목적을 지니고 있다. 즉 불필요한 관료적 형식주의(지원품 통관 지연, 관세 부과, 의료품의 법적 인정 문제, 인도 지원 기구의 법적 등록 등)와 일부 국제 지원 기구들의 질 및 조정 문제(불필요한 지원품, 국내 당국자와의 조정 실패, 요원의 훈련 부족, 거북한 이문화 행위 등)에 관한 규범을 전파하고 있다. 가이드라인은 또한 각 행위 주체의 역할과 법적 조치에 관해서 언급하는데, 첫째 피해국의 국내 행위자, 즉 중앙 정부가 가장 중요한 주체가 되고 다음으로 IFRC와 다른 국내 시민 사회가 이를 지원하는 역할을 행하는 국가주권 원칙을 고수하고 있다. 둘째, 국제기구들의 최소한의 인도주의적 기준으로서 박애, 중립성, 공정성 등을 들고 있다. 셋째, 피해국이 지원국 및 국제 지원 기구에 제공할 법적 지원 요소들을 지적하는데, 신속한 비자 발급 및 지원품 통관, 수송 수단 제공, 관세 및 각종 수수료 면제, 임시 현지 법인 획득의 간소화 등이다.[42]

가이드라인은 재난의 예방과 대비, 재난 시 구호 및 복구 지원 과정에서 제기되는 실용적·기술적 문제에 초점을 맞추고 있다. 가이드라인은 UN의 기본 작동 원리나 기존의 국제법과 규범을 존중하는 동시에, 재난 피해국의 국가주권과 문화를 존중해야 한다는 입장을 취하고 있다. 즉 보편적이면서 실용적인 국제적 관습과 규범을 목표로 하고 있다. 그동안 적십자사

---

42 International Federation of Red Cross and Red Crescent Societies, *Introduction to the Guidelines: For the Domestic Facilitation and Regulation of International Disaster Relief and Initial Recovery Assistance*(IFRC, 2011), pp. 8–9.

가 전시 및 재난 시 인도적 활동으로 신뢰받고 있다는 점에 비추어 보면, 향후에도 가이드라인은 국제적 규범화는 물론 회원국들의 재난 관련 법 제정에 기여할 것으로 보인다. 실제로 한국도 2011년 3월 국회에서 '해외 긴급구호에관한법률'을 통과시켰다. 이로써 한국은 기존의 '민방위기본법', '비상대비자원관리법', '재난및안전관리기본법' 등 국내의 긴급 대응법에 이어서, 처음으로 해외 재난을 지원하기 위한 법률을 갖추게 되었다.[43] 물론 세월호 사고에서도 드러났듯이, 우리나라가 해외 지원 국가임에도 불구하고 안전과 관련되는 잘못된 제도나 관행에서 벗어나지 못했다는 모순을 안고 있다.

재난 발생 시, 재난 피해국 내의 종교 단체나 인도주의 비정부 기구들은 국제 비정부 기구보다 훨씬 더 신속하게 구호 활동에 착수하는 것이 일반적이다. 이는 피해 지역과 지리적으로 근접하고 공동체 성격이나 국내법과 문화에 익숙하기 때문일 것이다. 또한 그러한 비정부 기구들은 특정 지역의 재난에 대한 주변의 관심과 박애 정신에 따라 신속한 모금 활동이 가능하기 때문일 것이다. 예를 들어 2005년 8월 허리케인 카트리나가 멕시코 만 해안의 여러 주에 재난 피해를 입혔을 때, 가장 신속한 구조 활동을 전개한 것은 예수그리스도후기성도교회, 장로교회 등 종교 단체들이었다. 이들은 현지에 최초로 도착하여 의식주, 의료, 정신 건강, 아동, 수송 등 구호의 전면에 섰다. 주 정부의 지원이 24시간, 연방 정부의 지원이 48시간 내지 72시간 소요된다는 점을 감안한다면, 이들 종교 단체가 불과 몇 시간 뒤부터 긴급 구호를 개시한 것은 경이적인 신속성이라고 말할 수 있다. 이들 기구는 복구 과정에서도 법률 서비스를 통해 피해자들의 이익

---

43 김갑식, 「노무현 행정부의 위기 관리 체계: 인간 안보와 재난 관리의 접목 가능성」, 《북한연구학회보》 제12권 제2호, 2008, 65쪽.

을 대변해 주거나 다른 지원 기구들과 피해자들을 연결하는 브로커 역할을 수행해 주었다. 그러나 비정부 기구는 신속성이라는 장점에도 불구하고 한계도 있다. 대부분 비정부 기구들은 자원봉사자들로 구성되어 열정과 열의는 있으나 다양한 재난 상황에 관한 전문 지식과 훈련이 결여되어, 자칫하면 잘못된 결과를 초래할 수도 있다.[44]

3) 정부 대표성의 중요성

언급한 바와 같이 비정부 기구(국제 및 국내)는 중요한 행위 주체로서 그 존재의 중요성에 대해서는 의심의 여지가 없다. 그러나 비민주 국가에서의 재난이라 할지라도 비정부 기구 활동이 체제의 제도화, 특히 대표성(representation)을 훼손하도록 방치한다면 문제이다. 체제가 아직 비민주적이더라도 취약하나마 정부가 선거 제도를 통한 대표성을 가지고 있거나, 또는 실패한 국가에서 그런 대표성 제도가 막을 올렸다면, 비정부 기구의 지원 활동은 대표성의 모멘텀을 지탱해 주어야 할 것이다. 흔히 인도주의적 이념을 지닌 비정부 기구들은 관료들을 부패자로 낙인찍고 관료와 제도를 우회해 피해자들에게 직접 접촉을 시도한다. 반대로 중앙 정부와 해당 지방 정부는 자신들을 통해 지원이 중재되기를 바란다.

실제로는 부패만이 이유가 아니다. 적십자사와 같은 경우는 예외일지라도, 많은 경우의 국제 비정부 기구들은 가시적 성과를 기증자들에게 입증해 주어야 한다. 예를 들어 스리랑카의 쓰나미 재난 지역에 지원을 나

---

44 Howard Karger, John Owen, and Shashi van de Graaff, "Governance and Disaster Management: The Governmental and Community Response to Hurricane Katrina and the Victorian Bushfires," *Social Development Issues*, 34-2(2012), pp. 30-37.

선 어느 해외 비정부 기구는 세 명의 요원 중 한 명이 카메라맨으로서 촬영과 홍보를 담당할 정도였다. 또한 대규모 지원금을 소모하는 것이 중요한 임무인 경우도 있었다. 이들 기구는 다른 누구도 아닌 지원금 제공자에게 책임(accountability)을 져야 하기 때문이다. 따라서 서유럽 선진국으로부터 온 국제기구의 지원은 어느 인류학 교수의 지적처럼 "경쟁적 인도주의(competitive humanitarianism)"라고 할 만했다.[45] 따라서 이들 기구가 중앙 및 지방 관료를 접촉하거나 그들을 통해 지원을 제공할 가능성은 낮았던 것이다.

비민주적이고 취약한 대표성을 가진 정부라도 이를 통해 지원을 제공할 것인가, 아니면 비민주적이고 부패했기 때문에 제도의 붕괴를 외면한 지원을 할 것인가의 선택이다. 이와 같은 고민 속에서도, 내전과 같은 예외적인 경우를 제외하고는 대표성 제도를 포기하기 힘든 이유가 있다. 만일 비정부 기구가 피해자 직접 접촉 및 지원만을 시행한다면, 이미 취약한 제도는 그 기반마저 영원히 상실할 가능성이 있다.[46] 또 하나의 이유가 있다. 만일 재난의 규모와 재난 해결 능력의 부재로 인해 정당성이 저하되고 제도가 붕괴하거나, 아니면 작동 불능 상태에 이른다면, 비정부 기구의 지원은 구호 차원을 벗어나지 못하고 복구 및 개발 지원으로의 전환이 불가능해질 것이다.

다시 말해 재난 극복을 위한 전 지구적 차원의 거버넌스는 긴급 구호에 그치지 않고 이미 취약한 제도를 강화시키거나 복원력을 키워 주면서 참

---

45 Jock Stiratt, "Competitive Humanitarianism: Relief and the Tsunami in Sri Lanka," *Anthropology Today*, 22‒5(2006), pp. 11‒16.

46 S. Frederick Starr, "Sovereignty and Legitimacy in Afghan Nation‒Building," ed. Francis Fukuyama, *Nation‒Building: Beyond Afghanistan and Iraq*(Johns Hopkins University Press, 2006), pp. 115‒118.

여형의 새로운 요소(예를 들어 사회적 자본과 가치)를 부가해 자생할 수 있게 해 주어야 한다.[47] 이는 복합 체계론에서 말하는 적응적 자기 조직화(adaptive self-organization)와 같은 것이다. 다양하고 수많은 국제 비정부 기구들이 정부와 지방 정부를 바이패스하고, 대신에 자신들이 고용한 지역 출신 구호 보조원들이 신형 SUV 차량으로 피해 지역을 누비면서 구호품을 전달할 때, 피해국 정부의 기능과 그에 대한 정당성은 무너지게 된다. 이는 국가의 전반적 복지 기능 붕괴로 연결될 것이다.

6. 맺는말

로버트 머턴(Robert Merton)은 "사회학 이론 및 연구는 재난이 발생했을 때 무엇이 일어나는가를 확인하고 이해하는 데 도움을 줄 뿐만 아니라, 반대로 이런 현상을 탐구함으로써 인간 행위와 사회 조직에 관한 사회학 이론이 확대된다"라고 말한 바 있다.[48] 머턴의 발언은 재난 현상과 사회학 이론이 밀접한 관계를 지니고 있다는 의미이기도 하지만, 재난이야말로 극도로 열악한 상황에서의 사회 현상 및 인간관계를 보여 주는 바로미터라는 점을 갈파하고 있다.

재난에 의해 소수 집단, 불리한(disadvantaged) 집단, 소외 집단, 취약집단에 속한 개개인의 인간 안보는 더욱 열악해지며 위험에 더 많이 노출된다. 이들 집단의 취약성과 위험은 역동적이며 결국 불평등과 부정의의

---

47 정지범·이재열 편저, 앞의 책; 강윤재, 「원전 사고와 민주적 위험 거버넌스의 필요성」, 《경제와사회》 제91호, 2001, 12-39쪽.

48 James R. Elliott, Jeremy Pais, op. cit., p. 295 재인용.

문제를 남기며, 이 점에서 재난과 재난 후의 상황은 구조적 폭력을 심화시킨다고 할 수 있다. 물론 재난에 인간이 직접적·의도적 가해자인 경우는 흔하지 않다. 그러나 전쟁, 테러 등 직접적 폭력으로부터 파생되어 재난이 발생한 경우라 할지라도, 인간이 폭력의 가해자가 아니라고 말할 수 없다. 이는 인간이 재난이라는 촉매를 통해 부정의를 증폭시키고 구조화하기 때문이다. 또 자연 재해나 기술 실패로 인해 촉발된 재해라고 하더라도 복합성을 띠게 되며 인간의 대응 여부에 따라 이른바 인재가 되는 것처럼 인간의 역할이 중요하다.

전통적 의미의 안보, 즉 전쟁 방지를 위해 국가주권의 존중이 UN을 비롯한 국제 사회의 중요한 이념이 되어 왔지만, 냉전 종결 후 국가주권 자체가 인간 안보를 제한하고 악화시키기도 한다는 사실이 드러나게 되었으며, 국제 사회는 이를 심각하게 인식하게 되었다. 인간 안보는 생명의 보존은 물론 정서적·정신적 평화의 상태를 의미한다. 이런 문제의식 속에서, 지난 10여 년 동안 보호 책임에 관한 논의는 국가에 의해 자행된 반인륜적 잔악 행위(제노사이드, 인종 청소, 전쟁 범죄, 반인도적 범죄)에 대해 국제 사회가 개입할 수 있는 논리를 정당화해 주고 무력을 수반한 인도적 개입의 여지를 지닌 규범을 만들어 내기도 했다. 이 규범은 국제법의 제정에까지 이르지는 않았지만, UN 총회 및 안보리 결의 등을 통해 인간 안보를 주요 논의 대상으로 올려놓았다. 그러나 문제는 재난 자체가 반인륜적인 직접적 폭력이 아닌 까닭에 보호 책임의 논의 범주에서 벗어나 있다는 점이다. 국가주권은 미얀마 군부 정권의 경우처럼 인도적 지원을 차단하기도 하며, 스리랑카 사례에서 본 것처럼 내전의 와중에 소수 민족을 재난 구호로부터 더욱 소외시키기도 한다. 결국 실질적 의미에서든 또는 상징적 의미에서든 국가주권은 재난 상태에서 구조적 폭력의 가담자가 되기도 한다.

이상과 같은 이유에서 재난의 예방, 대응, 복구를 위한 거버넌스는 유연하고 다양한 행위 주체가 협력하는 네트워크를 구성하는 작업이라고 할 수 있다. 국내적으로, 거버넌스는 제도, 규범의 균열과 현장 대응에서의 권한과 책임을 공동화시키는 관료제적 병리 현상을 억제하고 방지해야만 한다. 재난 현장에서 대응 책임자의 권한과 책임은 필수이다. 국제적으로, 국가주권의 존중과 국제 사회의 지원이 균형을 이루는 거버넌스의 형성이 중요하다. 재난 발생 시 인간 안보의 책임 주체인 국가가 책임을 방기하는 경우라 해도 국제 사회가 국가주권을 무시하고 개입할 법적 근거는 없지만, 그렇다고 그런 국가가 인간 안보를 의도적으로 방기하는 것을 국제 사회가 방관할 수만은 없기 때문이다.

피해 국가의 중앙 및 지방 정부가 피해자의 구호와 공동체 복구의 주체가 되고 국제기구와 비정부 기구의 네트워크가 연계되어 작동되어야 한다. 국제기구와 비정부 기구들이 부패한 정부이거나 비민주적 정부의 제도를 바이패스함이 반드시 옳은 것만은 아니다. 만일 그 같은 정부라도 일정한 대표성(예를 들어 선거를 통해 선출된 중앙 정부와 지방 정부 및 의회)을 가지고 있다면, 또는 대표성 제도를 새롭게 도입해 아직 취약한 경우라면, 국제기구와 비정부 기구들은 이런 정부와 연대하는 재난 구호 및 복구를 위한 거버넌스를 형성해야 한다. 대표성이 취약하다는 이유로 완전히 무시된다면, 정부의 대표성 제도 자체가 붕괴하고 말 것이며 피해 국가 전체로는 복지 기능 부전의 실패한 국가가 될 것이다.

책임 주체로서 취약한 국가의 협력을 유인하는 또는 비민주적 정부의 협력을 유도하는 거버넌스를 형성하는 데 중요한 요소는 무엇보다도 전 지구적 조기 경보 체계일 것이다. 이는 조기 경보 체계가 재난 예방과 피해 대책에 기여할 뿐만 아니라, 재난 발생 시 국가주권의 침해 방식이 아닌 유연성과 상호 신뢰에 기초한 인도적 개입을 가능하게 해 줄 수 있기 때문이다. 조기 경보 체계는 인터내셔널 차터의 기술 지원(위성 영상 분석 및 정보 공유)과 같은 물리적 측면뿐만 아니라, UN, 세계은행, 아시아개발은행 등 국제기구의 인도적 조정 및 지원, IFRC의 재난 관련 가이드라인 제공 및 재난 관련 국내법 독려 등 다양한 행위 주체들의 노력이 결합될 때 비로소 성공적으로 구축 가능하게 된다.

       * 이 글은 《분쟁해결연구》 제11권 제3호(2013)에 출간된 필자의 논문 「구조적 폭력의 매개체로서의 재난」을 수정 보완한 것이다.

참고 문헌

국문

강윤재, 「원전 사고와 민주적 위험 거버넌스의 필요성」, 《경제와사회》 제91호, 2001 가을, 12‒39쪽.

김갑식, 「노무현 행정부의 위기 관리 체계: 인간 안보와 재난 관리의 접목 가능성」, 《북한연구학회보》 제12권 제2호, 2008, 65‒87쪽.

김도균·박재묵, 「허베이 스프리트호 기름유출사고 이후 재난관련 거버넌스 구축 실패와 복원력 약화: 관련 행위자들 간의 이해와 대응을 중심으로」, 《ECO》 제16권 제1호, 2012, 7‒43쪽.

김병로·김성철, 『북한사회의 불평등 구조와 정치사회적 함의』, 민족통일연구원, 1998.

김성삼·구신회·박영진, 「국제재난기구 협업을 통한 적시적 재난 대응」, 《한국지형공간정보학회지》 제20권 제2호, 2012, 109‒117쪽.

김성원, 「국제재난 대응에 있어서 국제법의 역할에 관한 연구」, 《동아법학》 제53호, 2011, 753‒779쪽.

박기갑, 「국제재난법에 관한 보편적이며 포괄적인 국제조약은 존재가능한가?」, 《고려법학》 제61호, 2011, 41‒94쪽.

박기갑·박진아·임예준, 『국제법상 보호 책임』, 삼우사, 2010.

박덕근, 「복합 재난이 대부분 긴급 뉴스, 단순보도 탈피해야: 쓰촨성 지진사태로 본 국제재난 보도」, 《신문과방송》 7월호, 2008, 76‒79쪽.

박동균, 「한국 위기 관리 시스템의 효율화 방안」, 《한국경찰연구》 제7권 제1호, 2008,

175 - 210쪽.

박명규, 「지금 왜 평화인문학인가」, 서울대학교 평화인문학연구단, 『평화인문학이란 무엇인가』, 아카넷, 2013.

박명규, 「녹색평화의 문제의식과 쟁점들」, 박명규·김성철·이찬수 외, 『녹색평화란 무엇인가』, 아카넷, 2013.

안철현 외, 『대규모 복합 재난대비 체계적인 훈련방안 연구』, 행정안전부, 2011.

은종화, 「방사능사고 주민보호체제의 발전 방안: 일본 후쿠시마 원전 사고의 대피 및 소개 사례를 중심으로」, 《한국위기 관리논집》 제7권 제5호, 2011, 55 - 78쪽.

이병기·김건위·현승현, 「위험거버넌스 관점에서 본 해양오염 사고의 재난 관리형태 분석: 태안 허베이 스피리트호 사고를 중심으로」, 《한국정책학회보》 제19권 제4호, 2010, 353 - 378쪽.

이석, 『1994 - 2000년 북한기근』, 통일연구원, 2004.

이재열·김동우, 「이중적 위험사회형 재난의 구조: 대구 지하철 화재사고를 중심으로 한 비교사례연구」, 《한국사회학》 제38집 제3호, 2004, 143 - 176쪽.

이재훈·김경덕·홍하나·조용래·조현보, 「인과네트워크 기반의 재난 확산 모형에 관한 연구 동향과 사례 연구: 대구 지하철 화재를 중심으로」, 《정보와 통신》 제29권 제5호, 2012, 42 - 49쪽.

이재은·김겸훈·류상일, 「미래사회 환경변화와 재난 관리시스템 발전전략: 국가핵심기반 위기를 중심으로」, 《현대 사회와 행정》 제15권 제3호, 2005, 53 - 83쪽.

이찬수, 「녹색의 평화적 가치와 종교적 생명」, 박명규·김성철·이찬수 외, 『녹색평화란 무엇인가』, 아카넷, 2013.

정지범·김근세 편저, 『위기 관리의 협력적 거버넌스 구축』, 법문사, 2009.

정지범·이재열 편저, 『재난에 강한 사회시스템 구축: 복원력과 사회적 자본』, 법문사, 2009.

영문

Ahrens, Joachim and Patrick M. Rudolph, "The Importance of Governance in Risk Reduction and Disaster Management," *Journal of Contingencies and Crisis Management*, 14 - 4(2006), pp. 207 - 220.

Alesch, Daniel J., "Complex Urban Systems and Extreme Events: Toward a Theory of Disaster Recovery," First International Conference on Urban Disaster Reduction(January 18 - 20, 2005), Kobe, Japan.

Bellamy, Alex J., "The Responsibility to Protect," ed. Paul D. Williams, *Security Studies: An Introduction*, London: Routledge, 2013, pp. 486–502.

Comfort, Louise K. et al., "Coordination in Complex Systems: Increasing Efficiency in Disaster Mitigation and Response," *International Journal of Emergency Management*, 2–1(2004), pp. 62–80.

Elliott, James R. and Jeremy Pais, "Race, Class, and Hurricane Katrina: Social Differences in Human Responses to Disaster," *Social Science Research*, 35(2006), pp. 295–321.

Galtung, Johan, "Violence, Peace, and Peace Research," *Journal of Peace Research*, 6–3(1969), pp. 167–191.

Galtung, Johan, *Peace by Peaceful Means: Peace and Conflict, Development and Civilization*, London: Sage, 1996.

Gidadhubli, R. G., "Kursk Submarine Disaster: Obsolete Technologies, Outdated Governance," *Economic and Policy Weekly*, 35(August 26–September 8, 2000), pp. 3102–3104.

Giroux, Henry A., "Reading Hurricane Katrina: Race, Class, and the Biopolitics of Disposability," *College Literature*, 33–3(2006), pp. 171–196.

Glassman, Robert B., "Persistence and Loose Coupling in Living Systems," *Behavioral Science*, 18–2(1973), pp. 83–98.

Hyndman, Jennifer, "The Securitization of Fear in Post–Tsunami Sri Lanka," *Annals of the Association of American Geographers*, 97–2(2007), pp. 361–372.

International Federation of Red Cross and Red Crescent Societies, *Introduction to the Guidelines: For the Domestic Facilitation and Regulation of International Disaster Relief and Initial Recovery Assistance*, Geneva: IFRC, 2011.

International Federation of Red Cross and Red Crescent Societies, *World Disaster Report*, Geneva: IFRC, 2013.

Karger, Howard, John Owen, and Shashi van de Graaff, "Governance and Disaster Management: The Governmental and Community Response to Hurricane Katrina and the Victorian Bushfires," *Social Development Issues*, 34–2(2012), pp. 30–49.

Kelly, Charles, "Field Note from Tajikistan: Compound Disaster—A New Humanitarian Challenge?" *Journal of Disaster Risk Studies*, 2 - 3(2009), pp. 295 - 301.

Laszlo, Ervin, *The Interconnected Universe: Conceptual foundations of Transdisciplinary Unified Theory*, Singapore: World Scientific, 1995.

Liu, Philip L. F. et al., "Observations by the International Tsunami Survey Team in Sri Lanka," *Science*, 308(June 10, 2005)

Maldonado, Edgar A., Carleen F. Maitland, Andrea H. Tapia, "Collaborative Systems Development in Disaster Relief: The Impact of Multi - Level Governance," *Information Systems Frontiers*, 12 - 1(2010), pp. 9 - 27.

Perrow, Charles, "The Limits of Safety: The Enhancement of a Theory of Accidents," *Journal of Contingencies and Crisis Management*, 2 - 4(1994), pp. 212 - 220.

Rajasingham - Senanayake, Darini, "Sri Lanka and the Violence of Reconstruction," *Development*, 48 - 3(2005), pp. 111 - 120.

Sheller, Mimi, "The Islanding Effect: Post - Disaster Mobility Systems and Humanitarian Logistics in Haiti," *Cultural Geographies*, 20 - 2(2012), pp. 185 - 204.

Smil, Vaclav, *Global Catastrophes and Trends*, Cambridge and London: MIT Press, 2008.

Starr, S. Frederick, "Sovereignty and Legitimacy in Afghan Nation - Building," ed. Francis Fukuyama, *Nation–Building: Beyond Afghanistan and Iraq*, Baltimore: Johns Hopkins University Press, 2006.

Stiratt, Jock, "Competitive Humanitarianism: Relief and the Tsunami in Sri Lanka," *Anthropology Today*, 22 - 5(2006), pp. 11 - 16.

Tan, Ngoh Tiong, "Emergency Management and Social Recovery from Disasters in Different Countries," *Journal of Social Work in Disability and Rehabilitation*, 12(2013), pp. 8 - 18.

Tierney, Kathleen, "Disaster Governance: Social, Political, and Economic Dimensions," *Annual Review of Environment and Resources*, 37(November 2012), pp. 341 - 363.

Uyangoda, Jayadeva, "Ethnic Conflict, the State and Tsunami Disaster in Sri

Lanka," *Inter–Asia Cultural Studies*, 6 – 3(2005), pp. 341 – 352.

Weick, Karl E., "Educational Organizations as Loosely Coupled Systems," *Administrative Science Quarterly*, 21 – 1(1976), pp. 1 – 19.

2

재난의 기억과 서사

.

3장

현대적 복합 재난의 기원과 체르노빌의 '스탈케르'

이문영

1. 서론

2014년 봄, 온 국민을 비탄과 울분에 빠뜨린 세월호 참사에 대한 각종 보도를 아침 저녁으로 접하며 분노만큼이나 강렬하게 필자를 사로잡은 것은 기시감(既視感)이었다. 2001년 9·11 테러 당시 전 세계를 향해 실시간으로 생중계되던 재난의 스펙터클 앞에서 지젝이 읊조렸던 바, "이와 똑같은 것을 이미 몇 번이나 반복해서 본 게 어디였던가⋯"[1]는 고스란히 '나'의 감각이 되었다. "가만히 있으라"는 말로 어린 승객의 발을 묶어 놓고 홀로 배를 탈출한 선장의 모습에서, 임진왜란 당시 저 혼자 도망치며 자기 뒤로 임진강변의 배를 죄다 태워 버리게 한 선조나, 한국 전쟁이 터지자 제일 먼

---

[1] 슬라보예 지젝, 『실재의 사막에 오신 것을 환영합니다』, 이현우·김희진 옮김(자음과모음, 2011), 31쪽.

111

저 서울을 등지며 한강 대교를 폭파해 버린 이승만의 모습이 겹쳐 떠오르는 것은 역사에 기반한 기시감, 더 엄밀히는 기지감(既知感)일 터이다. 반면 세월호가 엮어 내는 재난의 내러티브와 형상들이 「괴물」, 「해운대」, 「타워」, 「더 테러 라이브」, 「연가시」, 「감기」 등 최근 한국 재난 영화의 컷과 대사들을 놀라울 정도로 반복, 재현하고 있다는 사실은 문자 그대로 기시감의 근원이 된다. 한 영화 평론가가 지적하듯이, "자본은 재난을 낳고 국가는 배신하고 책임자는 도망가고, 오롯이 평범한 사람들의 몫으로 남은 위험",[2] 이로 인해 양자 간에 발생하는 날카로운 대립과 갈등이야말로 최근 한국 영화 속 재난의 '이야기'가 만들어지는 동력일진대, 더 이상의 디테일이 동원될 필요도 없이 재난 내러티브의 이 앙상한 얼개만으로도 세월호 참사와의 유비가 충분히 이루어지고도 남는다는 사실이 참사만큼이나 참담할 뿐이다. 이야기에는 있고 현실에는 없는 것은 단 한 가지, 재난을 파국이 아니라 새로운 시작으로, 절망이 아니라 희망으로 역전시키는 영웅의 존재다.

이 글은 이렇게 '현실의 재난'과 '재현된 재난' 사이의 연루에서 비롯된 다분히 당혹스런 감정에서부터 출발한다. 하지만 현실 속 재난과 예술화된 재난 서사를 비교하여 '상상할 수 있는' 재난, 그리하여 '피할 수 있는' 재난 앞에서의 도덕적 책무를 논하고자 함이 글의 주된 목적은 아니다. 오히려 이 글은 앞에서 인용한 지적의 언급에서 단적으로 드러나듯이, 현실

---

2 황진미, 「한국 재난 영화와 세월호…왜 이다지도 닮았나」, 《한겨레신문》 2014년 5월 4일. 칼럼에서는 그 유사성이 디테일한 부분에서도 제시되고 있다. 예를 들어 「괴물」에서 (죽었다는) "현지한테 전화가 왔어요"라는 송강호의 대사와 세월호에 갇힌 학생으로부터의 카카오톡 괴담, 「감기」에서 분노한 분당 시민의 서울행을 막는 군과 청와대로 가겠다는 세월호 유족과 진도대교에서 대치한 경찰 등이 그것이다. 여기에 「더 테러 라이브」의 "난 대통령의 사과가 듣고 싶었을 뿐인데…"라는 대사가 추가된다면 더 완벽할 것이다.

과 허구, 실재와 상상, 사실과 이미지 사이의 그러한 상호 연루와 경계 침범이 한국의 세월호 사건에만 고유한 것이 아니라, 지구화 시대의 재난 일반 또는 재난에 대한 새로운 감각이나 재현의 보편적인 특성임을 논증하고자 한다. 우크라이나의 작은 도시에서 일어나 어느덧 30주년을 목전에 둔 현대적 복합 재난의 불길한 기원 '체르노빌 사고'를 사례로 삼아, 그 속에서 상상적인 것과 실재적인 것이 어떻게 뒤섞이며 맞물리는지를 살펴보는 것이 이를 입증하는 한 가지 방법이 될 수 있기를 바란다.

2. 지구화 시대 복합 재난의 특성

재난을 의미하는 영어 'disaster'는 그리스 어원상 '나쁜, 잘못된'이라는 의미의 접두사 'δυσ-'(dis-)와 '별'을 뜻하는 단어 'ἀστήρ'(astro-, star)가 결합된 것이다.[3] 따라서 '잘못된 별자리가 일으키는 재앙'이라는 전통적 의미는 인간의 능력을 벗어나는 자연적 또는 초자연적 현상으로, '천벌'이나 '신의 분노' 등의 비유가 함축하는 바와 같은 신화적이고 주술적인 맥락을 갖는다. 반면 현대적 의미의 재난은 이미 그러한 자연/인간의 구분을 벗어나는 것으로, 그 속에는 태풍, 홍수, 해일, 지진 등의 '자연 재해'뿐 아니라, 대형 화재, 폭발, 붕괴, 침몰, 오염 사고 등의 '인적 재난', 나아가 국가 기반 체계의 마비를 동반하는 테러나 전쟁 등의 '사회적 재난'이 포함된다.[4]

---

3 Online Etymology Dictionary 'disaster' 참조. http://etymonline.com
4 재난의 정의 및 분류는 김성일, 「고위험사회가 초래한 한국형 재난의 발생과 기원」,《문화과학》제72호, 2012, 82-85쪽; 하각천, 「복합 재난의 취약성 평가에 관한 연구」(서울시립대 도시과학대학원 방재공학 석사학위논문, 2012), 10-13쪽.

지구화 시대의 재난에 전적으로 새로운 특성은 현대적 재난의 외연이 포괄하는 위와 같은 다양성이 복합성으로 중첩, 전화되는 것에서 찾을 수 있다. 다시 말해 자연 재해, 인적 재난, 사회적 재난 사이의 상호 의존성이 고도로 강화되어, '두 가지 이상의 재난이 동시적 또는 연속적으로 동반되는' '복합 재난'[5]이 그 상례가 되는 것이다. 이 때 복합 재난을 추동하는 '재난의 상호 의존성'이 지구화 시대 극대화된 '세계의 상호 연관성'과 긴밀하게 관련될 것임은 충분히 짐작 가능하다. 울리히 벡의 주장처럼 "글로벌 리스크는 새로운 형태의 글로벌 의존성의 표현"에 다름 아닌 것이다.[6] 지구화 시대의 자연 재해는 많은 경우 과학과 문명의 결핍이 아닌 그 과잉의 결과로, 이런 의미에서 "명칭 말고는 '자연적인' 것이 전혀 없는"[7] 인적 재난의 다른 형태라고 볼 수 있다. 또 익명적이고 비가시적이고 무규정적인 국제 테러리즘은 초국가적이고 탈중심적인 "거대 다국적 기업의 외설적 분신"[8]으로, 자연 재해의 파국적 결과를 악용하거나 인적 재난을 고의로 유발함으로써 자연적·인적 재난을 사회적 재난과 결합시킨다.

이렇게 지구화 시대에 전면화되는 복합 재난의 양상은 소통/접촉의 전면화와 단절/대립의 극단화, 수평적 평준화와 수직적 위계화를 공존시키는 지구화의 패러독스를 예민하게 반영한다. 슈퍼파워 미국이 1812년 전쟁 이래 거의 두 세기 만에 처음으로 자기 영토에서 공격을 받은 경우에 해당하는 9·11이나,[9] 기술 강국 일본의 안전 신화를 뿌리째 흔들어 버린

---

5 복합 재난의 정의는 같은 책, 34쪽.

6 울리히 벡, 『글로벌 위험사회』, 박미애·이진우 옮김(도서출판 길, 2010), 104쪽.

7 에티엔 발리바르, 『우리, 유럽의 시민들?』, 진태원 옮김(후마니타스, 2010), 244쪽.

8 슬라보예 지젝, 앞의 책, 59쪽.

9 노엄 촘스키, 『촘스키, 9-11』, 박행웅·이종삼 옮김(김영사, 2001), 14쪽.

3·11은 가장 발전한 선진국이 가장 대표적인 복합 재난의 희생자라는 점에서, "빈곤은 위계적이나 스모그는 민주적"[10]이라는 유명한 구절이 환기하는 '재난의 수평성'을 상징적으로 보여 준다. 그러나 지구 온난화와 그에 따른 환경 재앙에서 재난 유발국(제1세계)과 재난 피해국(제3세계)이 자주 불일치하거나, 뉴올리언스를 휩쓴 허리케인 카트리나의 피해가 흑인 거주 지역에 집중되었던 사례 등에서 드러나듯이, 위험은 재난의 발생과 대피, 구호, 예방의 전 과정에 걸쳐 인종과 계급, 사회적 지위에 따라 불균등하게 배분된다. 지구화 시대의 재난은 이렇게 지구화의 패러독스 또는 글로벌 자본주의의 틈과 균열에 잠복하며 증식하고, 재난과 (구조적/문화적) 폭력이 함께 사고될 수밖에 없는 필연성은 여기에 근거한다. 하지만 같은 이유에서 "글로벌 리스크는 지구화의 인간화를 촉구하는 정치 제도와 사회운동을 정당화하는 배경"[11]이 되어 줄 수 있다.

한편 지구화 시대 복합 재난의 또 다른 특성은 재난에 대한 감각이나 재현에서 사실과 이미지, 실재적인 것과 상상적인 것 사이의 연관이 고도로 강화되어 나타난다는 점에서 찾을 수 있다. 이는 지구화의 물적 토대인 소통 테크놀로지의 비약적 발전, 이에 기반한 공간/거리의 소멸과 밀접한 관련을 가진다. 인터넷과 SNS, CNN 유의 글로벌 뉴스 채널 등으로 인해 재난이 발생국의 경계를 넘어 전 세계와 실시간으로 공유되는 한편, TV, 영화, 컴퓨터 게임 등을 통해 재난의 시각화된 이미지가 현재 그 어느 때보다 활발하게 유통되고 있다. 그 결과 현실의 재난과 재현되거나 상상된 재난, 실제 재난과 재난의 이미지는 구별이 불가능할 정도로 교차, 중첩되면서 서로를 규정한다. 2012년 7월 20일 미국 콜로라도 주에서 「다크나

10 울리히 벡, 『위험사회』, 홍성태 옮김(새물결, 2006), 77쪽.
11 같은 책, 95쪽.

이트 라이즈」의 개봉 첫날 발생한 극장 테러는 현실과 허구 사이의 이러한 상호 규정성을 드라마틱하게 보여 주는 사건이었다. 범인은 자신을 영화 속 악당 베인과 동일시한 나머지 배트맨을 살해하기 위해 최루탄과 총을 난사했고, 처음에 관객들은 영화 속 총격 효과음과 범인의 총기 발사음을 구분하지 못한 채 상황을 영화의 특수 효과 가운데 하나로 오인하였다.[12]

이렇게 현실을 단지 재현할 뿐 아니라 현실을 구성하거나 심지어 이를 대체하는 가상 실재와 이미지의 위력은 "걸프전은 일어나지 않았다"는 보드리야르의 도발적 과장으로부터 "텔레비전이 없었다면 9·11은 과연 어땠을까요?"[13]라는 데리다의 문제의식에 잘 드러나듯이 지구화 시대 재난의 본질에 깊이 각인되어 있다. 물론 걸프전과 9·11 사이에는 본질적인 차이가 있다. 실제 전투 장면이 현장에서 생중계된 최초의 전쟁이라고 대대적으로 선전된 걸프전의 경우, 사실 CNN 보도 등을 통해 우리가 본 모습은 편집을 통해 연출, 짜깁기된 것이다. CNN 뉴스 속의 걸프전, 즉 비디오게임의 명징한 선악 구도, 권선징악의 내러티브를 베이스로 깔고, 여기에 패트리어트, 크루즈 미사일 등의 최첨단 무기를 장착한 그것은 '정의로운 전쟁(just war)', '깨끗한 전쟁(clean war)'의 이미지를 대중 속에 효과적으로 각인시켰다. "CNN판 '미니시리즈'인 '사막의 폭풍 작전'의 외주 제작사는

---

12 최민영, 「악당 '베인'처럼 방독면 쓰고 「배트맨」 상영 도중 총기 난사」, 《경향신문》 2012년 7월 20일. http://news.khan.co.kr/kh_news/khan_art_view.html?artid=20120720215 1315&code=970201(검색일: 2014년 4월 23일).

13 J. Baudrillard, *The Gulf War Did Not Take Place*(Bloomingston: Indiana University Press, 1995); 지오반나 보라도리 지음, 「데리다와의 대화」, 손철성·김은주·김준성 옮김, 『테러 시대의 철학』(문학과지성사, 2004), 199쪽. 보드리야르의 위 저서에 대해서는 J. Colleran, "Disposable Wars, Disappearing Acts: Theatrical Responses to the 1991 Gulf War," *Theatre Journal*, Vol. 55, No. 4, 2003, pp. 616–619 참조.

바로 부시 행정부"[14]라는 조롱 섞인 비판은 이렇게 가공된 이미지로 추악한 전쟁의 현실을 대체하려는 시도를 겨냥하며, 따라서 실제 전쟁이 아니라, (정의롭고 깨끗한) 전쟁의 시뮬레이션으로서의 걸프전은 '일어나지 않은 것'이다.

반면 9·11의 경우 "그 충격, 그 폭발, 그 느릿한 붕괴, 이 모든 것이 더이상 할리우드에서나 볼 수 있는 장면이 아니라 소름끼치는 실제 상황"이라는 점에서, 다시 말해 "전 지구적 또는 세계적 수준에서 실제(사실)와 표상(상연)이 동시에 발생"[15]했다는 점에서 진정으로 세계사적인 사건이 된다. 결국 걸프전이 실재를 가장한 허구라면, 9·11은 허구를 극도로 닮은 실재라고 말할 수 있을 터인데, 이러한 차이에도 불구하고 중요한 사실은 두 사건 모두 현실과 허구, 실재와 가상, 사실과 이미지 사이의 상호 연루라는 지구화 시대의 재난 또는 그에 대한 감각의 특성을 '각자의 방식으로' 실현하고 있다는 점이다.

이러한 특성은 테러나 전쟁처럼 의도적으로 유발된 인적·사회적 재난에 국한되지 않는다. 동일본 대진재의 경우, 진도 9.0을 기록한 지진이 만들어 낸 거대한 폐허와 아비규환, 배와 건물, 자동차를 장난감처럼 쓸어 삼키는 산더미 같은 해일, 역사상 유례없이 원전 4기가 연속 폭발하는 '장관'이 바로 내 집 안방에서 실시간으로 펼쳐짐으로써 스펙터클이 전제하는 거리, 즉 현실과 허구 사이의 간극이 가차 없이 파괴되고, 재난의 스펙터클[극성(劇性)]은 재난의 일상성과, 그 예외성은 편재성에 대한 감각과 기묘하게 공존하게 된다.

---

14 Ibid., p. 617

15 인용은 차례대로 지오반나 보라도리, 「하버마스와의 대화」, 앞의 책, 65쪽; 「테러리즘의 재구성」, 같은 책, 97쪽.

지구화 시대의 재난에서 현실과 표상, 실재적인 것과 상상적인 것 사이의 상관성이 특히 중요한 또 다른 이유가 있다. 재난 이후 전면화되는 것은 파괴된 건물, 희생된 인명, 금전적 피해와 같은 현실의 물질적 훼손만이 아니다. 9·11 테러로 세계무역센터, 펜타곤과 함께 붕괴한 것은 그것이 대변하는 상징적 질서, 즉 "우세하고 압도적이고 패권적인 방식으로 세계의 공적 공간에서 승인된 담론들"[16]의 체계이며, 3·11 대진재와 더불어 폭발한 것은 원전만이 아니라, 그것이 표상하던 발전 논리와 안전 신화이다. 특히 전자의 경우 테러리스트의 궁극적 목적은 실제 파괴보다 그러한 파괴가 초래할 '상상적' 효과에 있으며, 이는 테러와의 전쟁을 정당화하고자 하는 반대편의 목적에도 부합하기에, 재난의 이미지를 전 지구적으로 유통하는 것은 양자 모두에 사활이 걸린 문제가 된다.[17] 결국 9·11이 대표하는 지구화 시대 복합 재난의 진정한 사건성은 "세계 정세를 급변하게 만든 동시에 이미지와 현실의 관계를 급격하게 변화시키고…이미지와 사건을 동시에 되살린다"[18]는 점에 있는 것이다.

16 「데리다와의 대화」, 같은 책, 171–172쪽.
17 재난의 이미지를 둘러싼 양자의 경쟁적 공생 관계를 데리다는 '자가 면역적 도착'으로, 벡은 '비자발적 공모 관계'로 지칭한 바 있다. 같은 책, 200쪽; 울리히 벡, 『위험사회』, 32쪽.
18 장 보드리야르, 『테러리즘의 정신』, 배영달 옮김(동문선, 2003), 28쪽.

3. 재난의 재현과 체르노빌의 '스탈케르(Сталкер)'

1) 체르노빌 사고 개요

1986년 4월 26일 새벽 1시 23분, 당시에는 소련에 속했으나 현재는 우크라이나의 영토이며 벨라루스 국경과 인접한 체르노빌 레닌원자력발전소에서 원자로 4호가 폭발하는 사고가 일어났다. 3~4초 간격으로 잇달아 발생한 두 번의 폭발로 무려 1200톤에 달하는 원자로 덮개가 날아가고, 상공 1km까지 치솟은 불기둥을 시작으로 열흘간 화재가 이어지면서 상상을 뛰어넘는 양의 방사성 물질이 유출되어 유럽을 포함한 전 세계로 확산되었다. 후쿠시마 원전 사고와 더불어 원자력 사고 등급 최고 수준인 7레벨로 평가된 체르노빌 사고는 인류 역사상 최악의 기술 참사로 기록되었다.

역설적이게도 사고는 비상 사고 대비를 위한 실험을 하던 중 일어났다. 실험은 비상사태가 발생해 전력 공급이 중단되더라도 터빈 발전기의 관성력을 이용해 원자로 안전에 결정적인 냉각수 공급 펌프에 전력을 공급할 수 있는 능력을 테스트하기 위한 것이었다. 하지만 실험 과정에서 원자로 전력이 30MW까지 떨어졌고, 저출력 상태에서 통제가 어려운 RBMK형 원자로 특성상 이때 실험이 중단되었어야 했다. 하지만 다양한 이상 징후가 연달아 나타났음에도 불구하고 실험 기사는 원자로 운행을 정지시키지 않고, 오히려 실험 지속을 위해 비상 냉각 시스템을 포함한 자동 안전 보호 시스템을 해제해 버렸다. 결국 원자로 출력이 폭주하고 냉각수 온도가 급격히 올라가 증기 압력이 미친 듯이 상승했고, 현장 감독이 다급하게 원자로 비상 정지 지시를 내렸지만 이미 때는 늦었다. 자동 안전 보호 장치를 꺼 버린 지 정확히 44초 후 원자로는 폭발했다.[19] 소련의 저명한 무기 화학 자이자 체르노빌 사고 당시 소련 최고의 원자력 연구 기관인 쿠르차토프 연구소(Kurchatov Institute of Atomic Energy)의 제1부소장으로서, 사건 직후 소련 정부가 구성한 진상 조사 및 대책 위원회의 핵심 인물이자 1986년 8월 25~29일 국제원자력기구(International Atomic Energy Agency: IAEA) 주최로 비엔나에서 열린 체르노빌 사고 특별회의에 소련 측 대표단 단장으로 참석한 레가소프(V. Legasov)는 "체르노빌 사고는 날고 있는 비행기 안에서 각종 안전 장치를 다 해제시킨 상태로 문을 열어 놓은 채 비행기 성능을 테스트한 것과 같다"라고 말했다.[20]

사고 원인에 대해서는 논란이 분분했지만 대체로 1) 사고 발생 가능성을 전혀 예측하지도 못하고, 이를 방지하기 위한 안전 절차를 제대로 이행하지도 않은 실험 기술자의 부주의와 실수, 2) 체르노빌 원전의 RBMK형 원자로가 가진 구조상의 결함(저출력에서 몹시 불안정하고, 화재 위험이 큰 흑연을 감속재로 사용하며, 비상사태 시 오염 물질의 유출·확산을 막을 격납 용기가 따로 없다는 점 등)이 결합된 것으로 결론이 내려졌다.[21] 하지만 이러

---

19 사고 경위에 대해서는 Г. Медведев, *Чернобыльская хроника*, М.: Современник, 1989, pp. 22-74. http://pripyat-city.ru/books/59-chernobylskaya-hronika. html19; R. F. Mould, *Chernobyl: The Real Story*(Oxford & New York: Pergamon Books Ltd., 1988), pp. 7-62.

20 사고 원인 규명과 피해의 최소화를 위해 헌신적으로 노력했던 레가소프는 사고 발생 2년 후 자신의 집에서 목을 매 숨진 채 발견되었다. 죽기 전 그가 남긴 음성 녹음에는 소련 당국에 의해 은폐된 사고의 숨은 진실들이 담겨 있었고, 그에 기반해 이후 다큐멘터리 영화가 제작되기도 했다. 인용은 R. F. Mould, op. cit. p. 12.

21 사고 원인 조사를 위해 IAEA가 꾸린 International Nuclear Safety Advisory Group(INSAG)의 1986년 보고서(INSAG-1)는 1)을, 1992년 보고서인 INSAG-7은 2)의 측면을 강조하고 있다. INSAG-1이 사건 직후 소련 정부가 제공한 자료에 제한될 수밖에 없었던 반면, INSAG-7은 이후 새로이 발견된 다양한 정보와 자료로 업데이트되었기 때문

한 위험 요소를 조장하고 방치하여 참사를 초래하였을 뿐만 아니라, 효율적인 사후 대처와 복구, 피해 확산 방지를 결정적으로 지연시킨 소련의 관료주의와 비밀주의, 안전 문화의 결여 등이 더 근본적인 원인으로 함께 지적되었다. 한편 근원적인 차원에서 언제나, 어디에나 있을 수 있는 사소한 실수나 결함이 그토록 치명적이고 광범위하며 파국적인 결과를 초래할 수 있는 핵 기술 자체의 '존재 합리성'에 대한 의문이 그 어느 때보다 설득력 있게 제기되었다.[22]

체르노빌 사고가 핵의 군사적 사용뿐만 아니라 그 '평화적 이용'도 거부하는, 다시 말해 반핵을 넘어서 탈핵의 필연성을 입증하는 가장 강력한 논거가 된 것은 상상을 초월하는 피해 규모 때문이다. '반감기 2만 4000년(플루토늄239)' 같은 표현이 환기하듯이 인류는 이 새로운 유형의 재난 앞에서 도대체 그 끝이 언제일지 가늠조차 할 수 없는 아득한 무력감을 느끼게 된다. 실제로 체르노빌 폭발로 방출된 방사성 물질의 양은 히로시마와 나가사키 원자 폭탄 투하 시에 방출된 것을 합친 양의 200배에 달한다. 방사능 오염의 최대 피해국은 사고 원전과 가까운 우크라이나, 벨라루스, 러시아 세 나라였지만, 방사성 낙진은 사고 발생 이틀 만에 1000km나 떨어진 스웨덴에, 닷새 후에는 제트 기류를 타고 8000km나 떨어진 일본에 도달했다. IAEA 보고에 따르면 이 사고로 유럽의 약 20만 ㎢의 땅이 방사능에 오염되었고 강과 바다, 지하수, 그곳에 서식하는 동식물이 오염되었다. 우크라이나, 벨라루스, 러시아 세 나라에서만 사고 후 거주 불능의 고(高)오

에 이러한 차이가 발생한 것이라고 INSAG는 밝혔다. IASAG, *IASAG-7: The Chernobyl Accident-Updating of INSAG-1*, Safety Series No. 75(Vienna: IAEA, 1992), pp. 23-25, http://www-pub.iaea.org/MTCD/ublications/pPDF/web.pdf.

22 한정숙, 「체르노빌 원전 사고-20세기가 보내온 생명 파괴의 경고」, 《역사비평》 제103호, 2013, 219-220쪽.

염 구역에서 소개된 사람이 11만 6000명, 집중 통제 구역 거주자가 27만 명, 기타 오염 지역 거주자가 500만 명에 달하고, 사고로 인한 직간접적 방사성 장애로 영구 불구가 된 사람의 수만 14만 8000명이다.[23]

특히 방사능 피폭의 최대 피해자는 세 그룹으로, 1) 사고 수습에 나선 원전 직원과 당시 열흘간 지속된 화재 진압에 동원된 소방관, 2) 덮개가 날아가 버린 원자로에서 무차별적으로 뿜어져 나오는 방사성 물질을 차단하기 위해 무려 5만 톤에 달하는 돌로마이트, 보로녹사이드, 납, 모래와 진흙 등을 공중 투하한 헬기 조종사, 3) 방사능으로 오염된 건물이나 집, 도로, 토양 등을 철거하고 닦고 교체하는 작업에 동원된 해체, 청소 작업자(liquidator)이다. 1)과 2)의 응급 작업자(emergency worker)의 수는 1000명, 3)의 경우 해체, 청소 작업이 일단락된 1989년까지 동원된 총 인원은 60만 명을 헤아린다. 화재가 진압된 5월 6일부터 방사능 유출을 원천적으로 차단하기 위해 사고 원자로를 콘크리트 관으로 밀봉하는 작업이 이루어졌는데, 이것도 해체 작업자의 주요 임무 중 하나였다.[24] 석관 봉인을 위해 사고 원자로 주변을 청소하는 일은 흩뿌려진 극단적 수치의 방사능 덩어리로 인해 투입된 로봇의 기기 고장을 유발할 지경이었다. 로봇도 감당 못한

23 The Chernobyl Forum, *Chernobyl's Legacy: Health, Environmental and Socio-economic Impacts and Recommendations to the Governments of Belarus, the Russian Federation and Ukraine*(Vienna: IAEA, 2006), p. 14; J. T. Smith and N. A. Beresford, *Chernobyl: Catastrophe and Consequences*(Chichester: Praxis Publishing, 2005), p. 242.

24 이 작업은 같은 해 11월 15일 완료되었다. 하지만 봉인된 원자로 내부에는 아직도 200여 톤의 핵연료가 그대로 남아 있으며, 수명이 30년에 불과한 석관의 노후화와 그에 따른 위험은 이미 오래전부터 공론화된 상태다. 1997년부터 미국을 비롯한 28개국을 중심으로 현재의 석관을 100년 수명의 강철 아치로 교체하자는 논의가 이루어져 2011년 후쿠시마 사고 이후 논의가 급물살을 타면서 현재 이를 위한 국제적 기금 모금이 한창 진행 중이다. 강은주, 『체르노빌 후쿠시마 한국』(아카이브, 2012), 34-37쪽 참조.

이 작업에 어린 병사들, 즉 '바이오로봇'이 동원되었다. 이 세 피해 그룹 중 급성 방사성 증후군으로 단기간 내 사망한 사람의 수는 31명이지만 장기간에 걸쳐 서서히 결과가 드러나는 방사성 장애의 특성상 60만 명의 해체 작업자, 그중 특히 사건 직후인 1986~1987년에 동원된 약 35만 명 중 직간접적 방사성 장애나 연관 질병으로 사망한 사람의 수는 통계에 따라 2만 5000~10만 명 사이를 헤아린다. 조국을 위해 몸을 던진 평균 33세의 젊고 건강한 해체 작업자들 중 약 7~30%가 50세를 전후해 사망한 셈이다.[25]

25 전례 없는 피해 규모, 소련 당국의 은폐 및 축소 시도, 핵 사고 자체의 특성 등 다양한 원인으로 체르노빌 사고는 초기 진상 규명이 제대로 이루어지지 않았다. 그 결과 확인되지 않은 각종 루머가 괴담 수준으로 떠돌았다. 이에 IAEA는 사고 결과와 이후 영향에 대한 '믿을 만한' 정보를 제공하기 위해 세계적 전문가들로 '체르노빌 포럼(The Chernobyl Forum)'을 구성해 이를 연구하게 했다. 체르노빌 포럼은 IAEA의 주도 아래 WHO(World Health Organization), UNDP(United Nations Development Programme), FAO(Food and Agriculture Organization), UNEP(United Nations Environment Programme), UNSCEAR(United Nations Scientific Committee on the Effects of Atomic Radiation), UN-OCHA(United Nations Office for the Coordination of Humanitarian Affairs), 세계은행(the World Bank), 최대 피해국인 러시아, 벨라루스, 우크라이나 정부와의 협력 아래 연구를 진행했고, 사고 20주년에 맞추어 그 보고서를 출판했다(각주 22에 인용한 *Chernobyl's Legacy*가 바로 그것이다). 하지만 원자력 산업계와 긴밀한 관계인 IAEA가 지원하는 포럼의 보고서가 과연 '믿을 만한' 것일 수 있는지 논란이 끊이지 않았다. 실제로 사고 후 인근 지역에서 관찰되는 암 발생률, 사망률 증가와 방사능 오염 사이의 인과 관계가 과학적으로 입증될 수 없다거나, 대부분의 오염 지역이 현재 정착이나 경제 활동에 아무 문제가 없다는 식의 지나치게 낙관적인 보고서 내용은 많은 전문가들의 비판을 불러일으켰다. 그 결과 이 포럼 활동에 비판적인 지식인이나 유럽 그린피스, NGO 그룹의 대안적 보고서가 다수 발표되었다. 체르노빌 포럼의 공식 보고서와 대안적 보고서들은 수치나 통계, 전망에서 많은 차이를 보인다. 일례로 사고 직후 급성 방사성 증후군 환자 수조차 포럼 보고서는 134명, 대안 보고서는 237명으로 거의 두 배의 차이가 나고, 해체 작업자의 갑상선암 발병 확률(건)도 전자는 4000건, 후자는 그 7~15배인 3~6만 건으로 크게 차이가 난다. 참고로 이 글에서 인용한 수치는 IAEA 보고서를 중심으로 했고 항목이 없을 경우 대안 보고서를 참조해 인용했다. 대안 보고서는 I. Fairly and D. Sumner, *The Other Report on Chernobyl(TORCH): An Independent Scientific Evaluation of Health and Environmental Effects 20 Years after the Nuclear Disaster Providing*

2) 체르노빌과 영화 「스탈케르」

체르노빌 사고를 지구화 시대 복합 재난의 기원으로 간주할 수 있는 근거는 여러 가지이다. 가장 단순하게는 복합 재난의 정의에 비추어, 그것이 원자로 폭발과 대형 화재, 방사능 오염 등 여러 종류의 재난이 동시다발적으로 착종된 형태라는 점이다.

두 번째는 체르노빌 사고가 '정치적 체르노빌'이라 할 소련의 붕괴를 촉발한 중요한 팩터가 됨으로써 결과적으로 복합 재난이 전면화되는 조건, 즉 전 지구화로의 거대한 패러다임 변화를 야기했다는 점이다. 이는 "체르노빌은 소련 체제의 상징이고, 체르노빌에서 일어난 기술 재앙은 정치적 재앙의 전조가 되었다"[26]는 러시아에 널리 퍼진 견해가 잘 보여 준다. 실제 사고의 근본 원인 중 하나였던 안전 문화 부재는 소련식 관료주의로부터 배양된 것이며, 소련식 비밀주의는 사고 피해를 키우고 복구를 심각하게 방해했다. 실제 무지막지한 방사능 누출에도 불구하고 인근 지역 주민 소개가 이루어진 것은 사고 발생 후 하루가 지난 4월 27일로, 이미 다수의 주민들이 다량의 고농도 방사성 물질에 장시간 노출된 후였다. 또 사고 직후 방사능 수치의 비정상적인 증가에 놀란 스웨덴 등 유럽 국가의 추궁에도 불구하고 소련이 사고 발생을 시인한 것은 이틀이 지나서였고, 당국의 공식 발표가 이루어진 것도 무려 3주가 흐른 뒤였다. 이후에도 소련 정부

Critical Analysis of a Recent Report by the IAEA and the WHO(Berlin, Brussels, Kiev: The Greens EFA, 2006); A. V. Yadlokov, V. B. Nesterenko and A. V. Nesterenko, *Chernobyl: Consequences of the Catastrophe for People and the Environment*(Boston, Massachusetts: Blackwell Publishing, 2009). 그 외 한정숙, 앞의 글; 강은주, 앞의 책.

26 А. Лубенский, "Чернобыль: Политические последствия катастрофы," *РИА НОВОСТИ* 26 апреля 2011.

는 사고 규모 및 오염 정도를 축소, 은폐함으로써 신속하고 효율적인 국제 공조를 지연시켰다. 이렇게 체르노빌 사고로 여실히 드러난 소련의 관료주의와 비밀주의의 병폐는, 한편으로는 고르바초프의 개혁·개방 정책을 가속화하는 계기가 되었고, 다른 한편으로는 사고의 직접적 피해국이자 소연방의 핵심 구성국이던 우크라이나와 벨라루스의 분리 독립 요구에 강력한 논거를 제공했다. 하지만 이후 실제로 이루어진 소련 붕괴 및 체제 전환 과정에서 계속된 정치적·경제적·사회적 혼란 역시 사후 대처와 복구 가능성을 심각하게 위협했으며, 이렇게 체르노빌 사고의 전후 과정은 기술 재난과 인적·사회적 재난이 여러 차원에서 복잡하게 얽혀 있다.

마지막으로 이 글의 주제에 비추어 가장 중요한 근거는 사고 이후 30여 년의 시간에 걸쳐 이루어진 체르노빌이라는 재난의 재현 속에 지구화 시대 재난의 재현에 특징적인, 현실과 허구, 실재적인 것과 상상적인 것 사이의 긴밀한 연루와 상호 규정이 매우 특이한 방식으로, 그러나 지속적으로 전개되었다는 사실이다.

체르노빌 사고의 재현에서 가장 주목할 만한 점은 명백히 현실 속에 일어난 재난으로서 그것에 대한 재현이 '예견'으로서 먼저 이루어졌다는 것, 나아가 그러한 예견이 어떠한 재현보다 강렬한 핍진성을 제공한다는 것이다. 그 예언의 독창적 형식이자 이후 체르노빌을 상징하는 기호가 된 것이 바로 세계적 명장 타르콥스키(А. Тарковский)가 망명 전 소련에서 마지막으로 만든 영화 「스탈케르」(1980)이다.[27]

---

27 한국에서 흔히 '스토커'로 번역되는 '스탈케르'가 영어 stalker에서 유래한 단어인 것은 맞다. 하지만 널리 이해되는 뜻과 달리 타르콥스키가 염두에 둔 것은 stalk의 또 다른 의미, 즉 '은밀히 스며들다', '몰래 침투하다'이다. 이 경우 적당한 번역은 '잠입자'가 될 것이며, 한국에서도 그렇게 소개되는 경우도 있다. 하지만 영화 이후 '스탈케르'에는 미지의 영역으로의 '안내자', '중개자', '접촉자'의 뉘앙스가 추가되어 실제 러시아에서는 그런 의미로 쓰이기

「스탈케르」는 우주에서부터 운석 같은 알 수 없는 외계 물질이 떨어져 폐허가 된 가상의 공간을 배경으로 한다. 거기에서는 시간과 공간의 차원이 뒤섞이고 사람들이 사라지는 등 원인을 알 수 없는 위험한 일이 벌어진다. 그 결과 비상선과 철조망으로 격리되어 군대가 경계를 서는 접근 금지 구역으로 선포된다. 하지만 이 폐허의 중심에는 소원을 이루어 주는 '비밀의 방'이 있다. 그리로 은밀하게 잠입하도록 도와주는 것이 바로 주인공 스탈케르의 임무이다. 영화는 스탈케르가 작가와 교수를 금지 구역으로 인도하는 것으로 시작하지만, 막상 비밀의 방의 문 앞에 이르러 결국 아무도 거기 들어가지 못하고 돌아오는 것으로 끝난다. 스탈케르는 잠입을 도와줄 뿐 비밀의 방에 들어갈 수 없는 자이다. 반면 바닥난 예술적 영감을 되살리고 싶어 그곳에 온 작가와, 비밀의 방의 위험한 능력이 사악한 힘에 악용되지 않도록 폭파하러 온 교수는 두려움으로 문턱을 끝내 넘지 못하고 돌아선다. 왜냐하면 비밀의 방이 이루어 주는 것은 표현된 소망이 아니라, 가장 내밀하고 고통스런 진짜 욕망이라는 것을 알았기 때문이다.

「스탈케르」의 인물들이 이름이 아니라 보통 명사 '스탈케르', '작가', '교수'로 등장하는 것처럼, 비밀의 방이 존재하는 폐허는 그저 '구역(Зона)'으로 지칭된다. 영화와 체르노빌 사건의 유비는 바로 이 이름으로부터 시작되는데, 실제 체르노빌 사고 이후 접근 금지 구역으로 선포된 원전 반경 30km를 통칭하는 명사가 바로 '구역'이다. 뿐만 아니라 「스탈케르」 속에 시각화된 구역의 모습 ──무너진 건물, 철근과 콘크리트 잔해, 녹슨 철로와 뒤집힌 채 버려진 차량들, 그 주위에 아무렇게나 무성히 자란 풀과 나

도 한다. 이런 이유로 이 글에서는 러시아어 '스탈케르'를 직접 사용하기로 한다. 스탈케르의 어원에 대한 타르콥스키의 기록은 A. Тарковский, *Мартиролог: дневники*(М.: Международный институт имени А. Тарковского, 2008), p. 166 참조.

무, 건물 내부에 흥건히 고인, 기름이 둥둥 떠다니는 오염된 물, 그 속에 잠긴 가재도구 등── 은 체르노빌 사고 직후 황급히 주민 소개가 이루어진 후 폐허가 된 체르노빌의 대표적인 원전 도시 프리퍄티(Припять)를 강하게 연상시킨다. 「스탈케르」와 체르노빌의 연관은 무엇보다 이러한 이미지의 유사성, 묵시록적인 종말의 분위기에 크게 기인한다. 특히 이는 정교한 내러티브나 대사가 아니라, 시적이고 알레고리적인 영상으로 메시지를 대신하는 타르콥스키 고유의 영화 미학으로 배가된다.

여기에 영화 제작과 관련된 몇 가지 전기적 사실이 더해질 수 있다. 원래 「스탈케르」 촬영지로 예정됐던 타지키스탄의 이스파라에서 지진이 일어나 촬영이 불가능해지자 타르콥스키는 '버려진 수력 발전소'가 있는 에스토니아 탈린을 촬영지로 결정한다. 이후 타르콥스키는 물론, 적극적인 조력자이자 때로 조연출 역할을 했던 그의 아내 라리사, 작가 역을 맡았던 배우 솔로니친 모두 암으로 일찍 사망하게 되는데, 그 이유가 촬영장 부근 수력 발전소와 화학 공장의 오염과 밀접한 관련을 갖는다는 설이 제기되었다.[28] 그렇게 타르콥스키가 54세의 이른 나이에 암으로 사망한 것이 바로 체르노빌 사고가 일어난 1986년이다. 영화 「스탈케르」와 체르노빌 사건 사이의 모티브나 이미지의 유사성에 더해진 이와 같은 기묘한 우연의 일치는, 체르노빌 사고가 갖는 전대미문의 사건성, 타르콥스키라는 거장의 아우라와 겹쳐져 '체르노빌의 계시로서의 「스탈케르」'라는 신화를 대중의 의

---

28 G. Dyer, "Danger! High-radiation arthouse!" *The Guardian*(Feburary 6, 2009); А. Гордон, *Не утоливший жажды: об Андрее Тарковском*(М.: Вагриус, 2007), pp. 265-267; 박영은, 「소비에트 이데올로기에 대한 안티테제 텍스트로서의 '잠입자'」, 《외국문학연구》 제50호, 2013, 106쪽 참조. 참고로 다이어는 《가디언》에 발표된 이 글을 토대로 영화 「스탈케르」에 바쳐진 한 권의 책을 썼는데, 그 제목이 *Zone*이다. G. Dyer, *Zona*(New York: Pantheon Books, 2012).

식 속에 완성해 낸다.

더 중요한 것은 이미지와 연상에 기반한 이러한 동일시가 실제 현실에 미친 영향이다. 체르노빌 사고 당시 최대 피해자 그룹 중 하나가 해체 작업자들임은 앞에서 밝힌 바 있다. 방사능으로 오염된 건물이나 집, 도로를 씻어 내고 흙으로 흙을 교체하는 무모한 작업에 동원된 이들 중 다수가 당시 스스로를 '스탈케르'라고 불렀다. 당시 이들이 베이스캠프로 삼았던 체르노빌 중앙 광장에 위치한 카페도 '스탈케르'라는 별칭으로 불렸다. 영화 속 스탈케르가 불구의 자식을 둘 운명을 짊어진 것처럼, 많은 해체 작업자들이 기형으로 태어난 아이들에 절망했다.[29] 그럼에도 이들 중 일부 ——특히 구역을 잘 아는 발전소 직원이나 연구자, 지역 주민 출신——는 이후에도 이곳에 남아 체르노빌의 접근 금지 구역을 관리하거나, 구역을 합법적·비합법적으로 방문하는 이를 안내하는 일에 실제 종사함으로써, 영화 「스탈케르」 속의 상상적 존재를 현실 속에 재현하는 결과를 만들어 냈다. 특히 체르노빌의 상징이자 접근 금지 구역의 핵심에 해당하는 석관(Саркофаг), 즉 콘크리트로 봉인되어 안에서 어떤 일이 벌어지는지 가늠조차 할 수 없어 위험하기 짝이 없는 사고 원자로에 끊임없이 접근을 시도하는 현실 속 스탈케르의 존재는 영화에서 위험을 감수하고 폐허의 중심인 비밀의 방에 잠입하려는 인물들의 모습과 자연스레 겹쳐진다. 주로 연구자 출신으로, 재난의 진짜 원인과 현재 봉인된 원자로 내부 상태, 장래의 위험성 등을 밝혀내기 위해 치명적인 위험을 무릅쓰고 대부분의 경우 은밀히 홀로 석관에 잠입하는 이 스탈케르는 시마노프스카야(И. Симановская), 파주힌(Э. Пазухин) 등의 대표적인 이름에 순교자적인 아

---

29 실제 영화 속에서 『요한 계시록』을 낭송한 스탈케르의 딸은 걷지 못하는 불구자로 스탈케르의 어깨에 얹혀져 이동한다. 하지만 그녀는 염력으로 물건을 이동시키는 초능력을 지녔다.

우라를 부여하며 이후 스탈케르를 접근 금지 구역을 연구하는 모든 이를 통칭하는 보통 명사로 만들었다.[30]

　더욱 주목할 만한 사실은 연구자나 해체 작업자, 예전 주민이 아닌, 체르노빌과 전혀 상관없는 사람들이 스스로 스탈케르가 되어 체르노빌의 접근 금지 구역에 불법적으로 잠입하는 일이 빈발하게 되었다는 것이다. 이들은 영화 주인공처럼 순교자적이고 철학적인 동기에 의해 또는 버려진 공간의 독특한 미학에 사로잡혀 1년에 두세 차례씩 금지된 구역을 몰래 다녀간다고 한다.[31] 해체 작업자로 일했던 사람들이 체르노빌의 진짜 실체를 알려 줄 목적으로 펴낸 『체르노빌. 실제 세계』라는 책의 절반가량이 '체르노빌의 스탈케르'라는 챕터로 구성되었다는 사실은, 위에서 서술한 바와 같이 현실의 체르노빌과 영화 「스탈케르」가 얼마나 구별 불가능한 형태로 섞여 있는지를 상징적으로 보여 준다.[32] 이렇게 체르노빌이라는 대재난을 둘러싸고 발생한 현실과 허구, 실재적인 것과 상상적인 것 사이의 상호 연루는 2000년대 후반 '스탈케르 신드롬(сталкерство)'이라는 사회 문화적 현상으로 확대되며 더욱 구체적으로 가시화된다.

---

30 현실의 스탈케르에 대한 정보는 С. Паскевич и Д. Вишневский, Чернобыль. Реальный мир(М.: Эксмо, 2011), pp. 119-209; Г. Боева, "Трансформация феномена сталкерства в постсоветском культурном пространстве," Стереотипы и национальные системы ценностей в межкультурной коммуникации Сб. статей. Выпуск 1(СПб: Ольштын, 2009), pp. 149-156; Т. Синицына, "Сталкеры Чернобыля," РИА НОВОСТИ 26 Апреля(2007); Леся Головата, "Чернобыльские сталкеры," ИНОФОРУМ 27 апреля 2010 참조.

31 С. Паскевич и Д. Вишневский, op. cit., pp. 124-126; Леся Головата, op. cit.

32 이 책은 체르노빌 사고 당시 해체 작업자로 일했고, 이후 실제 스탈케르이자 체르노빌 전문가로 활동한 S. 파스케비치와 D. 비쉬넵스키의 공저이다. 서지 사항은 각주 30 참조.

3) 스.탈.케.르.: 체르노빌의 그림자

짐작할 수 있듯이 체르노빌 사고 발생 이후 이와 관련해 수없이 많은 소설, 다큐멘터리, 드라마, 영화 등이 만들어졌다. 이중 앞 절에서 언급한 스탈케르 신드롬의 진앙으로 주목해야 할 것이 2007년부터 3년에 걸쳐 출시된 컴퓨터 게임 '스탈케르 3부작'이다. 2007년 '스.탈.케.르.: 체르노빌의 그림자(S.T.A.L.K.E.R.: Тень Чернобыля)'를 시작으로, 2008년 그 전편인 '스탈케르: 클리어 스카이(S.T.A.L.K.E.R.: Чистое небо)'가, 2009년 그 속편인 '스탈케르: 프리파티의 외침(S.T.A.L.K.E.R.: Зов Припяти)'이 나왔다. 우크라이나의 비디오 온라인 게임 회사 GSC Game World가 제작하고, 세계 5대 게임사 중 하나인 미국의 THQ가 퍼블리싱한 이 게임은 FPS(First - Person Shooter: 1인칭 슈팅 게임)에 RPG(Role - Playing Game: 역할 수행 게임)를 결합한 호러 어드벤처 서바이벌 액션 장르에 속한다. 이 게임의 독창성은 제목에서 유추할 수 있듯이 현실의 체르노빌 사건과 영화 「스탈케르」를 컴퓨터 게임으로 결합해 냈다는 점에 있다.

게임의 대략의 스토리는 다음과 같다. 체르노빌 폭발이 일어난 지 20년 후인 2006년 이유를 알 수 없는 2차 핵폭발이 일어나고, 그 충격으로 6년간 가사 상태에 놓였다가 2012년 깨어난 메인 캐릭터는 자신이 스탈케르라는 것 이외의 모든 기억을 잃어버린다. 그는 방사능 오염으로 온갖 변종과 돌연변이, 괴물, 맹수가 우글거리고, 이상 기후와 초자연적 현상이 지배하는 체르노빌을 종횡무진하며 핵에너지 결정체인 진기한 보물과 무기 아이템을 획득하는 한편, 2차 핵폭발의 열쇠를 쥔 스트렐록을 찾아 그 비밀을 밝히고 처단하는 메인 퀘스트를 수행한다. 물론 RPG의 특성상 서브 퀘스트의 수행 여부 등 게이머의 역량과 전략에 따라 이 아이디얼 스토

리는 랜덤하게 변할 수 있고, 그에 맞추어 게임에 프로그래밍된 엔딩 수는 일곱 개이다.[33]

　요약에서 드러나는 것처럼 게임에서 체르노빌은 모험과 액션이 전개되는 판타지 공간이고, 슈터 스탈케르는 영화의 스탈케르와 전혀 다르다.[34] 하지만 게임의 그래픽적 특성은 영화 특유의 분위기를 강하게 환기시키며, 실제 체르노빌과도 놀라울 정도로 닮아 있다. 출시된 후 우크라이나와 러시아는 물론 전 세계적으로 인기를 끌었던 이 게임의 가장 큰 매력은 바로 이런 현실과 환상의 결합에 있다. 다시 말해 보통 가상 공간을 배경으로 하는 서구의 포스트아포칼립스물과 달리, 실제 공간이라 더 실감나고 스릴 넘치는 체르노빌이 판타지의 배경이라는 점, 이렇게 "사진으로 찍은 듯한 사실적 세팅 속에 게이머가 자신을 캐릭터와 쉽게 동일시할 수 있다"는 점이다.[35] 러시아와 우크라이나에서만 평균 리뷰 8점 이상(10점 만점)에 200만 장이 넘게 팔린 이 게임의 세계적 인기는 우리나라의 대표적인 게임 웹진들에서도 그 발매 소식, 프리뷰나 리뷰를 쉽게 찾아볼 수 있다는 데서 간접적으로 입증될 수 있을 것이다. 대체적으로 긍정적 평가를 내리고 있는 한국의 리뷰들 역시 이 게임의 가장 큰 매력으로 "현실 세계와 허구 세계가 절묘하게 뒤섞인" 점을 꼽고 있다. 체르노빌의 사실적 재현이 가능하게 한 "뭔가 동유럽스러운" 독특함에 더해, "이곳이 바로 끔찍한 방사능 유출의 참사가 벌어진 그곳인가"라는 느낌이 게임의 서스펜스와 스릴을 배

---

33 게임에 대해서는 공식 웹사이트 www.stalker‐game.com 참조.

34 이런 의미에서 게임의 스탈케르는 영화 「스탈케르」가 원작으로 삼았던 스트루가츠키 형제 (А. и Б. Стругацкие)의 『길가의 피크닉(Пикник на обочине)』(1972)에 등장하는 보물 사냥꾼으로서의 스탈케르 이미지를 복원하고 있다고 볼 수 있다.

35 Б. Невский, "Вся наша жизнь–игра? Игровые новеллизации в России," Мир фантастики 19 марта 2012.

가시킨다는 것이다.[36]

실제로 2001년 11월 제작 발표 후 세 번이나 되풀이된 발매 연기와 7년에 걸친 오랜 작업 기간 동안 제작자들이 가장 심혈을 기울인 것 중 하나가 체르노빌의 사실적 재현이었다. 이들은 수차례 체르노빌을 방문해 구석구석을 직접 눈으로 확인하고 사진으로 찍어 와 그 디테일을 그래픽에 최대한 유사하게 반영하기 위해 애썼다(물론 이때 이들을 안내한 것은 구역의 실제 스탈케르다).[37] 게임의 주요 로케이션은 체르노빌의 유명한 '기계 묘지(кладбище техники)'[38]로부터 프리파티 시(市) 놀이공원의 회전 관람차, 극장, 호텔과 문화 궁전, 게임의 파이널 스테이지가 전개되는 접근 금지 구역과 석관에 이르기까지 체르노빌의 주요 공간과 이름뿐 아니라 모습까지 놀라울 정도로 흡사하다.

게임 '스탈케르'의 엄청난 성공은 문학에서의 '스탈케르 현상(феноменон Сталкера)'으로 이어진다. 2007년 러시아의 거대 출판사 엑스모(ЭКСМО)와 아스트(АСТ)는 이 게임의 높은 인기에 착안해 '스탈케르 프

---

36 현재 한국의 대표 게임 웹진인 게임메카(www.gamemeca.com)와 디스이즈게임(www.thisisgame.com) 등을 참조하였다. 프리뷰에는 게임 웹진의 특성상 닉네임만 제시되기도 한다. 원병우, 「체르노빌 그 이후···누구도 예상하지 못한 엄청난 놈이 온다」, 《게임메카》, 2003년 5월 29일. http://www.gamemeca.com/feature/view.php?gid=1238(검색일: 2014년 4월 23일); 이재진, 「7년 만에 발매! 체르노빌 FPS 스토커」, 《디스이즈게임》 2007년 1월 22일. http://www.thisisgame.com/news/nboard/16/?page=115&n=4505(검색일: 2014년 4월 27일); 유명 게임 블로그 데들리 던전(http://deadly-dungeon.blogspot.kr)의 리뷰 「스토커: 체르노빌의 그림자」 참조. 인용은 마지막 두 개의 리뷰.

37 Boomer_007, "Зона отчуждения в реальности и игре S.T.A.L.K.E.R.," http://stalker-lost.ru, 3 октября 2010. 러시아 게임 웹진이나 사이트 리뷰 역시 닉네임만으로 필자가 제시되는 경우가 흔하다.

38 체르노빌 사고 후 해체 작업에 쓰였다가 방사능 오염으로 사용 금지된 헬기, 불도저, 트럭, 버스, 트랙터 등 각종 장비와 차량의 폐기 장소를 말한다.

그림 1. 석관(위)과 놀이공원 회전 관람차(아래)의 실제 사진(왼쪽)과 게임 속 이미지(오른쪽). 서로 구별이 불가능할 정도로 흡사하다. 참고로 석관이 체르노빌의 상징인 것처럼, 놀이공원 회전 관람차는 프리파티 시의 비극, 재난에 의한 일상의 파괴를 상징하는 이미지로 이후 관련 다큐멘터리나 책의 표지 등에 널리 쓰였다.

로젝트'라는 기획 아래 이 게임을 모티브로 삼은 동명의 소설 시리즈를 출판하기 시작한다. 2012년까지 이 시리즈로 출판된 소설이 총 80권에 달하고, 이 시리즈만의 공식 웹사이트가 따로 생겼다. 사실 이미 1990년대 중반 러시아에는 『로스트 킹덤(Lost Kingdom)』으로 대표되는 서구 게임 소설이 번역되는 한편, 바실리예프(B. Васильев), 페호프(А. Пехов) 등의 러시아 게임 소설도 출판된 바 있다. 하지만 게임 소설이 대중적인 인기와 상업적인 성공 속에 러시아 문학계에 자기 존재를 뚜렷이 각인하게 된 것은 『스탈케르 시리즈』로부터이다. 이후 러시아 최초의 MMORPG인 '스페라(Сфера)'에 기반한 동명의 소설 시리즈가 등장하고, 러시아의 대표적 판타지 작가 루키야넨코(С. Лукьяненко)가 이 대열에 합류하는가 하면, 엑스모와 아스트는 물론, 아즈부카(Азбука), 겔레오스(Гелеос) 등 러시아 대표 출판사들이 줄줄이 게임 소설 시리즈에 착수하는 등 게임 소설 붐이 일어

난다.[39]

이처럼 '문학의 스탈케르 현상'이 스탈케르 관련 게임 소설이 러시아 문학계에 불러일으킨 파장을 의미한다면, 더 넓은 의미에서의 '스탈케르 신드롬'이란 체르노빌이라는, 현실 속에 실현된 아포칼립스와 그 재현으로서의 영화, 게임, 소설이 상호 텍스트적으로 서로를 차용하며 빚어내는 일련의 사회 문화적 현상을 통칭한다. 그리고 이 신드롬은 영화, 게임, 소설 속 스탈케르의 이미지가 현실의 스탈케르와 실제 체르노빌에 투사되어 현실에 변화를 초래하는 것으로 정점을 찍게 된다.

스탈케르 신드롬은 사고 발생 후 20여 년이 지나며 점차 사람들에게 잊혀 가던 체르노빌에 대한 관심을 새로이 불러일으켰다. 그중에서도 특히 현실 속 스탈케르에 대한 사회적 관심이 커진다. 그 결과 스탈케르 동호회가 만들어지고, 《스탈케르 통보(Вестник Сталкера)》, 《스탈케르 신문(Газета Сталкер)》 등 전문 잡지와 신문이 웹상에서 발간되었으며, 전자는 특집호도 발행했다. 이러한 현상은 체르노빌 방문 및 관광객 수를 비약적으로 증가시키는 효과를 가져왔다. 일반인에게는 의아하게 여겨질 수도 있지만 체르노빌 관광은 1990년대 중반부터 제한적으로 시작되어 2002년 UN이 체르노빌 접근 금지 구역 내 단기 체류의 무해성을 발표하면서 본격화된 바 있다. 체르노빌 게임이 막 발매된 2007년 1500명 남짓하던 방문객 수는 2008년 5500명, 2009년 7000명, 2010년 8000명으로 늘었다.[40]

---

39 러시아 게임 소설과 스탈케르 현상에 대해서는 Б. Невский, op. cit.; М. Галина, "Человек без лица," Новый мир, 2012 No. 6 참조. 스탈케르 관련 소설 시리즈 웹사이트는 www.litstalker.ru.

40 UN의 발표 이후에도 체르노빌의 안전성에 대한 논란이 끊임없이 제기되었고, 결국 2011년 6월 우크라이나 정부는 자유로운 방문과 관광을 다시 금지한다. 따라서 이후 공식적인 통계는 집계된 바 없다. 체르노빌 관광에 대해서는 체르노빌 관련 사이트 www.chornobyl.

사실 스탈케르 신드롬과의 인과 관계를 객관적으로 증명하기 힘든 방문객 수 증가보다는, 2007년 이후 해당 구역에 젊은 청년들로 이루어진 새로운 유형의 스탈케르가 출현했다는 점에 주목하는 것이 더 유의미할 것이다. 체르노빌 사고 직후 영화 「스탈케르」와의 상호 작용 속에 학문적이거나 철학적·미학적 동기에 의한 이념적 스탈케르, 해체 작업자나 지역 주민 출신으로 구역 안내에 종사하는 직업적 스탈케르가 존재해 왔다는 것은 앞 절에서 이미 논한 바 있다. 2007년 이후 여기에 새로운 유형이 추가되는데, 이들은 평균 16~20세, 최대 25세를 넘지 않는 젊은 스탈케르들로 바로 스탈케르 관련 게임과 소설의 마니아들이다. 게임에 대한 열광이 그 실제 배경인 체르노빌과 구역에 대한 관심으로 확대되어 게임 사이트나 동호회를 중심으로 그에 대한 정보를 활발히 나눌 뿐 아니라, 실제 방문 계획을 세워 이를 실행하는 것이다. 이들에게 체르노빌 방문은 가능한 몰래 어렵게 이루어져야 하며, 이 은밀한 현지 방문은 현재 전 세계적으로 유행하는 익스트림 투어 트렌드(extreme tourism)[41]와 결합되어 러시아 청년 문화의 새로운 서브컬처를 만들어 냈다.[42]

이념적·직업적 스탈케르와 달리 이 새로운 스탈케르들에게 체르노빌은 역사적 사실로서보다 인터넷과 SNS 등 온라인을 통해 검색되고 소통되는 정보의 하나로, 영상 미디어의 포화 속에 헤아릴 수 없이 넘쳐 나는 재난의 이미지 중 하나로 다가온다. 이런 이들에게 체르노빌의 접근 금지 구역으로의 불법 잠입은 게임 공간으로의 성지 순례이며, 이때 '스탈케르 되

---

ru, www.4ernobyl.ru 참조.

41 오지, 정글, 폐허, 버려진 도시 등 위험한 곳으로의 여행을 의미한다.

42 게임 마니아 스탈케르에 대해서는 С. Паскевич и Д. Вишневский, op. cit., pp. 123 – 124; Г. Боева, op. cit., pp. 151 – 156; Леся Головата, op. cit. 참조.

기(сталкеризация)'는 이 순례에서 완수해야 할 메인 퀘스트가 된다. 이렇게 온라인의 캐릭터가 오프라인으로 전이되고, '스탈케르 되기'라는 롤 플레잉이 독특한 서브컬처의 형태로 러시아 청년 문화의 새로운 '현실'을 구성해 내는 것이다. 결국 스탈케르 신드롬은 영화, 게임, 소설 등 문화의 다방면에 걸쳐 그것이 만들어 낸 기념비적 현상과 더불어, 체르노빌을 둘러싸고 발생한 현실과 허구, 실재적인 것과 상상적인 것 사이의 상호 연루를 강력히 입증해 주는 사례가 된다.

4. 결론

본문에서 살펴본 바와 같이 체르노빌 사고 이후 현실의 체르노빌과 영화, 게임, 소설을 통한 그 재현은 상호 텍스트적으로 서로를 차용하고 구성하며 일련의 사회 문화적 현상을 만들어 냈다. 영화 「스탈케르」의 '예견적 재현'이 보여 주는 재난에 대한 철학적 통찰로부터, 스탈케르 관련 게임과 소설에 나타나는 상업적이고 유희적인 재난의 활용에 이르기까지 그 성격과 방식은 다양하게 나타났다. 다시 말해 체르노빌이라는 대재난에 대한 러시아 대중의 감수성은 극단의 두 방향으로 표출되었다. 스탈케르의 여러 유형이 환기하듯이, 현실 속에 구현된 아포칼립스의 의미를 곱씹고 되새기며 재난 이후의 폐허를 유령처럼 서성이는 철학자, 시인, 순교자들이 있는가 하면, 그 가파른 현실의 스펙터클을 환상과 오락의 재료로 기꺼이 소비하는 프로듀서들, 게이머들이 존재하는 것이다.

더욱 중요한 사실은 재난에 대한 이러한 다원화된 감성이 현재 러시아를 넘어서 보편성을 획득하고 있다는 점일 것이다. 멀리 갈 것도 없이 서론에서 잠시 열거한 것처럼 2000년대 한국 영화와 문학은 이미 "세계의 끝"에 대한 상상으로 넘쳐난다.[43] 마치 러시아(소련)에서 사회주의 이상의 몰락과 디스토피아 서사가 밀접한 관계를 맺은 것처럼, 역사의 종말, 외부 없는 자본주의가 운위되는 지구화 시대는 세계의 끝, 나아가 '끝의 끝'에 대한 감수성을 고도로 자극하며 파국과 재난에 대한 상상을 필연화한다. 중요한 점은 체르노빌 사고 이후 30여 년의 세월을 거치며 한층 가속화된 지구화의 결과로 인해 재난의 시각화된 이미지의 유통과 소비, 그로 인한 현실과 허구 사이의 경계 파괴 현상이 강화되었다는 사실이다. 이제 일상 곳곳에 편재하게 된 "재난으로부터 우리는 더 이상 안전한 거리를 확보할 수 없다"[44]는 것이 기정사실이 되었다. 재난에 대한 감응의 방식과 그 속도는 이전과 비교할 수 없이 다양하고 빠를 수밖에 없다. 후쿠시마 원전 사고가 일어나고 불과 넉 달 후, 핵전쟁 이후를 배경으로 한 유명 롤플레잉 게임 '폴아웃'의 후쿠시마 버전(Fallout 3—fukushima mode)이 인터넷에 등장했다. 인류 최악의 참사인 체르노빌을 모험과 액션의 가상 공간으로 대상화하는 데 근 20여 년이 걸렸다면 후쿠시마는 단지 넉 달이 필요했을 뿐이다. 불과 넉 달 만에 헤아릴 수 없이 많은 피해를 낳은 현실의 재난이 게임 속 이미지로, 비극의 파토스가 엔터테인먼트의 요소로 형질 전환된 것이다.[45]

이러한 상황은 재난 속에서 새로운 시작의 가능성을, 평화의 역설적 기원을 발견하고자 하는 '재난의 정치학'의 입장에서는 그다지 희망적이지

---

43 2000년대 한국 문학의 재난 서사에 대해서는 복도훈, 「세계의 끝, 끝의 서사: 2000년대 한국 소설에 나타난 재난의 상상력과 그 불만」, 『폭력 이미지 재난』, 조선대 인문학연구원 이미지연구소 편(앨피, 2012), 287 - 324쪽.

44 같은 글, 313쪽.

45 http://gigglehd.com/zbxe/5894048 참조.

않다. 하지만 기성세대와 전혀 다른 감성을 지닌 현재의 미디어 세대, 영상 세대에게 재난의 유희적 활용이 부수적으로 제공할 수 있는 교육적 계기, 즉 버추얼한 재난 연습을 통해 실제 재난의 학습과 인지 효과가 발생할 가능성을 완전히 부인할 수는 없을 것이며, 오히려 그것은 적극적이고 생산적인 방식으로 활용될 필요조차 있다. 더 나아가 앞서 밝힌 바와 같이 재난의 유희적 활용은 아직까지는 재난에 대한 다원화된 대응의 (극단적인) 한 형태에 불과하다는 점, 그 다른 극에는 영화 「스탈케르」류의 성찰적 대응이 여전히 건재하다는 점이 전제되어야 할 것이다. 특히 영화 「스탈케르」가 보이는 '예견적 재현'이라는 형용 모순은, 현실과 허구, 실재적인 것과 상상적인 것 사이의 긴밀한 연루와 상호 규정을 입증하는 동시에 재난에 대한 예술적 성찰을 재난의 정치학과 연결지우는 핵심 고리가 될 수 있다. 물론 재난에 대한 상상이 사실과 구분되지 않을 정도로 강렬한 현실 구성력을 갖게 된 데에는 타르콥스키라는 개인의 천재성이 크게 작용했을 것이다. 하지만 그의 예외적 개성은 보다 보편적으로 미래에 대한 예견적 징후를 동반하는 재난에 대한 성찰의 일반적 특성 속에서 조명될 필요가 있다.[46]

46 타르콥스키의 이러한 특성은 러시아(소련)의 문화적 맥락에서도 설명될 수 있다. SF적 상상력, 이와 긴밀히 연관된 유토피아 – 디스토피아 서사는 고급 문화와 대중 문화를 가리지 않고 러시아 문화 전반을 관통해 온 오래된 전통이다. '영상의 철학자'라 불리는 타르콥스키가 24년간 단 일곱 편 제작한 영화 중 무려 두 편이 SF 소설을 원작으로 삼은 것은 우연이 아니다. 소련 초기, 사회주의 이상에 대한 믿음은 과학 기술의 순기능에 대한 신뢰와 궤를 함께하는 것이었다. 이때 소련의 예술가들을 사로잡은 것은 상상과 실재, 예술과 현실의 결합이라는 불가능한 꿈이 사회주의 건설(이상의 현실화)로 실현되리라는 기대였다. 그렇게 현실의 창조로 예술의 창조를 대신할 가장 강력한 수단을 그들은 과학과 테크놀로지의 힘에서 찾았다. 세계 예술의 패러다임을 흔들어 놓은 소련 아방가르드, 대표적으로 소련 구성주의의 '기계 – 기술 공학적 미학'이나 형식주의의 '시각 기계'['키노 – 아이(Кино – глаз)']의 메니페스토는 이를 잘 보여 준다. 같은 시기 대중들 사이에서는 SF 소설이 높은 인기를

타르콥스키에 의해 예견된 재난이 마치 실제 일어난 사건을 보여 주는 듯한 재현의 요소를 갖는 것처럼, 재난의 재현은 그것이 실제 일어난 과거의 사건을 대상으로 하더라도 미래에 대한 어떤 예견적 징후를 동반하기 마련이다. 간단히 말해 재난에 대한 예견은 재현의 요소를, 재현은 예언의 요소를 수반한다는 것인데, 이는 본질적으로 모든 재난에 고유한 '사건성'에서 비롯한다. 이 사건성을 단적으로 보여 주는 것이 재난이 초래하는 트라우마이다. 데리다에 따르면 트라우마의 본질은 그것이 과거에 대해서만이 아니라, 미래에 대해서도 열려 있다는 데 있다. 즉 재난의 트라우마는 그것이 과거의 일회적인 사건으로 종결되는 것이 아니라, "장차 일어나리라고 위협하는 무언가가 보내는 전조적 기호"가 된다는 점에 있다. 이렇게 과거와 미래를 묶어 버리는 '시간 논리(chrono-logie)'의 교란이야말로 재난의 사건성과 트라우마의 핵심이다.[47]

하지만 이 '시간 논리의 도착' 속에서 오히려 우리는 '예견적 재현', 재난의 재현과 예견이 결합될 수 있는 근거를 발견할 수 있다. 즉 과거의 재

누린다. 『붉은 별』, 『엔지니어 메닌』, 『안드로메다의 안개』와 같은 소련 SF의 고전에 나타나는 수직적 비상의 꿈은 1949년 원폭 제조에 성공하고, 1950년대 말 세계 최초로 인공위성을 발사하고 유인 우주 비행을 성공시킨 소련의 과학적 성취, 그 순기능에 대한 기대와 무관하지 않다. 하지만 얼마 지나지도 않아 사회주의라는 기호가 사회주의라는 실재를 대신하고, 평등이라는 구호가 평등한 현실을 대체하는 가상 실재의 위력을 온 나라가 선구적으로 감당한 후, 테크놀로지의 윤리학, 과학 발전의 순기능에 대한 기대 역시 점차 용도 폐기된다. SF-유토피아는 현실 사회주의에 대한 실망과 불신에 기반한 SF-디스토피아로 형질 전환되고, 과학 기술은 유토피아 대신 파국과 폐허, 재난의 이미지와 결합된다. 디스토피아 서사는 유토피아 서사에 뒤이어 더 근본적인 차원에서 과학 기술의 발전과 그 결과, 문명의 의미와 인류의 미래를 집요하게 묻고 늘어지는 소련 특유의 전통을 이어 간다. 중요한 사실은 그 저변에서 이상과 실재, 상상과 현실의 결합을 향한 불가능한 철학적 꿈이 반복적으로 변주되고 있었다는 점이다. 타르콥스키의 「스탈케르」는 바로 이러한 문화적 맥락에서 탄생한 작품이며, 재난에 대한 그의 통찰은 이런 전통이 가능하게 한 것이라 말할 수 있다.

47 지오반나 보라도리, 앞의 책, 178-179쪽. 인용은 179쪽.

난에 대한 재현과 미래의 재난에 대한 예견이 결합되는 것이야말로 과거와 미래를 교란하는 재난의 사건성에 상응하는 것이며, 따라서 재난에 대한 예술적 성찰은 본질적으로 어느 정도는 "미래의 연대기(chronicle of future)"일 수밖에 없다. 체르노빌 사고에 대한 가장 탁월한 기록 중 하나로 평가되는 알렉시예비치(S. Aleksievich) 책의 부제가 다름 아닌 '미래의 연대기'라는 사실, 즉 "나는 과거에 대한 책을 썼지만 그것은 미래를 닮았다"는 그녀의 진술은 이런 점에서 의미심장하다.[48] 타르콥스키의 「스탈케르」가 보여 주는 예견적 재현이 이 '미래의 연대기'의 또 다른 이름에 다름 아니다. 이 미래의 연대기, 예견적 재현이 "스스로를 반박하는 예언"[49]이 되도록 만드는 일이야말로 재난을 극복하고 방지하기 위한 재난의 정치학의 핵심이며, 재난의 재현이 가질 수 있는 정치적 가능성이 이것일 것이다. 울리히 벡이 역설했던 "미래 사건으로서 글로벌 리스크의 연출", 그것이 가능케 하는 '재난의 세계주의적 계기'[50]는 이와 직접적으로 일맥상통하는 것으로, 바로 이 지점에서 재난에 대한 예술적 성찰과 재난의 정치학의 조우가 가능해진다.

* 이 글은 《러시아어문학연구논집》 제46집(2014)에 출간된 필자의 논문 「재난의 재현과 체르노빌의 '스탈케르'」를 수정 보완한 것이다.

---

48 알렉시예비치는 이 저작이 대표하는 문학적 성취를 인정받아 2014년 노벨 문학상 후보로 지명되었다. С. Алексиевич, *Чернобыльская молитва: Хроника будущего*(М.: Время, 2007); 스베틀라나 알렉시예비치, 『체르노빌의 목소리: 미래의 연대기』, 김은혜 옮김(새잎, 2011). 인용은 번역본, 한국어판 서문 8쪽.

49 울리히 벡, 『글로벌 위험사회』, 31쪽.

50 글로벌 리스크 연출에 대해서는 같은 책, 29-52쪽 참조.

참고 문헌

국문

강은주, 『체르노빌 후쿠시마 한국』, 아카이브, 2012.

김성일, 「고위험사회가 초래한 한국형 재난의 발생과 기원」, 《문화과학》 제72호, 2012.

노엄 촘스키, 『촘스키, 9·11』, 박행웅·이종삼 옮김, 김영사, 2001.

박영은, 「소비에트 이데올로기에 대한 안티테제 텍스트로서의 '잠입자'」, 《외국문학연구》 제50호, 2013.

복도훈, 「세계의 끝, 끝의 서사: 2000년대 한국 소설에 나타난 재난의 상상력과 그 불만」, 『폭력 이미지 재난』, 조선대 인문학연구원 이미지연구소 편, 앨피, 2012.

삼식이, 「스토커의 망령은 리뷰 내내 '스토커'처럼 집요하게 나를 쫓아왔다」, 《게임메카》, 2007년 04월 24일. http://www.gamemeca.com/preview/view.php?gid=119237(검색일: 2014년 4월 23일).

스베틀라나 알렉세예비치, 『체르노빌의 목소리: 미래의 연대기』, 김은혜 옮김, 새잎, 2011.

슬라보예 지젝, 『실재의 사막에 오신 것을 환영합니다』, 이현우·김희진 옮김, 자음과모음, 2011.

에티엔 발리바르, 『우리, 유럽의 시민들?』, 진태원 옮김, 후마니타스, 2010.

원병우, 「체르노빌 그 이후…누구도 예상하지 못한 엄청난 놈이 온다」, 《게임메카》, 2003년 05월 29일. http://www.gamemeca.com/feature/view.php?gid=123864(검색일: 2014년 4월 23일).

울리히 벡, 『글로벌 위험사회』, 박미애·이진우 옮김, 도서출판 길, 2010.

울리히 벡, 『위험사회』, 홍성태 옮김, 새물결, 2006.

이재진, 「7년 만에 발매! 체르노빌 FPS 스토커」, 《디스이즈게임》, 2007년 01월 22일. http://www.thisisgame.com/webzine/news/nboard/16/?page=115&n=4505(검색일: 2014년 4월 27일).

장 보드리야르, 『테러리즘의 정신』, 배영달 옮김, 동문선, 2003.

지오반나 보라도리, 『테러시대의 철학』, 손철성·김은주·김준성 옮김, 문학과지성사, 2004.

최민영, 「악당 '베인'처럼 방독면 쓰고 「배트맨」 상영 도중 총기 난사」, 《경향신문》 2012년 07월 20일. http://news.khan.co.kr/kh_news/khan_art_view.html?artid=201207202151315&code=970201(검색일: 2014년 4월 23일).

하각천, 「복합 재난의 취약성 평가에 관한 연구」, 서울시립대 도시과학대학원 방재공학석사학위논문, 2012.

한정숙, 「체르노빌 원전 사고—20세기가 보내온 생명 파괴의 경고」, 《역사비평》 제103호, 2013.

황진미, 「한국 재난 영화와 세월호…왜 이다지도 닮았나」, 《한겨레》 2014년 5월 4일. http://www.hani.co.kr/arti/culture/movie/635607.html(검색일: 2014월 5월 5일).

러시아 어

Алексиевич С. *Чернобыльская молитва: Хроника будущего.* М.: Время, 2007.

Боева Г. "Трансформация феномена сталкерства в постсоветском культурном пространстве," *Стереотипы и национальные системы ценностей в межкультурной коммуникации.* Сб. статей. Выпуск 1. СПб: Ольштын, 2009.

Boomer_007. "Зона отчуждения в реальности и игре S.T.A.L.K.E.R.," http://stalker-lost.ru, 3 октября 2010. http://stalkerforum.3dn.ru/publ/ zona_otchuzhdenija_v_realnosti_i_igre_s_t_a_l_k_e_r/1-1-0-21(검색일: 2014년 3월 27일).

Головата Л. "Чернобыльские сталкеры," *ИНОФОРУМ.* 27 апреля 2010. http://www.inoforum.ru/inostrannaya_pressa/chernobylskie_stalkery/(검색일: 2014년 4월 17일).

Гордон А. *Не утоливший жажды: об Андрее Тарковском*. М.: Вагриус, 2007.

Лубенский А. "Чернобыль: Политические последствия катастрофы," *РИА НОВОСТИ*. 26 апреля 2011. http://rian.com.ua/analytics/20110426/78723382.html(검색일: 2014년 4월 30일).

Медведев Г. *Чернобыльская хроника*, М.: Современник, 1989. http://pripyat-city.ru/books/59-chernobylskaya-hronika.html19.

Невский Б. "Вся наша жизнь–игра? Игровые новеллизации в России," *Мир фантастики*. 19 марта 2012. http://www.mirf.ru/Articles/print 3328.html(검색일: 2014년 3월 23일).

Паскевич С и Д. Вишневский. *Чернобыль. Реальный мир*. М.: Эксмо, 2011.

Синицына Т. "Сталкеры Чернобыля," *РИА НОВОСТИ*. 26 Апреля 2007. (http://ria.ru/analytics/20070426/64443523.html(검색일: 2014년 5월 3일).

Тарковский А. *Мартиролог: дневники*. М.: Международный институт имени А. Тарковского, 2008.

영문

Baudrillard J., *The Gulf War Did Not Take Place*, Bloomingston: Indiana University Press, 1995.

Colleran J., "Disposable Wars, Disappearing Acts: Theatrical Responses to the 1991 Gulf War," *Theatre Journal*, Vol. 55. No. 4. 2003.

Dyer G., "Danger! High-radiation Arthouse!" *The Guardian*, 6 Feburary, 2009. http://www.theguardian.com/film/2009/feb/06/andrei-tarkovsky-stalker-russia-gulags-chernobyl(검색일: 2014년 5월 3일).

Dyer G., *Zona*, New York: Pantheon Books, 2012.

Fairly I. and D. Sumner, *The Other Report on Chernobyl(TORCH): An Independent Scientific Evaluation of Health and Environmental Effects 20 Years after the Nuclear Disaster Providing Critical Analysis of a Recent Report by the IAEA and the WHO*, Berlin, Brussels, Kiev: The Greens EFA, 2006.

IASAG. *IASAG-7: The Chernobyl Accident-Updating of INSAG-1*, Safety Series No. 75, Vienna: IAEA, 1992, pp. 23-25. http://www-pub.iaea.org/MTCD/publications/PDF/Pub913e_web.pdf).

Mould R. F., *Chernobyl: The Real Story*, Oxford & New York: Pergamon Books Ltd., 1988.

Smith J. T. and N. A. Beresford, *Chernobyl: Catastrophe and Consequences*, Chichester: Praxis Publishing, 2005.

The Chernobyl Forum, *Chernobyl's Legacy: Health, Environmental and Socio-economic Impacts and Recommendations to the Governments of Belarus, the Russian Federation and Ukraine*, Vienna: IAEA, 2006.

Yadlokov A. V., V. B. Nesterenko and A. V. Nesterenko, *Chernobyl: Consequences of the Catastrophe for People and the Environment*, Boston, Massachusetts: Blackwell Publishing, 2009.

인터넷 검색

www.litstalker.ru

www.chornobyl.ru, www.4ernobyl.ru

http://etymonline.com

http://deadly-dungeon.blogspot.kr

☌ 4장

쓰촨대지진 이후 중국의 재난서사:
대항서사로의 가능성

백지운

1. 왜 재난서사인가

9·11로 시작하여 쓰촨(四川, 2008), 아이티(Haiti, 2010), 도호쿠(東北, 2011) 등지의 대형 참사로 얼룩진 21세기 초입은 우리에게 '재난'을 사고하는 새로운 인식의 눈을 요청한다. 인간의 생명을 대량으로 앗아 가는 폭력의 형태 중 재난처럼 지식이 속수무책인 경우도 드물다. 재난의 공포성은 그 예측 불가능성에 있다. 근대 과학이 이룩한 성취를 비웃기라도 하듯, 재난은 과정과 추이를 통해, 언제나 뒤늦은 후회와 기록을 통해서만 모습을 드러낸다.[1] 울리히 벡(Ulrich Beck)의 '위험사회론'이 최근 부쩍 주목을

---

[1] M. Susanna Hoffman, "The Monster and the Mother," eds. Susanna M. Hoffman and Anthony Oliver - Smith, *Catastrophe & Culture: The Anthropology of Disaster*(Oxford: James Currey Ltd., 2002), p. 129.

받게 된 것은 이처럼 우연적·파편적으로 보이는 재난을 구조적·체계적으로 파악하려는 요구와 무관치 않을 것이다. 벡이 말하기를, 위험은 성공한 근대가 초래한 딜레마라고 했다. 세월호 사건 발발 직후 어느 언론사와의 인터뷰에서도 세월호 참사가 한국 사회의 압축적 근대화와 밀접하게 관련 있음을 시사했다.[2] 인간의 힘으로 어쩔 수 없는 것으로 인식되기 쉬운 재난을 사회적인 맥락 안으로 들여온 것이다. 이런 시각은 오늘날 '재난'이 한 사회를 읽는 중대한 바로미터임을 보여 준다.

미국의 저널리스트 그레고리 버튼(Gregory Button)은 재난이 국가, 기업, 민간 사이 힘의 재분배를 둘러싼 투쟁을 전경화함으로써 한 사회를 구성하는 힘의 비대칭적 분배 관계를 드러낸다고 말했다. 이때 투쟁의 핵심은 재난에 관한 공적 담론을 형성하고 의미를 사회적으로 생산하는 데에서 누가 주도권을 잡느냐인데, 이것이 중요한 이유는 그것이 바로 그 사회의 현실을 정의하기 때문이다. 그런 점에서 재난은 인재이든 천재이든 간에, 언제나 정치적 맥락 안에 있다.[3] 재난 이후 매체의 언설이 생산되는 메커니즘에 주목한 버튼은 매체의 언설은 단편적 에피소드 중심인 탓에 재난을 야기하는 더 큰 사회적 맥락을 은폐한다고 비판한다. 매체가 재난을 일상적이고 정상적인 삶의 일부로서가 아니라, 고립되고 우발적인 사건으로 인식하도록 유도한다는 것이다. 이런 비판에 기반하여 그는 재난의 본질을 파악하기 위해서는 한 사회의 비대칭적 역관계 및 헤게모니를 강화하는 감춰진 문화의 논리를 파악해야 한다고 역설

---

2 《한겨레신문》, 「약자들에게 집중된 위험… 시민이 개입해 변화시켜야」, 2014년 5월 15일자.

3 Gregory Button, *Disaster Culture: Knowledge and Uncertainty in the Wake of Human and Environmental Catastrophe*(CA: Walnut Creek, 2010), p. 16.

했다.[4]

재난을 자연의 구조가 아닌 문화의 구조에서 보아야 한다는 버턴의 주장은, 재난 그 자체 못지않게 사후에 형성되는 '재난서사'의 중요성을 일깨운다. 다만 매체를 주 대상으로 한 탓에, 그의 분석은 재난서사를 둘러싼 헤게모니 싸움을 희생자와 국가/기업의 양대 구도로 제한하는 한계를 보인다. 그의 말처럼 재난을 사회의 보이지 않는 문화의 구조로 읽으려면 매체만으로는 부족하다. 국가뿐 아니라 민간 층위에서 생산되는 다양한 양태의 서사를 복합적으로 사고해야 한다. '나에게도 일어날 수 있었다'라는 개연성으로 인해, 재난은 당사자뿐 아니라 사회의 구성원 모두에게 말할 (narrate) 자격을 부여한다. 인터넷과 소셜미디어가 발달한 현대, 우리 주변엔 이미 재난서사가 넘쳐 나고 있다. 그뿐인가. 재난을 다루는 문학과 영화가 독자적 장르를 형성한 지도 이미 오래되었다. 버턴의 말처럼 재난이한 사회 내부 힘의 비대칭적 분배 관계를 보여 준다면, 재난서사는 그러한 힘의 비대칭적 분배를 사회가 감지하고 반응하는 방식을 드러내는 중대한 지표라 할 수 있다.

이러한 관점에서 본고는 최근 중국에서 나온 두 편의 영화「대지진(唐山大地震)」(2010)과「1942(一九四二)」(2012)를 중심으로 쓰촨대지진 이후 중국 민간 사회에서 생산된 재난서사를 분석하고자 한다. 영화의 소재인 탕산(唐山)대지진(1976)과 허난(河南) 대기근(1942)은 몇 가지 점에서 공통된다. 우선, 두 사건 모두 중국은 물론 인류 역사상 가공할 만한 규모의 재난이었음에도 불구하고 오랜 시간 공공의 기억 속에 매장되었다. 또한 두 사건 모두 정치적으로 중요한 시기에 발발했으며, 그것이 이들의 오랜 침묵

---

4 Ibid., p. 151.

에 원인을 제공했다. 탕산대지진은 문화대혁명 중에 발발했고 공교롭게
도 마오쩌둥(毛澤東)과 저우언라이(周恩來)가 사망한 해이기도 했다. 한편,
허난 대기근은 중일 전쟁의 격전지에서 발생했다. 국민당 통치 구역이자
1937년부터 일본의 침략을 받던 허난은 1942년 위베이(豫北), 위둥(豫東),
위난(豫南) 일대가 일본에 함락된 상태였다.[5]

두 편의 영화가 2008년 9만 명을 죽음으로 몰고 간 쓰촨대지진 직후에
연달아 만들어졌다는 사실도 주목을 요한다. 중국이 강국으로 부상하는
데 획기적 해였던 2008년은 기회와 위기가 함께 엄습했다. 온 국민의 숙원
인 베이징 올림픽의 성공적 개최를 눈앞에 둔 상황에서, 티베트·위구르의
소요와 세계 각지에서 벌어진 성화 봉송 반대 시위는 중국에 또 한번의 좌
절을 안기고 있었다. 바로 그런 상황에서 쓰촨대지진이 발발한 것이다. 결
과적으로 쓰촨대지진은 위기를 기회로 전환시켰다. 이런 전환은 공적 차
원과 민간 차원 양편에서 일어났다. 공적 차원에서 재난에 대처하는 강한
정부의 이미지를 통해 공산당 통치의 정당성이 공고해졌다면, 민간에서 광
범위하게 일어난 구호 및 원조 운동은 중화 민족의 단결력을 강화하는 데
지대한 역할을 했다. 이처럼 중국이 국가적 시련의 집합적 극복과 베이징
올림픽의 성공적 개최라는 두 마리 토끼를 모두 잡음으로써 강국으로 도
약하는 확고한 발판을 마련한 시기, 「대지진」과 「1942」라는, 기존 중국 영
화판에 낯선 '재난 영화'가 영화 사상 최대 규모의 자본을 거느리고 은막
위에 화려하게 등장한 것이다. 여기엔 결코 우연으로 치부할 수 없는 사회
적·문화적 논리가 은닉되어 있다.

---

5 楊勇, 「1942~1943年河南淪陷區救災措施述評」, 《湖北廣播電視大學學報》第29卷 第5期,
2009, p. 64. 국민당이 재난 구제를 하지 않은 반면, 일본이 민심을 얻기 위해 재난 구제에
적극적이었다는 주장이 제기되는 가운데 이에 대한 논쟁이 지금도 분분하다.

아울러 두 편의 영화 모두 현역 최고의 흥행 감독 펑샤오강(馮小剛, 1958~)에 의해 만들어졌다는 사실도 중요하다. 중국에서 처음으로 로맨틱코미디 장르를 개척하여 상업 영화계의 거물로 떠오른 펑샤오강은 2006년 「집결호(集結號)」를 기점으로 '주선율 영화(main melody movies)'와 상업 영화의 경계를 뒤섞는 새로운 영역을 개척해 왔다. 작가가 전일적으로 서사를 지배하는 문학 텍스트와 달리 영화는 본래 다양한 행위자들의 목소리가 개입하는 장르이다. 특히 국가의 목소리가 지배적인 주선율 영화와 대중의 세속적 욕망이 지배하는 상업 영화의 경계를 넘나드는 펑샤오강의 영화는 이 같은 영화 본래의 서사적 복수성을 한층 극적으로 응축한다. 「대지진」과 「1942」는 위기와 기회가 긴장 속에 공존한 2008년의 정국에서 재난의 서사화를 요구하는 중국 사회의 복잡한 내면으로 우리를 안내할 것이다.

2. 재난서사와 대항적 재난서사

서사는 단편적 기술을 일관된 구조 안으로 체계화하는 글쓰기이다. 재난서사란 어떤 재해 사건에 대한 개인적·단편적 기억을 공공의 사회적 기억으로 구축하는 것이다. 이러한 체계화의 과정에는 버턴이 말했던 비대칭적 힘의 역관계가 작용한다. 재난서사는 어떤 재난사건에 대한 해석을 둘러싸고 지배적 해석과 비지배적 해석이 경쟁하는 장인 것이다. 여기에 재난서사의 역설성이 있다. 재난서사는 그 자체로 재난서사와 그것에 대항하는 서사 간의 각축을 내포하기 때문이다. 본 장에서는 프랑수아 라보캇(Françoise Lavocat)과 아드리아나 크레이시언(Adriana Craciun)의 관련 작업을 통해, 재난서사의 역설성 개념에 대해 천착하고 그로부터 대항적 재난서사 개념의 윤곽을 그려 볼 것이다.

프랑수아 라보캇은 '재난서사'의 역사적 형성 과정에 주목했다. 그에 따르면 서구 지성사에서 재난을 말하는 방식은 17세기 초에 극적인 전환을 맞는다. 이전까지 재난이 신화나 메타포, 알레고리 방식으로 초자연적 차원에서 기술(description)되었다면, 17세기, 더 정확하게는 1630년을 전후하여 재난은 '연대기적으로 서사(narrative)'화되기 시작한다. 1630년 전후는 밀라노 전염병(1630)과 베수비오 화산 폭발(1631)로 상징되는 시기이다. 라보캇은 이 시기를 기점으로 재난의 재현 방식이 알레고리와 에피소드의 틀에서 벗어나고 재난을 역사와 집단의 기억 속에 자리매김하려는 목적 의식이 갖춰지면서, 재난서사에 역사성이 갖춰지기 시작한다고 주장한다.[6]

재난서사가 역사성과 공공성을 의식함에 따라, 도덕적 가치와 인식적·이데올로기적 태도에 기반한 '관점의 표현'이 재난서사를 결정짓는 중대한 요소로 부상한다. 여기에서 라보캇이 말하는 '관점'이란 재난을 특정한 역사적 서사 체계 안으로 자리매김하는 인식 틀이다. 그렇다면 재난서사란 그 자체로 이미 특정 재난에 대한 독립된 해석이기에 앞서 그 사회에 이미 존재하는 지배적 서사 체계에 종속된다는 말이 된다. 재난서사가 사회의 도덕적 규범을 의식하고 그 사회를 지배하는 이데올로기에 부합하는 경향을 띠는 것은 이 때문이다. 물론 재난서사가 일률적으로 공동체의 규범과 이익에 종속되는 것은 아니다. 서사의 구축 과정에는 지배적 해석과 그에 반대하는 해석들 간의 긴장이 발생한다. 라보캇은 이 긴장을 '충돌성

---

6 Françoise Lavocat, "Narratives of Catastrophe in the Early Modern Period: Awareness of Historicity and Emergence of Interpretative Viewpoints," *Poetics Today*, Vol. 33, No. 3, 2012, pp. 255–257.

(conflictuality)'이라 명명했다.[7]

　여기에서 주목할 것은 '서사성'과 '충돌성'의 동시성이다. 라보캇은 '충돌성'이야말로 재난서사의 '서사성'을 가동하는 주요한 동력이라고 보았다. '서사성'과 '충돌성'을 하나의 서사 안에 공존하는 것으로 봄으로써, 그는 재난서사의 역설성(paradox)을 이끌어낸다. 하나의 사건은 그것을 둘러싼 충돌하는 해석들이 격돌하는 '대결(agôn)' 속에서 비로소 기억할 가치가 있게(memorable) 된다는 것이다. 라보캇에 따르면 대부분의 경우 서사자들은 그 사회의 권위 집단의 입장에 공명하는 경향을 지닌다. 재난서사는 사회의 공적 권위와 공명함으로써 서사에 역사성을 주입하고 이를 통해 재난이 공적으로 '기억'되기 시작한다. 18세기 들어 17세기의 흑사병에 대한 서사들을 대대적으로 다시 찍어 냄으로써 재난을 사회의 공적 기억으로 구축한 것이 그 대표적인 사례이다. 그런데 이 같은 재난의 서사화/역사화 과정에 '충돌성'은 필수적 요소이다. 내부의 다양한 목소리 간의 갈등 없이 재난을 공적 기억으로 구축하는 것은 불가능하기 때문이다. 말하자면 라보캇이 볼 때, 재난서사의 서사성을 가동하는 힘은 두 개의 상반된 힘이다. 하나는 공공의 권위에 부합하려는 힘이고, 다른 하나는 서로 다른 해석 간의 갈등의 현장을 재현하려는 힘이다.[8] 이 같은 '서사성'과 '충돌성'의 동시성은 재난을 해석하는 권위적 서사와 대결하는 서사들이 사실은 권위적 서사를 보완하거나 더 공고히 하는 역설을 설명해 주며, 재난서사에 숨겨진 이데올로기의 복잡성을 시사한다. 자칫 국가와 민간, 정부와 희생자라는 단순한 대립 구조로 보기 쉬운 재난서사로부터 다양한 서사 주체들의 대결, 공모, 협력이 뒤섞이는 입체적 실상을 읽어 낼 수 있게 하는

7　ibid., p. 260.
8　ibid., p. 271-277.

것이다.

그러나 결과적으로 재난서사의 역설성은 재난 서사의 한계를 전제한다. 라보캇의 말처럼 재난서사가 공공성·역사성을 획득하는 과정에서 필연적으로 그 사회의 권위적 목소리에 영향을 받으며, 그 권위와 맞서는 대결 역시 결국 그 서사성을 강화하는 데 기여한다면 말이다. 그렇다면 우리가 궁극적으로 물어야 할 질문은 이것이다. 재난서사에서 권위적 서사와 대결하는 다른(alternative) 서사들이 전자와의 공모와 협력으로 귀결되지 않을 가능성은 없는가. 다시 말해 '서사성'과 '충돌성'이 공존함으로써 강화되는 재난서사의 '서사성'에 대항하는 서사(counter-narrative)의 가능성을 어디에서 찾을 것인가.

그 점에서, 19세기 초 영국의 '북극서사(polar writing)'에 대항하는 텍스트로서 『프랑켄슈타인(Frankenstein)』을 다룬 아드리아나 크레이시언의 작업은 '대항적 재난서사'의 이론적 가능성을 탐색하는 본고의 작업에 중요한 계발을 준다. 메리 셸리(Mary Shelley)의 『프랑켄슈타인』(1818)과 존 프랭클린(John Franklin)의 『북극해 연안 탐험기(*Narrative of a Journey to the Shores of the Polar Sea*, 이하 '탐험기')』(1823)를 상호 경쟁하는 텍스트로 배치하면서, 크레이시언은 두 텍스트의 서사가 19세기 탐험열이 초래한 파국을 다루는 차이에 주목한다. 19세기 영국 사회에서 탐험은 왕실과 (사실상 왕실이 경영하는) 은행 및 해군의 지원 아래 막대한 부를 창출했다. 이는 또한 출판업의 대성황을 이끌어냈다. 당시 탐험과 무관한 글쓰기는 없었다 해도 과언이 아닐 정도로 탐험과 출판은 긴밀한 관계를 맺고 있었다. 크레이시언은 해군과 왕실, 출판계의 긴밀한 유착을 "북극 출판 넥서스(polar print nexus)"라 불렀다. 그런데 오늘날 북극 탐험 문학의 대표작으로 간주되고 있는 『프랑켄슈타인』은 출판 당시엔 '북극 출판 넥서스' 안에 있지 않았다. 실제로 셸리는 1817년 『프랑켄슈타인』 초고를 들고 해군 계통의 거대 출판사 머리(Murray)를 찾아갔다 거절당했는데, 그 이유는 『프랑켄슈타인』이 그리는 북극이 '북극 출판 넥서스'가 구축한 권위적 북극서사에서 벗어나 있었기 때문이다.[9] 당시 권위적 북극서사를 대표하는 것은 존 프랭클린의 『탐험기』였다. 『탐험기』는 1819~1821년 존 프랭클린이 이끈 북극 원정을 바탕으로 한 작품이다. 이 원정은 대실패였다. 스무 명의 원정대 중 살아 돌아온 사람은 아홉 명뿐이었다. 대부분 굶어 죽었고 살인, 심지어 식인 행위도 있었다. 그런데 탐험 과정에서 발생한 기아, 반란, 살인, 식인 같은 파국이 도리어 『탐험기』를 베스트셀러로, 프랭클린을 영국의 국민적 영웅으로 만들었다.

　『프랑켄슈타인』과 『탐험기』는 모두 빅토리아 시대 영국의 '북극열(Arctic fever)'의 산물이다. 그렇다면 『프랑켄슈타인』의 광기, 살인, 반란의 서사가 북극 서사의 중심부에서 거부당한 반면, 『탐험기』의 광기와 살인, 그리고 저자 자신이 가담했을지도 모를 식인의 서사가 영국 사회에서 그토록 열광적인 환영을 받은 이유는 무엇일까. 이에 대해 크레이시언은 『탐험기』의 파국을 지탱하는 구원 서사가 『프랑켄슈타인』에 없었기 때문이라고 설명한다. "우리는 결코 절망에 굴복하지 않았다"라는 기독교적·애국적 신념을 거듭 환기함으로써 『탐험기』가 파국의 서사를 시련의 극복이라는 숭고한 영웅 서사로 전환시킨 반면, 『프랑켄슈타인』은 구원받지 못할 파국에 대한 절망으로 침울했다. 즉 『탐험기』가 재난 속 구원의 모티브를 부각시켜 신세계 탐험에서 자행되는 유럽인의 폭력을 합리화했다면, 『프랑켄슈타인』은 북극을 구원 없는 디스토피아로 그려냄으로써 유럽인의 야만적 '북

9 Adriana Craciun, "Writing the Disaster: Franlkin and Frankenstein," *Nineteenth Century Literature*, Vol. 65, No. 4, 2011, pp. 443–445, pp. 457–459.

극열'을 차갑게 경고했던 것이다.[10]

주류 북극서사의 인사이더이자 아웃사이더인 『프랑켄슈타인』은 대항적 재난서사의 실마리를 보여 준다.[11] 작품에 가득한 광기와 살인, 반란에 대한 탐닉은 『프랑켄슈타인』이 19세기 영국 사회의 북극서사의 컨텍스트 안에서 탄생했음을 말해 준다. 그러나 동시에 『프랑켄슈타인』은 근대 문명이 낳은 끔찍한 괴물에게 어떤 구원의 여지도 남기지 않음으로써 북극서사에 정면으로 대항했다. 제국주의 시대 들끓던 탐험열이 초래한 반문명적 비극이 사회 저변에 자아내는 공포를 구원과 영웅에 대한 열광으로 전환시킨 북극서사에 대해, 『프랑켄슈타인』은 인간이 만든 공포를 정시(正視)하는 불편한 서사로 맞섰던 것이다.

바로 이 지점에서 '대항적 재난서사'의 윤곽이 떠오른다. 영웅의 탄생, 사랑과 신뢰의 회복 들은 재난서사를 구성하는 핵심 요소이다. 만족스럽지 못한 일상이 압도적 비극을 겪음으로써 희망으로 극적으로 전환되는 재난서사는 역설적으로 기성의 사회 구조를 의심하기보다 공고히 하는 결과를 낳는다. 이는 라보캇이 말한 재난서사의 '서사성'과 '충돌성'의 갑갑한 연쇄이기도 하다. 그런 점에서 비극을 희망으로 전환시키는 통로를 근원적으로 차단하고 비극의 내면을 집요하게 파고든 『프랑켄슈타인』은 재난서사가 어떻게 역설의 연쇄를 끊고 저항적 실천으로 거듭날 수 있는지 사고하게 하는 것이다.

---

10 ibid., pp. 461–479.
11 물론 자연이 주는 재해보다 인간의 반문명적 탐욕이 초래한 파국을 더 강조했다는 점에서 『프랑켄슈타인』의 '재난서사(writing the disaster)'는 본고에서 말하는 재난서사(disaster narrative)와 개념적으로 다르다. 그러나 『프랑켄슈타인』이 본고에 계발을 주는 지점의 핵심은 재난서사 자체라기보다 기성의 권위적 서사에 대한 '대항서사(counter–narrative)'로서의 가능성이다.

3. 쓰촨대지진이 불러낸 재난서사

1) 자발성의 양면

말할 것도 없이, 「대지진」과 「1942」 두 편의 재난 블록버스터가 연달아 제작될 수 있었던 사회적 맥락에는 2008년의 쓰촨대지진이 있었다. 2008년 5월 12일 쓰촨성 원촨(溫川) 지방에서 진도 8의 지진이 발생했다. 9만의 생명을 앗아 간 이 엄청난 파국은 인류 역사상 열두 번째로 큰 규모의 지진이며, 중국에서는 탕산대지진 이래 최대의 국가적 재난이었다.[12] 온 국민에게 정신적 공황과 상처를 가져온 이 사건이 불러낸 현상과 논쟁들은 중국에서 2008년이 지니는 사회적·문화적 획기성을 각인시키기에 충분했다.

가장 활발했던 논쟁은 쓰촨대지진이 중국의 시민사회 발전에 긍정적 계기가 될 수 있는가 하는 것이었다. 지진 직후 민간단체는 물론,[13] 인터넷과 소셜미디어의 발달을 기반으로 개인적 차원에서도 원조와 구조 활동이 놀랄 만큼 활발하게 이루어졌다. 이에 대해 쉬빈(Xu Bin)은 쓰촨대지진이 국가와 민간 사이에 초래한 "합의의 위기(consensus crisis)"가 평소 같았으면 불가능했을 시민의 공적 참여를 활발하게 만들었다고 분석했다. 즉 대지진과 같은 집합적 충격이 국가와 사회관계의 긴장을 극적으로 강화함으로

---

12 Bin Xu, "Consensus Crisis and Civil Society: The Sichuan Earthquake Response and State–Society Relations," *The China Journal*, No. 71, 2014, p. 94.

13 지진 발생 다음날인 5월 13일 중국 내 57개의 NGO 단체들이 구제 활동에 적극적인 참여를 호소하는 성명서를 발표하였고, 5월 14일에는 NGO 쓰촨 지역 구재연합사무실을 청두(城都)에 설치하여 성금과 구호품 배포 활동을 체계적으로 전개했다. 이남주, 「쓰촨대지진은 중국 시민 사회 발전의 계기가 될 것인가」, 《플랫폼》 제10호, 80쪽.

써 정부의 의도와 무관하게 그동안 좀처럼 가능하지 않았던 활동 공간을 시민 사회에 부여했다는 것이다.[14] 비슷한 관점에서 제시카 티츠(Jessica C. Teets)는 국가와 시민사회가 대립하는 서구와 달리 중국에서 국가와 시민사회는 상호 협력 관계라는 전제 아래, 2008년의 대지진은 정부와 시민사회, 지방 정부 간의 협력을 강화함으로써 결과적으로 시민사회의 역량을 강화했다고 주장했다.[15]

반대의 시각도 있다. 슈나이더(Florian Schneider)와 황(Yih-Jye Hwang)은 쓰촨대지진 이후 강한 정부의 이미지가 확고해짐으로써 중국 공산당의 통치력이 한결 강화되었다고 주장했다. 이들에 따르면 재난 직후《런민르바오(人民日報)》를 비롯한 주요 신문과 방송은 정부의 강력한 재난 대처 능력을 강조함으로써 자유민주주의 체제 정부에 대한 중국 정부의 우월성을 부각했다. 그 과정에서 정치적 쟁점은 마땅히 미리 재난에 대비했어야 할 정부에 책임을 묻기보다 구제 활동 자체로 옮겨졌고, 구제 활동의 리더로서 중국 공산당과 정부, 그리고 "인민의 종복" 후진타오와 원자바오의 지도자적 이미지가 대대적으로 강조되었던 것이다.[16]

대지진 이후 중앙의 통치력이 강화되었는지, 시민사회가 강화되었는지에 대해서는 이처럼 상반된 입장이 병존한다. 그러나 현실의 모순은 중국에서 시민사회와 국가가 본래부터 협력적 관계에 있다는 티츠의 주장보다 한층 복잡한 차원에 있다. 그 복잡성의 근원을 우리는 천쓰허(陳思和)가 말

14 Bin Xu, op. cit., pp. 92-93.

15 Jessica C. Teets, "Post Earthquate Relief and Reconstruction Efforts: The Emergence of Civil Society in China?," *The China Quarterly*, Vol. 198, 2009, pp. 330-347.

16 Florian Schneider and Yih-Jye Hwang, "The Sichuan Earthquake and the Heavenly Mandate: Legitimizing Chinese Rule through Disaster Discours," *Journal of Contemporary China*, Vol. 23, No. 88, 2014, p. 10.

한 '민간의 양면성'에서 찾을 수 있을 것이다. 천쓰허는 '민간'을 국가 권력의 통제가 상대적으로 약한 주변부에 존재하면서, 때에 따라 권력에 편입되기도 하고 또 피억압자로서의 독자적 역사와 정신을 견지하기도 하는 인민 생활의 진면목이라 정의했다. '민간'에는 민주의 정수와 봉건의 찌꺼기가 뒤섞여 있다.[17] 즉 '민간'은 때와 조건에 따라 국가 권력에 저항하기도 하고 타협하기도 함으로써 자기 영역을 보존하는 모순적 존재인 것이다.

이러한 민간의 양면성은 쓰촨대지진 이후 부각된 민간의 자발성에서 잘 드러난다. 분명, 쓰촨대지진은 민간의 자발적이고 능동적인 사회 참여를 유발시킴으로써 중국 사회에 의미 있는 변화를 일으켰다. 지진의 상황은 인터넷과 SNS를 통해 전국, 아니 전 세계 중국 동포에게 실시간으로 전달되었고, 곳곳에서 성금이 모이고 자원봉사자들이 몰려들었다. 그런데 이런 민간의 자발성은 중국에서 처음으로 민간이 공적 영역에 대규모로 참여함으로써 '시민적 공간'을 연 측면도 있지만, 다른 한편에서는 '중화 민족의 단결'이라는 주류 이데올로기를 강화하기도 했다. 왕샤오밍(王曉明)이 이재민 구제 활동에서 부각된 민중의 힘을 긍정적으로 평가하면서도 그 이면에 잠복한 '운명 공동체의 정서'를 경계한 것도 이 때문이다. 그는 지진에 대응하는 민중들의 심리 이면에는 이미 지진 전부터 자신들을 자극해 온 티베트 사태와 성화 봉송 사건이 있었다고 본다. 지진 직후 민중들의 감정 폭발이 재난에 의해서만 촉발된 것이 아니라 몇 개월 동안 누적된 약자 의식과 애국 정서가 급속히 응집됨으로써 '강한 중국'을 외치는 애국적·민족주의적 구호로 터져 나왔다는 것이다.[18]

17 陳思和, 『中國當代文學關鍵詞十講』(上海: 復旦大學出版社, 2002), p. 5.
18 왕샤오밍, 『가까이 살피고 멀리 바라보기』, 김명희 외 옮김(문화과학, 2014), 167-171쪽 참조.

민간 자발성의 양면성은 재난 직후 인터넷 공간을 달궜던 '지진시(地震詩)' 현상을 통해서도 증명된다. 쓰촨대지진 이후 블로그와 각종 웹사이트들에 지진의 상처를 위로하는 시들이 돌기 시작했다. 그중 「울지 마, 중국(中國, 不哭)」, 「얘야, 어서 엄마 손을 잡으렴(孩子, 快抓緊媽媽的手)」처럼 영향력이 큰 시들은 수백 종의 오프라인 신문에 게재되기도 했다.[19] 애초에 익명으로 쓴 이 시들은 인터넷을 돌아다니는 과정에서 다른 익명의 저자들 손을 거쳐 거듭 개작되었다. 그런데 이러한 집단 창작 과정에서 지진시는 희생자에 대한 애도에서 나아가 중국인의 집단적 상처에 대한 자가 치유 작용을 시작한다. 그러면서 주류 이데올로기와 교묘하게 공모하게 된 것이다. 일례로 「울지 마, 중국」은 쓰촨대지진뿐 아니라 같은 해 1월에 일어난 눈사태와 4월의 열차 사고, 심지어 성화 봉송 반대 시위까지도 중국이 극복해야 할 상처로 표현했다. 지진시가 주류 이데올로기와 공모하는 노골적인 계기는 주류 매체와 결합되면서 발생한다. 2008년 6월 30일 홍콩 텔레비전 TVB Jade(翡翠台)가 방영한 홍콩 반환 11주년 기념식에 「얘야, 어서 엄마 손을 잡으렴」이 중심 내러티브 라인으로 활용됨으로써,[20] 지진시는 '중화 민족 대단결'이라는 국가 서사에 적극적으로 호응했던 것이다.

쓰촨대지진 직후 민간의 목소리는 중국 역사상 어느 때보다 강하게 부각되었다. 그러나 재난 국면에 대한 민간의 자발적 개입이 국가 서사에 대한 자발적 동원과 혼재하는 장면은 우리를 곤혹스럽게 한다. 결코 민간이 국가 서사를 수동적으로 수용하는 것이 아니다. 여기에서 목도되는 것은 라보캇이 말한 재난서사의 역설성, 즉 '충돌성'이 결과적으로 '서사성'을 강

---

19 Heather Inwood, "Multimedia Quake Poetry: Convergence Culture After the Sichuan Earthquake," *The China Quarterly*, Vol. 208, 2011, p. 940.

20 Ibid., p. 945.

화하는 역설인 것이다. 이 역설에서 어떻게 대항적 서사의 가능성을 찾을 것인가. 그 본격적 탐색을 위해, 펑샤오강의 영화로 들어가 보자.

2) 대결하는 서사들: 「대지진」에서 「1942」까지

(1) 가족멜로의 승리

펑샤오강이 만든 두 편의 재난 영화 「대지진」과 「1942」는 2008년 쓰촨 대지진 후 중국 사회 각층에서 생산된 재난서사의 맥락 안에 있다. 특히 1976년 발발한 탕산대지진을 소재로 한 「대지진」은 사실상 쓰촨대지진에 대한 지시성을 명확하게 담고 있다. 이는 재난서사에서 허구성이 간접적으로 역사에 개입한다는 라보캇의 말과도 맞아떨어진다.[21] 「대지진」에는 제작 배경과 동기뿐 아니라 대중들에게 소비되는 과정에도 '쓰촨대지진'의 맥락이 깊숙이 작용하고 있었다.

재난서사로서 「대지진」을 분석하기에 앞서, 먼저 중국 영화의 특성에 대해 짚어 둘 것이 있다. 일반적으로 영화라고 하면 국가보다는 민간 차원을 떠올리지만 중국의 경우는 다소 특별하다. 중국 영화에는 '주선율 영화'라는 오랜 전통이 있기 때문이다. '주선율 영화'란 정부의 이데올로기 교육의 기능을 하되 탄력성과 포용성을 가지고 중국 특유의 시대 정신과 인문 정신을 담는 영화를 의미한다.[22] 정치적 계몽 성격이 강하지만 그렇다고 단순한 프로파간다는 아니다. 1990년대까지 주선율 영화와 상업 영화의 경계는 상대적으로 명확했지만, 최근에 그 판도가 크게 바뀌었다. 상업 영

---

21 Françoise Lavocat, op. cit., p. 281.

22 鄭皖春, 「唐山大地震: 主流價値觀的重構和表達」, 《電影評價》, 2012年 第14期, p. 43.

화를 대표하는 장이머우(張藝謀)조차 주선율 영화에 뛰어들 정도로,[23] 중국 영화계에서 주선율 영화와 상업 영화의 경계는 갈수록 모호해지고 있다. 과거에 주선율 영화가 주로 국영 자본으로 제작되었다면, 이제는 민영 자본이 나서서 주선율 영화를 찍고 있다. 이러한 현상을 혹자는 1980년대 혁명에 등 돌리고 시장으로 달려갔던 관중들이 "혁명과 악수하고 화해"[24]한 징표로 보기도 했다.

이처럼 주선율 영화와 상업 영화의 경계가 모호해지는 현상의 중심에 자리한 이가 바로 펑샤오강이다. 경계의 양쪽을 가장 예민하게, 그리고 가장 능란하게 넘나들며 그는 중국 영화의 신영역을 개척했다. 원래 펑샤오강은 상업 영화 전문이었다. 장이머우나 첸카이거(陳凱歌)처럼 오리엔탈리즘에 호소하거나 무협이 대세를 이루는 중국 상업 영화판에서 처음으로 로맨틱코미디 장르를 중국 영화계에 도입한 인물이다. '뉴 이어 무비(new year movies: 賀歲片)'라는 말을 유행시키고 연말연시에 가족들이 함께 영화관에 가는 문화를 만든 장본인인 그는 할리우드적 감각은 물론 중국 신흥 중산층의 세속적 욕망을 가장 기민하게 읽는 인물이다. 2007년 세간을 깜짝 놀라게 한 그의 변신작 「집결호」는 주선율 영화와 상업 영화의 경계를 무너뜨리는 획기적 계기를 열었다. 국공 내전 중 퇴각 명령을 듣지 못해 끝까지 싸우다 전멸한 어느 해방군 부대원 47인의 명예를 찾아 주는 이야기 「집결호」는 국공 내전, 한국 전쟁, 중국의 건국 초기까지 중국 현대사의 파노라마를 담으면서도 화려한 CG와 빠른 스토리 전개 등 할리우드 기법을 세련되게 구사함으로써 주선율 영화의 새 시대를 예고했다. 2010년의 「대지진」은 「집결호」의 성공이 열어 낸 기반, 다시 말해 주선율 영화와 상업 영

---

23 2011년 장이머우는 난징 대학살을 배경으로 한 영화 「金陵十三釵」를 제작했다.
24 張慧瑜, 「暴露創傷與撫慰傷口: '唐山大地震'的文化功能」, 《讀書》 2010年 第11期, p. 146.

화 사이로 떠오른 제3의 장에서 나온 것이었다.

「대지진」은 1976년 7월 28일 진도 7.8의 지진으로 공식 통계 24만 명이 목숨을 잃은 탕산대지진을 다룬다.[25] 국가적 상처인 탕산대지진을 처음 전면적으로 다뤘다는 점, 중국 영화 사상 처음으로 '재난 영화'라는 장르를 시도했다는 점, 그리고 관방 자본과 민영 자본에 중국 최고의 흥행 감독까지 총결집했다는 점에서, 「대지진」은 획기적인 문화적 사건이었다. 제작비 1억 3000만 위안이라는 액수도 놀랍지만, 더 중요한 것은 투자 자본의 성격이다. 「대지진」에는 탕산시에서 50퍼센트, 중국 삼대 영화 제작사 화이슝디(華誼兄弟, Huayi Brothers Media)에서 45퍼센트, 그리고 중국영화공사(CFGC)가 5퍼센트를 투자했다. 그런데 탕산시가 투자한 6000만 위안 중 오직 15퍼센트만이 실제 투자금이고 나머지는 순수 후원금이었다. 즉 탕산시는 「대지진」을 통해 금전적 효과가 아닌 다른 것을 노렸던 것인데, 그것은 바로 오랫동안 탕산에 붙어 있던 회색빛 재난 이미지로부터 탈피하여 새로운 현대 도시의 이미지를 만드는 것이었다.[26] 중국 최초의 재난 블록버스터 「대지진」은 재난의 이미지를 조작함(manipulating)으로써 시장과 이데올로기 양면에서 성공을 노렸던 것이다.

재난 이미지의 조작을 위해 「대지진」이 취한 전략은 '가족 멜로'였다. 영화는 탕산의 평범한 트럭 운전사 다창(大强)의 가족이 7월 28일 23초간의

---

25 탕산대지진의 희생자 수에 대해서는 논란이 분분하다. 사망자 수 24만 2419라는 수치는 1988년 중국지진국이 발표한 것이다. 그러나 65만, 70만이라는 주장도 있다. 당시 탕산시 인구가 160만임을 생각할 때 이 비극의 참상이 어느 정도인지 가늠하기는 어렵지 않다. http://en.wikipedia.org/wiki/1976_Tangshan_earthquake.

26 Han Li, "To Sell a National Trauma: Aftershock and the Transformation of the Chinese Film Industry," *Virginia Review of Asian Studies*, Vol. 15, No. 2, 2013, pp. 129-130.

지진으로 풍비박산이 나는 것으로 시작한다. 살아남은 위안니(元妮)는 콘크리트 판에 깔린 쌍둥이 아들과 딸 중 하나만을 선택해야 하는 기구한 운명에 놓인다. 결국 위안니는 아들 팡다(方大)를 택한다. 그런데 시신들 틈에 안치되었던 딸 팡덩(方登)이 기적적으로 소생하면서 영화의 갈등 구조가 형성된다. 팡덩은 재난 구조에 투입된 어느 해방군 장교의 양녀가 되어 탕산을 떠난다. 어머니에게 버림받은 트라우마에서 좀처럼 헤어나지 못하던 팡덩은 탕산에 대한 의식적 기억 상실 안으로 자신을 감금시킨다. 그런 그녀의 녹슨 기억의 문을 연 것이 바로 2008년의 쓰촨대지진이었다. 캐나다에서 CNN으로 지진의 참상을 지켜보던 팡덩은 32년 만에 처음으로 고향 탕산을 찾는다. 그리고 구난 현장에 있던 '탕산구조대'를 통해 동생 팡다와 해후한다. 영화의 클라이맥스는 팡덩과 위안니의 화해이다. 딸을 버린 죄의식으로 힘겨운 삶을 버텨 온 모친을 본 순간 팡덩은 모질었던 자신을 깊이 뉘우친다. 그렇게 32년간 단단하게 맺힌 응어리가 눈 녹듯 풀리면서 영화는 대단원에 이른다.

재난서사를 가족 멜로와 결합하기 위해 「대지진」은 원작에 대한 대대적인 개작을 감행해야 했다. 중국계 캐나다인 장링(Zhang Ling)의 소설 『여진(Aftershock)』의 주제는 원래 화해가 아니라, 재난이 초래한 치유할 수 없는 상처였다. 모친 위안니와 딸 팡덩의 이야기를 투 트랙으로 끌고 간 영화와 달리, 소설은 딸 샤오덩(小登)의 심리 묘사를 중심으로 전개된다. 지진이 샤오덩에게 남긴 정신적·육체적 고통은 영화 속 팡덩과는 비교되지 않을 정도로 깊다. 지진은 단란했던 가족을 산산이 파괴했다. 친모에게 버림받은 샤오덩은 다시 양모의 냉대와 양부의 성적 학대로 고통받는다. 가족이 준 복합적 상처는 가족에 대한 도착적 집착을 낳았고, 이로 인해 샤오덩은 남편과 이혼하고 딸도 가출하는 시련을 겪게 된다. 그녀에게 가족은 남김없이 파괴된다.

재난이 낳은 치유될 수 없는 상처라는 『여진』의 주제는 영화 「대지진」에서 극적으로 전복되었다. 영화에서 '가족'은 결코 시련을 이기지 못할 만큼 부서지지 않는다. 살아남은 위안니와 팡다 모자 간의 갈등조차 상처 난 삶을 지탱하는 힘으로 작용한다. 한편, 해방군 장교인 양부의 절대적인 사랑은, 팡덩이 마침내 가족의 의미를 되찾고 위안니와 화해하게 되는 영화의 대단원을 지속적으로 암시한다. 소설에서 가족이 샤오덩에게 상처 그 자체였다면, 영화에서 가족은 상처 치유에 대한 굳건한 약속이자 일관된 복선이다. 영화에서 쓰촨대지진은 이 약속과 암시를 실현하는 결정적 계기로 등장한다. 전국, 아니 세계 곳곳에서 보내지는 구호의 손길을 텔레비전 화면으로 보면서, 팡덩은 운명의 손에 이끌리듯 기억 속에 굳게 닫아 둔 빗장을 열고 고향과 가족의 품으로 귀환한다. 여기에서 쓰촨대지진은 탕산대지진이 낳은 상처의 치유라는 예정된 대단원을 위해 마련된 역사적이고 성스러운 사건으로 미화되기까지 하는 것이다.

「대지진」은 철저하게 재난 이후(post-disaster)의 서사이다. 공식 통계 24만의 목숨을 앗아 간 파국을 다루면서, 영화는 탕산대지진에 대해서는 아무것도 묻지 않는다. 항저우 여행사의 사장이 된 팡다는 어느 날 작은 지진에 갈팡질팡하는 직원들을 나무라며 이렇게 말한다. "작은 지진이면 별거 아니고 큰 지진이면 어쩔 수 없는 거야." 희생자의 입에서 나오는 이 무심한 체념적 발언은 지진 자체에 대한 발언을 원천적으로 봉쇄한다.

이런 태도는 한 해 앞서 나온 왕리보(王利波)의 다큐멘터리 영화 「매장(掩埋)」(2009)[27]과 확연한 대비를 이룬다. 기자 장칭저우(張慶洲)의 보고서를 바

---

27 「매장」은 2009년 5월 제6회 중국다큐멘터리영화교류제에서 '우수 다큐멘터리'상을 수상했다. 펑샤오강의 「대지진」이 대성황을 이룬 반면에 이 영화는 중국에서 상영 금지되었다.

탕으로 만들어진 「매장」은 탕산대지진이 천재가 아닌 인재임을 낱낱이 폭로했다. 인터뷰에 응한 여러 지진 전문가들의 증언에 따르면, 이미 1970년부터 탕산, 톈진(天津), 보하이만(渤海灣) 등 화북 지역의 지진이 예고되었고, 1975년부터 각종 회의와 보고서를 통해 이상 징후가 제출되었다. 1976년 7월, 이례적인 고온 현상이 일어났고 지하수가 끓어 오르고 개미가 빨랫줄을 타는 기현상이 속출했다. 베이징시 지질국의 정칭궈(耿慶國)와 국가지진국의 왕청민(汪成民)은 지진 발발 직전까지도 당국에 긴급 조치를 취할 것을 거듭 건의했다. 그러나 이들의 건의는 당시 중국 사회를 휩쓸던 '비림비공(批林批孔)'[28] 국면에 영향을 미칠까 우려한 간부들에 의해 번번이 좌절되었다.

여기서 특기할 것이 '칭룽(靑龍)의 기적'이다. 탕산에서 115킬로미터 떨어진 칭룽시에서는 지진 발생 당일 수십만 채의 가옥이 무너졌지만 사상자는 한 명도 생기지 않았다. 또한 칭룽 인근 카이란(開灤) 광산에서 작업 중이던 1만 명의 광부 중 단 일곱 명만이 사망했다. 칭룽 현위원회 서기 란광치(冉廣岐)는 일찍부터 지질학자 리쓰광(李四光)이 1974년 국무원에 제출한 69호 문건[29]에 주시했고 그의 저작 『지질역학(地質力學)』을 읽으며 지진에 대비했다고 회고했다. 지진 직전 그는 마을 사람들에게 밤에도 밖에서 자거나 집 안에서 자더라도 문을 잠그지 않도록 했다. 그래서 지광(地光)이 발생하고 굉음이 들리는 순간 모두 집 밖으로 뛰어나와 죽음을 면할 수 있었던 것이다. 사람들이 지진에 대한 약간의 상식만 익혔더라도 탕산에서 그런

http://baike.baidu.com/view/1873080.htm.

28 사인방의 주도로 전국적으로 확산되었던 鄧小平 비판 운동.

29 이 문건에서 李四光은 北京, 天津, 河北, 山西, 內蒙古, 山東, 遼寧에 지진이 있을 것이라 예보했다.

비극은 일어나지 않았을 것이라며, 란광치는 비통함을 감추지 못했다.

1976년 11월 8일《지질공작간보(地震工作簡報)》에「칭룽현, 탕산대지진에 앞서 예방 조치를 취하다(青龍縣在唐山大地震前采取了豫防措施)」라는 문건이 게재되었다. 그러나 이것이 초래할 정치적 파국을 우려한 칭룽시 간부들에 의해 이 간보는 자발적으로 회수되었고 칭룽의 기적은 오랫동안 침묵에 붙여졌다. 탕산대지진 직후 당의 공식 보고는 "탕산대지진은 어떤 전조도 없었으며, 따라서 막을 수 없는 재난이었다"라고 발표되었다. 영화「매장」은 다음과 같은 멘트로 마무리된다. "2008년 5월 12일 쓰촨에서 8.0의 지진이 일어나 9만 명이 사망했다. 중국지진국 부국장은 '쓰촨대지진은 아무 전조도 없었으며, 따라서 예보할 수 없었다'라고 공식 성명했다."[30] 쓰촨대지진 역시 인재였을 가능성을 강하게 시사하는 대목이다.

이처럼 쓰촨대지진은 중국 문화판에 처음으로 재난에 대한 서사의 아고라를 열었다. 물론 인터넷에서 뜨거운 화제가 되었던『여진』이나「매장」은「대지진」의 압도적인 흥행 성적에는 미치지 못했다.「대지진」이 이토록 성공한 이유는 무엇일까. 무엇보다 강력한 상업성, 영리한 프로파간다, 민족 정서에 대한 은근한 자극, 미묘한 비판적 시각, 이 모두를 하나의 영화 안에 녹여 내는 펑샤오강의 재능 없이는 불가능했을 것이다.[31] 공격적인 투

---

[30] 이상의 내용에 대해서는 張慶洲,「唐山大地震經世錄: 唐山大地震漏報始末(下)」,《中國鐵路文藝》2006年 1期, pp. 5 - 22 및 왕리보의 다큐멘터리 영화「掩埋」참고. http://www.youtube.com/ watch?v=4awrAqjbiuA.

[31] Shelly Kraicer, "Tremors and Traumas: Notes on Three Chinese Earthquake Movies," http://dgeneratefilms.com/shelly - kraicer - on - chinese - film/shelly - on - film - tremors - and - traumas - notes - on - three - chinese - earthquake - movies(posted on September 14th 2010). 크레이서는「대지진」이 재난 구제 현장에서 활약하는 해방군의 모습과 더불어 해방군 없이 주민들끼리 서로 구제하는 장면을 동시에 넣음으로써, 당시 해방군의 재난 구제 투입은 거의 없거나 미약했다는 민간의 해석과 해방군의 역할을 강조하는

자로 영화를 기획했던 탕산시의 역할도 결정적이었다. 공교롭게도 탕산시는 쓰촨대지진이 발발한 2008년에 희생자의 이름을 새긴 거대한 추모비를 완공했다. 그리고 현역 최고의 흥행 감독 펑샤오강을 영입하여 '탕산대지진'을 제목으로 하는 조건으로 영화 제작을 추동했던 것이다. 사상 초유 규모의 자본과 전 세계 CG 회사를 총동원한 기술, 그리고 영화 준비 과정에서 대대적으로 추진한 프로모션을 통해, 탕산시는 중국과 전 세계를 향해 탕산이 더 이상 재난의 상처에 신음하는 도시가 아님을 천명했다.[32] "23초, 32년"이라는 영화의 홍보 슬로건은 이 영화가 23초의 재난을 이겨낸 32년에 관한 성대한 대서사(epic)임을 예감케 한다. 이 같은 탕산시의 욕망이 베이징 올림픽을 앞두고 쓰촨 대참사의 위기를 극복하려는 국가의 요구와 맞아떨어졌음은 말할 필요도 없다. 더 중요한 것은 「대지진」의 전략이 쓰촨 참사 이후 격발한 민간의 감정 폭발을 성공적으로 수용했다는 데 있다. 탕산이나 원촨 지진뿐 아니라 문화대혁명, 대약진 운동 등 장기간 혁명 역사 속에서 겪어 온 수난의 기억을 치유하고 싶어 하는 중산층의 욕망을 「대지진」은 너무나 절묘하게 건드렸다.[33] 말하자면 「대지진」의 성공에는 재난 도시의 이미지를 벗고 근대 도시의 이미지를 만들고자 했던 탕산시의 욕망, 쓰촨대지진의 파국을 딛고 강한 국가와 국민 통합의 이데올로기를 공고히 하려는 중국 정부의 욕망, 그리고 오랫동안 국가에 의해 강요되고 또 침묵당해 온 상처를 치유받고 싶어 하는 중산층 욕망의 절묘한 교차가 있었던 것이다.

「대지진」이 주선율 영화의 계보를 이으면서도 그것을 거뜬히 넘어선 것

국가의 해석을 동시에 만족시킨다고 지적했다.

32 Han Li, op. cit., p. 135.
33 張慧瑜, op. cit., p. 48.

은 이 때문이다. 펑샤오강은 대중이 원하는 것이 무엇인지를 파악하는 데 탁월한 능력을 지녔다. 「집결호」에서 보여 주었듯 주선율 영화와 상업 영화의 경계를 허문 그의 최근작들엔 분명 대중이 원하는 무언가가 있다. 해방 후 아무도 기억하지 않는 부대원의 유골을 찾기 위해 고집스레 탄광을 파헤치는 부대장 구즈디(谷子地)[34]는, 건국 이후 숨 가쁘게 발전 가도를 달려오면서 기꺼이 스스로를 희생시켜 온 중국 중산층의 내면에 강박된 응어리를 집요하게 건드림으로써 집단적 카타르시스를 이끌어냈다. 「대지진」의 성공 역시 가족 멜로의 신파 덕만은 아니다. 32년간 침묵을 강요받았던 탕산대지진이 쓰촨대지진을 통해 환기되는 시점에서, 맺혀 있던 상처를 위로받고 싶은 심리, 혹은 그것을 잊고 살았다는 죄책감의 정곡을 찌름으로써, 펑샤오강은 국민적 차원에서 정신의 정화 작용을 대신했던 것이다. 『여진』, 「매장」 같은 대항서사들은 결국 「대지진」 내부에서 벌어지는 역동적인 서사의 충돌성 안으로 흡수되고 말았다.

(2) 디스토피아의 반격

흥미롭게도 「대지진」에 대한 가장 강력한 대항적 재난서사는 바로 펑샤오강 자신에 의해 제출되었다. 「대지진」 직후 펑샤오강은 그의 장점인 스펙터클과 특수 효과, 그리고 광대한 수의 엑스트라를 자랑하는 재난 대서사(disaster epic) 「1942」를 발표했다. 1942년에 발생한 허난성 대기근을 다룬 이 작품은 류전윈(劉震雲)의 중편 『1942를 회고하다(溫故一九四二)』(1993)를 바탕으로 한 것이다. 원작을 배반한 「대지진」과 달리 「1942」의 관점은 대체로 원작과 일치한다. 두 작품의 메시지는 간단하다. '1942년 허

---

34 골짜기에서 주워 온 아이라 하여 붙여진 이름이다.

난에 대기근이 일어나 300만이 죽었다'이다. 당시 3000만이던 허난 인구 중 300만이 죽은 이 엄청난 비극을 역사는 기억하지 않았다. 왜냐하면 1942년은 '쑹메이링(宋美齡)의 미국 방문', '간디의 단식', '스탈린그라드 전투', '처칠 총리의 감기' 같은 더 중요한 사건들로 충만한 '세계사적' 시기였기 때문이다. 300만의 목숨을 앗아 간 허난성의 기근은 누구도 기억하지 않는, 재난 아닌 재난이었다.

소설 『1942를 회고하다』의 출간 후 제한된 범위에서나마 주목을 얻어 가면서, 허난 대기근은 자연 재해를 넘어 전쟁과 국가 이데올로기가 인간의 생존권을 말살한 인재였음이 밝혀지기 시작했다.[35] 일차적으로 대기근은 화위안커우(花園口) 제방 폭파에서 비롯되었다. 중일 전쟁 당시 일본과 대치 중이던 국민당이 일본군의 서진을 저지하기 위해 황하 유역의 화위안커우 제방을 폭파했는데, 이로 인해 허난 동부 8000제곱킬로미터에 이르는 비옥한 농토가 황무지로 변하고 89만 명이 사망했으며 390만 명이 피난을 떠나야 했다. 또한 황하의 물길이 바뀌면서 허난 지역 생태계가 크게 바뀌어 대규모의 가뭄과 메뚜기 피해를 불러왔던 것이다.[36] 국민당 정부가 발표한 아사자 수는 300만이지만 실제로 500만이 넘을 거라는 주장도 있다. 청나라 광서 3년에 발생한 3년간의 대기근 때도 허난성의 아사자가 182만이었는데, 20세기 중반에 어떻게 그토록 많은 사람이 굶어 죽을 수 있는가. 이런 질문은 1942년 재난에 대한 의혹을 부추긴다. 당시 《타임스》 기자로 허난성 대기근을 취재했던 시어도어 화이트(Theodore H. White,

---

35 후베이성 사회과학원 宋致新은 당시 현장을 취재한 주요 신문사 기자들의 회고와 일차 자료를 바탕으로 『1942: 河南大饑荒』(武漢: 湖北人民出版社, 2005)을 펴내면서 이런 주장을 본격적으로 제기했다.
36 멍레이·관궈펑·궈샤오양, 『1942 대기근』, 고상희 옮김(글항아리, 2013), 24-30쪽.

1915~1988)의 분노는 자연이 아닌 인간을 향하고 있었다.

사태가 서서히 분명해졌다. 연쇄적으로 연관된 여러 원인을 생각하면서 그 어느 것에 대해서도 도덕적 분노를 금할 수 없었다. 전쟁이 첫째 원인이었다. 일본인들이 전쟁을 일으키지 않았더라면 중국인들은 강의 진로를 바꿈으로써 일본군을 저지하기 위해 황하의 제방을 파괴하지 않아도 됐을 것이었다. 그렇게 됐더라면 아마 중국 북부의 생태계가 변하지 않았을 것이다. (중략) 그러나 전쟁과 함께 한발이 닥쳤던 것이다. 그것은 자연의 죄였다. 1942년에는 비가 내리지 않았고, 따라서 밭은 밀과 기장을 생산해 내지 못했던 것이다. 여기에 인간들의 죄가 끼어들었다. 그들이 한 일, 그들이 하지 못한 일에 대한 죄였다. 그리고 바로 이 점이 내가 분노를 느끼는 점이었다. 중국 정부가 했어야 할 일, 정부라는 이름으로 가장된 무정부 상태에 대한 분노였다. (중략) 그 결과 내려진 유일한 결론은 중국의 '정부'가 이 사람들을 죽게 했다는 것, 또는 아무것도 모른 채 그들을 굶어 죽도록 내버려 뒀다는 것이었다.[37]

300만의 아사자라는, 상상하기 어려운 수의 희생자를 내고도 기억 속에서 감쪽같이 사라지고 만 이 대재난을 영화로 만들기 위해 펑샤오강은 10여 년을 기다렸다. 정치와 도덕, 좌와 우의 틈새에서 평형 지점을 찾으면서 예술계에 자신의 발언권을 세워 왔다.[38] 마침내 「1942」의 제작을 당국이 허가한 데는 여러 요인이 있겠지만, 쓰촨대지진의 정국과 「대지진」의 성공이 중요한 계기로 작용했음을 짐작하기는 어렵지 않다. 흥미로운 사

---

37 시어도어 화이트, 『중국정치비사』, 황의방 옮김(서광출판사, 1983), 106 - 107쪽.
38 李雪, 「被遺忘的歷史: 評影片'一九四二'」, 《影視評論》 2013年 第1期, p. 19.

실은 「1942」가 「대지진」이 구축한 재난의 서사를 안으로부터 부식시키고 있다는 점이다.

「대지진」이 가족 멜로의 서사 전략을 취했다면, 「1942」의 핵심은 가족서사의 해체이다. 일반적으로 재난 영화에서 가족서사는 필수적 요소이다. 재난을 극복하는 극적인 과정을 거치면서 가족 간에 잃어버린 사랑과 신뢰를 회복하는 서사 구조는 할리우드 재난 영화에서도 이미 익숙하다. 그런 점에서 「1942」가 보여 주는, 가족서사에 대한 가차 없는 해체는 재난서사에 대한 자기 반격이라 해도 과언이 아니다. 마치 사전에 짜여진 각본에 의한 것처럼, 가족 멜로의 기반 위에 구축된 「대지진」의 서사는 「1942」에서 철저하게 전복된다. 러닝타임 146분에 달하는 이 영화엔 스토리가 없다. 오로지 '도황(逃荒)'이라는 대이동과 그 과정에서 끝없이 파괴되는 인간의 군상만이 있을 뿐이다. 도황민의 대열 중 카메라 렌즈는 세 명의 인물과 그 식솔에 초점을 맞춘다. 지주인 장궈리(張國立)와 그의 가족, 장궈리의 하인인 샤루와 그의 가족, 그리고 장궈리의 몸종 샤오솬이다. 100여 일이 넘는 '도황' 여정에서 살아남은 사람은 오직 장궈리뿐이다. 먼저 그의 아들이 굶주림에 들고일어난 농민들에게 맞아 죽고, 도황 중 해산한 며느리가 죽는다. 오랜 굶주림에 못 이긴 아내가 죽은 후 하나 남은 딸을 곡식 한 바가지를 받고 기방에 판다. 마지막 혈육인 핏덩이 손자를 안고 천신만고 끝에 뤄양(洛陽)으로 탈출하지만, 도황민을 기다리는 것은 어처구니없게도 군벌군의 총탄이었다. 뤄양군의 총탄을 피해 달아나던 중 장궈리는 갓난아이마저 질식시켜 죽이고 만다. 샤루의 가족 역시 마찬가지다. 굶주리는 노모를 먹이기 위해 어린 아들을 파는, 수백 년 전에나 들었을 법한 일이 자행된다.

여기에서 주목할 것은 식인과 인신매매에 대한 암시이다. 전반적으로 「1942」에 식인의 언급은 상당히 절제되어 있지만, 적지 않은 회고와 기록이 당시 식인과 인신매매가 자행되었음을 증언하고 있다.[39] 「1942」는 검열이 허락하는 한에서 식인과 인신매매로 가족이 처참하게 파괴되는 실상을 최대한 드러냈다. 장궈리가 딸을 팔고, 샤루가 아들을 판다(실제로는 아내의 필사적인 만류로 실패하지만). 또한 샤루의 죽음 후 그의 아내는 스스로를 팔기 위해 샤오솬과 재혼한다. 샤루가 해방군인지 국민군인지 분명치 않지만 군인에 의해 잡아먹히는 장면도 중요하다. 비록 펑샤오강은 가족 간의 식인 행위만큼은 영화에 담지 않았지만, 샤루가 군인에게 잡아먹히는 암시를 통해 간접적으로나마 당시 식인의 실상을 놓치지 않고 기록하고자 했던 듯하다.

이처럼 「대지진」에 감돌던 휴먼드라마의 휘장은 「1942」에서 가차 없이 찢어 발겨진다. 「1942」엔 감동도, 드라마도 없다. 희망이라곤 그림자도 보이지 않는 암흑 같은 절망을 영화는 시종 무겁고 지루하게 끌고 간다. 이 영화에 짙게 깔린 비관주의에 대해 역사의 왜곡이라며 비판의 날을 세우는 학자들도 있다. 「1942」가 국통구(國統區)였다가 윤함구(淪陷區)가 된 허난의 특수한 상황을 마치 중국 전체인 것처럼 과장함으로써 해방구(解放區)의 희망적 측면을 덮는다는 것이다. 그들은 또한 허난성에서 도황해 온 난민들을 해방구가 구제한 상황에 대해서도 「1942」가 침묵했다며 불만을 성토했다.[40] 이런 비판에는 모종의 불안이 감지된다. 「1942」가 비판한 대상은 기근을 돌아보지 않은 장제스의 국민당이지만, 국민당인지 공산당인지가 이 영화의 핵심이 아님을 비판자들은 잘 알고 있다. 이들을 불안하게 하는 것은 문명 세계에서 상상조차 할 수 없는 대재난이 바로 신중국 건설

---

39 시어도어 화이트, 앞의 책, 109-111쪽; 명레이·관궈펑·궈샤오양, 앞의 책, 259-273쪽.

40 李玥陽 等, 「一九四二: 歷史及其敍述方式」, 《文藝理論與批評》 2013年 第2期 중 祝東力의 발언, p. 15.

불과 7년 전에 발생했다는 사실, 즉 신중국이 이런 절망적 기반 위에 세워졌다는 사실에 대한 당혹감이다. 물론 이런 불안의 더 깊은 심층에는 세칭 3000만이 아사했다고 하는 대약진 시기(1958~1961년)의 기근이 있었음을 간과할 수 없을 것이다.

「1942」는 절망의 디스토피아이다. 이 영화의 주제는 누구도 믿을 수 없고 의지할 수 없다는 근원적인 무력감이다. 만약 우리가 오늘 다시 재난을 당한다면, 우리는 누굴 믿을 수 있을 것인가. 우리는 우리의 사회를, 우리의 체제를 믿을 수 있는가. 「1942」는 바로 인간의 마음 깊은 곳에 웅크린 근원적 불안과 공포를 건드리고 있다.[41] 영화 마지막 장면에서, 죽어도 고향 가까이에서 죽겠다며 허난 쪽을 향해 홀로 터덜터덜 걷던 장궈리는 죽은 어미의 시체 옆에서 울고 있는 어린 여자아이를 만난다. "가족들이 다 죽어 아는 사람이 없어요"라며 우는 아이를 달래면서, 그는 이렇게 말한다. "나를 할아버지, 하고 불러라. 그럼 이제부터 우리는 서로 아는 사람이다." 그런 다음 그는 아이의 손을 잡고 함께 길을 떠난다. 이렇게 가족이 처절하게 붕괴된 폐허 위로 인간과 인간의 관계가 만들어진다. 이 장면을 희망의 암시로 보는 것은 과한 낙관일 것이다. 오히려 "나를 돕는 것은 오로지 자신뿐이다, 오직 자신에 의지하여 폐허를 딛고 일어나 옆에 있는 누군가의 손을 잡아라"라고 영화는 말하고 있다.

---

41 같은 글, p. 14. 計文君의 발언 참조.

4. 암흑의 핵심

"밀림 속에서 혼자 사는 사이 그의 영혼은 그 자신의 내면을 곰곰이 들여다보게 되었고
그 결과 참으로 딱하게도, 그만 미쳐버렸던 거야.

(조지프 콘래드, 『암흑의 핵심』 중)

쓰촨대지진 이후에 만들어진 「대지진」과 「1942」는 재난에 대한 서로 상
반되는 서사를 담고 있다. 온 국민의 트라우마를 긍정의 힘으로 바꾸어 희
망의 서사를 만든 「대지진」에 대해 「1942」는 재난 후의 디스토피아를 적
나라하게 그려 냄으로써 그 희망의 싹을 잘라 버린다. 펑샤오강 작품으로
선 드물게 「1942」에는 상업성이 없다. 인물의 성격은 전쟁과 기아의 압도
적 장면들에 묻혀 버린다. 여기에는 대중이 원하는 희망도, 감동도, 위로
도 없다. 그러나 이 모든 것이 감독의 의도이며 이 영화의 주제이다. 「대지
진」에서 국가와 대중에 선사했던 희망과 위로를 펑샤오강은 「1942」를 통
해 가차 없이 회수해 버린 것이다.

여기서 우리는 『프랑켄슈타인』과 『탐험기』가 보여 준 서사의 대결이
펑샤오강이라는 한 작가에 의해 연출되는 흥미로운 장면을 본다. 물론
「1942」에도 타협의 흔적이 없는 것은 아니다. 절제된 '식인' 서사나 허난성
주석 리페이지(李培基)에 대한 긍정적 묘사[42] 들은 이 영화가 지난한 협상의
산물임을 짐작토록 한다. 그럼에도 불구하고 「1942」가 보여 주는 디스토
피아는 시련의 극복을 통한 통합을 강조하는 재난서사의 이데올로기에 맞

---

42 「1942 대기근」의 저자들은, 허난성 주석 리페이지가 장제스에게 아부하기 위해 기근의 실상
을 축소 보고했다고 비판한 반면, 「1942」는 그를 장제스의 야욕에 의한 희생양으로 그렸다.

서는 대항서사의 가능성을 충분히 보여 준다.

「1942」는 재난서사란 무엇인가라는 심층적 물음으로 우리를 이끈다. 재난을 야기하는 것은 자연이지만 궁극적으로 재난은 인간에게 인간 자신을 정시할 것을 요구한다. 그런 점에서 재난서사는 자연이 아닌, 인간과 사회에 관한 서사이다. 근원적 차원에서, 재난의 공포는 문명의 갑옷이 벗겨지는 순간 극적으로 노출되는 인간의 맨얼굴과 직면하는 데서 비롯된다. 재난 직후 사회의 구조적 취약성이 백일하에 드러나는 순간, 윤리와 도덕, 과학, 문명 등 온갖 베일 속에 감춰진 인간 사회의 본모습에 우리는 종종 경악한다. 재난서사는 바로 그 맨얼굴을 둘러싼 서사의 각축장이다. 공포를 조작하여 제어할 것인가, 아니면 공포에 직면할 것인가.

괴물에 대한 공포가 문명사회의 비인간성에 대한 근원적 불안에서 비롯한다는 것을 보여 준 『프랑켄슈타인』처럼, 「1942」는 오늘날 강국의 꿈을 향해 거침없이 질주하는 중국의 내면에 웅크린 모종의 불안을 암시한다. 공포의 근원이 북극의 혹독한 추위나 야만적 원시인이 아닌, 북극을 정복하려는 유럽인의 욕망에 있었던 것과 마찬가지로, 오늘날 중국에 도사린 불안이 바깥 세계가 아닌 바로 자기의 내면에 있음을 「1942」는 말하려고 했던 것 아닐까. 역경의 극복과 화해의 달성이라는 감동의 드라마 대신 인간의 마음 깊숙이 잠복한 '암흑의 핵심(heart of darkness)'에 정시할 것을 요구하는 「1942」의 불편한 서사는, 근대의 욕망이 낳은 위험이 엄습해 오는 오늘, 저항적 실천으로서 재난서사의 방향을 우리에게 제시하고 있다.

* 이 글은 《중국현대문학》 제69호에 출간된 필자의 논문을 수정 보완한 것이다.

참고 문헌

국문

멍레이·관궈펑·궈샤오양, 『1942 대기근』, 고상희 옮김, 글항아리, 2013.

왕샤오밍, 『가까이 살피고 멀리 바라보기』, 김명희 외 옮김, 문화과학, 2014.

이남주, 「쓰촨대지진은 중국 시민 사회 발전의 계기가 될 것인가」, 《플랫폼》 제10호, 2008.

시어도어 화이트, 『중국정치비사』, 황의방 옮김, 서광출판사, 1983.

영문

Button, Gregory, *Disaster Culture: Knowledge and Uncertainty in the Wake of Human and Environmental Catastrophe*, CA: Walnut Creek, 2010.

Craciun, Adriana, "Writing the Disaster: Franlkin and Frankenstein," *Nineteenth Century Literature*, Vol. 65, No. 4, 2011.

Hoffman, M. Susanna and Anthony Oliver-Smith, *Catastrophe & Culture: The Anthropology of Disaster*, Oxford: James Currey Ltd., 2002.

Hoffman, M. Susanna, "The Monster and the Mother," eds. Susanna M. Hoffman and Anthony Oliver-Smith, *Catastrophe & Culture: The Anthropology of Disaster*, Oxford: James Currey Ltd,, 2002.

Inwood, Heather, "Multimedia Quake Poetry: Convergence Culture after the Sichuan Earthquake," *The China Quarterly*, Vol. 208, 2011.

Kraicer, Shelly, "Tremors and Traumas: Notes on Three Chinese Earthquake

Movies," September 14, 2010. http://dgeneratefilms.com/shelly-kraicer-on-chinese-film/shelly-on-film-tremors-and-traumas-notes-on-three-chinese-earthquake-movies(검색일: 2014년 6월 15일).

Li, Han, "To Sell a National Trauma: Aftershock and the Transformation of the Chinese Film Industry," *Virginia Review of Asian Studies*, Vol. 15, No. 2, 2013.

Lovocat, Françoise, "Narratives of Catastrophe in the Early Modern Period: Awareness of Historicity and Emergence of Interpretative Viewpoints," *Poetics Today*, Vol. 33, No. 3, 2012.

Schneider, Florian and Yih-Jye Hwang, "The Sichuan Earthquake and the Heavenly Mandate: Legitimizing Chinese Rule through Disaster Discours," *Journal of Contemporary China*, Vol. 23, No. 88, 2014.

Teets, C. Jessica, "Post Earthquate Relief and Reconstruction Efforts: The Emergence of Civil Society in China?," *The China Quarterly*, Vol. 198, 2009.

Xu, Bin, "Consensus Crisis and Civil Society: The Sichuan Earthquake Response and State Society Relations," *The China Journal*, No. 71, 2014.

중문

陳思和, 『中國當代文學關鍵詞十講』, 上海: 復旦大學出版社, 2002.

宋致新, 『1942: 河南大饑荒』, 武漢: 湖北人民出版社, 2005.

張慶洲, 「唐山大地震經世錄: 唐山大地震漏報始末(下)」, 《中國鐵路文藝》 2006年 第1期.

楊勇, 「1942~1943年河南淪陷區救災措施述評」, 《湖北廣播電視大學學報》 第29卷 第5期, 2009.

張慧瑜, 「暴露創傷與撫慰傷口: '唐山大地震'的文化功能」, 《讀書》 2010年 第11期.

鄭皖春, 「唐山大地震': 主流價値觀的重構和表達」, 《電影評價》 2012年 第14期.

李雪, 「被遺忘的歷史: 評影片'一九四二'」, 《影視評論》 2013年 第1期.

李玥陽 等, 「'一九四二': 歷史及其敍述方式」, 《文藝理論與批評》 2013年 第2期.

인터넷 검색

《한겨레신문》, 「약자들에게 집중된 위험…시민이 개입해 변화시켜야」, 2014. 5. 15.

http://en.wikipedia.org/wiki/1976_Tangshan_earthquake.
http://baike.baidu.com/view/1873080.htm.
http://www.youtube.com/watch?v=4awrAqjbiuA.

3

재난의 정치학

5장

스리랑카의 복합 재난, 정치적 기회의 상실

주드 랄 페르난도(Jude Lal Fernando)

2004년 12월 쓰나미가 초래한 막대한 자연 재해에 대해 세계는 인도주의적 도움의 손길을 아끼지 않았다. 소중한 이들을 잃은 아픔, 그리고 삶의 터전이 파괴되는 아픔을 견뎌 내야 하는 생존자들의 삶은 결코 이전과 같을 수 없었다. 쓰나미 피해 국가들은 당시 중요한 사회 경제적·정치적 위기를 겪고 있었다. 특히 수마트라 지역과 스리랑카의 경우는 내전 중에 있었다. 이들 국가의 정치 상황에 쓰나미가 미친 영향은 무엇이었는가? 구체적으로 타 국가들의 인도주의적 개입이 이들 국가의 정치 상황 개선과 인간 안보에 기여했는가, 아니면 오히려 상황을 더욱 악화시켰는가?

이 글은 쓰나미가 많은 희생자를 낳았을 뿐만 아니라 정치적인 기회도 잃게 했음을 보여 주고자 한다. 3만 5000명 이상의 사망자를 낸 쓰나미라는 자연 재해는 막을 수 없었던 것이 사실이다. 하지만 2009년 5월에 공식 종식된 내전에서 발생한 약 7만 명(UN 추산)의 타밀 인 학살과 이후 타

181

밀 인과 신할라 족 사이의 심각한 정치적 양극화는 피할 수도 있었다. 즉 쓰나미 발생으로 인종 갈등 상황을 극복할 수도 있는 정치적 기회가 있었으나, 그 기회를 살리지 못한 채 타밀 인이 학살당하는 것으로 끝나고 말았다. 이 점에서 2004년의 쓰나미는 자연 재해와 정치적 재해가 맞물린 다중적 재난이라고 할 수 있다.

이 글은 첫째로 쓰나미 발생 당시 스리랑카의 정치적 상황에 대해 분석할 것이다. 자연 재해 피해자들과 국가가 처해 있던 다양한 조건을 살펴봄으로써 자연 재해의 정치를 이해하고자 하는데, 특히 이념적 요소, 국가 성격, 지정학적 상황을 분석하려고 한다. 이 세 가지는 실론 섬의 인종–민족주의적 갈등과 불가분의 관계였다.

둘째로 자연 재해인 쓰나미가 어떻게 평화의 동력인 동시에 갈등의 동력이 되었는가에 대하여 분석한다. 쓰나미 발생 당시 실론 섬은 스리랑카 정부와 반군 조직인 타밀일람해방호랑이(Liberation Tigers of Tamil Eelam: LTTE) 간에 2002년 2월 발효된 정전 협정 체제하에 있었다. 동시에 2003년 4월에 중단되었던 두 세력 간의 평화 진척 과정을 부활시키기 위한 많은 노력이 이루어지고 있었다. 요컨대 평화도 전쟁도 없던 시기였다. 이 같은 상황에서 쓰나미는 평화의 촉매제가 된 동시에, 더욱 극심한 갈등의 촉매제가 되었다. 그러므로 쓰나미 당시의 정치적 상황에 대한 분석은 실론 섬의 평화와 갈등의 정치에 대한 분석을 의미한다. 스리랑카의 한 저명한 인권 운동가는 "쓰나미는 죽음의 파도이자 평화의 파도를 상징했으며, 일찍이 존재하지 않았던 온갖 새로운 공간들이 펼쳐지게 되었다"라고 서술한 바 있다.[1] 달리 말해 쓰나미는 두 가지 가능성, 즉 주권 공유의 형식으로

---

1 Sunila Abeysekera, "Sri Lanka: Waves of Death and Peace," *World Pulse Magazine*, 2005, p. 52. http://issuu.com/worldpulse/docs/global_healing(검색일: 2014년 7월 7일).

국가구조를 바꾸는 수단으로 작용할 가능성과 헤게모니적 주권 형식을 띤 단일 국가구조를 강화하는 수단으로 작용할 가능성을 함께 제공했다.

셋째로 쓰나미라는 평화의 동력이 상실되어 가는 정치적 과정, 즉 정치적 실기와 그로 인해 인간 안보가 더욱 위험에 빠지게 된 과정에 대해 검토할 것이다. 쓰나미라는 평화의 동력이 상실되었다는 것은 이 나라에서 수십 년간 계속된 인종-민족주의적 갈등을 비군사적으로 또는 협상을 통해 합의에 이르게 할 기회가 소멸되었다는 의미였다. 이는 군사적인 해결 방안이 다시 강화됨을 의미했고, 그 결과 수만 명의 생명이 희생된 대규모 내전으로 이어졌다. 결국 스리랑카는 남아시아에서 가장 군사화된 국가가 되었다. 종합적으로 볼 때 현실은 구호품의 적절한 분배와 재건을 위한 개발 원조라는 문제를 넘어서 존재했다. 훌륭하고 책임 있는 정부인가, 아니면 부정하고 부패한 정부인가를 묻는 것이 아니다. 중요한 것은 인종을 기반으로 고도로 민족주의화된 지역 내 국가구조의 윤리에 관한 문제이며, 자연 재해의 처참한 피해마저도 상쇄할 정도로 특정 국가를 뒷받침했던 강대국들의 지정학적 전략의 윤리에 관한 문제이다.

1. 인종적 민족주의 및 지정학의 맥락에서 본 쓰나미

스리랑카는 쓰나미를 일으킨 강진의 진원지인 인도네시아 북수마트라의 서해안으로부터 약 1000마일이나 떨어져 있었다. 그럼에도 스리랑카 동부 해안 대부분 지역과 서부 해안 일부 지역이 쓰나미로 인해 거의 파괴되었으며, 기타 지역도 인명 피해는 없었으나 큰 타격을 입었다. 스리랑카 정부에 따르면, 쓰나미로 3만 5322명이 사망했고 2만 1000명이 부

상당했다. 51만 6150명이 집을 잃었고, 75%의 어선이 파손되었으며, 2만 3449에이커의 경작지가 바닷물에 잠겨 한동안 경작이 중단될 수밖에 없었고, 15만 명이 생계 수단을 잃었다. 의료 시설 97곳, 학교 182곳, 대학 4곳, 직업 교육 센터 15곳이 피해를 입었다.[2]

이러한 숫자와 지표를 그저 쓰나미라는 자연 재해에 관한 단순 통계로 취급한다면 잘못이다. 정부 통계는 어떤 지역과 어떤 인종 집단(즉 인종-민족, 종교, 사회적 계층)이 피해를 입었는지 정확히 보여 주지 않고 있다. 해안의 어촌 공동체가 가장 큰 피해를 입었음은 분명하다. 국가가 재난 피해자들을 분류해야 할 필요가 있느냐고 반문할 수도 있다. 이런 반문은 인도주의적이고 보편주의적으로 보이기는 하지만 서로 다른 집단 간의 권력 관계를 은폐한 것일 수 있다. 우리는 이상적 정치가 아닌 현실 정치의 세계 속에서 살고 있다. 현실 정치에서 이러한 통계 자료는 자연 재해의 영향에 대해 권력 관계를 재현하는 기능을 지닐 수도 있다. 사실 사망자, 부상자, 실종자 통계 작성은 중립적인 행위가 아니다. 언뜻 명백해 보이는 통계 자료는 특정 권력의 동학이나 담론으로 채색되어 있다. 정부 자료는 물라이티부(Mullaitivu) 해안 지역 주민의 80%, 암파라(Ampara) 해안 지역 주민의 78%가 쓰나미 때문에 가장 큰 피해를 입었다는 사실을 보여 주지 않고 있다.[3] 물라이티부의 경우 대부분의 주민이 타밀 인이며, 이 지역은 실

2 Neloufer de Mel, "The Production of Disaster: Contextualizing the Tsunami and Its Impact on Women in Sri Lanka," eds. Neloufer de Mel, et al., *After the Waves: The Impact of the Tsunami on Women in Sri Lanka*(Colombo: Social Scientists' Association, 2010), pp. 3-4; Cynthia M. Caron, "A Most Difficult Transition: Negotiating Post-tsunami Compensation and Resettlement from Positions of Vulnerability," Ibid., pp. 113-114.

3 Savitri Goonesekere, "A Gender Analysis of Tsunami Impact: Relief, Recovery, and Reconstruction in Some Districts of Sri Lanka," Ibid., p. 4.

론 섬 동북부에서 사실상 국가 역할을 하고 있는 타밀 반군 조직인 LTTE의 점령 지역으로 알려져 있다. 암파라의 대다수는 타밀 인과 무슬림이고, 소수의 신할라 인이 거주하고 있다. 이 지역의 피해자들 대부분은 20년에 걸친 스리랑카 정부와 LTTE 간의 전쟁으로 이미 거주지를 잃은 상태였다. 남부에 위치한 함반토타(Hambantota)와 갈레(Galle) 해안 지역도 심각한 피해를 입었다. 이들 지역은 신할라 인이 대다수이고, 동부보다는 사망자 수가 적다. 그럼에도 불구하고 국영 및 민영 매체들의 재난 보도는 계속해서 남부 지역에만 초점을 맞췄다. 바로 이것이 위에 언급된 통계치는 쓰나미라는 재난을 둘러싼 정치적 맥락을 드러내지 못하고 있다는 점을 보여준다.

타밀계의 한 학자는 북부와 동부 지역의 2004년 쓰나미는 '제2의 쓰나미'라 부를 수 있다고 말한 바 있다. 제1의 쓰나미는 이 지역에서 일어난 수십 년간의 전쟁 결과 나타난 황폐화였다. 이러한 맥락에서 제2의 쓰나미가 미친 여파는 제1의 쓰나미와 연속선상에 있는 것으로 봐야 할 것이다. 제2의 쓰나미가 이 지역에 일으킨 결과에 대한 제대로 된 평가의 필요성을 강조한 그는 "북부와 동부, 그리고 남부 지역의 피해를 비교하는 의미 있는 지표를 만들기 위해서는 각각에 대한 별도의 평가 기준이 활용되어야 한다"고 말했다.[4] 따라서 정치적인 맥락을 고려한 통계 분석이 매우 중요하다. 숫자로만 통계치를 다루기보다는 실론 섬의 정치 동학이라는 지도 위에 이 통계치를 배치하는 것이 중요하다. 달리 말해 쓰나미의 영향은 지진과 해일의 강도뿐만 아니라 쓰나미의 타격을 받은 스리랑카 인종 - 민족 집단들 사이의 사회 경제적 및 정치적 관계를 통해 분석되어야 한다. 즉

4 V. Nithiyanandam, "Tsunami and the North East Economy: An Overview," *The Northeastern Monthly*, February, 2005, pp. 6-9.

국가가 다양한 인종 – 민족주의적 집단들과 맺어 온 관계의 형태들을 통해 분석되어야 하는 것이다. 게다가 실론 섬 내부의 정치 동학은 단순히 인종 – 민족 집단 사이의 상호 작용을 통해서만 결정되는 것이 아니고, 인도양상에서 스리랑카의 전략적 가치와 관련된 지정학을 통해서도 결정된다. 따라서 쓰나미가 실론 섬에 미친 영향을 평가하는 과정에서 중요한 것은 지정학적 맥락 속에서 정치를 분석하는 것이다. 그러면 쓰나미 발생 당시 실론 섬이 가지고 있던 정치적 맥락은 역사적으로 어떻게 구성되었는지를 간단히 살펴보도록 하자.

과거 실론이라 불렸던 스리랑카의 현존 단일 국가구조 및 이에 수반된 다수 인종 – 민족주의 이념은 기본적으로 영국의 식민지 건설에 따른 것이다. 초기 식민 지배자들이었던 포르투갈(1505~1657)과 네덜란드(1658~1796)는 해안 지방만을 점령했었다. 그러면서 남쪽의 신할라 지역과 북쪽의 타밀 지역에 서로 다른 행정 단위를 계속 유지했다. 이 두 지역은 전통적으로 식민 지배 이전의 왕조 체제하에서도 구별되는 독립된 정치체였기 때문이다. 그렇다고 이 두 지역이 근대 민족 국가처럼 정치적·행정적 경계가 명백히 구획되었다는 의미는 아니다. 신할라와 타밀 왕국은 각기 고유한 주권 지역을 유지했지만, 그 경계와 영토가 중첩되는 부분이 있었고, 몇몇 지역은 두 왕국 모두에 충성하고 또 양쪽의 정체성을 모두 지니기도 했다.

그런데 1815~1948년 스리랑카를 지배하던 영국이 1833년 두 지역을 합병하면서 단일 국가의 모습을 띠게 되었다. 단일 국가구조를 구축한 배경에는 어떤 논리가 있었을까? 스리랑카 섬은 인도양 한가운데 위치해 있으며 인도와도 매우 가깝다. 또한 세계 최대 자연항 중 하나인 트링코말리(Trincomalee)가 섬의 동쪽에 있으며, 이 지역 주민들은 대부분 타밀 어를 사용한다. 이러한 위치가 식민 권력에게 매력적이었으며, 섬의 전략적 가치를 규정하는 데 가장 중요한 요소였다. 1802년 윌리엄 피트(William Pitt)는 영국 의회의 연설을 통해 스리랑카 섬은 지구에서 가장 가치 있는 식민지 자산이며, 인도 제국(Indian Empire) 설립 이후 누려 본 적 없는 안정을 가져다줄 것이라고 말한 적이 있다.[5]

영국의 식민 지배하에서 인도는 착취와 반란으로 점철하였다. 상업 자본에서 산업 자본으로 이동한 결과, '왕관의 보석'이라 불리던 인도를 통제하기 위해 실론 섬의 전략적 중요성이 상승했다. 영국은 이 같은 전략적 가치 때문에 분리된 두 지역을 하나의 정치체로 합병하였다. 하지만 타밀과 신할라 지역의 물리적 합병만으로 정치적 통제가 충분한 것은 아니었다. 트링코말리 항을 비롯한 섬 북부와 동부의 타밀 인들은 신할라 인들보다 인도와 친밀한 관계를 갖고 있었다.[6] 영국은 고대 문서를 번역하고 인류학적 조사를 수행하며 고고학적 유적지를 복원하는 작업을 진행했는데, 그 결과 신할라 인들은 타밀 인보다 인종적으로 우수하며 자신들이 실론 섬의 원주민이고 나머지 다른 종족들을 침략자라고 믿게 되었다.[7] 통합

---

5 E. F. C. Ludowyk, *The Modern History of Ceylon*(London: Weidenfeld and Nicolson, 1966), p. 19.

6 타밀나두(Tamil Nadu)는 인도의 28주 중의 하나이다. 인도 아대륙의 남부 동해안에 있으며 데칸 고원의 남동부 사면을 차지한다. 주도는 첸나이이다. 서쪽으로는 케랄라 주, 북서쪽으로는 카르나타카 주, 북동쪽으로는 안드라프라데시 주와 맞닿아 있다. 1965년 마드라스 주로 성립되었다가 1968년에 타밀나두 주로 개칭하였다. 공용어는 타밀 어이다.

7 Marisa Agnell, "Understanding the Aryan Theory," eds. Mithran Tiruchelvam and C. S. Dattatreya, *Culture and Politics of Identity in Sri Lanka*(Colombo: International Centre for Ethnic Studies, 1998); Pradeep Jeganathan, "Authorizing History, Ordering Land: The Conquest of Anuradhapura," eds. Pradeep Jeganathan and Qadri Ismail, *Unmaking the Nation: The Politics of Identity and History in Modern Sri Lanka*(Colombo: Social Scientists' Association, 1995); H. L. Seneviratne, *Buddhism,*

된 국가구조와 긴밀히 결합된 이런 이념 때문에 신할라 인들은 자신들이 실론 섬에서 유일한 민족 국가를 형성해야 한다고 믿었다. 신할라 인들의 이런 사고 체계는 대영 제국의 자유 민주적인 경향과는 맞지 않았지만, 영국의 전략적 이익을 충족시켜 주었다. 그 결과 1848년 이후 신할라 인들은 식민 지배에 대해 심각한 정치적 저항은 일으키지 않는 한편, 지속적으로 비신할라 인 집단을 적대시하는 인종 차별적인 문화적·종교적 성향을 강화해 나갔다. 1915년에는 무슬림에 대해, 1930년대에는 말라얄리 인에 대해, 1948년부터는 타밀 인에 대한 인종 차별 운동을 전개했다.[8] 북동부의 타밀 인들은 인도의 독립 운동을 따라 스리랑카의 자치를 주장하였으나, 신할라 인들은 식민 정부와의 관계에서 자신들이 다른 인종, 민족보다도 특권적 지위에 있다는 것만을 요구했다.

탈식민 이후의 민족 국가 건설 과정은 1972년 헌법적 정당성을 획득한 민족주의 이념과 기존의 국가구조를 강화시키는 과정이었다. 헌법은 스리랑카를 단일 국가로 선언했고, 여러 종교 중에서 신할라 불교를 최우선시했다. 식민화와 탈식민화 과정은 모두 정치적 대표성, 토지, 고용, 교육, 언어, 산업화, 복지 등 모든 분야에서 타밀 인들을 차별하는 결과를 낳았다. 특히 1948년 독립 이후 타밀 인들의 동등한 권리 요구는 무력으로 제압되었다.[9] 타밀의 정치 조직들은 독립 이후 약 30년간의 비폭력 저항 후 무장 투쟁 단계로 넘어갔다. 신할라 중심의 단일 국가구조하에서 타밀 인들의 불만은 자결권, 국가, 영토권 등으로 표출되었는데, 이는 1976년의

Identity and Conflict(Colombo: International Centre for Ethnic Studies, 2004).

8 Kumari Jayawardena, *Ethnic and Class Conflict in Sri Lanka: The Emergence of Sinhala–Buddhist Consciousness 1883–1893*(Colombo: Sanjiva Books, 2003).

9 Ibid.; Jeyaratnam A. Wilson, *Sri Lankan Tamil Nationalism: Its Origin and Development in the 19th and 20th Centuries*(London: Hurst & Company, 1999).

바투코타이 결의안(Vattukottai Resolution)으로 절정을 이루었다. 이 결의
안은 모든 타밀 정당들이 지지한 것으로, 실론 섬의 북동부에 사실상의 국
가를 건립하기 위해 LTTE의 무장을 정당화하는 것이었다.[10]

냉전 기간 중, 특히 1977년 이후 스리랑카 정부는 시장 경제를 도입하
기 시작했고, 미국, 영국 및 이스라엘과 강력한 동맹을 맺으며 안보 체계
를 한 단계 발전시켰다. 그리고 식민지 시기에 형성되었던 서구 국가들과
전략적 제휴 관계를 유지해 나갔다. 소련의 동맹국이었던 인도는 스리랑
카 정부의 움직임을 상쇄하기 위해 타밀 민족 지도자들을 지원했다.[11]

냉전이 끝날 즈음 인도는 모스크바와 거리를 두게 되었고, 1987년 인
도-스리랑카 평화 협정을 통해 일정 범위 내에서 스리랑카 정부와 정치
적·군사적 협력에 들어갔다. 이 협정은 LTTE의 무장 해제와 단일 국가 형
성을 목표로 한 것이었다. 이에 타밀은 무력 투쟁을 전개하여 인도군이 철
군하자 1990년대 초부터 사실상의 타밀 국가를 만들어 나갔다. 이러한 움
직임이 있던 때인 2004년 12월 쓰나미가 엄습했다. 어떤 저명한 신할라 정
치학자는 LTTE가 새로운 지역 또는 지방 국가처럼 사고하고 행동했다고
말했다.[12] LTTE는 민사 행정을 독점하고 전통적인 안보 기구들을 자신의
통제하에 두었는데, 이는 스리랑카 정부의 폭력 독점을 해체하는 것이기도
했다.[13] 여기까지가 쓰나미 발생 당시의 간접적인 정치 상황이었다. 그렇다

---

10 Deirdre McConnell, "The Tamil People's Right to Self-Determination," *Cambridge Review of International Affairs*, Vol. 21, No. 1, March, 2008.

11 Sankaran Krishna, *India's Role in Sri Lanka's Ethnic Conflict*(Colombo: Marga Institute, 2001).

12 Jayadeva Uyangoda, *Ethnic Conflict in Sri Lanka: Changing Dynamics*(Washington: East-West Center, 2007), p. 40.

13 Kristian Stokke, "Building the Tamil Eelam State: Emerging State Institutions and Forms of Governance in the LTTE-controlled Areas in Sri Lanka," *Third World*

면 당시의 직접적인 정치 상황은 어떠했는가?

쓰나미가 발생하기 전인 2000~2002년 스리랑카 정부와 LTTE 간에 군사적 균형이 이루어졌다. 2001년 중반(즉 9·11 이전), 스리랑카 주요 공군 기지와 국제공항에 대한 LTTE의 공격 등으로 스리랑카 정부는 군사적 곤경에 처해 있었다. 이는 1977년 이후 20여 년의 전쟁 중에도 번성하던 스리랑카의 외자 기반 경제에 큰 타격을 주었다. 그 결과 신할라의 정치 조직들과 그 지지자들은 두 가지 결론에 도달했다. LTTE에 대한 군사적 승리가 불가능하며 협상을 고려해야 한다는 것, 그리고 전쟁이 계속되는 한 경제 회복은 어렵다는 것이었다. 샨드리카 쿠마라나퉁가(Chandrika Kumaranatunga) 대통령의 요청에 따라 총선이 치러져, 2001년 12월 라닐 위크레메싱게(Ranil Wickremesinghe) 총리가 이끄는 통일국민전선(United National Front: UNF)의 새 정부가 출범하기에 이르렀다. UNF 정부는 세 가지 정책을 추진했다. LTTE와의 정전 협정 협상, 광범위한 경제 개혁 프로그램, 이 두 요소에 대한 국제적 지원을 이끌어내는 것이었다.[14] LTTE도 협상에 긍정적이었는데, 이는 국제 사회로부터 정치적 인정 및 경제적 지원을 획득하기 위함이었다.[15]

2001년 12월 새 스리랑카 정부가 구성되자, LTTE는 일방적 정전을 선언했다. 새 정부는 이에 긍정적으로 화답하였고, 노르웨이 정부의 중재로 2002년 2월 정전이 공식화되었다. 정전 협정을 통해 외자 유치를 의도

Quarterly, Vol. 27, No. 6, 2006.

14 Sunil Bastian, *The Politics of Foreign Aid in Sri Lanka: Promoting Markets and Supporting Peace*(Colombo: International Centre for Ethnic Studies, 2007), p. 40.

15 John Aglionby, "Tamil Tigers Drop Independence Claim," *Guardian*, September 9, 2002. http://www.guardian.co.uk/world/2002/sep/19/srilanka?INTCMP=SRCH(검색일: 2014년 7월 2일).

했던 라닐 위크레메싱게 총리는 방미 중 "경제는 평화에 도움이 되며, 평화는 경제에 도움이 된다"고 말했다.[16] 이런 환경 속에서도 스리랑카 정부와 LTTE 사이의 정전 협정은 신뢰에 기반한 평화 진척 과정의 동력이 되었다. 스리랑카 정부와 LTTE, 노르웨이 등은 서로 이해관계 및 신념이 다름에도 불구하고 스리랑카의 갈등 해결과 평화 구축을 위해 시장화와 민주화가 요체인 1990년대의 자유주의적 평화 의제를 채택했다.[17] 2002년 EU, 일본, 노르웨이, 미국으로 구성된 공동 의장단(Co-Chairs)은 내전으로 황폐화된 북부와 동부에 즉각 인도주의적 지원을 시행하며, 과도한 전쟁 비용으로 피폐해진 남부 경제의 활성화를 위해 개발 원조를 하겠다고 약속하였다.

스리랑카 국민들에게 정전과 평화 구축은 어떤 의미였을까? 1983~2002년까지 20년간의 전쟁은 나라 전체를 피폐하게 만들었고 6만 명이 넘는 사상자를 냈다. 최소 51만 5084명이 스리랑카 내에서 거주지를 잃었고, 이에 더해 약 100만 명이 실론 섬을 떠났으며, 주택 32만 6000채가 완전히 또는 부분적으로 파괴되었다.[18] 해변가뿐만 아니라 농지 및 여타의 토지가 100만여 개에 가까운 지뢰로 뒤덮였고, 이런 이유로 스리랑카 보안 당국

---

16 Ranil Wickremesinghe, *Statement by the Prime Minister of Sri Lanka*, 57th Session of the United Nations General Assembly, New York City, 2002.

17 Kristian Stokke, "Questioning Liberal Peace," eds. Darley Jose Kjosavik and Paul Vedeld, *The Political Economy of Environment and Development in a Globalised World: Exploring the Frontiers: Essays in Honor of Nadaraja Shanmugaratnam*(Colombo: Social Scientists' Association, 2012), p. 333.

18 C. Elankumaran, "The Role of Resettlement and Sheltering in Peace-Building Process: The NEHRP Experience in Jaffna," eds. Dhammika Herath et al., *Post-War Reconstruction in Sri Lanka: Prospects and Challenges*(Kandy, Sri Lanka: International Centre for Ethnic Studies, 2010), pp. 145-146.

은 타밀 인들에게서 상당 규모의 토지를 압수하고 이들의 접근을 허용하지 않았다. 이제 정전 협정으로 더 이상 총성은 들리지 않았고 살상은 멈추었다. 스리랑카 정부는 신할라 주민들의 사회 경제적 불만에 대응할 수 있을 정도의 외자를 유치할 수 있게 되었다.

2002년 9월부터 2003년 4월까지 세계의 주요 도시에서 이루어진 여섯 차례의 협상에서 양쪽은 비무장화, 재건, 재정착을 통해 소극적 평화에서 적극적 평화로의 전환을 달성할 수 있는 공동 정부 구축에 초점을 맞추었다. 양쪽은 이러한 목적을 달성하기 위해 공동 위원회 설립에 동의했을 뿐 아니라, 이를 설립한 뒤 몇 차례 회동을 하기까지 했다. 이러한 초기의 협력 움직임은 갈등의 뿌리가 된 신할라 민족주의를 극복하는 데 중요한 역할을 하였다. 그러나 2003년 이라크전에 즈음하여 미국과 우방국들이 중동과 남아시아를 안보화시키자 이제까지의 협력 움직임은 어려움을 겪게 되었다. 남아시아와 인도양에서 스리랑카의 전략적 중요성이 증대되었기 때문이다. 미국 국무부의 남아시아 – 중앙아시아 담당 차관보 크리스티나 로카(Christina Rocca)는 "미국의 중동 지역 진출시 남아시아는 테러와의 전쟁의 최전선이며, 이 지역의 안정은 매우 중요하다"라는 말로 스리랑카에 대한 전략적 견해를 드러냈다.[19]

인도양과 그 근해가 금세기의 국제적 갈등과 경쟁의 중심 무대가 되면서 무역과 전쟁 양 측면에서 스리랑카의 전략적 중요성이 증대되었다. 미국 해병대의 「전략전망 2025」는 인도양이 미국과 중국, 중국과 인도, 인도와 미국 간의 역학 관계에서 매우 중요한 가치를 가지고 있다고 평가

---

19 The Island, "EU Welcomes LTTE Proposals," November 3, 2003. http://www.island. lk/2003/11/03/11/03/news04.html(검색일: 2014년 6월 2일).

했다.[20] 스리랑카는 페르시아 만, 아라비아 해, 인도양, 남중국해 등 세계적으로 중요한 항로 네 곳에 접해 있으며 서태평양과 연결되기 때문이다. 미국 고위 장교와 스리랑카 군사 전문가가 공동 집필한 한 논문은 섬으로서의 스리랑카는 "미국뿐 아니라 인도와 스리랑카의 안보 증진에 필요한 모든 활동을 펼치기에 가장 적합한 곳"이라고 지적했다. 이러한 전략적 중요성 때문에 두 개의 국가나 연합 국가 형태에 비해 단일 국가구조가 안정적인 정치 형태로 여겨지게 되었다(이미 언급한 바와 같이 영국의 식민지 시기에도 마찬가지였다). 미국의 국무부 정치 담당 차관 니콜러스 번스(Nicholas Burns)는 이와 같은 입장을 재확인했다

> 미국은 LTTE에 대한 입장에서 중립적이지 않다…(스리랑카)정부는 국가에 대한 영토적 통합성 및 주권을 보호하기 위해 노력할 권리를 가지고 있다. (스리랑카)정부는 그 나라의 안정성과 안보를 지킬 권리를 가지고 있다….[21]

평화 진척 과정에 대한 상충되는 이해관계와 접근 방법에 관해 노르웨이의 한 학자는 다음과 같이 논평했다.

> 스리랑카 최대의 원조 공여국인 일본은 국가와 국가 사이의 기술적인 개발 협력을 강조했고, 평화에 대한 문제와 이를 상대적으로 덜 결부시켰으며, 원조에 대해 정치적 조건을 내세우길 꺼렸다. 유럽연합(EU)과 노르웨이

---

20 Robert Kaplan, "Rivalry in the Indian Ocean," *Foreign Affairs*, Vol. 88, No. 2, March/April, 2009, p. 25.

21 Daily Mirror, "US Will Want Both Parties to Agree for Peace: Burns," November 23, 2006. http://archives.dailymirror.lk/2006/11/23/news/3.asp(검색일: 2014년 6월 30일).

는 평화 촉진에 우선 순위를 두고 평화 촉진을 지원하는 도구로 개발 원조를 사용했다. 미국은 인도양에서의 경제적·안보적 이익이 존재하는 관계로 다른 것들보다 주권, 안정성과 안보를 중요하게 생각했다.[22]

이러한 접근 방식 가운데 미국의 입장이 다른 국가들의 입장보다 더 우선시되었다. 평화 진척 과정의 첫 번째 와해는 2003년 3월 미국의 이라크 침공과 맞닿은 6차 회담 직후 일어났다. 이는 회담 자체가 긍정적 전망으로 종료되었음에도 불구하고 국제 관계에서 미국의 일방주의가 우세한 상황을 보였기 때문이다.

다자주의가 스리랑카의 갈등을 중화시켜 나가는 동안, 일방주의는 중동과 서아시아의 충돌을 고조시켜 나갔다. 미국은 평화 진척 과정을 위한 도쿄 원조국 회의의 준비 회의를 워싱턴에서 개최하기로 결정하면서, LTTE를 불법 조직으로 금지하고 회의에서 제외시켰다. 워싱턴 회의에 LTTE의 참여가 배제되는 대신 인도가 참석해 새롭게 형성되는 스리랑카의 안보화 과정에 직접 관여하게 되었다. 이때까지만 해도 스리랑카 정부와 LTTE는 신뢰 구축 조치 및 분쟁 전환의 일환으로 개발 원조를 함께 요청해 왔었다. 하지만 워싱턴 회의에서 배제되면서 LTTE는 평화 진척 과정에서 철수하였다. 미국, 영국, 인도의 전략적 공동 이익은 '불가분의 국가'와 '영토적 통합' 같은 단어들을 사용한 데서 드러나듯이 서로 맞아떨어진 것이 분명했다. 즉 사실상 단일한 국가구조를 궁극적인 정치적 해결 방안으로 간주했던 것이다. 이런 국제적 상황은 타밀과 어떠한 종류의 협상도 원치 않는 대통령이 이끄는 신할라 불교 민족주의의 힘을 강화시켜 주었다.

---

22 Kristian Stokke, op. cit., pp. 333-334.

열악한 상황 속에서도 불구하고 평화 협상에 대한 희망이 완전히 사라진 것은 아니었다. 2004년 5월 신할라 인 지역인 남부가 대규모 홍수 피해를 입었고, 이로 인해 많은 주민들이 집을 잃었다. 워싱턴 원조국 회의에서 배제되었던 LTTE는 적대감 대신에 홍수 피해를 입은 신할라 인들을 돕기 위해 발 벗고 나섰다. LTTE 조직은 신할라 홍수 피해자들에게 수많은 구호품을 트럭으로 실어 보냈으며, 국영 매체《데일리뉴스》는 남부 신할라 인들의 긍정적 반응을 다음과 같이 전했다.

남과 북 사람들 간의 가교 만들기는 홍수 피해를 입은 남부에 대한 LTTE 의 원조로 큰 성과를 얻을 가능성이 크다. 협상을 위한 노력이 몇 가지 문제에 봉착한 것은 사실이나, 평화 진척 과정 그 자체는 살아 있다고 할 수 있다. 이재민들을 선뜻 돕고자 나선 북부의 인도주의적 구호 활동이 하나의 증거이다…수년간의 무자비한 유혈 갈등도 사람들 마음 속의 인도주의를 사라지게 하지 못했던 것으로 볼 수 있다…이와 같이 지속적으로 사람 대 사람을 기반으로 하는 것이 미래에 무슨 일이 일어나든 평화 진척 과정의 지속을 보장할 수 있을 것이다.[23]

이는 자연 재해가 평화의 동력으로 활용되는 아주 특별한 순간이었는데, 정치 협상에 필요한 도덕적·시민적 공간의 구축에 도움을 주었기 때문이다. 이때 LTTE는 북부와 동부 피해자들의 신속한 재정착과 재건을 위한 임시자치기관(Interim Self-Governing Authority: ISGA) 설립에 관한 제안을 내놓았다. 평화 진척 과정을 택한 EU는 미국과 인도와 달리 LTTE의 제

23 *Daily News*, "Welcome Reconciliatory Measures," May 22, 2003. http://www. dailynews.lk /2003/05/22/editorial.html(검색일: 2014년 6월 20일).

안을 반기면서 다음과 같이 평가했다.

이것은 평화 진척 과정에서 중요한 일보 전진이다. EU 대표부는 이제 스리랑카의 모든 공동체들이 수용 가능한 해결책에 대한 합의를 목표로 직접 대화를 재개할 수 있게 되기를 희망한다.[24]

미국과 인도는 LTTE의 제안에 대해 거리를 두었다. 바로 이 시점에 신할라 민족주의자들은 LTTE와 정전 협정 및 평화 진척 과정을 추진한 정부를 전복시켰다. 신할라의 한 정치학자는 다음과 같이 말했다.

2003년 10월 ISGA의 제안은 협상을 통한 해결의 청사진으로 LTTE가 정교화시켜 온 첫 번째 구체적인 구상이었다. 이 제안의 윤곽이 드러나자 스리랑카의 기성 정치계는 큰 위기에 빠졌고, 그 결과 대통령과 총리의 공식적 관계 와해, 의회 해산 등으로 정권 교체가 이루어졌다. 이는 스리랑카 인종 갈등 관리의 핵심 딜레마를 드러냈다. 즉 타밀이 스리랑카 정부에 수용할 만하다고 여기고 제안한 해결 방안은 신할라 정치인들의 수준을 훨씬 능가한 것이었다. 왜냐하면 그것은 현존 국가구조에 대한 대대적 재편을 예고한 것이었기 때문이다.[25]

결국 ISGA 제안은 두 세력 간의 공식 회의에서 논의되지 못했다. 그리고 스리랑카에서는 2004년 4월 휴전 협정과 평화 진척 과정에 적대적인 정부가 출범했다. 스리랑카 자유당(Sri Lanka Freedom Party: SLFP), 자나

---

24 The Island, op. cit.
25 Jayadeva Uyangoda, op. cit., pp. 18-19.

타 비묵티 페라무나당(Janatha Vimukthi Peramuna: JVP. 인민해방전선 또는 JVP, LTTE와의 휴전 협정과 평화 과정에서 반대의 최전선에 위치한 조직), LTTE와의 협상에 반대하는 불교 승려들이 이끄는 극우 자티카 헬라 우루마야당(Jathika Hela Urumaya: JHU 또는 신할라 민족당) 등으로 구성된 통일 인민자유연합(United People's Freedom Alliance: UPFA)이라는 연립 정권이 LTTE와 평화 진척 과정을 추진하던 정권을 대체한 것이다. 이로써 평화 진척 과정의 미래에 대한 불확실성은 커져 갔다. 북유럽 정전 협정 준수 감시단은 정치 협상이 멈춘 속에서 정전 협정 위반 사례가 양쪽 모두에서 증가했다고 보고했다. EU가 군사적 해결책이 아닌 협상을 통해 합의를 이끌어내려는 노력을 지지하는 가운데, 노르웨이 정부는 평화 진척 과정을 부활시키기 위한 노력을 계속했다. 지역 및 국제 NGO 역시 평화 진척 과정의 재개를 위해 로비 활동을 벌였다. 그러나 전쟁도 평화도 없었다. 이러한 불확실한 상황이 오래 지속될 수 없다는 것만은 분명했다. 이렇듯 불확실한 상황 속에서 두 세력 사이에 신뢰가 구축되지 않으면 전쟁 발발과 폭력으로 이어질 수 있으며, 평화를 위한 환경들이 더욱 악화될 수 있었다. 쓰나미가 스리랑카의 해안을 덮쳤을 때는 이처럼 불안정한 시기였다. 이러한 상황에서 쓰나미는 어떤 영향을 미쳤을까? 인도주의로 인해 협상을 통해 평화를 만들 수 있는 정치적 공간은 확장되었을까? 아니면 오히려 인간 안보를 더욱 위협하는 방향으로 상황이 바뀌었을까?

2. 쓰나미: 갈등과 평화의 정치

쓰나미로 인한 비극이 인도주의적 공간을 만들어 준 것은 사실이었으나, 그 공간이 오래 지속되지는 않았다. 스리랑카 국영 매체 일부와 보안군 간부는 재난 후 LTTE 최고 지도자를 포함하여 많은 수의 LTTE 전투원이 사망자 명단에 포함되어 있다고 밝혔다. 스리랑카 정부는 자연 재해를 LTTE에 대한 군사적 승리로 상상하고 싶었던 것이다. 이 반응은 남부의 신할라 인 가운데 평화 구축 노력을 반대하는 이들이 점증하고 있음을 보여 주는 것이었다. 반면, LTTE의 반응은 비인종적 정치에 기반한 인도주의적 지원의 긴급성을 중요시하였다. 다음은 참사 발생 이틀 후 LTTE 해군 사령관의 발언이다.

> 스리랑카 정부는 이 문제를 신할라와 타밀의 문제로 보아선 안 된다. 인간의 비극과 도움에 관한 문제로 봐야 한다…스리랑카 정부는 우리 모두를 인류의 일원으로 생각해야 한다.[26]

지정학적 차원에서는 어떤 반응이 있었을까? 미국은 스리랑카 정부 지휘하에 있는 지역에 항공기, 공병대 등을 급파했다.[27] 인도와 파키스탄도 마찬가지였다. 고도의 인종 정치적 맥락을 가지고 있는 스리랑카에 외국 군대가 존재한다는 점에 대해서 콜롬보의 성공회 주교는 다음과 같이 말했다.

---

26 TamilNet, "Tamils in Northeast are also Human Beings," December 31, 2004. http://www.tamilnet.com/art.html?catid=13&artid=13789(검색일: 2014년 6월 27일).

27 Kathleen T. Rhem, "Marine, Navy Engineers Making a Difference in Sri Lanka," *U.S. Department of Defense*, January 17, 2005. http://www.defense.gov/news/newsarticle.aspx?id=24338(검색일: 2014년 6월 28일).

현재 가장 취약한 국가를 위협하고 착취하는 지정학적 환경과 권력 갈등을 고려할 때, 군사 병력은 구호 활동이 끝나는 즉시 그들의 기지로 돌아가야 한다.[28]

반면, JVP의 지도자는 미국을 포함한 외국 병력의 존재를 스리랑카에 대한 우정의 몸짓으로 인식하고 있었다.[29]

유엔은 EU 및 노르웨이의 입장을 반영하여 인도주의적 접근 방식을 따랐다. 그러나 스리랑카 정부는 자신의 통제 아래 있는 지역에 코피아난 유엔 사무총장의 특별 방문을 제한했고, LTTE 통제 지역의 방문도 금지했다. EU의 정책 성명은 '섬의 북부와 동부, 그리고 남부에 대한 자원의 공정한 배분'에 대한 필요성을 재차 강조했다.[30] EU의 방안은 스리랑카 정부와 LTTE 간의 협상 재개를 요구했다. 원조국들은 평화 진척 과정에 우선 진전이 있어야 한다는 점에 합의하고 있었다.[31] 중재자인 노르웨이는 쓰나미 때문에 만들어진 인도주의의 위기를 평화로 나아가는 가능성으로 활용하고 협상을 부활시키기 위해 양 세력과 회담을 지속하였다. 신할라 정치권에서도 LTTE와의 협상과 평화 진척 과정에 대한 기대가 완전히 사라진 것만은 아니었다. 어떻게 하면 인도주의적 공간이 평화 진척 과정 부활

---

28 *Sunday Times*, "Church Expresses Concern over Presence of Foreign Troops in Sri Lanka," January 23, 2005. http://sundaytimes.lk/050123/news/17.html(검색일: 2014년 6월 28일).

29 *Sunday Times*, "JVP Hails Foreign Troops' Assistance," February 6, 2005. http://sundaytimes.ik/050206/news/14.html(검색일: 2014년 6월 28일).

30 European Commission, "Development and Cooperation—EuropeAid," 2012. http://ec.europa.eu/europeaid/where/asia/country-cooperation/sri-lanka/sri-lankaen.htm(검색일: 2014년 6월 20일).

31 Ibid.

을 위한 정치적 공간으로 전환될 수 있을까, 고민하는 이들도 많았다. 스리랑카 유엔 대사이면서 스리랑카 정부의 평화 진척 과정 협력 담당관이었던 자얀다 다나팔라는 2005년 1월부터 이러한 가능성을 비추면서 교착 상태에 있는 평화 협상을 재개할 주목할 만한 기회가 쓰나미 때문에 마련되었다고 논평했다.[32]

앞에서 언급한 인도주의적 여러 압력, 특히 EU의 압력은 스리랑카 정부로 하여금 2005년 6월 LTTE와 공동으로 쓰나미 구조 운영 관리 조직(Post-Tsunami Operational Management Structure: P-TOMS)을 결성하게 만들었다. P-TOMS는 재난에 따른 인도주의적 긴급 구호를 위한 조직으로서, 공유된 주권의 한 형태라고도 할 수 있었다. 이로써 평화 진척 과정을 회복시키는 한편 갈등을 비안보화하고 또 비인종화할 수 있었다. 즉 식민지 시기에 형성되고 탈식민 시대에 고착화되었던 수십 년 묵은 인종 갈등의 원인인 단일 국가구조의 절대성을 약화시킬 수 있는 기회였다.

하지만 P-TOMS는 유지될 수 없었다. 타밀이 쓰나미 구호 활동에 집중하는 사이, 신할라 인 세력은 단일 국가를 위한 정치력, 외교력, 군사력 강화 활동에 초점을 맞추었다. 스리랑카 연립 정권의 파트너인 JVP와 JHU는 P-TOMS의 활동을 국가의 주권 및 영토 통합에 대한 배신으로 간주하면서 P-TOMS에 대한 반대 운동을 조직했다. P-TOMS 결성 전부터 이에 반대하던 JVP는 조직이 결성된 후에는 대법원에 소송을 제기하였다. 또 JVP는 외국군이 스리랑카에 존재하는 것을 환영했으며, 스리랑카에서 '테러와의 전 지구적 전쟁'에 관한 정책을 시행해 달라고 미국에 요청하기

---

32 TamilNet, "Colombo in Regular Touch with LTTE, Says Jayantha Dhanapala," January 13, 2005. http://www.tamilnet.com/art.html?catid=%2013&artid=13972(검색일: 2014년 6월 27일).

도 했다. 신할라 인 유권자 기반을 확보하기 위한 JVP와 JHU 사이의 내부 갈등 속에서 JHU는 국가 최고 승려의 승인 없이 P-TOMS가 결성될 수 없다는 종교적인 요구 사항을 정부에 내걸었다. JHU는 P-TOMS에 반대하는 불교 승려들의 죽음의 캠페인을 전개하였다. 전략적 차원의 안보화 의제를 진척시키기 위해 미국은 LTTE와의 연계를 이유로 P-TOMS에 대하여 자금을 지원하지 않기로 결정했다. 미국 정부의 이 같은 결정은 JHU가 콜롬보에서 미국 대사와 회동한 후 가진 기자 회견에서 공개되었다.[33]

P-TOMS의 붕괴를 인종-민족주의 갈등이라는 렌즈를 통해서만 볼 수는 없다. 한편으로 현실주의적·군사주의적 패러다임을 촉진한 미국과 영국, 다른 한편으로 개발 원조에 기초를 두고 자유주의적 제도 구축 접근(자유주의적 평화 모델)을 추구하는 EU 소속 국가들 사이의 국제적 긴장 관계도 분석해야 한다는 말이다. 일부 문헌은 분쟁 해결과 평화 구축을 위한 수단으로 시장화에 기반한 자유주의적 제도 구축 접근이 평화 진척 과정의 실패에 기여했다고 비판한다.[34] 이는 세계 시장의 이익이 분쟁 피해자들의 요구보다 더 중요하다고 여기는 사람들에 대해서는 유효한 비판이다. 스리랑카처럼 인종-민족주의를 따라 분할된 사회에서 세계 시장의 신자유주의 경제 의제와 맞물린 개발 원조는 평화 진척 과정을 좌절시킬 만큼 치열한 경쟁을 유발하였다.[35] 이 같은 분석은 지구적 자본이 작동하는 두 차원, 즉 시장의 측면과 군사적 측면을 구분하지 않는다. 그러나 주목할 것은 두 차원의 상호 연관에도 불구하고 시장과 무역을 보호하기 위해 군사적 사

---

33 Sri Lankan News, "No US Funds for P-TOMS," July 8, 2005. http://www.lankanews papers.com/news/2005/7/2572.html(검색일: 2014년 6월 26일).

34 Oliver P. Richmond and Jason Frank, *Liberal Peace Transitions: Between Statebuilding and Peacebuilding*(Edinburgh: Edinburgh University Press, 2009).

35 Kristian Stokke, op. cit.

고방식에 반발하는 입장도 존재한다는 점이다. EU의 많은 국가들은 이런 입장이었다. 시장의 측면과 군사적 측면 사이의 긴장은 프랑스와 독일이 주도하는 EU 회원국들의 이라크전 반대를 계기로 명백히 드러났다.

　이상의 분석은 P-TOMS의 실패에도 적용할 수 있을 것이다. EU의 등거리 접근 방식, 즉 양 당사자가 '동등한 존중(parity of esteem)'이라는 기반 위에서 평등하게 다루어져야 한다는 것은 논쟁의 중심에 있었으나, EU의 경제 의제는 중요하게 여겨지지 않았다. 반면, 미국과 영국, 그리고 이를 뒤따르는 인도가 가지고 있던 인도양에서의 전략적 이익, 군사적 사고방식과 LTTE에 대한 배타적 태도는 신할라 민족주의자들의 입장을 강화시켜 주었는바, 자신들이 더 강력한 국제적 동맹을 가지고 있다고 인식하게 만들었다. 전쟁에 반대하고 민주화와 인권을 향상시키고자 하는 한, 시장이 긍정적 역할을 할 수 있음은 이런 의미에서이다. 따라서 P-TOMS의 붕괴는 단순히 오랜 시간 동안 갈등을 겪어 온 두 숙적 간의 갈등이라기보다는 미국과 영국의 군사적 사고방식과 EU의 자유주의적 국제주의 사이의 대립이기도 했다. 이런 국제적 맥락 속에서 신할라 내에서는 군사적 승리에 대한 희망을 전파하면서 반정전, 반평화 진척 과정 흐름을 고조시키는 데 기여했다. 이러한 군사적 의제는 마힌다 라자팍사(Mahinda Rajapaksa)가 이끄는 UPFA가 JHU와 JVP의 지지를 받아 출마한 2005년 말의 대통령 선거에도 큰 영향을 미쳤다.

　P-TOMS는 타밀 정치체와 주권을 나눠 가지게 함으로써 단일 국가구조의 비타협적 특징을 바꿀 수도 있었던, 평화 진척 과정을 재개하는 마지막 기회였다. 또한 인도양을 둘러싸고 전개되던 안보화의 추세를 어느 정도 막을 수도 있었다. 그러나 바로 이러한 이유 때문에 P-TOMS는 이념적(신할라 민족주의), 정치적(신할라 정치 구조), 그리고 지정학적(미국, 영국,

인도)인 이유로 권력 다툼의 장이 되었다.

3. 돌아보며: P-TOMS는 학살을 막을 수 있었을까?

P-TOMS가 배척된 후 만 4년이 지난 2009년 5월, 스리랑카 정부는 LTTE에 대한 군사 작전이 승리를 거두었다고 공식 발표했다. 정부의 군사 작전 재개는 2007년 중반 동부에서 시작되었고 2008년 말에는 북부 지역에 도달했다. 군사적 승리는 사실상 타밀의 지도부와 수천 명의 전투원이 전멸했음을 의미했다. 평화 진척 과정이 진행되는 동안 주변 1만 5000평 방킬로미터를 지배했던 사실상의 타밀 국가는 대학살을 겪던 전쟁 마지막 단계에는 약 30만 인구와 1평방킬로미터로 줄었다.[36] 민간인 사상자의 수가 0명이라고 주장하는 스리랑카 정부가 제공한 인구 통계를 분석한 만나루 주교는 전쟁의 막바지에 적어도 14만 6000명이 실종되었다고 밝혔다.[37] 실제로 신할라 민족주의 정당이나 집단들은 위에 언급된 인명 피해를 초래한 전쟁을 주도했던 마힌다 라자팍사의 2005년 11월 대통령 출마를 지지했는데, 이는 군사적 방법으로 정전 협정을 철회하고 단일 국가구조를 회복하기 위해서였다. 이들은 2005년 중반 P-TOMS에 대한 반대 입장에서 그들의 이념적 및 정치적 권력을 강화했다.

돌이켜 보면 P-TOMS는 몇 가지 이유에서 전쟁의 가능성을 감소시

---

36 C. Bryson Hull and Ranga Sirilal, "Sri Lanka's Long War Reaches Climax, Tigers Concede," *Reuters*, May 17, 2009. http://www.reuters.com/article/2009/05/17/us-srilanka-war-idUSTRE54D1GR20090517 (검색일: 2014년 6월 26일).

37 United Nations, *Report of the Secretary-General's Internal Panel on United Nations Action in Sri Lanka*(Petrie Report, 2012), pp. 38-39.

켰다. 우선, 이 조직은 정부와 LTTE 양 세력이 비군사적 방식으로 참여한 공동 조직이었다. 이러한 장치가 마련되어 있는 상황에서, 정치의 연장으로서의 양 세력 사이의 무력 사용은 제한되었을 것이다. 북유럽이 주도하는 정전 감시단의 보고서는 양 세력이 협상을 시작하고 공동 위원회를 구성하던 시기에 정전 협정의 위반 사례가 현저히 줄었음을 보여 주고 있다. 정치 협상이 무너지고 초기 공동 위원회가 붕괴하자 위반 사례는 다시 증가했다. 쓰나미 발생 직후에는 위반 사례가 급감했다. 재난 이후 발생한 즉각적인 인도주의적 요구에 대응하기 위해 양 세력이 만나야만 했기 때문에, P-TOMS는 정전 협정 위반을 감소시켰을 것이다. 게다가 현장에서의 교류는 서로에 대한 불신과 오해를 감소시켰고, 신할라 민족주의자들의 정전에 대한 반감을 줄였다. 싱가포르 정부 평화 진척 과정 협력 담당관이 언급했듯이, 이러한 단계는 "국가가 다시 전쟁으로 회귀하리라는 전망에서부터 멀어지게 했다."[38]

만약 P-TOMS가 실행되었다면, 구호와 재건에 개입했던 원조국들은 군사적 방안이 아닌 협상으로 나아가도록 힘을 실어 주었을 것이다. 특히 EU가 원조 조건으로 요구했던 P-TOMS를 통한 양 세력의 공동 주도권 재개는 평화 진척 과정의 교착을 푸는 데 긍정적인 영향을 미쳤고, 신할라 민족주의를 강화시켰던 미국과 영국의 안보화 의제를 어느 정도 억제하는 데에도 기여했다. EU의 외압은 양 세력의 지역에서 전쟁 및 쓰나미 피해자를 위해 인도주의적 지원과 경제 개발을 시행하라는 요구와도 부합했다. 이런 점에서 다시는 참혹한 전쟁이 재발하지 않도록 하기 위해서 외압이 필요하기도 했다. 외부 압력이 항상 부정적으로만 인식되어서는 안 된다.

38 TamilNet, "Colombo in Regular Touch with LTTE, Says Jayantha Dhanapala." http://www.tamilnet.com/art.html?catid=%2013&artid=13972

P-TOMS가 작동했더라면, 양 세력 모두가 창의적으로 원조를 통한 국제 자본의 도입을 유도할 수 있었으며, 실론 섬 전체에 개발, 민주화, 인권의 발전을 가져올 수 있었을 것이다. 따라서 P-TOMS는 단일화되고 중앙 집권화된 국가 형태를 상대화시키고, 실용적 차원의 공동 주권 국가가 인도주의적 형태로 스리랑카에 도입될 수 있었을 마지막 기회였다.

P-TOMS 붕괴로 스리랑카 정부는 군사적 방법을 택하게 되었고, 두 세력 간의 '동등한 평가'를 도모했던 EU의 자유주의적 제도 구축 접근은 쇠퇴하고 말았다. 2006년 5월 JVP와 JHU의 지원을 받은 마힌다 라자팍사의 대선 승리 몇 달 후, 영국 정부가 EU 의장국을 맡았던 기간 동안 EU는 LTTE를 테러 조직으로 보고 금지 조치를 내렸다. 이 같은 조치의 이유는 LTTE에 의한 인권 침해였지만, 금지 조치는 협상을 통한 해결이라는 EU의 원칙에 위배되는 것이었고, 분쟁 지역 내에서 인권 기준을 선택적으로 적용했음을 반영한 것이었다. P-TOMS 붕괴 후, 의미 있는 정치 협상이 부재한 상태에서 양 세력에 의한 정전 협정 위반, 인권 침해, 정치적 공백은 자명한 결과였다. 금지 조치 전 EU는 북유럽 주도의 정전 감시단의 자문을 구했는데, 스웨덴의 울프 헨릭슨(Ulf Henricsson) 소장은 스리랑카 정부의 전쟁 기조를 강화시킬 것이므로 금지 조치를 내려서는 안 된다고 EU에 조언했다. 그러나 EU는 미국과 영국의 영향력 아래 금지 조치를 내렸다고 헨릭슨은 후에 밝혔다.[39] 당시 스리랑카 외무부 장관은 이 문제와 관련하여 미국 정부와 EU의 구성원들 간에 이견이 존재했다고 나중에 밝힌 바 있다.

---

39 Henricsson, "Ulf," *Friedenfuersrilanka*, June 2007. http://www.friedenfuersrilanka. de/index.php?option=com_content&task=view&id=19&Itemid=27(검색일: 2014년 6월 25일).

당시 EU 25개국 중 7개의 나라가 LTTE 금지 조치에 반대했고, 만장일치로 조치를 발효시키는 것은 어려운 일이 되었다. 그래서 나는 당시 콘돌리자 라이스(Condoleezza Rice) 미국 국무장관과 몇 차례의 회동을 가졌고, 니콜러스 번스 당시 국무차관을 통해 7개 국가의 동의를 얻어 2006년 5월 29일 LTTE에 대한 금지 조치를 내릴 수 있었다.[40]

정부군의 군사 작전은 2007년 중반 전략 기지인 트링코말리 항구의 인접 지역에서부터 시작되었는데, 이곳은 2002년 미국 태평양 사령관이 제출한 보안 평가 보고서가 제안한 바로 그곳이었다. 전쟁이 격화되고 북부로 확대되면서, 유엔 기관은 스리랑카 정부의 요청을 받아들여 2008년 10월 이 지역에서 철수하기로 결정했다. 스리랑카에서 유엔이 벌였던 행동에 관한 사무총장의 내부 패널 보고서(페트리 보고서)는 당시 엄청난 사상자가 속출하고 있던 끔찍한 전쟁 상황 속에서 단 한 차례도 안보리 회의가 열리지 않았다는 점을 밝히고 있다. 당시 유엔 인도주의 협력관이었던 존 홈스 경은 후에 이를 인정했다.

이 문제를 둘러싸고는 외교적인 시늉만 있었는데, 전쟁이 정부의 군사적 승리로 끝날 것이라는 것을 모두가 알고 있었기 때문이다.[41]

공동 의장단 소속 EU 회원국 중 일부는 군사 행동을 중지하도록 스리

---

40 Samaraweera Mangala, "Rajapakshe: Then and Now," April 04, 2012. http://www.colombotelegraph.com/index.php/rajapaksa-then-and-now/(검색일: 2014년 6월 30일).

41 Channel 4, "Sri Lanka's Killing Fields 2: Unpunished War Crimes(Television Program)," (London: Channel 4, 2012).

랑카 정부를 압박하려고 했으나, 공동 의장단 내 다른 국가들의 반대로 중지되었다는 사실이 드러났다.[42] 초반에 개발 원조를 통한 분쟁 해결을 의도했던 공동 의장단은 결국 LTTE에 항복할 것을 권유하고 정부 관할 지역으로 '민간인들을 석방할 것'을 요구했다.[43] 이 요구는 두 세력 간의 힘의 균형에 기반을 두었던 2002년 정전 협정 당시 EU의 입장과 분명히 상반된 것이었다. 또한 두 세력의 동등한 인정에 기초를 둔 ISGA 방안과 P-TOMS에 대한 입장과 전혀 다른 내용이었다. 이러한 EU의 입장 변화는 미국과 영국으로부터 압력이 있었음을 보여 줄 뿐만 아니라 EU의 자유주의적 제도 구축 접근에 내재하는 약점을 드러내는 것이기도 했다.

공식적인 종전 후 북부와 동부는 완전히 단일 국가 체제하에 들어갔다. 정부와 정부군은 군사화, 신할라 인 정착, 신할라 불교 사원 건립, 주요 상업 및 무역 지역 매입 등을 통해 이 지역을 구조적으로 변화시켰다. 이는 분명 소극적 평화는 아니며, 적극적 평화는 더더욱 아니다. 이는 비민주적이고 배타적인 국가구조와 민족주의적 이념이 다시 자리를 잡은 승리자의 평화인 것이다. 위에서 언급한 세계 강국들이 스리랑카 정부가 전쟁 중, 그리고 전쟁 직후 자행한 수많은 인권 침해에 관한 혐의를 유엔 인권이사회에서 제기하기도 했지만, 이들은 동시에 군사적·외교적 차원에서 스리랑카의 국가구조를 더욱 강화시켰다. 이 국가들은 인도양에서 영향력을 확대하려는 움직임을 보이는 스리랑카 정부의 주요 원조국으로 부상했다.

42 Wikileaks Cables, 09Colombo252. http://wikileaks.org/cable/2009/03/09COLOMBO252. html(검색일: 2014년 6월 30일).

43 Ibid.

4. 결론

쓰나미로 빚어진 자연 재해의 영향으로 인도주의 정신이 고양되기도 했다. 이러한 정신은 공공 영역 내에 도덕적 공간을 형성하였고, 또한 사회적·정치적·인종적, 인종-민족주의적, 종교적·국제적 분열을 넘어서는 '이상 정치(idealpolitik)'의 필요성을 부각시켰다. 그러나 우리는 플라토닉한 형태의 도덕적 공간 속에 살고 있는 것이 아니라 여러 가지 권력이 지배하는 세계에서 살고 있다. 그런 의미에서 자연 재해의 영향은 서로 다른 사회적·정치적 계급, 인종-민족적 집단, 국가, 그리고 국제 행위자들 사이의 권력 관계에 의해 규정되었으며, 이것이 바로 현실 정치(realpolitik)였던 것이다. 현실 정치와 이상 정치 모두 특정 능력으로 정의되는 정치 권력 없이는 작동할 수 없다. 그런 의미에서 이 두 정치 사이의 중복 영역이 존재한다. 양자의 차이는 참여 집단의 가치, 이해관계, 그리고 접근 방법이다.

스리랑카의 인종-민족주의 분쟁에 대한 쓰나미의 영향을 평가할 때 중요한 것은 참여 집단의 능력과 가치, 이해관계와 접근 방법 등을 평가하는 것이다. 스리랑카 정부와 LTTE 사이에 존재하는 군사적 힘의 균형은 P-TOMS 관련 협상에서 매우 중요한 역할을 했다. 특히 LTTE가 전통적인 군 조직을 가지고 있으며 대중적 지지를 확보한 고도로 조직화된 행정 기구도 가지고 있었다는 점이 중요하다. 이는 두 인종-민족주의적 공동체가 배타적 단일 국가구조를 넘어 양자 사이에 균형적인 관계를 형성해야 하는 이유였다. 아체 수마트라의 경우, 쓰나미 발생 당시 분쟁 중이던 양 세력은 비대칭 관계였는데, 인도네시아군이 해당 지역을 장악함으로써 독립을 주장하던 과격 세력은 군사적 능력을 상실하게 되었다. 결국 양 세력은 아체의 완전한 독립이 아닌 지역 자치에 기반한 평화 협상을 진행하였는데, 이는 과격 세력이 쓰나미 발생 전에는 거부했던 내용이다. 스리랑카의 경우 사실상 두 개의 국가가 존재하고 있었으며, 더욱 중요한 것은 두 세력이 신뢰 구축을 위한 수단으로 잠정 협정을 맺은 상태에 있었다는 점이다. 물론 이런 상태는 '전쟁도 평화도 없는' 상황이었다.

단일 국가구조라는 렌즈를 통해 지역 행위자들의 권력 관계를 분석하면 오류에 빠질 수 있다. 스리랑카의 두 세력 사이에 나타났던 균형적 관계는 세계적 차원의 경제적 능력을 가지고 있던 EU의 자유주의적 국제주의가 발전시킨 것이었다. 반면 미국과 영국은 지정학적 차원에서 스리랑카에 분할되지 않은 단일한 주권국가가 존재하는 것을 목표로 했다. 이는 스리랑카 정부에 유리한 것이었고, 정부와 LTTE 간의 비대칭적인 관계를 의미했다. 쓰나미는 전략적 이익을 증진시키기 위한 수단으로 이용되었다. 유의할 것은 이런 지정학적 차원이 신할라 정치체 내의 역학과 맞물려 있었다는 점이다. 즉 자본주의의 세계화 시대에는 내부 및 외부 요인 간에 상호 의존 관계가 존재한다는 점이다. 미국, 영국, 인도가 주도하는 지정학적 접근은 EU의 자유주의적 국제주의보다 더 큰 영향력을 발휘했다. 스리랑카 문제를 다루는 데서 EU는 과거 이라크전과 가자 지구 침공에 반대했던 시절만큼 자신의 도덕적 정치력을 발휘하지 못했다. 더 나아가 스리랑카 정부는 자신들의 정치력보다는 국제적 군사 체계에 힘입어 대 타밀 전쟁을 수행할 수 있었다. 힘은 이념적·정치적인 것뿐만 아니라 경제적·외교적·군사적·기술적·지정학적 영향력으로 규정된다. 쓰나미 이후 평화 진척 과정이 결실을 거두었다면 대량 학살은 없었을 것이다.

쓰나미 피해자에 대한 긴급 구호품의 분배에 관한 투명성과 책임을 문제시하며 거버넌스 문제를 다루는 문헌은 상당수 있다. 상명하복과 가부장적 통치가 존재하는 스리랑카와 같은 국가에서 구호품의 분배가 투명할리 없다. 사실 쓰나미는 각각에게 다른 의미를 부여했다. 긴급 구호는 권력 자들의 주머니를 채우는 기회가 되기도 했으며, 복구 공사 계약은 정치 세력에 돌아갔고 이와 연계되어 있는 지역의 재건 공사가 먼저 이루어졌다. 어떤 문헌은 쓰나미를 둘러싼 '정치적 실기'를 지적하고 있다. 여기에서 놓치지 말아야 할 것은 스리랑카의 지정학적 전략과 정치적인 구조의 윤리에 관한 문제, 그리고 수천 명의 생명을 대가로 그 구조를 유지했던 전 지구적 군사력 체계의 가치관, 이해관계, 접근 방법의 도덕성에 관한 문제이다.

이제 진정한 의미의 인도주의와 인권 공동체를 부활할 국제적인 공공 의식이 필요한 때이다. 이 공공 의식은 거버넌스 윤리에 관한 것일 뿐만 아니라 군사력 체계를 강화시키는 지정학적 전략과 연계된 국가구조의 윤리에 관한 것이다. 이 공공 의식이 목표하는 것은, 군사적 사고방식 쪽으로는 덜 경도된 국가들이 자신들의 경제력을 활용해 자연 재해에 따른 비대칭적 권력 관계를 극복하도록 독려하는 것이다. 인도주의적 긴급성에 의해 만들어진 도덕적 공간은 다양한 집단을 장기간 결속시키지 못한다. 공유된 아픔의 기억은 금방 소멸될 수 있으며 그 도덕적 공간도 그럴 수 있다. 경제적 능력과 도덕적·정치적 리더십에 기반한 이상 정치를 통해 그 도덕적 공간을 정치적인 힘으로 바꾸어 놓지 않으면 안 된다.

참고 문헌

Abeysekera, Sunila, "Sri Lanka: Waves of Death and Peace," *World Pulse Magazine*, 2005, pp. 52-55. http://issuu.com/worldpulse/docs/global_healing(검색일: 2014년 7월 7일).

Aglionby, John, "Tamil Tigers Drop Independence Claim," *Guardian*, September 9, 2002. http://www.guardian.co.uk/world/2002/sep/19/srilanka?INTCMP=SRCH(검색일: 2014년 7월 2일).

Agnell, Marisa, "Understanding the Aryan Theory," eds. Mithran Tiruchelvam and C. S. Dattatreya, *Culture and Politics of Identity in Sri Lanka*, Colombo: International Centre for Ethnic Studies, 1998, pp. 41-71.

Anderson, David A. and Anton Wijeyesekara, "US Naval Basing in Sri Lanka?," *Smaill Wars Journal*, October 15, 2011. http://smallwarsjournal.com/jrnl/art/us-naval-basing-in-sri-lanka(검색일: 2014년 6월 30일).

Athas, Iqbal, "Trinco Naval Base is Vulnerable, US Military Warns Lanka," *Sundaytimes*, September 14, 2003. http://sundaytimes.lk/030914/front/trinco.htm(검색일: 2014년 6월 15일).

Bastian, Sunil, *The Politics of Foreign Aid in Sri Lanka: Promoting Markets and Supporting Peace*, Colombo: International Centre for Ethnic Studies, 2007.

Caron, Cynthia M., "A Most Difficult Transition: Negotiating Post-tsunami Compensation and Resettlement from Positions of Vulnerability," eds. Neloufer de Mel, et al., *After the Waves: The Impact of the Tsunami on*

Women in Sri Lanka, Colombo: Social Scientists' Association, 2010, pp. 112-152.

Channel 4, "Sri Lanka's Killing Fields 2: Unpunished War Crimes(Television Program)," London: Channel 4, 2012.

Daily Mirror, "US Will Want Both Parties to Agree for Peace: Burns," 2006. http://archives.dailymirror.lk/2006/11/23/news/3.asp(검색일: 2014년 6월 30일)

De Mel, Neloufer, "The Production of Disaster: Contextualizing the Tsunami and Its Impacton Women in Sri Lanka," eds. Neloufer de Mel, et al., *After the Waves: The Impact of the Tsunami on Women in Sri Lanka*, Colombo: Social Scientists' Association, 2010, pp. 3-16.

Divakalala, Cayathri, "26 December 2004 and after: In Search of Women's Perspectives," eds. Neloufer de Mel, et al., *After the Wave: The Impact of the Tsunami on Women in Sri Lanka*, Colombo: Social Scientists' Association, 2010, pp. 188-210.

Daily News, "Welcome Reconciliatory Measures," May 22, 2003. http://www.dailynews.lk/2003/05/22/editorial.html(검색일: 2014년 6월 20일).

Elankumaran, C., "The Role of Resettlement and Sheltering in Peace-Building Process: The NEHRP Experience in Jaffna," eds. Dhammika Herath et al., *Post-War Reconstruction in Sri Lanka: Prospects and Challenges*, Kandy, Sri Lanka: International Centre for Ethnic Studies, 2010, pp. 145-146.

European Commission, "Development and Cooperation—Europe Aid," 2012. http://ec.europa.eu/europeaid/where/asia/country-cooperation/sri-lanka/srilanka_en.htm(검색일: 2014년 6월 20일).

Goonesekere, Savitri, "A Gender Analysis of Tsunami Impact: Relief, Recovery, and Reconstruction in Some Districts of Sri Lanka," eds. Neloufer de Mel, et al., *After the Waves: The Impact of the Tsunami on Women in Sri Lanka*, Colombo: Social Scientists' Association, 2010, pp. 84-111.

Henricsson, Ulf, "Generalmajor Ulf Henricsson Antwortet," *Friedenfuersrilanka*, June, 2007. http://www.friedenfuersrilanka.de/index.php?option=com_content&task=view&id=19&Itemid=27(검색일: 2014년 6월 25일).

Hull, C. Bryson and Ranga Sirilal, "Sri Lanka's Long War Reaches Climax, Tigers Concede," *Reuters*, May 17, 2009. http://www.reuters.com/article/2009/05/17/us-srilanka-war—idUSTRE54D1GR20090517(검색일: 2014년 6월 26일).

Jayawardena, Kumari, *Ethnic and Class Conflict in Sri Lanka: The Emergence of Sinhala–Buddhist Consciousness 1883-1893*, Colombo: Sanjiva Books, 2003.

Jeganathan, Pradeep, "Authorizing History, Ordering Land: The Conquest of Anuradhapura," eds. Pradeep Jeganathan and Qadri Ismail, *Unmaking the Nation: The Politics of Identity and History in Modern Sri Lanka*, Colombo: Social Scientists' Association, 1995, pp. 106–136.

Kaplan, Robert, "Rivalry in the Indian Ocean," *Foreign Affairs*, Vol. 88, No. 2, March/April, 2009, pp. 16–32.

Kelegama, Saman, "Sri Lanka Economy in Turbulent Times: Budget 2001 and IMF Package," *Economic and Political Weekly*, Vol. 36, No. 28, July 14–20, 2001, pp. 2665–2673.

Krishna, Sankaran, *India's Role in Sri Lanka's Ethnic Conflict*, Colombo: Marga Institute, 2001.

Liyanage, Sumanasiri, *One Step at a Time: Reflections on the Peace Process in Sri Lanka*, Colombo: South Asia Peace Institute, 2008.

Ludowyk, E. F. C., *The Modern History of Ceylon*, London: Weidenfeld and Nicolson, 1966.

McConnell, Deirdre, "The Tamil People's Right to Self–Determination," *Cambridge Review of International Affairs*, Vol. 21, No. 1, March, 2008, pp. 60–76.

Moorcraft, Paul, *Total Destruction of the Tamil Tigers: The Rare Victory of Sri Lanka's Long War*, Barnsley: Pen and Sword Military, 2012.

Nithiyanandam, V., "Tsunami and the North East Economy: An Overview," *The Northeastern Monthly*, February, 2005, pp. 6–9.

Rhem, Kathleen T., "Marine, Navy Engineers Making a Difference in Sri Lanka," *U.S. Department of Defense*, January 17, 2005. http://www.defense.gov/news/newsarticle.aspx?id=24338(검색일: 2014년 6월 28일).

Richmond, Oliver P. and Jason Frank, *Liberal Peace Transitions: Between Statebuilding and Peacebuilding*, Edinburgh: Edinburgh University Press, 2009.

Samaraweera, Mangala, "Rajapakshe: Then and Now," April 4, 2012. http://www.

colombotelegraph.com/index.php/rajapaksa-then-and-now/(검색일: 2014년 6월 30일).

Seneviratne, H. L., *Buddhism, Identity and Conflict*, Colombo: International Centre for Ethnic Studies, 2004.

Sri Lankan News, "No US Funds for P-TOMS," July 8, 2005. http://www.lankanewspapers.com/news/2005/7/2572.html(검색일: 2014년 6월 26일).

Stokke, Kristian, "Building the Tamil Eelam State: Emerging State Institutions and Forms of Governance in the LTTE-controlled Areas in Sri Lanka," *Third World Quarterly*, Vol. 27, No. 6, 2006, pp. 1021-1040.

Stokke, Kristian, "Questioning Liberal Peace," eds. Darley Jose Kjosavik and Paul Vedeld, *The Political Economy of Environment and Development in a Globalised World: Exploring the Frontiers: Essays in Honor of Nadaraja Shanmugaratnam*, Colombo: Social Scientists' Association, 2012, pp. 323-344.

Sunday Times, "Church Expresses Concern over Presence of Foreign Troops in Sri Lanka," January 23, 2005. http://sundaytimes.lk/050123/news/17.html(검색일: 2014년 6월 28일).

Sunday Times, "JVP Hails Foreign Troops' Assistance," February 6, 2005. http://sundaytimes.ik/050206/news/14.html(검색일: 2014년 6월 28일).

TamilNet, "Tamils in Northeast are also Human Beings," December 31, 2004. http://www.tamilnet.com/art.html?catid=13&artid=13789(검색일: 2014년 6월 27일).

TamilNet, "Colombo in Regular Touch with LTTE, Says Jayantha Dhanapala," January 13, 2005. http://www.tamilnet.com/art.html?catid=%2013&artid=13972(검색일: 2014년 6월 27일).

The Island, "EU Welcomes LTTE Proposals," November 3, 2003. http://www.island.lk/2003/11/03/news04.html(검색일: 2014년 6월 2일).

United Nations, *Report of the Secretary-General's Internal Panel on United Nations Action in Sri Lanka*(Petrie Report), 2012.

United States Department of Defense, "Wall of Water: US Troops Aid Tsunami Victims," *Year in Review*, 2005. http://www.defense.gov/home/features/2006/2005yearinreview/article2.html(검색일: 2014년 6월 29일).

Uyangoda, Jayadeva, *Ethnic Conflict in Sri Lanka: Changing Dynamics*, Washington: East-West Center, 2007.

Wickremesinghe, Ranil, "Sri Lanka Calls on Private Sector to Invest in Peace," *Reliefweb*, September 10, 2002. http://reliefweb.int/report/sri-lanka/sri-lankacalls-private-sector-invest-peace(검색일: 2014년 6월 29일).

Wickremesinghe, Ranil, *Statement by the Prime Minister of Sri Lanka*, 57th Session of the United Nations General Assembly, New York City, 2002.

Wikileaks Cables, 09Colombo252. http://wikileaks.org/cable/2009/03/09COLOMBO252.html(검색일: 2014년 6월 30일).

Wilson, A. Jeyaratnam, *Sri Lankan Tamil Nationalism: Its Origin and Development in the 19th and 20th Centuries*, London: Hurst & Company, 1999.

6장

대만 921 지진과 국가·사회관계

정유선

1. 서론

지구촌 곳곳에서는 다양한 종류의 재난이 발생해 왔는데, 최근에는 지구 온난화로 대표되는 기상 이변 영향으로 자연 재난이 늘어나는 추세이다. 또한 지난 2011년 동일본 대지진과 후쿠시마 원전 사고와 같이 자연 재난과 기술 재난이 겹쳐져 피해 규모나 영향이 걷잡을 수 없이 확대된 경우도 나타난다.[1] 재난은 예측할 수 없는 시기에 예측할 수 없는 형태로 찾아오게 마련이다. 하지만 재난 발생 직후 어떤 대응 체계를 신속하게 가동시키는가에 따라 위험성의 파급 규모가 결정된다는 면에서, 재난 대응 체

---

[1] 이 책의 이찬수는 "재난이란 자연에 대한 인간의 타자화에 대한 보복"이라고 논한다. 예를 들어 후쿠시마 원전 사고는 "인간의 편의에 맞게 급격히 객체화한 자연법칙이 결국 인간에게 공격해 온 결과"라는 것이다.

계 구축의 필요성은 꾸준히 제기되고 있다. 그런데 현대 국가는 특히 재난 대응이라는 과제와 관련해서 능력(capacity)의 한계를 빈번히 노출시키고 있다. 많은 경우 국가 차원의 대응은 늑장 대응, 대응책 미비, 지휘 계통의 혼란 등의 사유로 비난을 받는 반면, 비국가 행위자인 구호 단체나 시민 운동가 등의 활약이 부각된다. 또한 적절하지 못한 재난 대응은 많은 경우 국가 능력의 한계를 노출할 뿐만 아니라 국가에 대한 신뢰 및 정당성의 위기까지 야기하기도 한다.[2] 상대적으로 우월한 시설과 제도를 갖춘 선진국도 예외는 아니다. 2005년 미국 남동부를 강타한 허리케인 카트리나 및 2011년 동일본 대지진의 사례에서 보듯, 객관적인 지표상 선진국이라 하더라도 재난 대응에서 긍정적인 평가를 받는 사례는 찾아보기 힘들 정도이다.

또한 이는 레짐 유형(regime type)과 절대적 상관관계가 없는 현상으로 보인다. 일반적으로 민주주의 체제에서는 국가주권과 인간 안보가 충돌할 가능성이 적기 때문에 권위주의 체제보다 상대적으로 재난 대응에 유리하다고 논해 왔다. 예를 들면 민주주의 체제는 국제기구, 해외 비정부 기구 등의 원조에 대해 개방적인 태도를 보이며 시민 사회의 역량을 충분히 활용하므로 권위주의 체제보다 재난 대응에 뛰어나다고 간주된다. 그러나 재난 대응에서도 민주주의가 꼭 우월한 체제라고 일반화하여 단언하기는 힘들다. 극단적으로 폐쇄적인 권위주의 체제와 비교하면 민주주의 체제가 비교적 재난 대응에 능한 것으로 나타나지만, 분권화와 선거 등 민주주의 체제가 지니고 있는 특성으로 인해 재난 대응 과정에서 독특한 문제에 직

---

2 예를 들면 일본 고베 지진 및 3·11 대지진 때에 야쿠자의 활약이 정부보다 낫다는 평가를 받기도 했다. http://www.asiae.co.kr/news/view.htm?idxno=2011032316462462336(검색일: 2014년 2월 1일).

면하기도 한다.[3]

따라서 어떠한 레짐 유형에서도 보편적으로 일어날 수 있는 현상이라는 전제 아래, 재난 대응에서 많은 한계를 드러내고 있는 현대 국가가 어떠한 형태로 사회 세력과 관계를 설정해 나가는가를 심층적으로 고찰해 볼 필요가 있다. 또한 이는 재난 대응의 행위 주체인 국가와 사회 간 상호 작용의 불가피성 및 상보성으로 요약될 수 있는데, 본고에서는 이를 비교 정치 영역의 국가 – 사회관계의 이론 중 '사회 속 국가(state in society)' 접근법 및 '사회 속 국가' 접근법이 제시하는 '상호 구성적 관계(mutually constituitive relationship)'라는 개념을 통해 고찰해 보고자 한다. 또한 이러한 논의를 바탕으로 다양한 행위 주체 간의 유기적 연결이 그 핵심 요소인 '재난 거버넌스(disaster governance)'[4]에 대한 함의를 찾아보고자 한다.

'상호 구성적인 국가 – 사회관계'는 그 광범위한 함의에도 불구하고 지금까지 제3세계에서의 정치적 변화와 발전 등 제한된 범위에 주로 적용되어 왔다. 그런데 현대의 재난은 국가 능력에 대한 중차대한 도전인 동시에 상호 구성적인 국가 – 사회관계의 중요성을 이론적·실증적으로 보여주는 문

---

3 R. H. Platt(ed.), *Disasters and Democracy: The Politics of Extreme Natural Events*(Washington, D.C.: Island Press, 1999); 이원덕, 「3·11 대재난 이후 일본정치 리더십」,《의정연구》제34권(한국의회발전연구회, 2011), 207 – 215쪽.

4 재난 거버넌스는 재난 관리(disaster management)나 위기 감축(risk reduction)보다 더 포괄적인 개념으로, 공영역과 사영역을 넘어서서 다양한 행위 주체가 협상(negotiation), 참여(participation), 연대(engagement)를 통해 상호 관계를 맺으면서 집합적인 결정(collective decision making)으로 나아간다고 본다. 더 구체적인 논의는 다음 문헌을 참조할 것. J. Ahrens and P. M. Rudolph, "The Importance of Governance in Risk Reduction and Disaster Management," *Journal of Contingencies and Crisis Management*, Vol. 14, No. 4, 2006, pp. 207 – 220; K. Tierney, "Disaster Governance: Social, Political, and Economic Dimensions," *The Annual Review of Environment and Resources*, Vol. 37, 2012, pp. 341 – 363.

제이다. 다시 말해 재난 상황을 통해 국가 – 사회 간의 '상호 구성적 관계'는 가장 극적으로 드러나며, 따라서 재난은 '사회 속 국가' 접근법이 확장 적용될 필요가 있는 중요한 영역이라고 하겠다. 요컨대 '사회 속 국가' 접근법은 유능해 보이는 현대 국가의 '이미지(image)'에도 불구하고 재난 대응이라는 과제를 '수행(practice)'할 때에는 빈번하게 능력의 한계를 노출하는 현상, 즉 기존의 국가 – 사회관계가 크게 흔들렸다가 재정립되는 과정을 담아내는 유용한 틀이 된다. 이는 또한 권위적 질서와 통제 대신 유연하고 적응력 있는 연결망 형성을 통해 자원을 동원하고 활용해야 한다는 '재난 거버넌스'의 개념과도 직결된다.

사례는 1999년에 발생한 대만의 921 지진이다. 이 사례를 선택한 이유는 다음과 같다. 첫째, 대만의 921 지진은 7.3~7.6도의 강지진으로 최근 반세기 내 대만에서 발생한 제일 큰 지진이며, 대표성이 있는 재난이다. 둘째, 일반적으로 재난 대응의 성공 여부를 결정짓는 중요한 요인으로 취급되어 온 레짐 유형과 경제 발달 정도라는 변수를 제외할 수 있는 사례 선택이다. 1999년 대만의 경우 민주주의로의 전환이 이루어진 상태였고 아시아 신흥 개발국의 일원으로 고도 성장을 하고 있었기 때문에,[5] 재난 대응 과정의 난관에 대해 '권위주의 국가라서' 또는 '경제력이 부족해서'라는 통상적인 가설 대신 다른 설명 변수를 찾아 국가 – 사회 상호 작용을 중점적으로 살펴볼 수 있다. 마지막으로 아시아 주변국의 재난 대응 과정에서 일어난 국가 – 사회 간의 다양한 역학 관계를 살펴봄으로써 향후 우리의 재난 대응 체계 구축에 대한 시사점을 찾아볼 수 있을 것이다.

이 글의 구성은 다음과 같다. 첫째로, 국가 – 사회관계와 재난 연구의 관

---

5 김윤태, 「대만 발전과정에서의 국가의 역할: 국가자율성의 변화를 중심으로」, 《중소연구》 제46호(한양대학교 아태지역연구센터, 2009), 257 – 277쪽.

련 문헌 고찰을 통해 재난 대응을 '상호 구성적인 국가 - 사회관계'의 관점에서 다루기 위한 기초 작업을 한다. 다음으로, 대만 921 지진 사례를 통해 상호 구성적 재난 대응 - 복구 거버넌스의 형성을 살펴본다. 구체적으로 국가 차원과 사회 차원에서 각각 어떤 행위 주체들이 어떤 형태의 재난 대응 노력을 했으며 그 과정을 통해 어떻게 '상호 구성적인 국가 - 사회관계'가 형성되었는지 살펴본다. 마지막으로, 사례 연구를 기반으로 '사회 속 국가' 접근법이 주창하는 '상호 구성적 관계'를 어떻게 구체화시켜 발전시킬 수 있을 것인지 토론하고 '재난 거버넌스'와 관련, 이론적 및 현실적 함의를 찾으면서 결론을 맺는다.

2. 개념의 문제

이 글은 크게 두 가지 범주의 문헌을 바탕으로 이론적 논의를 발전시켜 보고자 한다. 하나는 비교 정치 분야에서 나온 국가 - 사회관계 논의이고 다른 하나는 재난에 관한 연구이다. 재난 연구는 다양한 세부 학문 분야에서 다양한 각도로 접근, 분석되어 왔다. 재난 연구와 관련해서 광범위한 기존 문헌이 존재하지만, 이 장에서는 본고의 문제의식을 기반으로 삼아, 발생한 재난에 대처하는 국가 능력에 영향을 미치는 요인 및 행위 주체로 초점을 좁혀서 선행 연구를 토론하기로 한다. 재난이라는 특수한 경험적 맥락(empirical context) 속에서 국가 - 사회관계의 주요 이론 중 하나인 '사회 속 국가' 접근법을 실증하고 비판적으로 검토하는 것(요컨대 국가가 제한된 권위체이며 국가는 사회 속에서 다양하게 이해된다는 점)이 본 저자가 의도

하는 바이다.[6]

1) 국가-사회관계: '사회 속 국가' 접근법

'상호 구성적인 국가-사회관계'라는 주장으로 대표되는 '사회 속 국가' 접근법은 마르크스주의, 신마르크스주의, 국가중심주의의 부활(Bringing the state back in) 등으로 이어진 국가 중심적 논의에 대한 대응으로 대두했으며,[7] 그 핵심 주장 및 공헌은 다음 몇 가지로 추려진다.

첫째, 베버식의 이상형 국가(Weberian ideal type) ——국가는 해당 영토 안에서 궁극적인 권위를 행사하는 단일한 행위 주체라는 개념—— 를 반박하고, 이러한 전통적인 국가의 정의는 재검토되어야 한다고 보았다. 국가가 외부로 내세우는 자율적인(autonomous) '이미지'와 실제적인 '수행' 사이에는 간극이 있으며, 국가는 사회 행위자의 도전에 직면한 제한된(limited) 권위체이기 때문에 국가의 실제적 한계를 인정해야 한다는 견해이다. 둘째, 국가는 탄탄하게 결속 및 응집되어 있는 단위라는 기존의 가

---

6 따라서 이 글이 취한 시각 및 참고 문헌의 활용 범위가 일반적인 재난 연구의 접근법과 다소 차이가 있을 수 있음을 밝힌다. 예를 들어 일반적으로 통용되는 재난 관리의 개념은 예방(reduction/mitigation)-대비(readiness/preparedness)-대응(response)-복구(recovery/reconstruction)의 단계를 상정하고 사전 예방과 대비가 사후 대응과 복구만큼 중요함을 강조한다. 하지만 본 연구에서는 사후 단계, 즉 재난 발생 후 대응과 복구 과정에서 일어나는 국가-사회관계의 동학을 논의하는 것에 초점을 두었다.

7 국가 중심적 시각의 흐름은 국가와 사회 간 명백한 경계선을 전제하고 있으며 국가가 사회라는 분리된 개체로부터 영향을 받을 가능성을 아예 상정하지 않는다는 점, 주관적인 정책 결정 구조가 국가의 전부인 것처럼 환원시켜 편협하고 이상적인 차원에서 국가를 논의한다는 점, 또 국가의 근본적인 통합성(unity)을 당연하게 가정한다는 점에서 비판을 받기도 했다. T. Mitchell, "The Limits of the State: Beyond Statist Approaches and Their Critics," *The American Political Science Review*, Vol. 85, No. 1, 1991, pp. 77-96.

정(state-as-unit approach)에 반하여, 국가는 내부적으로 분열되어 있어서 내부 구성원끼리 경쟁하기도 하고 자기모순적이거나 자기 파괴적인 행위도 번번이 저지른다는 점을 지적한다. 셋째, 따라서 사회는 일방적으로 국가의 지배를 받는 입장이 아니며 국가와 사회는 상호 작용을 통해 서로서로를 만들어 나가는 '상호 구성적 관계'를 형성한다고 제시한다. 이런 맥락에서 국가-사회관계는 정적이 아니라 상호 작용을 통해 상호 변화를 일으키는 동적인 관계로 파악된다.[8]

이러한 국가에 대한 개념적 재정의 및 비판적 논의는 국가를 암상자(black box)가 아니라 분해(disaggregate)해서 분석할 수 있는 대상으로 생각할 수 있는 기초를 제공했다. 또한 국가-사회관계는 정적인 것이 아니라 가변적인 것이며, 상호 충돌하고 상호 견제하기도 하면서 각각 또 함께 발전해 나가는 상호 영향과 변화의 과정(process) 속에 있다는 시각을 기반으로, 국가-사회관계의 다양한 조합을 분석 대상으로 상정할 수 있다. 흔히 접하는 강한 국가/약한 국가, 성공한 국가/실패한 국가와 같은 이분법적인 범주에 기반을 두지 않기 때문에, 경직된 구조주의적 시각으로는 담아내지 못하는 다양한 종류와 범위의 국가-사회관계를 담아낼 수 있다. 가령 왜 약한 국가도 권위 있는 정치체로 보이는 것이 가능한가, 왜 어떤 국가는 기본적으로 국가에 기대되는 대내 안정, 국방, 사회 보장과

---

8 J. Midgal, *Strong Societies and Weak States: State-society Relations and State Capabilities in the Third World*(Princeton, N.J.: Cambridge University Press, 1988); J. Migdal, *State in Society: Studying How States and Societies Transform and Constitute One Another*(New York: Cambridge University Press, 2001); J. Migdal, A. Kohli and V. Shue(eds.), *State Power and Social Forces: Domination and Transformation in the Third World*(Cambridge: Cambridge University Press, 1994).

같은 중요한 의무를 수행할 수 없는가[9] 등의 의미 있는 실증적 문제를 논의할 수 있다는 장점이 있다.

다만 '사회 속 국가' 논의는 그 개념상의 혁신에도 불구하고, 어떻게 국가와 사회가 '상호 구성적 관계'를 형성해 나가는가를 실제적으로 논의하기 위해 더 구체화해야 할 부분이 몇 가지 있다. 첫째, 실제적인 국가–사회관계는 미그달(Migdal)이 상정한 것보다 훨씬 다양한 조합이 있을 수 있고 다양한 단계를 거쳐서 발전할 수 있다. 미그달이 주창하는 바와 같이 국가를 분해해서 볼 필요가 분명히 있지만, 각각 다른 차원의 국가 세력이 사회 세력과 상호 영향 관계를 형성할 때 개별 차원에서의 국가–사회관계와 전체 차원에서의 국가–사회관계가 어떻게 형성되는지 개별적인 구도 및 종합적인 구도를 그려 볼 필요가 있다. 둘째, 미그달의 논의는 한계 있는 국가(limited state), 즉 사회 세력이 국가의 역할에 도전하고 능력을 제한하는 작용을 한다고 강조하였는데, 그러한 사회 세력이 동시에 의도하든 의도하지 않든 간에, 국가의 미흡한 능력을 보완해 전체 국가 능력을 강화하는 역할을 할 수도 있다는 면은 간과하였다. 예를 들어 국가의 권위와 책임이 제한되거나 다른 행위 주체에게 분산되기 때문에, 국가는 해당 문제와 관련된 거버넌스에 대한 전적인 부담에서 벗어날 수 있고 사회 세력이 제공한 대체 자원을 활용해 거버넌스의 효율을 높일 수도 있는 것이다.

이어 사례 연구에서는 상기의 이론적 문제를 좀 더 살펴보고 토론해 보고자 한다. 우선 국가–사회 간 상호 관계 유형의 다양성을 탐색함으로써

9 G. Hyden, *Beyond Ujamaa in Tanzania: Underdevelopment and an Uncaptured Peasantry*(Berkeley and Los Angeles: University of California Press, 1980); C. Young, "Zaïre: The Shattered Illusion of the Integral State," *The Journal of Modern African Studies*, Vol. 32, No. 2, 1994, pp. 247–263.

국가-사회 간의 상호 작용에 대한 심층적인 이해를 꾀한다. 재난 대응-복구 거버넌스에서는 국가 차원만의 대응으로 한계가 있기 때문에 사회 세력의 참여를 받아들이지 않을 수 없고, 이는 국가가 다양한 사회 세력과 경쟁(competition)하고 경합(contestation)하는 속에서 관계를 설정하고 문제 해결책을 찾아가는 '과정'으로 연결된다. 국가의 내부는 탄탄하게 응집되어 있다기보다 여럿으로 분열되어 있기 때문에 사회 세력과의 관계도 여러 차원에서 동시에 설정이 되리라는 가정이 가능하다. 또한 국가-사회관계가 반드시 이상적인 협조(cooperation)로 순조롭게 이행하리라는 보장은 없다. 따라서 이러한 과정 속에서 행위 주체들 간의 복잡다단한 관계, 특히 국가-사회 상호 관계의 유형이 어떻게 다양하게 형성되고 발전되는지에 좀 더 주목해 볼 필요가 있다. 실제적인 국가-사회관계의 발전 방향은 위에서 아래를 향할 수도 있고 아래에서 위를 향할 수도 있고 이것이 동시 진행될 수도 있다는 것을 생각한다면, 국가-사회관계의 발전 방향에 대해서도 다양성을 상정할 수 있다.

이와 관련하여, 사회 세력은 거버넌스 주체로서 국가에 대한 도전자(competitor)인가, 협력자(collaborator)인가라는 이론적 질문에 답하고자 한다. '사회 속 국가' 접근법의 핵심은 한계 있는 국가에 대해 도전하는 사회로 요약된다. 이 주장이 내포하고 있는 가정은 강한 사회와 약한 국가의 공존 관계, 즉 국가가 사회를 지배하기보다는 오히려 사회가 국가를 제한하거나 영향을 끼친다는 것이다. 그런데 강한 사회가 강한 국가와 공존할 수도 있고, 강한 사회가 직접적이지는 않더라도 간접적으로 또는 의도치 않게 국가의 능력을 보완해 줄 수 있다는 대체 시나리오를 생각해 볼 필요가 있다. 국가가 사회 속에 존재하듯이, 사회도 국가 속에 존재하기 때문이다. 사회 세력은 국가의 한계를 부각시키기도 하지만 공통의 목표를 위해 협력하거나 타협할 수 있으며, 이는 관련 행위 주체들의 유무형적 이익 추구나 보상에 대한 판단에도 기인한다. 요컨대 '사회 속 국가' 논의의 기존 가정은 국가 - 사회 간의 경쟁적 관계에 방점을 찍고 있지만 의도했든 의도치 않았든 간에, 양자 간의 상호 작용이 특정 이슈 영역에서의 국가 능력을 보완하는 역할을 함으로써 점진적으로 상호 구성적 관계가 완성된다는 것이 본고가 사례 연구를 통해 검토하고자 하는 바이다.[10]

2) 재난 시 국가 능력 및 행위 주체

레짐 유형은 해당 국가의 전반적인 정치 경제적 상황을 결정짓는 요소로서 재난 대응과 관련, 활발하게 논의된 변수 가운데 하나이다. 민주주의의 경우 정부의 책임(accountability)이 강하게 요구되고[11] 정치 지도자에게 적극적인 대처를 할 강력한 동기가 있으며,[12] 시민 사회가 사회적 자본을 활용해 재난 복구에 동참하여 긍정적인 결과를 가져오는 사례가 많다.[13] 이와 대조적으로 권위주의 체제의 경우, 정권의 정당성을 약화시킬 것을

---

10 국가와 비국가 행위자의 상호 작용에 대해서는 공공 선택론이나 민관 협력(PPP) 모델 등 다양한 이론과 개념이 대두되었지만 상술한 두 가지 문제의식(국가 - 사회관계의 다양한 조합 유형, 사회가 국가를 강화하는 현상)은 잘 다루어지지 않고 있다.

11 A. Sen and J. H. Dreze, "Democracy as a Universal Value," *Journal of Democracy*, Vol. 10, No. 3, 1999, pp. 3 - 17.

12 M. E. Kahn, "The Death Toll from Natural Disasters: The Role of Income, Geography, and Institutions," *Review of Economics and Statistics*, Vol. 87, No. 2, 2005, pp. 271 - 284.

13 A. Özerdem and T. Jacoby, *Disaster Management and Civil Society: Earthquake Relief in Japan, Turkey and India*(London: I.B.Tauris, 2005).

우려해 정보를 은폐하거나[14] 국제 원조를 거부해 사태를 악화시키고[15] 부패 때문에 공정한 자원 배분이 이루어지지 않는다든지[16] 시민 사회의 재난 복구 참여를 탄압한 부정적인 사례들이 많다. 그러나 민주주의 국가라고 해서 반드시 재난 관리에 성공적인 면모를 보여 주는 것은 아니며,[17] 때로는 권위주의 체제가 일사불란하게 인적·물적 자원을 동원하여 재난 대처의 성공적인 예로 남는 것을 보면[18] 레짐 유형보다 해당 정권이 재난 대응에 대해 얼마만큼 헌신되어 있는지(level of political commitment)가 더 중요한 요인이라고 하겠다.[19]

14 사스(SARS) 발생 시 중국의 경우가 그러한 예이다. D. L. Heymann and G. Rodier, "SARS: A Global Response to an International Threat," *The Brown Journal of World Affairs*, Vol. 10, No. 2, 2004, pp. 185–197.

15 W. Paik, "Authoritarianism and Humanitarian Aid: Regime Stability and External Relief in China and Myanmar," *The Pacific Review*, Vol. 24, Issue. 4, 2011, pp. 85–97.

16 J. Schultz and T. Soreide, "Corruption in Emergency Procurement," *Disasters*, Vol. 32, No. 4, 2008, pp. 516–536.

17 G. L. Wamsley and A. D. Schroeder, "Escalating in a Quagmire: The Changing Dynamics of the Emergency Management Policy," *Public Administration Review*, Vol. 56, No. 3, 1996, pp. 235–244; 김도균·박재묵, 「허베이 스프리트호 기름유출사고 이후 재난관련 거버넌스 구축 실패와 복원력 약화: 관련 행위자들 간의 이해와 대응을 중심으로」, 《ECO》 제16권 제1호(환경사회학회, 2012), 7–43쪽; 김홍순, 「계획의 실패 또는 한계에 관한 연구: 허리케인 카트리나로 인한 뉴올리언즈 시의 재난을 중심으로」, 《한국지역개발학회지》 제22권 제4호(한국지역개발학회, 2010), 17–46쪽.

18 M. Thompson and I. Gaviria, *CUBA, Weathering the storm: lessons in risk reduction from Cuba*(Boston: Oxfam America, 2004).

19 M. Pelling and K. Dill, "'Natural' Disasters as Catalysts of Political Action," Chatham House ISP/NSC Briefing Paper 06/01(2006), pp. 4–6. 한편 국가 차원의 변수(재난 대응에 대한 정부의 헌신도)와는 별도로 사회 차원의 변수(인종, 민족의 구성 및 사회적 격차)도 결과에 영향을 미칠 수 있는 중요한 요인이다. 많은 경우 레짐 유형을 막론하고 사회적 취약 계층은 재난으로 생겨나거나 더욱 심화되는 불평등과 부정의의 주된 피해 대상이 된다.

그렇다면 재난에 대응하는 국가의 능력을 결정짓는 좀 더 구체적인 요소들은 어떤 것이 있을까? 기본적인 경제력이나 정치적 안정성은 대표적인 요소로 꼽힌다. 즉 내치(內治)에 어려움을 겪고 있는 국가는 재난의 확장이나 그로 인한 혼란을 통제하는 데에도 실패할 확률이 높다. 정치적·경제적으로 안정되지 못한 국가의 경우, 기초 수급 자원 부족으로 내부 분규에 노출되는 등 재난 대응에 난관을 겪는 경향이 크다.[20] 나아가 재난 대응과 관련된 국가 능력(disaster-specific state capacity)에는 여러 가지 구조적 능력이 종합적으로 요구된다. 재정적·기술적·인적 자원이 갖춰져 있어야 하고 정보 수집과 유통, 공공 위생과 보건 체계가 뒷받침되어야 한다. 아울러 재난 발생 직후 이러한 기반 시설과 제도를 신속하게 동원하고 활용할 수 있는 행정력이 요구된다.[21] 나아가서 국가가 다양한 비국가 행위 주체들과 유기적으로 협력하여 비국가 행위 주체들이 보유한 자원을 효율적으로 활용할 수 있는가는 포괄적인 재난 거버넌스의 핵심이다. 그러한 맥락에서 이하에서는 시민 사회, 국제 원조, 군 등 주요 비국가 행위

---

20 D. Brancati, "Political Aftershock: The Impact of Earthquakes on Intrastate Conflict," *Journal of Conflict Resolution*, Vol. 51, No. 5, 2007, pp. 715-743; P. Nel and M. Righarts, "Natural Disasters and the Risk of Violent Civil Conflict," *International Studies Quarterly*, Vol. 52, No. 2, 2008, pp. 159-185.

21 Frederick M. Jr. Burkle, "The Globalization of Disaster: Globalization and Disasters: Issues of Public Health, State Capacity and Political Action," *Journal of International Affairs*, Vol. 59, No. 2, 2006, pp. 241-265; T. Lin, "Governing Disaster: Political Institution, Social Inequality and Human Vulnerability," paper presented at 2011 Annual Meeting of American Sociological Association, Las Vegas: American Sociological Association(2011); 林宗弘·張宜君, 「天災也是人禍─社會科學領域的災難研究」, 潘美玲·范玫芳·楊谷洋·林宗德·駱冠宏·李河清 編, 『風和日麗的背後─水, 科技, 災難』 (新竹市: 國立交通大學出版社, 2013), pp. 82-113.

주체의 역할에 대해 간략하게 고찰한다.[22]

시민 사회의 효율성 높은 활약은 국가 대응의 비효율성을 부각시키기 때문에 권위주의 정권의 경우 시민 사회의 재난 대응-복구 활동 참여를 반기지 않는 사례가 많다.[23] 하지만 권위주의 정권의 경우에도 국가의 정당성에 위협을 주지 않는다고 판단되면 시민 사회 조직의 활동을 용인하기도 한다. 1998년 쓰촨(四川) 대지진 때의 중국이 그러한 예이다.[24] 민주주의 체제에서는 시민 사회가 발달할수록, 즉 사회적 자본이 풍부할수록 재난 대응에 유리하다는 논의가 많지만,[25] 시민 사회의 역할이 그 지역만을 위한 편협한 지역주의로 발전한 사례는 강한 시민 사회가 재난 대응에 이

22 3장 2절에서는 대만의 921 지진 발생 시 이들 행위 주체의 활동에 대해 살펴보는데, 군은 초기 긴급 대응 시에, 시민 사회는 초기부터 중장기 대응에 걸쳐 중요한 역할을 담당했다. 국제 원조의 수용 면에서는 당시의 시대적 배경(긴장된 양안 관계)으로 인한 특수성이 나타났다.

23 1999년 8월에 발생한 터키 이즈미트(Izmit) 지진의 경우, 재난 대응에서 국가가 주어진 역할을 담당하지 못하는 것으로 보이면 다음 선거에서 정권을 잡지 못할 수 있다는 판단 아래, 정부가 대지진 후 시민 단체의 활동을 탄압하기도 했다. R. Jalali, "Civil Society and the State: Turkey after the Earthquake," *Disasters*, Vol. 26, No.2, 2002, pp. 120-139.

24 B. Roney, "Earthquakes and Civil Society: A Comparative Study of the Response of China's Non Government Organizations to the Wenchuan Earthquake," *China Information*, Vol. 25, No. 1, 2011, pp. 83-104; J. C. Teets, "Post-Earthquake Relief and Reconstruction Efforts: The Emergence of Civil Society in China?" *The China Quarterly*, Vol. 198, 2009, pp. 330-347. 또한 이 책의 백지운은 중국의 대지진 때에 민간의 위기 대응 참여가 어떻게 국가 이데올로기를 강화시켜 주며, 국가와 사회가 어떻게 공존할 수 있는지를 보여 준다.

25 R. Bolin and L. Stanford, "The Northridge Earthquake: Community-based Approaches to Unmet Recovery Needs," *Disasters*, Vol. 22, No. 1, 1998, pp. 21-38; A. Maskrey, *Disaster Mitigation: A Community-based Approach*(Oxfam, 1989); H. Karger, J. Owen and S. van de Graff, "Governance and Disaster Management: The Governmental and Community response to Hurricane Katrina and the Victorian Bushfires," *Social Development Issues*, Vol. 34, No. 3, 2012, pp. 30-44.

롭다는 가설을 반박하기도 한다.[26]

재난 대응-복구에서 국제 원조는 중요한 역할을 담당해 오고 있는데, 권위주의 정권은 이에 비우호적이거나 선별적 용납의 태도를 보이는 사례가 많다. 예를 들면 재난국 정부가 원조대에게 특정 집단의 재난민에게는 구호품을 전달하지 말라고 하는 등 정부가 지정하는 제한된 역할만을 하도록 요구하기도 한다.[27] 이와 반대로 재난국 정부가 특별한 제한 조건 없이 국제 원조를 수용한 경우 예기치 못한 부정적인 상황이 야기되기도 한다. 이른바 '경쟁적 인도주의(competitive humanitarianism)'의 폐해로, NGO들끼리 재난지에서 영역 다툼을 하고, 언론 매체에 노출되고자 애쓰며, 기부자의 요구에 휘둘림으로써 인도주의적 원조의 의미가 무색해지는 경우이다.[28] 원조 단체들 간의 과도 경쟁으로 인해 해외 원조가 하나의 '산업(industry)'으로 변질되거나[29] 국제 원조가 장기화되면서 재난국 내에서 자원 배분을 둘러싼 분규를 부추기는 등의 사례로 인해[30] 인도주의적 원조

---

26 알드리히(Aldrich)와 크룩(Crook)의 2008년 연구는 허리케인 카트리나가 지나간 후 이재민을 위한 임시 거처로 이동 주택(trailer)을 제공하고자 했을 때 지역의 시민 사회가 강하고 결속력이 강할수록 정치력을 발휘해 자기 지역에 이동 주택을 설치하는 것을 거부했음을 지적한다. D. P. Aldrich and K. Crook, "Civil Society as a Double-Edged Sword: Siting Trailers in Post-Katrina New Orleans," *Political Research Quarterly*, Vol. 61, No. 3, 2008, pp. 379-389.

27 Frederick M. Jr. Burkle, "Lessons Learnt and Future Expectations of Complex Emergencies," *British Medical Journal*, Vol. 319, 1999, pp. 422-426.

28 J. Stirrat, "Competitive Humanitarianism: Relief and the Tsunami in SriLanka," *Anthropology Today*, Vol. 22, Issue. 5, 2006, pp. 11-16.

29 A. Cooley and J. Ron, "Organizational Insecurity and the Political Economy of Transnational Action," *International Security*, Vol. 27, No. 1, 2002, pp. 5-39.

30 N. Klein, "The Rise of Disaster Capitalism," *Lookout*(May 2, 2005).

에 대해서도 비판적 사고가 요구되는 추세이다.[31]

마지막으로 군은 레짐 유형을 막론하고 초반 긴급 대응 시에 절대적으로 의존하는 자원이다. 기동성 및 인력과 물자 수송의 신속성 면에서 다른 행위 주체에게 없는 우월성이 있고, 쉽게 접근하기 힘든 지역 ——가령 도서 지역이나 해양—— 에서 일어난 재난이라면 더더욱 운송 수단과 탐색 구조 능력을 갖춘 군의 역할이 필요하다.[32] 그러나 군은 긴급 상황 대처에 최적화된 조직이므로 장기 대응 시에는 부적절한 면이 있다. 조직의 정신이나 목표 자체가 다르기 때문에 다른 관련 행위 주체 ——가령 관료, 민간단체, 국제 원조단—— 와 협력 작업을 진행하기가 용이하지 않다.[33] 군의 장기적인 재난 대응-복구 개입은 민주주의 정신과는 맞지 않기 때문에, 민주주의 국가에서는 초기 긴급 대응 시에는 군을 활용하지만 전반적인 재난 관리에 대한 책임을 맡기지 않는 것이 일반적이다. 미국의 경우 군 개입의 정치적 영향에 대한 우려로 재난 시 어느 정도까지 군을 활용할 것인가에 대해 수많은 토론을 거쳤고,[34] 일본의 경우에도 재난 시 자위대 출동과 관련해 복잡한 표준 처리 절차(SOP)를 마련해 놓았다.[35]

---

31 해외 원조의 수용을 결정하는 것은 해당국의 정부라는 측면에서 보면 해외 원조는 국가 차원의 변수라고 하겠으나, 중장기적인 해외 원조는 사회 구성원 간의 관계에 영향을 미치게 된다.

32 박동균·조기웅, 「미국 재난 관리에 있어 미국 군의 역할 및 한국적 함의」, 《한국위기 관리논집》 제9권 제7호(위기 관리 이론과 실천, 2013), 35-56쪽.

33 Frederick M. Jr. Burkle, "The Globalization of Disaster: Globalization and Disasters: Issues of Public Health, State Capacity and Political Action," pp. 241-265.

34 R. Sylves, *Disaster Policy and Politics: Emergency Management and Homeland Security*(Washington D.C.: CQ Press, 2008).

35 A. Nakamura, "The Need and Development of Crisis Management in Japan's Public Administration: Lessons from the Kobe Earthquake," *Journal of Contingencies and Crisis Management*, Vol. 8, Issue. 1, 2000, pp. 23-29.

요컨대 재난 대응 능력을 갖추려면 국가 차원에서 갖추어야 할 구조적 자원과 운용력이 필요하지만, 비국가 행위 주체들의 역할도 중요하다. 상술한 시민 사회, 국제 원조, 군과 같은 행위 주체의 역할은 양면적인 성격이 있음을 유념할 필요가 있다. 이들이 효율적으로 사명을 수행할 때 단기적으로는 국가의 정당성을 손상시키거나 국가의 대응 능력 부재를 드러낼 수도 있지만 장기적으로는 이를 통해 국가가 비난, 질책, 감시를 받은 결과 재난에 대처하는 효과적인 방법을 찾을 수도 있다. 재난 거버넌스는 특정 행위 주체의 독자적 능력보다 행위 주체들 간의 상호 작용을 통해 통합적 능력을 구축해 나가는 과정이며, 그러한 상호 연계를 구축하는 과정은 종적·횡적인 방향에서 모두 이루어진다. 이어지는 3장에서의 사례 연구를 통해 재난 대응에서 행위 주체 간의 종적·횡적 연계에 대해 살펴보고 4장에서 포괄적인 토론을 하기로 한다.[36]

3. 대만의 921 지진과 재난 거버넌스

1999년 9월 21일 새벽 1시 17분 리히터 7.3도(미국 지질조사국 관측으로는 7.6도)의 강지진이 발생, 대만 중부를 강타했다. 대만에서는 유사 이래 가장 심각한 자연 재난 중의 하나로 기록된다. 진앙은 대만 중부 난터우현(南投縣) 부근[37]으로, 리히터 7도를 넘는 첫 지진 이후 30여 차례 여진이 발

---

36 횡적인 연계는 지역적 맥락(local context), 즉 '특정 지역 안에서' 해당 문제와 관련된 행위 주체들이 어떻게 상호 연계를 형성하고 행동하는가가 중요하다. K. Tierney, op. cit., pp. 341–363.

37 그중 지지전(集集鎮)이라는 곳이 진앙의 중심에 위치해 가장 큰 타격을 받았다. 이로 인해 921 지진은 영문으로는 Ji–Ji Earthquake 또는 Chi–Chi Earthquake로 표기된다.

생했는데, 그중 3분의 1가량이 리히터 6도를 넘어섰다. 이로 인해 2415명이 사망하고 30명이 실종되었으며 1만 1306명이 부상을 입은 것으로 집계되었다. 약 11만 호의 주택이 무너졌고 재산 손실액은 3000억 대만달러[38]에 이르렀다.[39] 이른 새벽에 발생한 천재지변인 데다가 도로가 끊기고 전기통신 등이 두절되어, 초기 재난지의 상황은 아수라장이었다. 피해를 집중적으로 입은 지역은 진앙 부근인 난터우현과 타이중현(台中縣)이지만 진앙과 떨어진 북쪽 타이페이현(台北縣)에서도 건축물 300여 채가 손상되거나 무너지는 사고가 일어났다.

1) 국가의 대응

(1) 1차 대응: 긴급 대응

지진 발생 직후 당시 지도자인 리덩후이(李登輝) 총통은 곧바로 군 동원령을 내렸다. 국방부는 재난 지역에 신속하게 군 병력을 투입하기 시작했고, 날이 밝고 나서는 헬기를 동원해 인력과 물자를 공수하기 시작했다. 지진 발생 당일인 9월 21일 하루 동안 4000여 명, 이후 투입된 누적 군 인력은 13만 7000명 정도이다. 이어 지진 발생 후 한 시간여 만에 중앙재난대응중심(中央救災中心)을 설립하고 총통 리덩후이, 부총통 리엔잔(連戰), 행정원장 쑤완창(蕭萬長) 등 중앙 정부의 지도급 인사들은 앞다투어 재난지를

---

38 이는 1999년 9월 말~10월 초 평균 매매 기준 환율로 추산했을 때 한화 11조 4600억 원 정도에 해당한다. 외환은행 고시 환율 참조. http://fx.keb.co.kr/FER1101C. web?schID=fex&mID= FER1101C(검색일: 2014년 2월 15일).

39 行政院研究發展考核委員會, 「中央與地方災害防救組織職能與角色之實證分析」(委託研究報告 RDEC-TPG-099-003, 2010).

방문해 이재민을 위로하고 재난 상황을 파악하고자 하는 노력을 보였다.[40] 긴급 제정된 921중건특별조례(九二一重建特別條例)에 따라 이튿날인 9월 22일 중앙 정부 차원에서 이재민들에게 위로금을 지급하는 한편,[41] 대만 중앙은행은 집을 잃은 이재민들이 긴급하게 대체 주택을 구입하거나 중건하는 용도에 쓸 수 있도록 낮은 이자나 무이자의 특별 융자금으로 1000억 대만달러를 내놓았다. 재난 발생 4일차인 9월 25일 리덩후이 총통은 긴급 명령(緊急命令)을 발포했고 이는 3일 후 입법원에서 여야당의 공통 인식하에 통과되었다.[42] 긴급 명령의 의의는, 중앙 정부 차원에서 기존의 지출 계획을 변경하거나 줄이고 공채를 발행해서 추가 특별 예산을 편성, 재난 지역의 긴급 구제 및 중건에 필요한 경비를 만들어 내는 데 있었다.[43]

(2) 2차 대응: 분절된 국가(fragmented state)

초기 긴급 대응을 통해 중앙 정부는 재난의 엄중성을 파악하고 신속하게 대응하기 위한 노력을 보였다. 그러나 초기 재난 현장에 투입된 주요 인력인 군은 긴급 사태 시 동원 가능하지만 장기적으로 의존할 수는 없는 자원이다. 따라서 2차적인 재난 대응은 군이 아닌 다른 조직, 특히 정부 조직의 대응 역량, 즉 행정력이 필요하다. 그런데 군과 같이 일사불란하게 움직이는 조직이 아닌 정부 조직은 층위에 따라 또 같은 층위에서도 구성원 간의 선호와 이익 계산이 달라서 쉽게 조화를 이루지 못하고 삐걱거리

---

40 《中央通訊社》1999. 9. 23.

41 위로금은 주택이 완전히 무너진 경우와 반쯤 무너진 경우로 양분하여 차등 지급되었다. 또한 재난 지역의 토지와 건축물에 대해서는 세금을 면제하는 방안도 포함되었다. 《經濟觀察報》2008. 6. 2.

42 《信報財經新聞》2009. 8. 17.

43 《中央通訊社》1999. 9. 25.

는 모습을 노출하기 시작했다. 특히 두드러진 것은 중앙-지방 정부 간의 공조 불화로, 재난이라는 특수한 상황 속에서 미그달이 논한 '분절된 국가', 즉 국가는 내부적으로 분열되어 있어서 내부 경쟁에 처하고 자기모순적인 행위를 저지르기도 한다는 측면이 극적으로 나타났다. 분권화된 현대 국가에서 재난 대응-복구라는 과제는 중앙-지방 간의 긴장과 갈등을 수반하게 마련으로, 분권화가 반드시 효율성 있는 자원 배분을 보장하지는 않는다. 이와 관련, 아래에서는 중앙(中央), 현시(縣市), 향진(鄕鎭) 세 가지 층위의 정부 조직과 그들 사이의 관계에 대해 살펴본다.

우선, 대지진 직후 재난지의 기층 정부인 향진급 정부(鄕鎭市公所)는 완전히 그 기능이 마비되었다. 기층 정부의 사무실이 무너지고 공무원들 자신이 집과 가족을 잃은 이재민이 되었으며 도로 및 전기, 통신이 두절되었기 때문에, 공무원들이 지역의 재난 상황을 파악하고 구제 활동을 전개할 수 있는 상황이 아니었다.[44] 대만 각지 및 해외에서 봉사자들이 속속 재난지에 도착했지만 그 인력들을 적재적소로 배급하고 안내할 여력이 없음은 물론이었다. 타지에서 온 의료 지원단이 어디로 가야 하는지를 몰라 헤매다가 인명을 구할 수 있는 '황금 시간'을 놓치기도 하고, 의료 지원단 스스로 지원이 필요한 곳을 알아서 찾아 나서야 하는 사태가 발생하기도 했다.[45] 해외 구급대가 도착했을 때도 비슷한 상황이 발생해 여러 나라의 구급대가 한 지역에서 뒤엉켜 혼선을 빚기도 했다.[46]

당시 리덩후이 총통은 "재난 대응-복구에서는 향진급 수장이 총통보다 위대하다"라는 발언으로 기층 정부의 책임을 강조하는 동시에 힘을 실어

44 《中國時報》 1999. 10. 6.
45 《中國時報》 1999. 10. 2.
46 《中時電子報》 1999. 9. 27.

주고자 했다.[47] 하지만 소규모 재난이 아닌 일정 규모 이상의 재난은 일개 기층의 지방 정부가 책임지고 대응하기에는 역부족이게 마련이었다. 921 대지진의 경우 재난의 피해는 기층에 집중되었지만 기층의 인적·물적 자원은 턱없이 부족해서 예기치 못한 대규모 재난에 어떻게 대응해야 하는지 갈피를 잡지 못하고 우왕좌왕하는 형편이었다. 이때 자원 및 대처 요령이 부족한 기층 지방 정부를 기업 및 사회단체가 지원하면서 기층 정부의 행동 노선 결정에 관여하자, 기층 정부가 이들의 입김에 휩쓸리는 현상이 나타나기도 했다.[48] 또 기층의 행정 체계가 전문화되어 있지 않다 보니 각종 성금과 보조금이 이재민에게 제대로 전달되지 않는 등 비효율적 자원 배분과 부패 문제도 나타났다.[49]

한편 중간급인 현시급 지방 정부의 경우 중앙 정부의 방침에 대해 불만이 속출했다. 이는 기본적으로 중앙 정부가 내린 긴급 명령[50]에 대해 각급 정부가 동상이몽한 데에서 비롯된다. 현급 정부에서는 긴급 명령으로 인해 현급 정부에 많은 권한이 양도될 줄 알았으나, 실제로는 중앙이 모든 자원 분배를 관장하며, 심지어 중간급 정부를 건너뛰어 기층 정부에 직접 자원을 전달하기 시작했다. 이런 방침에 따라 중앙 정부 관료들이 지방 거점 도시에 내려와 주둔하기 시작하자 현시급 정부들은 "지방 실정을 잘 모르는 중앙 관료들을 보좌해서 일을 해야 하는 것은 현시급이기 때문에 실제 봉사는 현시급이 다 하고 업적은 중앙이 가져가는 것 아니냐"며 불만을 터

---

47 《中時電子報》1999. 10. 4.

48 廖坤榮, 「建立政府災難管理職能: 社會資本論分析」, 《中國行政評論》第12卷 第1期, 2002, pp. 1-35.

49 湯京平, 「官僚, 災難與民主: 台灣九二一震災援救行政的政治與制度分析」, 《中國行政評論》第11卷 第1期, 2001, pp. 67-98.

50 긴급 명령은 이듬해인 2000년 3월 20일까지 약 반년간 실시되었다.

뜨리기 시작했다.[51] 이러한 현시급 정부들의 불만에 공조해, 긴급 명령은 민주주의의 근간인 지방 자치의 원칙을 해칠 우려가 있으며 중앙 정부 관원들의 권리 남용 우려 사례가 나타나고 있다는 비판적인 보도들도 잇따랐다.[52]

당시 중간급 지방 정부의 불만이 직접적으로 드러난 예로는 현급시인 타이중시(台中市)가 언론 매체를 통해 재난 구제 성금을 시급 정부의 성금 창구로 직접 보낼 것을 촉구한 사례가 있다. 당시 타이중 시장이던 장원잉(張溫鷹)은 언론과의 인터뷰를 통해 타이중은 재난 피해가 가장 심각한 지역인데 중앙 정부의 구제 성금이 아직 하달되지 않아 구제 활동이 늦어지고 있으니 중앙 정부의 성금 창구가 아니라 타이중시의 성금 창구로 직접 구제 성금을 보내 줄 것을 시민들에게 촉구했다. 또한 같은 층위의 현급시인 타이중시, 타이중현, 난터우현 등 재난 피해가 심한 세 지역 수장들이 사전 회의를 거쳐 개별적으로 직접 성금을 전달받을 수 있는 창구를 열겠다는 계획을 발표하기도 했다.[53] 중앙 정부의 방침에 불만을 가진 중간급 지방 정부들이 중앙 정부가 주도하는 중건 계획을 보이콧하거나 지연시키는 사례도 나타났다.[54]

결국 재난 대응 – 복구 과정에서 자원 및 권한 배분 문제를 놓고 중앙 – 지방 사이의 대립 구도가 형성된 것인데, 중앙 정부와 지방 정부가 매체를 통해 상호 공방전을 이어나가면서 갈등이 심화되기도 했다. 이는 기본적으로 복잡한 관료 체계 속에서 각 층위의 정부가 생각하는 우선순위가 달

---

51 《中時電子報》 1999. 9. 28.

52 《中時電子報》 1999. 10. 4.

53 《中央通訊社》 1999. 9. 24.

54 江大樹·廖俊松 主編, 『府際關係與震災重建』(台北: 暨大府際關係中心出版, 2001).

라서 빚어진 갈등일 수도 있겠으나, 양당 대립 구도가 선명했으며 차기 총통 선거를 반년 남겨 두고 있었던 1999년 말의 대만 국내 정치 상황으로 인해 정치적 이익 계산이 가중되어 좀 더 복잡한 갈등 구도가 형성된 면이 있다. 중간급 지방 정부가 재난 대응-복구를 둘러싼 자원 배분에서 상대적으로 홀대를 당하면서 많은 불만을 터뜨렸는데, 공교롭게도 당시 중앙과 기층은 국민당이 장악하고 중간층은 민주화 이후 민진당의 약진이 두드러진 지역이 많았다. 특히 재난지의 현급 정부 수장은 야당인 민진당이거나 무당파 인사인 경우가 많았다.[55]

당시의 중앙-지방 갈등 구도는 민주화의 모순적 산물이라는 평가를 받는다. 과거 권위주의 정권 시절은 단일 정당(국민당)이 지방 정부를 장악했지만 민주화 이후 선거를 통해 지방 정부의 수장이 교체되기 시작하면서 민선 수장은 지역 유권자들의 주관적인 기대를 충족하기 위해 해당 지역의 이익 및 자신이 속한 정당의 이익을 생각하지 않을 수 없었다.[56] 그러한 지방의 특수한 이해관계가 대지진 후 재난 대응-복구 과제를 통해 극명하게 드러난 것이다. 더군다나 시기상 중요한 선거를 얼마 앞두지 않고 큰 재난이 발생하자, 정당 간 경쟁이 재난 대응-복구를 영합(zero-sum) 게임으로 몰고 갔기 때문에, 중대 과제 앞에서 정치적 논리나 계산이 관료적 이성을 능가하는 모순적 현상이 나타났다.[57] 이러한 맥락에서 각급 정부 간의 업적 경쟁, 중건 계획상의 주도권 다툼 등으로 인해 재난 대응-복구

55 《台灣光華雜誌》1999. 11.
56 湯京平·蔡允棟·黃紀,「災難與政治: 921地震中的集體行為與災變情境的治理」,《政治科學論叢》第16卷, 2002, pp. 137-162.
57 湯京平, op. cit., pp. 67-98.

작업이 지연된 사례도 보고된다.[58]

이른바 '분절된 국가'의 모습은 행위 주체들의 이익 표출이 자유로운 민주주의 체제하에서 중요한 선거를 눈앞에 둔 시점에 더 극명하게 드러난 측면이 있다. 또 이러한 자기모순적인 내부 경쟁 속에서 국가가 재난에 적절하게 대처하지 못하면서 스스로 '이미지'와 '수행' 사이의 간극을 더 극명하게 드러내었다고 하겠다. 여기에서 생각해 볼 수 있는 점은 국가 내부의 분절로 인한 국가-사회관계의 다양한 조합이다. 중앙-지방이 유기적으로 한 몸처럼 움직이기보다는 이해관계에 따라 분열됨으로써 거시적인 차원의 국가-사회관계(중앙 정부-사회)와 개별적인 차원의 국가-사회관계(지방 정부-사회)가 각각 설정되었다고 볼 수 있다. 또한 사회 행위자는 위기 상황에 적절하게 대응하지 못하는 국가에 자신들이 가진 자원을 제공할 용의가 있지만 어떤 차원의 정부를 선택해 그러한 보조를 제공할지 선택하고 결정해야 한다. 이는 어떤 차원의 국가-사회관계를 변화시키는가에도 영향을 미치는데, 관련 사항은 다음 장에서 좀 더 고찰해 보기로 한다.

(3) 장기 대응: 재난 대응-복구의 제도 구축(institution building)

한편 국가 능력의 한계를 노출하면서 극심한 내부 진통을 거쳐 국가가 장기적인 재난 대응-복구 체계 구축을 위한 제도적 틀인 재해방지구제법(災害防救法)을 도출하게 된 것은 의미 있는 성과라고 하겠다. 말하자면 이는 자기모순적인 내부 분열의 과정을 통해서 또 사회의 비판에 직면해서 국가가 점진적으로 재난 대응 능력을 강화해 가는 과정이라고 볼 수 있다. 완전한 재난 대응-복구 체계가 단기간 내에 구축된다는 보장은 없지만,

---

58 林宗弘, 「災後重建的政治: 以中國512地震與台灣921地震為案例的分析」, 《台灣社會學刊》 第 50期, 2012, pp. 57-110.

앞으로 발생할 재난으로 인한 위험을 줄이고 효율적인 구제 활동을 촉진하는 방향으로 제도를 구축해 나가는 것은 거시적인 관점에서 거버넌스의 질(quality of governance)을 높이려는 시도이기도 하다.[59]

재난에 대응하기 위한 전방위적 체계 구축에 대한 논의는 이전부터 있어 왔으나, 921 지진은 이를 법제화하는 결정적인 계기가 되었다. 921 지진은 유사 이래 가장 큰 자연 재난이라는 강력한 외적 충격(exogenous shock)이었고, 이러한 재난에 대해 제대로 대응할 수 있는 체계가 없었기 때문에 정부는 각계 각층에서 신랄한 비판을 받았다. 상술한 중앙 - 지방 간의 협조 불화, 재난 대응 - 복구의 지연, 재난지 지방 정부의 부적절한 대응 등은 정부의 재난 대응 역량 부족을 여실히 드러냈다. 재난 발생 초기부터 중장기 복구 과정에 이르는 동안 재난 대응 - 복구 체계 제도화의 필요성이 끊임없이 제기되었고 이에 따라 여야는 법안을 마련하는 작업에 신속히 착수했다. 1994년부터 재해방지구제방안(災害防救方案)이 존재했지만 5년여 동안 정식으로 법제화되지 못하고 있었는데, 921 지진 직후인 1999년 말에 재해방지구제법이 입법되어 2000년 6월에 입법원에서 확정 통과된 것을 보면 당시 정부가 받은 압력이 얼마나 컸는지 가늠할 수 있다.

요약하자면 921 지진 이전에 대만은 재난 방지 및 대처 방책으로서 전국적인 범위를 아우르는 명확한 법령이 없었는데 921 지진 이후 공식적 대응책을 만들게 되었다. 재해방지구제법의 주요 내용은 다음과 같다. 국가급 재난 재해 대책 기구로 행정원 재해대책위원회(災害防救委員會)를 설립하여 재난 대응의 사령탑으로 삼고, 동시에 중앙 - 지방 간의 역할 분담에 대

---

59 J. Ahrens and P. M. Rudolph, op. cit., pp. 207 - 220. 특히 p. 209 참조.

한 기준선을 제시했다.[60] 전국을 중앙, 직할시, 현/향(縣/鄕)으로 삼분하여 각 급에 해당하는 재난 방지 및 대처 계획을 수립하도록 하고, 중앙재해대책본부(中央災害應變中心)는 행정원장, 직할시/현급시의 재해대책본부는 직할시 및 현급시장, 향진의 재해대책본부는 향진시장이 지휘와 책임을 맡도록 했다. 전체적인 지휘와 감독에서 중앙의 역할은 여전히 중요하지만, 적어도 집행 방면에서는 지방 정부가 주동적으로 움직이는 동기를 부여하기 위해 다양한 장치를 마련했다.[61]

2000년 법 제정 이후 발생한 크고 작은 재난을 통해 실제로는 중앙 – 지방 간의 책임 경계선을 명백하게 긋기 힘들거나, 비교적 자원이 부족한 기층의 지방 정부가 민첩하게 대응하기 어려운 상황에 부닥치기도 했다. 이에 따라 재해방지구제법은 2000년 7월에 공포된 이후 여러 번 수정을 거치게 되었다. 하지만 2000년의 법제화 시도가 현재까지 유효한 재난 대응 – 복구 체계의 기초가 된 셈이다.[62] 전국적인 파장을 일으키는 대형 재난이라 할지라도 재난은 특정 지역을 중심으로 발생하기 때문에 지방 정부의 역할 강화, 지방 차원의 대응 –복구 체계 구축이 중요하며 동시에 중앙–지방 간의 유기적인 연계가 중요하기 때문에 재난 대응– 복구 거버

---

60 중앙 내에서도 재난의 종류에 따라 전담 정부 부처를 지정하여 책임 소재를 나누었다. 예를 들면 내정부(內政部)는 지진, 태풍, 화재로 인한 재난을, 경제부(經濟部)는 수재와 가뭄 재해를, 농업위원회(農委會)는 농업 재해를, 환경보호서(環保署)는 화학 재해를, 원자력위원회(原子能委員會)는 원자력으로 인한 방사능 재해를, 교통부(交通部)는 항공기 사고나 해상 사고 같은 교통 관련 사고를, 위생서(衛生署)는 전염병 방제를 담당하는 식이다. 유사시에는 이들 책임 부처가 중앙의 재해대책본부와 긴밀한 연락을 통해 하부 행정 단위에 지침을 전달하도록 했다. 《中央通訊社》 1999. 9. 24.

61 行政院研究發展考核委員會, op. cit.

62 2000년 7월 19일 정식 공포되었으며, 이후 2002년과 2008년, 2010년에 수정을 거쳐 가장 최근에 확정된 재해방지구제법은 2010년 7월 수정판이다.

넌스는 다층적일 수밖에 없다. 다층적 거버넌스 형성은 재난에 대한 경험이 쌓이면서 점진적으로 하나의 제도적 틀을 만들어 나가는 과정이며, 재난 대응과 관련된 국가 능력이 점진적으로 통합적으로 강화되어 나가는 과정이라고 하겠다.[63]

2) 사회의 대응

(1) 시민 단체의 대응

지진 발생 소식이 전해지자 각계각층에서 성금과 구호 물자 기탁이 잇따랐고, 대만 각지 및 해외에서 봉사단과 구조 지원대가 몰려왔다.[64][65] 대만 국내의 여러 사회단체의 활약이 있었지만 그중에서도 불교 신앙에 기반한 자선단체인 '츠지(慈濟)'의 활약이 특히 주목을 끌었다. 츠지는 민간 자선단체이지만 초기 긴급 대응에서부터 중장기 대응에 이르기까지 기층 지방 정부를 능가하는 존재감과 영향력을 발휘했다는 면에서 고찰 대상이

---

63 재난 거버넌스는 협력적 거버넌스(collaborative governance)라고도 정의된다. 특정 행위 주체 내지는 국가 내에서, 어떤 특정 층위가 주도권을 가진다기보다 집단적으로 사고하고 정책을 결정하는 것이 그 핵심을 이룬다. K. Tierney, op. cit., pp. 341-363쪽. 특히 p. 344 참조.

64 《中央通訊社》 1999. 9. 22; 1999. 9. 23.

65 국제 원조 수용 방면에는 당시의 시대적 배경으로 인한 특수성이 나타났다. 대만 정부는 각국의 인도주의적 원조를 흔쾌히 받아들였으나, 중국의 지원에는 선별적 수용 태도를 보였다. 대만의 독립 및 대만과 중국은 별개의 국가라는 '양국론'을 주창한 리덩후이 총통 재임 시절은 양안 관계상 긴장이 최고조에 달한 시절로, 대만은 중국의 지원금 및 구호품은 받아들였으나 첩보 활동을 우려하여 중국의 구조대 지원은 받아들이지 않았다. 이후 중국은 세계적십자사를 통한 지원은 반드시 중국적십자사의 승인을 통해 이루어져야 한다고 주장해 갈등을 빚기도 했다. 《中央通訊社》 1999. 9. 23; J. P. Cabestan, "Taiwan in 1999: A Difficult Year for the Island and the Kuomintang," *Asian Survey*, Vol. 40, No. 1, 2000, pp. 172-180.

될 만하다. 이러한 사회단체는 저층의 지방 정부에 절실한 자원을 제공하는 중요한 협력자인 동시에, 전체 국가-사회관계에 대해서는 통합된 정치체라는 국가의 이미지에 도전함으로써, 앞서 2장에서 제시한 '사회 속 국가' 접근법과 관련된 두 가지 문제의식(국가-사회관계상 다양한 조합, 사회 세력의 양면적 역할)을 고찰하기에 적합한 사례가 된다.

츠지는 1966년 대만에서 한 승려에 의해 만들어진 단체로 소규모의 지역 구제부터 시작해 활발한 해외 구제 활동을 통해 대외 영향력을 넓혀 갔으며, 현재는 전 세계 47개국에 지부를 가진 중화권 내 최대의 NGO로 성장했다. 구제 활동은 국적과 이념에 상관하지 않는다는 기조 아래 세계 각지의 재난 구제 활동에 참여했으며, 1990년대부터는 중국에서도 활발한 구제 활동을 전개했다. 장기간 중국 각지의 사회사업에 기울인 노력과 성과를 인정받아 2008년 중국 외 조직(境外組織)으로서는 최초로 중국 정부에 공식 등록해 합법적인 지위를 획득한 단체이기도 하다.[66] 아울러 2010년에는 중국 민정부(民政部)로부터 중국 내 지부를 설치하고 운영할 수 있도록 허가를 받는 등 중국 외 조직으로서 예외적인 지위를 인정받고 있다.[67] 활발한 해외 구제 활동, 특히 헌신적인 중국 내 구제 활동으로 인해 대만 내에서는 이 단체에 의혹의 시선을 보내는 이도 많았지만, 921 지진 시의 적극적인 활동으로 이미지를 쇄신하는 성과를 올렸다.

초기 긴급 대응에서 츠지는 놀라울 정도의 신속성, 기동력, 조직력을 기반으로 지진 발생 당일부터 재난 현장에서 재난지의 기층 정부가 담당해

---

66 일반적으로 중국에서는 NGO가 사단 법인으로 공식 등록해서 합법적인 지위를 획득하는 것이 매우 힘들다. 공식 등록이 힘들기 때문에 많은 국내외 NGO들은 미봉책으로 회사, 즉 영리 법인의 형태로 공상 부문에 등록하고 활동하는 경우가 많은데, 그마저도 쉽지 않다.

67 http://en.wikipedia.org/wiki/Tzu_Chi(검색일: 2014년 2월 1일).

야 할 여러 가지 중요한 역할을 담당했다. 츠지는 921 지진 발생 직후 제일 먼저 재난 현장에 도착한 민간단체로 알려졌다. 지진 발생 당일 새벽에 소식을 접하자마자 근방의 회원 몇 명이 물, 담요, 기초 식량 등을 준비해 재난지로 향하기 시작했는데, 도로가 끊겨 차량 진입이 불가능하자 오토바이를 이용하다 그마저 여의치 않자 도보로 재난지에 들어갔다.[68] 9월 21일 하루 동안 재해 지역에 30여 개의 구제서비스센터(救災服務中心)를 설치해 음식과 텐트, 이불, 전등, 식량 등을 배포하고, 의료 서비스 장소 19개를 설치해 의료 지원에도 나섰다. 또한 신앙에 기반을 둔 단체의 특성을 발휘해 심리 상담으로 이재민의 정서를 안정시키고 사체 수습 및 장례식까지 책임지는 등, 마비되어 있는 기층 지방 정부 조직을 대신해 재난지 제1선의 해결사로 활약했다. 특히 놀라운 것은 이 단체의 동원력으로, 지진 발생 후 9월 말까지 열흘 남짓한 기간 동안 자원봉사자로 참가한 회원 수가 10만여 명에 이르렀다.[69]

재난 발생 시 많은 구호 단체들이 앞다투어 재난 현장으로 달려가지만 반드시 효율적인 활동을 하리라는 보장은 없는데, 츠지의 경우 자체 병원과 의료진 등 풍부한 인적·물적 자원과 수년간 세계 각지 재난 현장에서 축적된 경험이 빛을 발휘했다. 효율적인 활동의 기반으로 뛰어난 조직력을 꼽을 수 있겠는데, 군대에 버금가는 지휘 체계와 명확한 역할 분담이 츠지의 특징이었다. 츠지는 대중소 규모의 연락망이 사전에 구축되어 있어 긴급 상황 시 30분 내에 연락망 내의 회원을 동원하는 게 가능했다. 다음으로, 분명한 행동 방침 대비책이 구축되어 있어서 혼선을 최소화했다. 이들은 재난 발생 소식을 접한 후 바로 인근 지역의 회원들을 선발대로 재난

---

68 《中國時報》 1999. 9. 30.

69 http://www2.tzuchi.org.tw/921/html/11.htm(검색일: 2014년 2월 1일).

지로 보내서 촌장이나 이장 등을 찾아 전체 인구가 얼마인지, 피해 규모가 어느 정도인지 파악하고 나서 후속 인력과 자원을 투여하기 시작했다. 또한 수년간 해외 재난 현장에서 습득한 지혜를 충분히 발휘했다.[70] 예를 들어 공교롭게도 921 지진 발생 한 달여 전인 1999년 8월 17일 터키에서 리히터 7.6의 대지진이 발생했고 츠지가 적극적인 원조에 나선 바 있는데, 그 경험이 한 달여 지나 자국의 재난 현장에서 그대로 활용되었다.

츠지는 초기 긴급 대응뿐만 아니라 중장기 재난 대응 - 복구 사업에도 적극적으로 참여해 중요한 역할을 담당했다. 재난지의 학교 재건 및 임시 주택 설립에 참여한 것이 대표적인 예인데, 츠지와 동반자 관계를 형성하자 자체 자원이 부족한 지방 정부에 절실한 도움이 제공됐다. 지진으로 많은 학교가 무너져 재난지의 아동들이 당장 공부할 장소가 없어지자 교육부에서는 일부를 민간에 위탁해 초등학교와 중학교를 짓는 사업을 추진했다. 이러한 민간 위탁 건설 총 108개 학교 중에서 츠지 1개 단체가 맡은 것이 50여 개 학교로 전체의 절반가량을 차지했다. 타이중(台中), 난터우(南投), 지아이(嘉義) 3개 현시의 지방 정부는 츠지와 긴밀한 협력 관계를 형성해 1999년 9월에서 2003년 4월에 이르는 동안 3개 현시의 18개 향진에 50여 개의 학교를 설립했다.[71] 또한 츠지는 타이중, 난터우, 윈린(雲林) 등의 현급 정부와 협약을 체결하고 집을 잃은 이재민을 위한 임시 주택 건설 사업을 추진했는데, 이들 지방 정부는 땅을 제공하고 츠지는 임시 주택을 건설하는 역할을 맡았다.[72] 초기 회의부터 참여해서 전체적인 그림을 그리

---

70 《中國時報》 1999. 9. 30.
71 張培新,「慈濟九二一希望工程: 多元化的觀點」,《公民訓育學報》第8期, 2006, pp. 111 - 130.
72 《中時電子報》 1999. 10. 1.

고 임시 주택 입주 자격 심사[73]에도 관여하는 등 정부와 대등한 동반자 관계를 형성하였고, 지방 정부와도 역할 분담을 통해 일정한 부분을 담당하였다.[74] 그 밖에도 무너진 교량을 재건하는 등 지방 기반 시설 재구축 작업에 광범위하게 참여하였다.[75]

이와 같이 초기 긴급 대응 및 중장기 복구에 이르기까지 다방면에서 눈부신 활약을 보였기 때문에, 민간에서는 "정부보다 츠지가 낫다"라는 평가가 나오기 시작했다. 실제적으로 재난 대응－복구 방면에서 웬만한 기층의 지방 정부를 능가하는 역량을 발휘했기 때문에, 츠지로서는 자신의 역량을 알리고 이미지를 제고하며 조직을 더욱 확장하는 계기가 되었다. 반면 츠지의 활약에 대한 긍정적인 평가는 국가의 대응 능력 부재를 부각시키기도 했다. 국회 내에서도 중앙 정부보다 츠지가 훨씬 효율적인 활동을 보인다고 지적받기도 했으며,[76] 주요 일간지인 《연합보(聯合報)》가 실시한 여론 조사에서도 재난 대응－복구 작업에서 중앙 정부보다 츠지가 더 뛰어난 활약을 했다고 평가받기도 했다.[77] 이를 통해 고찰해 볼 만한 것은 사회 행위자의 양면적 역할이다. 츠지와 같은 비국가 행위자가 효율적인 재난 대응 활동을 전개할 때 자기 조직의 이미지를 제고시킴과 동시에 의도하든 의도하지 않았든 간에, 국가 대응 능력의 한계를 드러내는 역할을 하게 된다. 다른 한편으로는 역설적으로 이러한 유능한 사회 행위자는 국가

---

73 집이 완전히 무너지거나 저소득층인 경우 입주 우선 자격이 부여되었다.

74 츠지가 주택 건설과 인테리어를, 지방 정부가 수도, 전기, 배수 시스템 건설을 맡았다. http://www2.tzuchi.org.tw/921/html/24.htm(검색일: 2014년 2월 15일).

75 http://www2.tzuchi.org.tw/921/html/02.htm(검색일: 2014년 4월 25일).

76 《中國時報》 2000. 9. 18.

77 중앙 정부의 성적은 60점대로, 츠지를 비롯한 민간단체의 활동은 80점대로 평가받았다. 《聯合報》 1999. 9. 30.

능력을 보조하고 강화하는 역할도 담당하는데, 특히 저층의 지방 정부에 매우 중요한 자원 제공자 및 협력자가 되는 것으로 나타난다. 이는 앞서서 제기한 국가-사회관계는 여러 층위에서 나눠 볼 필요가 있으며 동시에 종합적으로 고찰해 볼 필요가 있다는 이론적 고민과 일맥상통한다.

한편 모든 사회단체들이 츠지처럼 효율적으로 움직이고 괄목할 만한 성과를 거두는 것은 아니다. 츠지는 풍부한 자체 자원과 잘 훈련된 회원을 갖추고 있었기에 상술한 성과를 거두는 것이 가능했지만, 철저한 사전 준비나 목적 의식 없이 달려온 사회단체들의 경우 미숙한 대처로 긴급 상황에 혼란을 가중시키기도 했다. 또한 국내 단체와 해외 단체 할 것 없이 사회단체들이 언론 매체에 노출되기 쉬운 '유명한' 재난지로만 몰려들거나 재난 후 중건 과정에서 각종 방법으로 이익을 쟁취하려는 시도를 해, 재난 복구 과정의 비효율성을 초래하기도 했다.[78] 재난 현장은 순도 100퍼센트의 인도주의가 발휘되리라는 보장이 없는 곳이기도 하다. 비영리 목적의 사회단체라 할지라도 어떤 이유에서든 유형무형의 이익을 추구할 수 있고 '이익 단체'로 변질할 가능성이 있기 때문이다. 또한 일부 유능한 사회단체가 존재할 수는 있지만 사회단체가 모든 관련 문제를 균형 있게 다룰 수 없기 때문에 국가의 역할은 여전히 중요하며, 국가가 사회단체에 의존하는 형태로 재난 대응-복구가 이루어져서는 안 된다는 비판도 제기된다.[79]

(2) 언론 매체의 대응

921 지진 발생과 대응-복구 과정에서 언론 매체 역시 중요한 사회 세

---

78 洪鴻智, 「自然災害後政府重建資源分配之決策因素分析: 以九二一地震為例」, 《公共行政學報》 第23期, 2007, pp. 95-124.

79 安德瑞, 「宗教慈善與災害重建: 以九二一賑災為例」, 《民俗曲藝》 第163期, 2009, pp. 1-28.

력의 일환으로 여러 가지 역할을 수행했다. 그 순기능으로는 우선, 뉴스 속보와 현장 취재를 통해 재난지의 상황을 시시각각으로 시민들에게 전달하고 재난 대응-복구 과정에 동참해 줄 것을 호소하는 정보 전달자 기능이 있다. 아울러 언론 매체의 활발한 보도는 재난 대응-복구에 대한 대중적인 공감대를 형성해 중부에서 일어난 지진이지만 전국 각지뿐만 아니라 해외에서부터 구호 자금과 물자 지원이 이어질 수 있도록 독려하고 모금 창구 역할을 한 긍정적인 측면이 있다. 또한 재난지에 고립된 이재민에게도 언론 매체는 외부와 연결되는 통로였다. 교통, 전력, 통신이 끊긴 재난지에는 건전지로 사용할 수 있는 라디오가 신속하게 지급되었는데, 이재민들은 이를 통해 외부 소식을 접하고 상황의 추이를 객관적으로 바라보면서 심리적인 불안감을 덜 수 있었다.[80]

그 밖에 중요한 순기능으로 비판적 정부 감시 기능을 들 수 있다. 지진 발생 초기부터 언론 보도를 통해 정부의 늑장 대응, 정부 부처 간의 횡적 경쟁,[81] 중앙-지방 간의 종적 갈등, 기층의 부패,[82] 기부금 창구의 다원화로 인한 비효율성, 기부금 및 기부 물자 관리의 부실,[83] 긴급 명령 속 중앙 부처의 권력 남용 우려 등의 다양한 문제가 끊임없이 제기되었다. 국외의 경우와 비교해 대만의 재난 대응-복구 체계 미비에 대해서도 비판적 보도

80 http://www.lawtw.com/article.php?template=article_content&job_id=3581&article_category_id=97&article_id=3568(검색일: 2014년 2월 15일).

81 중앙-지방 간의 종적인 분열뿐만 아니라, 중앙 정부 부처 안에서도 횡적 경쟁이 나타났다. 예를 들면 행정원, 내정부, 부총통실 간에 누가 더 구제 성금을 많이 내는지 경쟁이 붙어 하루 동안 약속한 구제 성금의 금액이 변하기도 했다. 《中國時報》 1999. 9. 29.

82 각지에서부터 재난지로 구호금 및 물자가 밀려들기 시작했는데, 기층 정부 조직은 행정 체계가 전문적이지 못했고 또 작은 마을 단위를 대표하는 촌장, 이장들이 부패해서 자원이 적재적소에 배분되지 못하는 사례가 나타나기도 했다.

83 《中國時報》 1999. 10. 4.

가 잇따랐고,[84] 이러한 비판적 보도는 재난 관리 전반에 대한 대중적 공론을 불러일으켜서 2000년 3월에 재난재해방지구제법의 입안을 촉진했다. 시민 단체의 뛰어난 활약과 마찬가지로 언론 매체도 단기적으로는 국가 능력에 대한 비판과 도전을 제기하면서 장기적으로는 재난 대응-복구에 대한 건설적 논의를 끌어냄으로써 전체적인 국가 대응 능력 강화에 간접적으로 기여했다고 하겠다.

다른 한편 미디어의 활동에서는 순기능이라고만 볼 수 없는 면들도 나타난다. 보도의 자유가 없는 권위주의 체제에서는 재난 발생 시 정보가 은폐되는 반면, 민주주의 체제에서는 과도한 정보 발굴로 인한 문제가 발생한다. 921 지진이 발생했던 1999년 말은 집권당과 야당 간의 대결 구도가 극명했고 차기 총통 선거를 목전에 두고 있었기 때문에 언론의 자극적인 보도가 더더욱 양산되었고, 이는 재난 대응과 복구를 상당 부분 '정치화'했다. 중앙-지방 간의 경쟁과 갈등은 언론에서 폭로전과 공방전을 벌이며 증폭되었으며, 중앙 정부 주요 인사들의 재난 대응 활동을 평가하고 비교하는 여론 조사를 실시하고 보도하는 등 소모적인 정치적 보도가 잇따랐다. 일례로 총통, 부총통, 행정원장 등 정부 지도층 중 누가 재난 대응-복구에서 더 뛰어난 역할을 보였다고 생각하는가에 대한 여론 조사가 실시되었고[85] 거물급 정치인들의 재난지 행보를 상세하게 추적하는 등, 재난 대응-복구의 본질과는 동떨어진 보도와 이로 인한 정치적 토론이 양산되었다.

또한 과도한 취재 경쟁이 재난 대응-복구 활동에 지장을 초래하는 폐

---

84 《中國時報》1999. 9. 29; 《中時電子報》1999. 9. 30.

85 《中時電子報》1999. 10. 24; 《中國時報》1999. 9. 29.

해도 나타났다.[86] 각 정당의 주요 인사들은 앞다투어 재난지를 방문해 자신의 존재감을 나타내고자 했고 이는 언론 보도를 통해 확대되게 마련이었다. 당시 소규모 재난지에는 400여 명 정도의 기자와 기타 진행 요원들이, 중급 이상 규모의 재난지에는 1000명 남짓한 기자와 제작진이 몰려왔는데,[87] 재난지의 주민들은 정치인과 대규모 취재진이 재난지에 몰려오는 것에 염증을 표출하기 시작했다.[88][89] 특히 기자들의 현장 취재를 위해 헬기가 동원되면서 헬기가 모자라 정작 더 중요한 사안인 인명 구조에 차질이 생기기도 하고, 언론 보도로 극적인 장면이 연출된 이른바 '유명한' 재난 지역이 생겨 관심과 원조가 그곳으로 집중되는 바람에 자원 배분의 비효율성이 초래되기도 하자 과도한 취재에 대한 비판적인 여론도 일어났다.[90]

한편 층위에 따라서, 즉 중앙 정부와 지방 정부 사이에서 언론과의 역학 관계가 사뭇 다르게 나타나기도 했다. 언론의 비판적 보도는 정부의 활동을 감시, 감독하는 효과가 확실히 있는데, 언론에 자주 노출되었기 때문에 언론을 어떻게 상대해야 하는지 감이 있는 중앙 정부가 아니라, 갑자기

---

86 경찰통제선(police line)을 넘어선 취재가 횡행하자, 당시 총통이었던 리덩후이가 나서서 재난지 취재가 재난 대응–복구 작업을 지연시킬 수도 있음을 상기시키며, 재난 대응–복구를 우선하기 위해 과도한 취재를 자제해 줄 것을 부탁하기도 했다. 《中央通訊社》 1999. 10. 05.

87 台灣媒體觀察教育基金會, 「921災後媒體的'作現與缺席」, http://2007.taiwangoodlife.org/story/20070325/45(검색일: 2014년 2월 15일).

88 《中時電子報》 1999. 10. 24.

89 921 지진이 발생한 시점은 2000년 3월 총통 선거를 약 6개월 남겨둔 상황이었다. 당시 부총통이던 리엔잔(이후 국민당 총통후보)을 비롯하여, 여당인 국민당에 속했으나 이후 무소속으로 단독 출마한 송추위, 야당인 민진당의 대표주자 천수이볜 등 거물급 정치인들이 번갈아 가면서 재난 현장에 출현했다. 《成報》 1999. 9. 24. 이들 정치인이 재난 대응–복구 작업에 피해가 가지 않도록 조심스럽게 다닌다고는 하지만 한 무리의 기자들을 몰고 다니게 마련이었고, 따라서 재난 현장은 매우 '정치적인' 장면들이 연출되는 현장이기도 했다.

90 《台灣日報》 2000. 9. 21.

관심이 몰리기 시작한 재난지의 지방 정부는 언론 보도의 압력에 우왕좌왕하는 모습을 보였다. 중앙 정부의 관료들은 언론 보도를 통해 정부의 활약을 선전하는 데 활용하기도 하고 반박 인터뷰를 통해 자신들의 입장을 옹호한 반면,[91] 경험과 요령이 없는 지방 정부는 자신들의 일거수일투족이 연일 상세하게 보도되기 시작하자 효율적인 재난 대응 – 복구 이전에 자신들의 모습이 언론에 어떻게 비칠지를 고민해서 행동하는 경향이 나타났다. 재난 대응 – 복구 업무의 현장에 있는 많은 행위 주체들은 카메라 렌즈 앞에서 자신들의 행동이 실제로 효율적인 것이 아니라 효율적으로 보이도록 가장하는 경향이 있다. 이로 인해, 재난지의 공무원과 관료들이 언론 보도에 대해 느낀 부담이 이성적이고 차분한 재난 대응을 저해한 측면도 지적된다.[92]

간략하게 요약하자면, 언론 매체 역시 사회 세력의 일환으로 대형 재난 발생 직후부터 중장기적으로 주요 행위 주체로서 재난 대응 – 복구 과정에 영향력을 발휘했다. 특히 앞서 3장에서 논의한 국가의 내부적 분열 상황, 즉 중앙 – 지방 간의 공조 불화는 언론 보도를 통해 확대 재생산되었는데 이 경우 언론은 '분절된 국가' 현상의 매개 행위자로서 작용했다고 볼수 있다. 또한 언론 보도에 대한 부담은 관련 행위 주체들에게 긍정적 영향과 부정적 영향을 동시에 미치게 마련인데, 단기적으로는 재난에 대처하는 국가 능력에 대한 비판을 제기하며 도전하는 한편, 장기적으로는 재난 대응 – 복구에 대한 전반적인 체제 개혁을 위한 논의를 이끌어냄으로써 전

---

91 예를 들면 다음과 같은 보도를 참조. 「李總統: 不要看TVBS 看華視」,《中時電子報》1999. 9. 30. 「災難現場開 CALL – IN?」, 社團法人九二一震災重建基金會. http://www.taiwan921.lib. ntu.edu.tw/newpdf/ST024.html(검색일: 2014년 4월 25일).

92 湯京平·蔡允棟·黃紀, op. cit., pp. 137 – 162.

체적인 국가 능력 강화에 간접적으로 기여했다고 하겠다. 언론 매체는 독자적인 활동도 전개하지만 재난 현장의 관련 행위 주체들 사이의 관계를 매개 연결시키는 역할을 하면서 국가-사회관계의 다양한 조합을 도출하는 데 일조했는데, 이는 재난 대응-복구라는 과제를 수행하는 동안 국가가 사회 속에서, 사회가 국가 속에서 상호 작용과 영향력을 발휘하는 다자적이고 다차원적인 재난 거버넌스를 반영하는 모습이기도 하다.

4. 결론

어떤 유형의 정치 체제에서든 예고 없이 찾아오는 재난은 큰 외부적 충격이다. 이러한 외부적 충격에 대한 대처는 국가의 능력을 시험하고 나타내는 계기이기도 한데, 현대 국가는 급증하는 다양한 종류의 재난 앞에서 그 대응과 복구에 많은 한계를 노출하고 있다. 반면, 비국가 차원의 사회 세력은 재난 대응-복구 거버넌스에서 무시할 수 없는 중요한 역할을 담당하는 행위 주체로 대두했다. 이처럼 '한계 있는 국가'와 사회 세력의 관계를 학술적으로 어떻게 정의하고 논의할 수 있을지 질문하면서, 본고에서는 재난 대응-복구라는 영역에서 국가-사회관계를 고찰해 보고자 했다. 특히 '사회 속 국가' 접근법이 주창하는 '상호 구성적 관계'의 맥락을 기반으로 국가-사회관계의 다양한 조합 유형과 도전자인 동시에 협력자인 사회 세력의 양면적 역할을 중점적으로 생각해 보고 '재난 거버넌스'에 대한 함의를 찾아보고자 했다.

앞서 3장에서는 사례 연구로 대만의 921 지진 대응-복구 과정 중 국가와 사회 차원의 대응에 대해 살펴보았다. 우선, 재난 연구에서 흔히 거론

되는 레짐 유형의 변수로 돌아가서 생각해 본다면 민주주의 체제는 권위주의 체제처럼 국가 주권을 우선시해 인간 안보를 위협하는 일은 없지만, 대표성을 위해 고안된 제도 ──분권화 및 선거── 로 인해 내부의 도전에 직면할 수 있음을 발견한다. 민주주의에서 고안된 제도들이 장기적으로는 효과적인 해결 방안을 찾는 데 이롭겠지만, 단기적으로는 반드시 효율적인 문제 해결과 자원 배분을 보장하지는 않는다는 것, 오히려 구성원들 간의 이해 충돌이나 기존 체계의 모순을 더 극명하게 드러낸다는 것을 알 수 있다. 분절된 국가의 면모 ──내부가 종횡으로 분열되어서 과제를 신속하게 효율적으로 수행하지 못하는 모습── 가 드러나고 그 과정에서 시민단체나 언론 매체와 같은 사회 세력의 활약이 정부의 부족한 대응 능력을 더 드러내기도 했다. 여기에서 사회 속 국가의 확장된 현실적 함의로 국가-사회관계 조합의 유형이나 발전 방향의 다양성을 상정해 볼 수 있다.

구체적으로 말하면, 재난 대응-복구 거버넌스에서 국가-사회관계가 반드시 이상적인 협조로 순조롭고 신속하게 이행하기가 쉽지만은 않다. 여러 과정을 거쳐서 최종 목표에 다다른다 하더라도, 중간 과정은 국가 차원에서든 사회 차원에서든 또는 국가-사회 상호 차원에서든 간에, 행위주체들 사이의 경쟁과 경합이 일어나는 과정이다. 주어진 환경 속에서 각 행위 주체는 자신의 선호와 이익 추구를 위한 행동을 선택하기 때문에 재난 대응-복구에 참여한 행위 주체들 사이에는 어느 정도의 충돌을 전제한 복잡한 관계가 형성된다. 동시에 갈등과 타협을 전제로 또는 의도하지 않은 결과로 조화로운 협력적 관계가 도출될 수도 있다. 따라서 국가-사회 간의 상호 작용 및 그 관계의 유형을 단선적으로 예측하기보다는 행위주체들 간의 복잡다단한 관계가 형성되고 발전하는 '과정'을 고찰하며 접근하는 것이 더 타당할 것이다.

다음은 그러한 '과정'을 파악하는 데 필요한 주요 개념을 중심으로 본고의 논의를 정리해 보기로 한다. 단일 사례 연구를 통해 본고의 이론적 개념 틀을 충분히 실증하기는 다소 부족한 바가 있는데, 이는 향후 비교 연구를 통해 보완될 수 있을 것이다. 재난의 원인은 다양하며 그러한 다양한 종류의 재난에 대처하는 방식도 다양하게 마련이지만, 이하에 정리하는 개념들은 반드시 대지진 발생 이후의 상황에 국한되는 토론은 아니며 다양한 맥락에서 발생하는 재난에 보편적으로 적용될 수 있을 것으로 판단된다. 향후 비교 연구를 위해 고려해 볼 만한 사례로, 대만의 경우 921 지진과 버금가는 대형 자연 재난으로 2009년 8월 모라콧(morakot) 태풍으로 인한 수해 사례가 있다.[93] 동일한 종류의 자연 재난을 고려한다면 921 지진과 비슷한 시기에 비슷한 강도로 발생한 터키의 이즈미트 지진이 있다.[94] 중국 쓰촨 대지진과 대만 921 지진은 몇몇 학자들에 의해 비교 연구가 되기도 했다.[95]

행위 주체들의 행동 동기: 재난은 레짐 유형과 상관없이 관련 행위 주체들에게 위기인 동시에 기회이기도 하다. 다시 말해 재난은 여러 관련 행위 주체들이 대중의 관심이 집중되는 무대에 올라 정당성을 재확인하거나 기존의 행위 주체에 대해 새로운 행위 주체가 도전하여 새롭게 정당성을 획득할 수 있는 기회이다. 이는 이익 추구와 무관해 보이는 인도주의적 구호

93 1주일간 내린 폭우로 인해 남부에서는 산사태로 마을 하나가 통째로 없어지는 등 막심한 피해가 발생했고 갓 출범한 마잉주(馬英九) 정권의 지도력은 큰 타격을 받았다. 대형 재난에 대한 대처가 정권 지지도에 미치는 관계도 향후 비교 연구해 볼 만한 주제이다.

94 1999년 8월 17일 터키의 이즈미트 지역에서 발생한 지진으로 리히터 7.6도로 기록된다.

95 林宗弘, op. cit., pp. 57–110; B. Roney, op. cit., pp. 83–104; 또한 초보적인 비교 연구는 외제르뎀(Özerdem)과 자코비(Jacoby)의 2006년 저서를 참조할 것. 이 저서는 일본, 터키, 인도의 대지진 발생 후 대응-복구 과정에서의 시민 사회의 역할을 논했다. A. Özerdem, Alpaslan and T. Jacoby, op. cit.

단체에게도 해당된다. 인도주의적 구호 단체들도 재난 현장에서 자신들을 선전하고 이미지를 쇄신하고 새로운 지원자들을 모아 조직 확대의 기회를 잡고자 노력하며,[96] 그것이 최종 목적이 아니라 할지라도 적어도 부수적 효과로서는 기대하게 마련이다. 그런 면에서 재난은 어찌 보면 굉장히 '정치적인' 사건(event)이고,[97] 따라서 관련 행위 주체들의 행동 동기에 대한 고려가 필요하다. 관료 조직 내의 종적·횡적 경쟁, 관련 행위 주체가 위기 상황에서 오히려 신속한 대응과 거리가 먼 행동을 하는 것은 그들이 주어진 환경 내에서 이익 계산을 하는 행위자라는 맥락에서 더 잘 파악할 수 있다.

다양한 층위의 국가-사회관계: 국가의 근본적인 통합성이 당연시되지 않는 상황에서 국가-사회관계는 여러 차원에서 동시에 설정이 된다. 그렇다면 개별 차원의 국가-사회관계와 전체 차원의 국가-사회관계는 어떠한 상관관계가 있을까? 개별 차원에서 형성된 국가-사회 간의 상호 연계가 개별 차원에 머무를 수도 있겠으나 개별 차원이 전체 차원으로까지 영향을 미치며 파급력이 큰 관계가 형성될 수도 있을 것이다. 결국 이것은 국가-사회관계의 부분과 전체를 어떻게 각각 또 통합적으로 파악할 것인가의 문제로 연결된다. 재난의 피해는 기본적으로 특정 지역에 집중되며, 따라서 사회 세력의 구제 활동 역시 그 특정 지역의 지방 정부와 긴밀한 연계를 형성하는 형태를 통해 그 지역에 집중된다. 하지만 이 경우 이러한 개별 차원의 국가-사회협력 관계가 전체 차원의 국가 능력을 약화시키는 것으

---

96 M. Pelling and K. Dill, op. cit., pp. 4-6.

97 R. S. Olson, "Toward a Politics of Disaster: Losses, Values, Agendas, and Blame," *International Journal of Mass Emergencies and Disasters*, Vol. 18, No. 1, 2000, pp. 265-287.

로 파악해야 할지 또는 강화시키는 것으로 파악해야 할 것인가 하는 이론적 질문에 직면하게 된다.

이는 현대 국가가 그 '이미지'와 '수행' 사이에 간극이 있다는 미그달의 지적으로 돌아가 논의할 수 있겠다. 우선, 전체적인 차원에서의 국가 정당성과 권위, 즉 국가의 '이미지'는 침식을 받는다 하더라도 지방 차원에서 국가–사회 간의 협력이 해당 지방 정부의 재난 대응–복구에 확실히 도움이 된다면 이는 지방 차원의 국가 능력, 즉 '수행' 방면의 능력을 간접적으로 강화시킨 것으로 볼 수 있다.[98] 다음으로, 이 경우 국가 능력의 강화를 지방 차원의 제한적 강화로 보아야 할 것인지, 실제적으로는 전체적인 강화로 파악해야 하는지의 문제가 대두된다. 단기적인 '수행'에 국한시켜 본다면 지방 차원의 간접적 국가 능력 강화이지만, 이 과정에서 일어난 사회적 비판 때문에 장기적으로 재난 대응–복구 체계를 구축하게끔 된 면까지 포괄적으로 고찰한다면 장기적인 '수행' 능력을 강화했다고 파악할 수도 있다. 한편으로 이러한 고민은 국가와 사회를 이분법적으로 파악하기보다는 상호 연결된 것으로 파악할 필요성을 제고시키기도 한다.

'사회 속 국가'의 확장된 현실적 함의: 재난 거버넌스에서 사회 세력은 국가 이미지에 유효한 타격과 도전을 제시하는 동시에, 장기적인 측면에서는 더욱 제도적인 재난 대응 능력을 보완하라고 국가에 촉구하며, 그 뒷받침 역할을 하는 것으로 파악된다. 체계에 대한 문제 제기 및 보완 과정에서 사회 세력의 정책 참여도 나타나기 때문에 협력적이고 포괄적인(inclusive) 재난 대응–복구 거버넌스의 가능성을 후속 연구에서 검토해 볼 만하다.

---

98 본문에서 논한, 921 지진 이후 중장기 대응–복구 계획에서 지방 정부가 유능한 사회단체인 츠지와 협력해서 츠지가 가진 사회적 자본을 활용하는 것이 그 예가 될 것이다. 廖坤榮, op. cit., pp. 1–35.

따라서 '사회 속 국가'의 확장된 현실적 함의는 해당 영역(본고의 경우에는 재난 대응-복구)의 비단선적 국가 능력 구축 과정이라고 할 수 있다. '상호 구성적인 국가-사회관계'는 단선적으로 발전하는 게 아니라 여러 가지 단계를 통해 전환되고 발전되어서 상호 구성에 이른다. 기타 재난 대응-복구 사례들을 보면 상호 적대적인 국가-사회관계가 협조적으로 전환되기도 하며, 처음에는 무능하고 비효율적이었던 국가가 사회의 비판과 감시를 통해 효율적인 대응 체제를 구축하기도 했다.[99]

또한 여러 재난 대응-복구 사례를 보았을 때 일부 특별하게 유능한 사회단체가 존재할 수는 있지만, 위기 상황에서 여러 관련 행위 주체들 간의 효율적이고 유기적인 조화를 이끌어낼 수 있는 행위 주체인 국가의 역할 (즉 컨트롤 타워로서의 역할)이 중요하며 또 현실적으로 요구된다. 기층 지역 사회에 자원을 제공하고 자율적으로 처리하도록 맡겼을 때 오히려 역효과가 나는 사례도 있고[100] 정부가 민간단체를 재정적으로 지원하면서 의무를 위탁했으나 제대로 된 지휘가 뒷받침되지 않을 경우 자원 낭비로 이어지는 사례도 보고된다.[101] 이러한 사례는 사회 세력이 국가의 역할에 도전하고 능력을 제한하는 작용을 할 수도 있으나, 반대로 국가의 적절한 개입을 통해 자원 낭비를 막고 사회의 잠재력을 효과적으로 도출할 필요가 있음을 상기시키는 '한계 있는 국가'에 대한 역(逆)시나리오이기도 하다.[102] 즉

---

99 R. Jalali, op. cit., pp. 120-139.

100 湯京平·黃詩涵·黃坤山,「災後重建政策與誘因排擠─以九二一地震後某社區營造集體行動為例」,《政治學報》第48期, 2009, pp. 1-31.

101 劉麗雯·邱瑜瑾·陸宛蘋,「九二一震災的救援組織動員與資源連結」,《中國行政評論》第12卷 第3期, 2003, pp. 139-178.

102 위임자-대리인 이론(principal-agent theory)의 용어를 빌리자면 대리인의 해이(agency slack)를 방지함으로써 거래 비용(transaction cost)을 줄이는 효과가 있다고 하겠다.

국가는 위계질서를 기반으로 통제하기보다는 적절한 조정(coordination)으로 공(public)-사(private) 협력이 순기능을 발휘할 수 있도록 제도적 환경을 조성하고 제공할 필요가 있다.[103]

협력적 거버넌스: 결론적으로, 재난은 특정한 행위 주체의 활약만으로 해결될 수 없으며 재난 대응-복구 거버넌스는 다층적·다원적일 수밖에 없다. 이 책의 김성철이 논하였듯이 재난 관련 거버넌스에서는 다양한 행위 주체들 간의 유기적인 연결과 협력을 통한 시너지를 어떻게 이끌어낼 수 있는가가 관건이다. 이러한 측면에서 재난 거버넌스는 국가-사회 간의 다양한 행위 주체가 부단한 상호 작용을 통해 서로에게 영향력을 미치며 변화시켜 나가는 '상호 구성적 관계'가 실천적 함의를 지니는 영역이기도 하다. 다시 말해 국가-사회 간의 '상호 구성적 관계'가 가장 극적으로 나타나는 현장이 재난 현장이다. 효율적이고 효과적인 재난 거버넌스를 위해 국가-사회관계는 서로를 보조하여 상보적으로 발전할 것이 요구되는데, 상보적인 국가-사회관계의 형성과 발전은 단기간에 이루어지는 것이 아니다. 더욱이 재난 대응-복구 거버넌스는 지역 공동체, 사회, 국가, 나아가 전 지구적인 연결망을 구성하는 작업임을 고려할 때 장기적인 계획을 가지고 투자 육성할 필요가 있다.

또한 협력적 거버넌스는 거시적인 의미에서 평화의 실천으로 연결된다. 많은 경우 재난은 인재가 되는데, 이는 재난의 발생은 자연적이라 하더라도 사후 대응과 복구는 사람들 간 관계의 문제(공동체, 사회 구조 및 연결망 등 인적 측면)와 깊게 연관이 되어 있기 때문이다.[104] 예를 들어 본고에서 논의한 대만의 921 지진의 경우나 최근 한국의 세월호 사건에서 공통적으로

---

103 J. Ahrens, and P. M. Rudolph, op cit., pp. 207-220.
104 재난의 정의와 복합성에 대해서는 이 책 김성철의 논의를 참조.

발견된 것은 현대 국가의 분권화 및 관료화 속에서 행위 주체들 간 소통과 책임의 부재가 재난으로 야기된 문제를 가중시키는 현상이었다. 따라서 여러 행위 주체들 간의 인적·물적 자원을 종합적·유기적으로 활용할 수 있는 연결망을 구축해 놓는 것, 그리고 크고 작은 재난을 통해 그러한 '연결'이 더욱 효과적으로 이루어지도록 점진적으로 연결망을 개선해 나가는 것이 요한 갈퉁(Johan Galtung)이 말한 평화, 즉 인간이 더욱 인간답게 살 수 있는 환경을 만들어 나가는 밑거름이 된다.

      * 이 글은 《아세아연구》 제57권 제2호에 출간된 필자의 논문을 수정 보완한 것이다.

참고 문헌

국문

김도균·박재묵, 「허베이 스프리트호 기름유출사고 이후 재난관련 거버넌스 구축 실패와 복원력 약화: 관련 행위자들 간의 이해와 대응을 중심으로」, 《ECO》 제16권 제1호, 2012.

김윤태, 「대만 발전과정에서의 국가의 역할: 국가자율성의 변화를 중심으로」, 《중소연구》 제46권, 2009.

김홍순, 「계획의 실패 또는 한계에 관한 연구: 허리케인 카트리나로 인한 뉴올리언즈 시의 재난을 중심으로」, 《한국지역개발학회지》 제22권 제4호, 2010.

박동균·조기웅, 「미국 재난 관리에 있어 미국 군의 역할 및 한국적 함의」, 《한국위기 관리논집》 제9권 제7호, 2013.

이원덕, 「3·11 대재난 이후 일본정치 리더십」, 《의정연구》 제34권, 2011.

영문

Ahrens, Joachim and Patrick M. Rudolph, "The Importance of Governance in Risk Reduction and Disaster Management," *Journal of Contingencies and Crisis Management*, Vol. 14, No. 4, 2006.

Aldrich, Daniel P. and Kevin Crook, "Civil Society as a Double-Edged Sword: Siting Trailers in Post-Katrina New Orleans," *Political Research Quarterly*, Vol. 61, No. 3, 2008.

Bolin, R. and L. Stanford, "The Northridge Earthquake: Community-based Approaches to Unmet Recovery Needs," *Disasters*, Vol. 22, No. 1, 1998.

Brancati, D, "Political Aftershock: The Impact of Earthquakes on Intrastate Conflict," *Journal of Conflict Resolution*, Vol. 51, No. 5, 2007.

Burkle, Frederick M. Jr., "The Globalization of Disaster: Globalization and Disasters: Issues of Public Health, State Capacity and Political Action," *Journal of International Affairs*, Vol. 59, No. 2, 2006.

Burkle, Frederick M. Jr., "Lessons Learnt and Future Expectations of Complex Emergencies," *British Medical Journal*, Vol. 319, 1999.

Cabestan, Jean-Pierre, "Taiwan in 1999: A Difficult Year for the Island and the Kuomintang," *Asian Survey*, Vol. 40, No. 1, 2000.

Cooley, Alexander and James Ron, "Organizational Insecurity and the Political Economy of Transnational Action," *International Security*, Vol. 27, No. 1, 2002.

Heymann, D. L. and G. Rodier, "SARS: A Global Response to an International Threat," *The Brown Journal of World Affairs*, Vol. 10, No. 2, 2004.

Hyden, Goran, *Beyond Ujamaa in Tanzania: Underdevelopment and an Uncaptured Peasantry*, Berkeley and Los Angeles: University of California Press, 1980.

Jalali, Rita, "Civil Society and the State: Turkey after the Earthquake," *Disasters*, Vol. 26, No. 2, 2002.

Kahn, Matthew E., "The Death Toll from Natural Disasters: The Role of Income, Geography, and Institutions," *Review of Economics and Statistics*, Vol. 87, No. 2, 2005.

Karger, Howard, Owen, John and Shashi van de Graff, "Governance and Disaster Management: The Governmental and Community response to Hurricane Katrina and the Victorian Bushfires," *Social Development Issues*, Vol. 34, No. 3, 2012.

Klein, Naomi, "The Rise of Disaster Capitalism," *Lookout*, 2 May 2005.

Lin, Thung-hong, "Governing Disaster: Political Institution, Social Inequality and Human Vulnerability," paper presented at 2011 Annual Meeting of American Sociological Association, Las Vegas: American Sociological

Association, 2011.

Maskrey, A., *Disaster Mitigation: A Community-based Approach*, Oxfam, 1989.

Midgal, Joel, *Strong Societies and Weak States: State-society Relations and State Capabilities in the Third World*, Princeton, N.J.: Cambridge University Press, 1988.

Migdal, Joel, *State in Society: Studying How States and Societies Transform and Constitute One Another*, New York: Cambridge University Press, 2001.

Migdal, Joel, Atul Kohli and Vivienne Shue(eds.), *State Power and Social Forces: Domination and Transformation in the Third World*, Cambridge: Cambridge University Press, 1994.

Mitchell, Timothy, "The Limits of the State: Beyond Statist Approaches and Their Critics," *The American Political Science Review*, Vol. 85, No. 1, 1991.

Nakamura, Akira, "The Need and Development of Crisis Management in Japan's Public Administration: Lessons from the Kobe Earthquake," *Journal of Contingencies and Crisis Management*, Vol. 8, Issue. 1, 2000.

Nel, P. and M. Righarts, "Natural Disasters and the Risk of Violent Civil Conflict," *International Studies Quarterly*, Vol. 52, No. 1, 2008.

Olson, Richard Stuart, "Toward a Politics of Disaster: Losses, Values, Agendas, and Blame," *International Journal of Mass Emergencies and Disasters*, Vol. 18, No. 1, 2000.

Özerdem, Alpaslan, and Tim Jacoby, *Disaster Management and Civil Society: Earthquake Relief in Japan, Turkey and India*, London: I.B.Tauris, 2006.

Paik, Wooyeal, "Authoritarianism and Humanitarian Aid: Regime Stability and External Relief in China and Myanmar," *The Pacific Review*, Vol. 24, Issue. 4, 2011.

Pelling, M. and K. Dill, "'Natural' Disasters as Catalysts of Political Action," Chatham House ISP/NSC Briefing Paper 06/01, 2006.

Platt, Rutherford H. (ed.), *Disasters and Democracy: The Politics of Extreme Natural Events*, Washington, D.C.: Island Press, 1999.

Roney, Britton, "Earthquakes and Civil Society: A Comparative Study of the Response of China's Non Government Organizations to the Wenchuan Earthquake," *China Information*, Vol. 25, No. 1, 2011.

Schultz, J. and T. Soreide, "Corruption in Emergency Procurement," *Disasters*, Vol. 32, No. 4, 2008.

Sen, Amarta and J. H. Dreze, "Democracy as a Universal Value," *Journal of Democracy*, Vol. 10, No. 3, 1999.

Stirrat, Jock, "Competitive Humanitarianism: Relief and the Tsunami in SriLanka," *Anthropology Today*, Vol. 22, Issue. 5, 2006.

Sylves, Richard, *Disaster Policy and Politics: Emergency Management and Homeland Security*, Washington D.C.: CQ Press, 2008.

Teets, Jessica C., "Post-Earthquake Relief and Reconstruction Efforts: The Emergence of Civil Society in China?," *The China Quarterly*, Vol. 198, 2009.

Tierney, Kathleen, "Disaster Governance: Social, Political, and Economic Dimensions," *The Annual Review of Environment and Resources*, Vol. 37, 2012.

Thompson, Martha and Izaskun Gaviria, *CUBA, Weathering the Storm: lessons in risk reduction from Cuba*, Boston: Oxfam America, 2004.

Wamsley, Gary L. and Aaron D. Schroeder, "Escalating in a Quagmire: The Changing Dynamics of the Emergency Management Policy," *Public Administration Review*, Vol. 56, No. 3, 1996.

Young, Crawford, "Zaïre: The Shattered Illusion of the Integral State," *The Journal of Modern African Studies*, Vol. 32, No. 2, 1994.

중문

江大樹·廖俊松 主編,『府際關係與震災重建』, 台北: 暨大府際關係中心出版, 2001.

廖坤榮,「建立政府災難管理職能: 社會資本論分析」,《中國行政評論》第12卷 第1期, 2002.

劉麗雯·邱瑜瑾·陸宛蘋,「九二一震災的救援組織動員與資源連結」,《中國行政評論》第12卷 第3期, 2003.

林宗弘,「災後重建的政治: 以中國512地震與台灣921地震為案例的分析」,《台灣社會學刊》第50期, 2012.

林宗弘·張宜君,「天災也是人禍─社會科學領域的災難研究」, 潘美玲·范玫芳·楊谷洋·林宗德·駱冠宏·李河清 編,『風和日麗的背後─水, 科技, 災難』, 新竹市: 國立交通大學出版社, 2013.

張培新,「慈濟九二一希望工程: 多元化的觀點」,《公民訓育學報》第8期, 2006.

安德瑞,「宗教慈善與災害重建: 以九二一賑災為例」,《民俗曲藝》第163期, 2009.

湯京平,「官僚, 災難與民主: 台灣九二一震災援救行政的政治與制度分析」,《中國行政評論》
　　　第11卷 第1期, 2001.

湯京平·蔡允棟·黃紀,「災難與政治: 921地震中的集體行為與災變情境的治理」,《政治科學
　　　論叢》第16卷, 2002.

湯京平·黃詩涵·黃坤山,「災後重建政策與誘因排擠—以九二一地震後某社區營造集體行動
　　　為例」,《政治學報》第48期, 2009.

行政院九二一震災災後重建推動委員會,『九二一震災中建經驗』, 南投: 國史館台灣文獻館,
　　　2006.

洪鴻智,「自然災害後政府重建資源分配之決策因素分析: 以九二一地震為例」,《公共行政學
　　　報》第23期, 2007.

行政院研究發展考核委員會,「中央與地方災害防救組織職能與角色之實證分析」, 委託研究
　　　報告 RDEC‐TPG‐099‐003, 2010.

「錢權兩缺 縣市政府震痛」,《中國時報》1999. 10. 6.

「'起厝'為地開吵 中縣長卯上營建署」,《中時電子報》1999. 10. 1.

「'慈濟經驗'帶給國人的啟示」,《中國時報》1999. 9. 30.

「降低震災損害政府應坦然面對責難克服困難」,《中央通訊社》1999. 9. 23.

「九二一周年回顧 媒體報導 蜜糖?毒藥?」,《台灣日報》2000. 9. 21.

「救災不如阿輝伯災區深綠更運滯」,《信報財經新聞》2009. 8. 17.

「救災評分 連戰超過李總統」,《中時電子報》1999. 10. 24.

「緊急命令考驗中央, 地方事權分工」,《中時電子報》1999. 9. 28.

「緊急醫療網 漏洞待補」,《中國時報》1999. 10. 2.

「大地震震出中央地方財政劃分的問題」,《中時電子報》1999. 10. 4.

「陸委會反駁大陸紅十字會有關向台灣賑災說法」,《中央通訊社》1999. 9. 23.

「李總統指中央到民間救濟組織要有系統的運作」,《中央通訊社》1999. 10. 5.

「百廢待舉, 全民攜手重建家園」,《台灣光華雜誌》1999. 11.

「比起慈濟 921重建基金會績效難堪」,《中國時報》2000. 9. 18.

「善款如何善用考驗政府威信」,《中國時報》1999. 10. 4.

「誰在指揮誰? 政府宜及早建立全國救援指揮體系」,《中國時報》1999. 9. 29.

「是否接受大陸援助我還在評估企盼勿泛政治化」,《中央通訊社》1999. 9. 23.

「英土西救援隊: 從沒有看過這麼亂的智慧系統」,《中時電子報》1999. 9. 27.

「人道關懷地震受災民眾民間政府同心合力捐助」,《中央通訊社》1999. 9. 22.

「長榮集團等民間團體捐款與物資賑災協助同胞」,《中央通訊社》1999. 9. 22.

「財政部將籌措八百億元協助災後重建工作」,《中央通訊社》1999. 9. 25.

「災後重建: 公平最重要」,《經濟觀察報》2008. 6. 2.

「災後重建工作須有效統合並確立優先順序」,《中時電子報》1999. 9. 30.

「災後重建法令關如災害防救法立法為當務之急」,《中央通訊社》1999. 9. 24.

「傳北京逼俄機繞道延誤寶貴十二小時 台婉拒大陸派員救災」,《星島日報》1999. 9. 24.

「中央督導救災連戰擔大旗 先救人後安置再規劃重建」,《成報》1999. 9. 24.

「集集大震」,《聯合報》1999. 9. 30.

「台中市各界紛紛對災民提供援助」,《中央通訊社》1999. 9. 23.

「台中市政府今天發放地震災民撫卹救濟金」,《中央通訊社》1999. 9. 24.

「李總統:不要看TVBS 看華視」,《中時電子報》1999. 9. 30.

「災難現場開CALL‐IN?」, 社團法人九二一震災重建基金會, http://www.taiwan921. lib. ntu.edu.tw/newpdf/ST024.html(검색일: 2014년 4월 25일).

http://en.wikipedia.org/wiki/Tzu_Chi(검색일: 2014년 2월 1일).

http://www.asiae.co.kr/news/view.htm?idxno=2011032316462462336(검색일: 2014 년 2월 1일).

http://www2.tzuchi.org.tw/921/html/11.htm(검색일: 2014년 2월 1일).

http://www2.tzuchi.org.tw/921/html/24.htm(검색일: 2014년 2월 15일).

http://www.lawtw.com/article.php?template=article_content&job_ id=3581&article_category_id=97&article_id=3568(검색일: 2014년 2월 15일).

http://fx.keb.co.kr/FER1101C.web?schID=fex&mID=FER1101C(검색일: 2014년 2월 15일).

http://www2.tzuchi.org.tw/921/pdf/921‐44web.pdf(검색일: 2014년 2월 15일).

http://www2.tzuchi.org.tw/921/html/02.htm(검색일: 2014년 4월 25일).

♪ 7장

북한의 재해, 기근, 사회적 불평등

김병로

1. 서론

작금의 세계는 이상 기후와 환경 재해로 인류의 생존이 심각한 위협을 받는 시대에 들어와 있다. 인간이 문명을 창조하기 위해, 그리고 사회를 보호하기 위해 원자력 발전소와 핵무기를 건설하였으나 그로 인한 기후 변화와 환경 오염은 생태계를 파괴하고 있으며, 지진과 화산 폭발과 같은 자연 재해를 일으키며 수천 년의 문명을 일시에 삼켜 버리는 거대한 위협으로 다가오고 있다. 수년 전 발생한 일본의 대지진과 원전 폭발 사고는 가공할 만한 인공 재난이 우리의 삶에 얼마나 가까이 와 있는가, 그리고 이러한 재해와 재난으로 인류 문명이 한순간에 망가질 수 있다는 것을 새삼 실감케 하였다. 울리히 벡(Ulrich Beck)의 지적처럼 현대 사회가 발전하면 발전할수록 인간이 직면하게 될 인공적인 재난의 위험성은 더 커질 수밖에 없는 것 같다.

우리가 '재난(disaster)'이라고 부르는 사고나 사건은 단순히 불가항력적인 자연 재해를 의미하는 것은 아니다. 그것은 현대 사회의 제도나 기술 문명 및 문화와 직결되어 있는 새로운 형태의 문제 군을 지칭한다.[1] 북한이 1990년대 중반 겪었던 재난도 재해와 기근도 이상 기후와 지구 온난화로 촉발된 단순한 자연 재해 때문만이 아니라 산림 황폐화와 취약한 보건 의료 제도, 식량난과 설비 부족 등 정책과 제도로 인해 피해가 가중되었던 것이다. 이런 점에서 1990년대 중반 수십만의 인명 손실과 엄청난 사회적 혼란을 야기한 재해와 기근은 자연과 문명이 결합된 복합 재난의 성격이 강하며 전형적인 재난이라 할 수 있다.

북한의 재난이 단순한 자연 재해만이 아니라는 사실은 한반도에서 발생한 홍수 피해가 남한과 북한에 전혀 다른 결과를 낳고 있다는 데서 여실히 엿볼 수 있다. 같은 시기에 비슷한 폭우가 쏟아져도 남한에서는 홍수로 인한 인적·물적 손실이 크지 않은 데 반해 북한에서는 남한보다 수백 배 많은 사망과 실종, 이재민을 낳는 현상이 시사해 주는 바가 크다. 한반도와 같이 작고 좁은 땅에서 홍수가 북한에만 집중될 리는 없을 것이며, 설사 북한에 집중 호우가 발생했다 하더라도 그 피해가 남북한 사이에 그토록 큰 피해의 차이를 낳는다고 볼 수는 없는 것이다. 유사한 홍수임에도 북한이 쉽게 피해를 입는 것은 그만큼 북한 사회의 시스템이 취약하다는 것이며, 복원 능력이 현저히 약하기 때문일 가능성이 크다.

물론 이러한 재난은 대개 시스템이 취약하고 복원 능력이 낮은 국가에서 발생하기 때문에 피해국 자체의 힘만으로는 극복하기 어려운 경우가

---

1 박명규, 「녹색평화의 관점에서 본 남북재난협력」, 「민화협 긴급 정책토론회: 북한의 자연 재해와 재난, 남북협력을 모색한다」(한국프레스센터, 2011. 5. 26), 61쪽.

많으며 외부로부터 도움의 손길을 필요로 한다. 이런 점에서 유엔은 재난을 "사회의 기본 조직 및 정상 기능을 와해시키는 갑작스런 사건이나 큰 재해로서 재해의 영향을 받는 사회가 외부의 도움 없이 극복할 수 없고 정상적인 능력으로 처리할 수 있는 범위를 벗어나는 재산, 사회 간접 자본, 생활 수단의 피해를 일으키는 단일 또는 일련의 사건"으로 정의하기도 한다.[2] 더욱이 최근 발생하는 위험과 재난은 급격한 기후 변화와 불가항력적 자연 재해로 인해 발생하여 그 영향력과 범위가 대단히 커서 저개발국은 물론이고 선진국에서조차 당사자의 힘만으로는 해결하기 어려운 것이 현실이다.

자력갱생과 폐쇄 정책으로 일관해 오던 북한도 1990년대 중반 대규모 자연 재해와 극심한 식량난으로 수십만 또는 100만 명에 가까운 사람들이 목숨을 잃는 대재앙을 겪으면서 외부 세계에 도움을 요청하였다. 국가적 재난에 직면한 북한은 1995년 8월 한국 전쟁 이후 처음으로 유엔 인도 지원국(The United Nations Department of Humanitarian Assistance)에 홍수 피해 복구 및 식량 지원을 공식으로 요청했다. 한국 전쟁 이후 북한에 크고 작은 재해와 재난이 있었지만 1990년대 중반에 발생한 홍수 피해와 기근은 이런 점에서 그 심각성을 짐작할 수 있다.

이 논문은 북한이 1990년대 중반에 겪었던 자연 재해와 기근의 실태 및 확산 과정, 재난이 초래한 사회적 결과와 재난 구호를 둘러싼 갈등을 살펴봄으로써 재난의 복합적 특성과 북한 사회 변화에 남긴 흔적을 되돌아보고자 한다.

---

2 이금순, 『남북한 재난 관리 협력방안』(통일연구원, 2001), 4쪽.

2. 북한의 재해 · 기근 실태와 재난의 형성

1) 자연 재해와 기근 실태

북한은 1990년대 중반 유례없는 홍수와 그로 인한 극심한 식량난으로 국가적 재앙에 직면하였다. 북한 당국은 이 재난을 극복하기 위해 유엔 등 외부 세계에 도움을 요청하며 대내적으로는 '고난의 행군'이라는 캠페인을 전개하며 난국을 타개하고자 하였다. 고난의 행군이라는 말은 원래 1930년대 말~1940년대 초 김일성이 일본군의 추격을 피해 쫓겨 다니면서 추위와 배고픔을 참아 가며 유격전을 감행했다고 주장하던 시기를 일컫는 용어로, 북한 당국이 1990년대 중반 북한의 극심한 경제난과 기근을 극복하기 위한 캠페인으로 사용했던 구호다. 본 논문이 분석하려는 1990년대 중반의 재난은 이른바 '고난의 행군' 기간으로 불리는 3년(1995~1997년)과 '사회주의 강행군'으로 불리는 3년(1998~2000년)을 포함하여 1990년대 중반 6년 동안 북한에 불어닥친 총체적 난국을 의미한다.[3]

북한이 1995년부터 짧게는 3년, 길게는 6년 동안 겪은 자연 재해와 대규모 기근(famine)은 한국 전쟁 이후 북한의 역사에서 전무후무한 재난으로 기록된다. 1995년 여름 북한은 유례없는 홍수로 막대한 물적·인적 피해를 입고 유엔 등 외부 세계에 도움과 지원을 요청하였다. 당시의 기록에 따르면 1995년 7월 31일부터 8월 18일까지 거의 20일 동안 하루 평균

---

3 북한은 김일성 주석 사망 이후 시기를 6년 단위로 끊어서 구분한다. 국제고려학회 제9회 국제학술회의(2009. 8. 27)에서 북한 사회과학원 리기성 소장의 설명에 따르면 고난의 행군 (1995~1997)과 사회주의 강행군(1998~2000년)을 포함하여 6년을 '고난의 행군 시기'로 부르며, 2001~2006년까지는 '려명이 밝아온 시기', 2007~2012년까지는 '강성 대국의 대문을 여는 해'로 규정한다.

583mm의 집중 호우가 내렸고 일부 지역에서는 한두 시간 사이에 600mm 의 비가 쏟아지는 이른바 '100년 만의 대홍수'가 발생했다. 이로 인해 농경지 36만 정보가 침수 또는 유실됐고 200여만 톤의 곡물 생산이 줄어들었다. 결국 북한은 그해 8월 23일 유엔에 긴급 지원을 공식 요청했고, 이에 따라 국제 사회의 대북 식량 지원이 시작되었다. 이듬해인 1996년에 또다시 수해가 북한 전역을 휩쓸어 곡물 수확이 큰 타격을 입었고, 1997년에는 극심한 가뭄 피해가 발생하여 북한은 그야말로 3년 동안 인명과 재산에 막대한 피해를 입었다.

1995년과 1996년 여름 2년 연속 발생한 큰 홍수와 1997년의 가뭄으로 많은 사망자와 실종자 등 인명 피해를 초래했고 막대한 재산 피해를 가져왔다. 무엇보다 농경지의 침수와 대규모 이재민의 발생으로 극심한 식량난과 기근을 초래하였다. 1995년과 1996년의 홍수 피해로 수백만의 이재민이 생겨나고 다음해 농사를 제대로 짓지 못하면서 엄청난 아사자를 내는 악순환이 시작된 것이다. 식량난과 기근으로 인한 이 시기의 사회적 혼란은 김정일 위원장 자신이 당시의 상황을 '무정부 상태'로 표현했을 정도로 심각한 것이었다. 김정일 위원장은 1996년 12월 김일성종합대학에서 당 간부들에게 "북한이 지금 식량 때문에 무정부 상태가 되고 있다"고 질타한 사실은 널리 알려졌다.[4] 식량난과 기근으로 주민 수십만이 사망한 과정에서 직장과 학교가 정상적으로 운영되지 못하였다. 2003년 중국 대학의 대학원 과정에 재학 중이던 청진 출신 북한 유학생은 1995~1997년 중학교 재학 중이었으나 학교에 거의 나가지 않았다고 한다. 평양에서는 직장과 학교가 어느 정도 유지되었으나 지방에서는 정상적인 활동이 거의

---

4 「우리는 지금 식량 때문에 무정부 상태가 되고 있다」(1996년 12월 김정일 위원장의 김일성종 합대학 창립 50주년 기념 연설문), 《월간조선》(1997. 4), 306 - 317쪽.

불가능했던 것으로 알려져 있다.

이 시기 재난의 심각성은 생존자들의 보건 의료 실태로 짐작해 볼 수 있다. 세계보건기구(WHO)와 월드비전 등이 보고한 자료에 따르면 기근으로 북한 주민들의 영양 부족, 그리고 특히 취약 계층의 질병 감염은 매우 심각했던 것으로 파악된다. WHO 조사팀은 평북 박천군의 한 병원에서 1995년 10월부터 1997년 3월 사이에 소아 영양실조가 세 배 증가하였고 감염성 설사와 급성 호흡기 질환이 광범위하게 나타나고 있다고 보고하였다. 1997년 7월 월드비전 의료팀도 북한의 평양, 원산, 사리원, 해주, 평산 등 5개 지역의 보육원, 어린이센터의 2세 이하의 유아 547명 가운데 85%가 영양실조 상태이고 29%는 극심한 영양실조를 겪고 있으며, 98%는 발육 저하 상태에 있다고 보고했다. 세계식량기구(WFP)의 버티니(C. Bertini) 사무국장은 북한 어린이들의 손마디 뼈가 드러났으며 영양 부족으로 머리 색깔이 붉은색으로 변했다고 보고하는가 하면, 월드비전의 앤드류 나치오스(Andrew Natsios)는 북한의 식량 부족은 1980년대 중반의 에티오피아 기근보다 더 심각하며, 북한 어린이들의 상황은 에티오피아 기근 사태에서 볼 수 있는 것과 유사하다고 평가하기도 했다.[5]

1995~1997년의 홍수와 가뭄 피해로 농업 기반이 무너지면서 이후 3년 동안(1998~2000년) 식량난과 기근이 지속되었다. 1998년과 1999년에도 이전처럼 심각하지는 않았으나 홍수와 가뭄이 반복되었고 사회주의 경제의 경직성과 낙후성, 비효율성 때문에 대량 아사는 지속되었다. 북한은 1998년 8월 김정일 정권 출범을 알리는 대포동 미사일을 발사하며 흐

5 *USA Today*(July 25, 1997); Andrew S. Natsios, *The Great North Korean Famine: Famine, Politics, and Foreign Policy*(Washington. D.C.: United States Institute of Peace, 2001).

트러진 사회 질서를 다잡고 재난 극복을 시도하였으나 농업 기반과 사회주의 경제 제도의 취약성 때문에 아사자의 발생을 막기 어려웠다. 1990년대 중반 이후 2000년까지 약 6년 동안 수백만 명의 아사자가 발생했다는 보도가 나온 것도 이 시기 자연 재해와 기근이 얼마나 심각했는지를 말해 준다. 북한의 황장엽 전 로동당 비서는 1997년 2월 자신이 북한에서 떠나기 전 150만 명이 사망했다는 보고를 받은 바 있어서 그 이후 아사자를 포함하면 최소한 150만 명을 넘을 것이며 250만 명이 될 것으로 평가하였다.[6] 미국에서는 약 100만 명 또는 200만 명, 남한은 약 300만 명의 인명 손실이 이 기간 중에 발생했을 것으로 각각 추정하였다.

자연 재해와 재난의 심각성을 보여 주는 단적인 지표가 인적 피해일 것이다. 그러나 워낙 북한의 기근이 심각하였고 사회 질서가 와해된 상태여서 아직까지도 이 시기 아사자에 대한 정확한 숫자가 밝혀지지 않고 있다. 북한 당국은 자연 재해와 기근으로 약 28~30만 명의 주민이 사망한 것으로 발표하였으나, 미국과 남한의 연구 기관들은 이를 불신하고 있고 기아 사망 규모가 그보다는 훨씬 클 것으로 추정하고 있다. 최근 인구학자들이 유엔의 북한 센서스 자료를 활용하여 아사자 규모를 추정하는 시도를 하여 흥미로운 결과를 도출하였다. 유엔은 2009년 북한의 중앙통계국과 함께 북한 인구 센서스 조사를 실시하였는데, 인구학자들은 1993년 유엔 조사 자료와 비교하는 작업을 통해 식량 부족으로 야기된 기아 사망 규모 분석 작업을 하여 개략적으로 그 수치를 밝히는 데 성공하였다. 그에 따르면 식량 부족으로 1990년대에 24~42만 명의 추가 인명 손실을 입었

---

6 우리민족서로돕기 불교운동본부, 『북한 식량난의 실태』(1998. 5), 26쪽; Council on Foreign Relations, Managing Change on the Korean Peninsula(June 1998), 8쪽; 《문화일보》 1998년 5월 21일자.

고, 1993~2008년 기간 중 60~85만 명이 사망한 것으로 추정되었다.[7] 다시 말하면 1990년대 중반 이후의 자연 재해와 기근으로 최소 24만 명, 최대 42만 명의 아사자가 발생하였고, 2000년대에도 1990년대와 비슷한 20~40만의 추가 아사자가 발생한 것이다. 이 아사자 규모는 북한의 자연 사망률(연간 12만 명)을 제외하고 순전히 식량 부족으로 추가된 사망자 숫자를 의미한다.

아사자 규모만으로 재난을 평가한다면 북한의 재난은 2000년대까지도 지속되고 있는 셈이다. 1990년대의 재해와 기근으로 많은 인명 피해가 이미 있었음을 감안하면 2000년대에 그와 맞먹는 아사자가 추가로 발생했다는 사실은 북한의 기근이 더 심각한 것으로 추정할 수 있다. 이렇듯 심각한 기근 상황은 북한 주민들의 보건 의료 실태가 여전히 개선되지 않고 있다는 데서 엿볼 수 있다. 북한 당국의 공식 발표에 따르면 2001년 전후로 결핵 환자와 말라리아 등 전염성 질환자가 각각 5만 1000명, 30만 명에 이를 만큼 식량난과 경제 침체로 인한 북한 주민들의 보건 의료 실태는 매우 열악하다.[8] 2012년 북한 영유아의 영양 상태에 대한 국제기구와 북한 당국의 공동 보고서에 따르면, 북한 5세 미만 어린이의 약 28%가 만성 영양 불량 상태였다. 그리고 영양 불량률에 대한 지역 간 편차가 매우 커서 그 비율이 40%에 달하는 지역도 보고되었다. 이러한 수치는 '고난의 행군' 시기 60%를 넘어섰던 영양 불량률에 비하면 많이 호전된 것이지만, 남한을 포함한 일반적인 국가에서 이러한 수치가 3% 미만임을 감안하면 여

---

7 Thomas Spoorenberg and Daniel Schwekendiek, "Demographic Changes in North Korea: 1993~2008," *Population and Development Review*, Vol. 38, No. 1, March 2012, pp. 133–158.

8 대북협력민간단체협의회·대북지원민관정책협의회, 『대북지원 10년 백서』(대북협력민간단체협의회, 2005), 180쪽.

전히 높은 수준이다.[9] WFP는 북한의 인구 가운데 610~900만 명은 기아 선상에 놓여 있는 것으로 평가하고 있는데, 보건 의료 제도의 취약성과 지속되는 식량난을 감안하면 주민들의 건강과 전반적인 생활 여건은 여전히 열악한 상황이다.

그러나 2000년대의 자연 재해와 재난은 1990년대 중반에 발생한 재해와 비교해 볼 때 국가의 대응과 복원력에서 상당히 다른 국면으로 전환되었다고 할 수 있다. 식량난과 기근을 극복하기 위해 2002년 '7·1 조치'를 단행하여 시장화를 통해 제도를 개선하려는 노력을 기울임과 동시에 각종 경제 특구 정책을 시행하여 재난에 대한 적극적인 대응을 시도하였다. 2004년 4월에는 용천역 폭발 사고로 전체 가구의 40%가 파괴되고 1800여 명의 사상자가 발생하였으나 국제 구호 요청과 신속한 대응으로 재난을 극복하였다. 2007년과 2012년에도 대홍수로 각각 88명과 170명이 목숨을 잃고 수만 명의 이재민이 발생하였지만 국제 지원과 국가적 대응으로 심각한 재난으로 발전되지는 않았다. 물론 2000년대 이후에는 1990년대 재난의 학습 효과가 있어서 대응 체계 구축이 도움이 되었을 것이다. 즉 1990년대에는 지구 온난화와 이상 기후라는 예상치 못한 환경 문제에 대해 대응책을 전혀 대비하지 못했으나, 2000년대에는 세계적 난제인 기후 변화 문제를 의식할 수 있었고 경제 개혁 등 제도적 대응과 복구 대책 마련 등으로 심각한 재난으로 비화되지는 않았다.

---

9 윤지현, 「통합적 통일준비와 서울대 연구네트워크 구축 방안: 영유아 지원 영역」, '서울대 통일연구네트워크 구축 회의: 경계를 넘어선 평화구축과 통일구상'(서울대 호암교수회관, 2014년 4월 28일), 20쪽.

2) 재난의 형성과 복합화

1990년대 북한의 재난은 자연 재해와 농경지 유실, 이재민 발생 등으로 촉발되었으나 그 배경에는 북한의 경직된 다락밭 정책과 취약한 보건 의료 제도, 중앙 배급 체계, 그리고 국가 발전 전략까지 여러 요인이 복합적으로 작용한 결과로 발생한 것이다. 가장 직접적인 원인은 이상 기후로 인한 홍수와 자연 재해를 들 수 있다. 당시 북한 당국의 발표에 따르면 1995년의 대홍수는 지구 온난화를 비롯한 기후 변동 영향으로 집중 호우가 내려 그 피해가 매우 컸다. 주택과 공장, 농경지, 탄광 등 산업 시설이 침수되고 전력망과 철도, 도로 등이 유실되는 그야말로 '100년 만의 대홍수'가 발생한 것이다. 그러나 좁은 한반도 땅에서 북한과 남한에 동시에 집중 호우가 내리는데 남한에서는 피해가 적은 반면, 북한 쪽의 피해가 유독 큰 이유를 자연 재해만으로 설명하기는 곤란하다.

유엔환경계획(UNEP)은 북한의 재난을 야기한 중요한 원인으로 황폐화된 산림을 지적한다. 북한의 황폐화된 산림이 가뭄과 홍수, 산사태 등 자연 재해를 가중시키고 농경지를 훼손하는 문제가 심각하다고 지적한다.[10] 농지가 상대적으로 부족한 북한이 식량 증산을 위해 산림을 농경지로 전환하는 '다락밭 정책'을 추진하면서 산림을 훼손한 결과 홍수가 발생하면 토양 침식이 일어나고 강하천에 누적된 토사는 강하천의 범람을 초래하여 홍수 피해가 가중되는 결과가 생겨났다는 것이다. 경사지 개발(다락밭과 떼

---

10 UNEP, *DPR Korea: State of the Environment 2003*(UNEP, 2003); UNEP, *DPRK Environment and Climate Change Outlook*(UNEP, 2012); UNEP and DPRK Ministry of Land and Environment Protection, *Democratic People's Republic of Korea Environment and Climate Change Outlook*(UNEP, 2012); 이종운·홍이경, 「북한 환경문제의 실태와 국제 사회의 지원방안」, 《KIEP 지역경제 포커스》 제6권 제38호, 2012, 3-4쪽.

기밭 개간)과 산림 불량화(땔감 부족으로 인한 남벌)는 호우 때마다 산사태와 토사 유출을 유발시켜 하천 범람에 따른 상습적 수해의 발생 원인이 되고 있다. 경사지에 발생하는 토양 침식은 연간 ha당 60톤 정도이며, 심한 경우 100톤을 초과하기도 하는데 이러한 토사가 강하천에 쌓이면 적은 우량에도 쉽게 범람하여 농작물에 큰 피해를 입힌다. 또한 산림 벌채 이후 나대지로 방치된 산지(민둥산)의 토지는 토양 영양 염류의 유출량 증가와 토사 유출로 말미암아 삼림 복원의 잠재력이 크게 훼손되어 있다. 따라서 홍수가 직접적인 원인이겠으나 북한의 다락밭 정책이 피해를 가중시켜 재난으로 발전시키는 중요한 원인이라 할 수 있다. 산림 황폐화로 홍수 피해가 더 악화되고 그로 인해 식량 생산이 감소하며 이를 극복하기 위해 북한은 더 많은 다락밭 개간과 벌목으로 산림을 훼손하는 악순환이 되풀이되고 있다. 이러한 악순환은 저개발 국가에서 식량난과 굶주림이 반복되는 전형적인 패턴이다.[11]

다락밭 개간이나 삼림 훼손의 원인을 더 자세히 따져 보면 북한의 사회주의 경제 체제가 갖고 있는 근원적인 문제에 도달한다. 왜냐하면 1990년대의 대기근은 1995년에 대홍수로 촉발되기는 하였지만, 1980년대 후반부터 만성적으로 누적된 북한의 식량 문제로 야기되었기 때문이다. 북한이 1997년 6월 유엔에 보고한 자체 경제 평가를 보면 1989년 1인당 GNP 911달러를 정점으로 하강 국면에 접어들어 1995년의 1인당 GNP가 239달러에 불과한 것으로 드러났다.[12] 이러한 자료에 따르면 북한 경제는 홍수 피해 이전에 이미 심각한 문제에 봉착해 있었고, 1980년대 후반부터 식량

---

11 김병로, 「북한의 문화·생태적 상황」, 박명규·김성철·이찬수 외. 『녹색평화란 무엇인가?』(아카넷, 2013), 277–305쪽.

12 통일원, 《주간 북한동향》 제336호, 1997, 16쪽.

사정이 악화되기 시작하여 1993년에는 식량 자급률이 58.7%를 기록할 정도로 만성적인 식량난을 겪었음을 보여 준다.[13] 그 결과 100만 톤 정도가 부족하던 식량난은 1990년대 초에 200만 톤으로 늘어났고, 이처럼 누적된 식량난이 자연 재해를 계기로 악화되면서 대재난을 촉발하였던 것이다.

한편 재난의 발생은 북한의 취약한 보건의료와 복지 제도 때문이기도 하다. 북한은 1980년대까지 복지 제도와 의료 제도가 그런대로 작동하였으나 1990년대 들어 현저히 약화되었다. 1980년대 후반부터 경제 발전이 정체되고 보건 의료 시설이 열악하여 주민들의 건강과 영양을 제대로 공급하지 못했고 식량난으로 기근 상태에 놓인 주민들을 전혀 보살펴 주지 못했다. 재해와 기근을 관리·통제할 물적 기반과 능력이 떨어져 있어 천재지변이나 인공 재난, 전염병 등의 위험에 매우 취약했다. 북한의 보건 의료 시설이 열악하고 의약품을 구비할 경제적 능력이 부족하여 기근이나 영양 부족 환자들을 치료하지 못하여 사망하는 경우가 많았다. 홍수 등 자연 재해로 인해 그렇지 않아도 열악한 병원 시설이 파괴되어 치료를 할 수 없는 상황에 이르렀다. 학교도 대부분 실질적으로 폐쇄된 상태였다. 재해와 기근이 심각한 사회적 재난이 되는 데는 보건 의료와 교육 제도 등 보호 시설과 대응 체계의 취약성이 중요한 촉매제 역할을 하였다.

제도와 관련하여 또 하나 지적해야 할 부분은 북한의 배급 체계다. 북한은 사회주의 복지 제도로 중앙 배급 체계를 유지해 왔는데, 이 배급 체계를 갑자기 중단함으로써 집단 아사자가 대량으로 발생하였기 때문이다. 탈북자들의 증언에 따르면 고난의 행군 기간의 집단 아사자는 정부의 배급을 믿고 기다리다 사망한 '순진한' 사람들이 많다고 한다. 사회주의 배급

---

13 최수영, 『북한의 농업정책과 식량문제 연구』(민족통일연구원, 1996), 69–74쪽.

체제에 익숙한 사람들이 생존을 위한 자구책이 없는 상태에서 국가의 배급 체계가 마비되자 속수무책으로 사망에 이르게 된 것이다. 물론 '고난의 행군' 시기에도 국가는 간부들을 대상으로 선별적 배급을 실시하였다. 그 과정에서 중앙 정부의 배급을 믿고 기다렸지만 중앙 배급의 혜택을 받지 못한 사람들은 영양실조와 질병으로 사망하게 된 것이다.

마지막으로 지적할 부분은 북한 당국의 정치적 또는 정책적 선택의 측면이다. 왜냐하면 북한이 생존에 대한 대책을 마련하는 데 노력하지 않고 '고난의 행군'이라는 내핍 정책을 통해 재난을 극복하도록 정책을 추진함으로써 대량 아사가 촉발되었다고 보기 때문이다. 사실, 북한은 2007년 8월에도 매우 심각한 홍수 피해를 입었고, 북한도 이때의 농경지 침수 등 재산 피해와 인명 피해를 1995년에 버금하는 것으로 평가하였다.[14] 2012년에도 6월 말부터 7월 말까지 발생한 홍수로 169명이 사망하고 400명이 실종되는 등 심각한 피해를 입었다. 1967년 수해 때에도 평양시 거의 대부분이 물에 잠겨 인적·물적 피해가 상당했다고 한다.[15] 그러나 1960년대나 2000년대에는 1990년대와는 달리 국가적으로 '고난의 행군'을 선포하는 방식으로 대응하지는 않았다. 물론 1995년의 수해가 평안북도와 자강도, 량강도, 함경남도, 강원도 등 북부 지역에 집중되었고 520만 명이라는 엄청난 이재민이 발생하였다는 점에서 절대적 피해가 컸던 점을 부인할 수 없는 사실이다. 그럼에도 불구하고 1990년대의 재해와 기근이 대재난으로 비화된 데에는 북한 당국의 의도적 선택, 정책적 선택이라는 측면을 간과할 수 없다.

1990년대 북한의 재난이 당시 북한 당국의 의도적이며 정책적 선택의

---

14 《통일뉴스》 2007년 8월 19일.
15 《연합뉴스》 2007년 8월 19일.

결과라는 부분은 북한의 지역 자립 체제와 관련이 있다. 김정일 위원장은 1960년대부터 전쟁을 준비하되 전시 체제가 장기화될 것에 대비하여 경제-국방 병진 노선을 골간으로 지역 자립 체제를 구축해 왔다.[16] 김정일 자신은 1964년 자신의 대학 졸업 논문을 통해 한반도에서는 전쟁과 같은 유사시를 대비하여 군(郡) 단위의 자급자족 체제가 필요함을 역설하였는데, 전쟁과 같은 유사시를 대비하여 준비한 이 지역 자립 체제를 '고난의 행군'이라는 이름으로 이 기간에 본격 가동하였다는 사실이다. 그 결과 중앙 정부의 경제적 조정 역할이 중단되고 시·군·구역별로 자급자족 체제로 전환하였으며 이 새로운 체제에 적응하지 못한 수많은 사람들은 굶주림으로 사망하였다. 즉 북한 당국이 전시를 대비하여 준비해 온 지역 자력갱생 정책을 이 시기에 본격적으로 가동함으로써 인명 피해가 더 커졌다고 보는 것이다. 이런 관점에서 보면 북한 당국이 전시를 대비하여 준비한 지역 자력갱생 정책을 정권 유지를 위해 무리하게 추진함으로써 재난을 가중시켰다고 볼 수 있다. 탈북자들은 북한이 중앙 정부의 식량 공급을 중단하고 자체적으로 해결하라고 지시한 시기가 홍수 피해 이후가 아니라 대홍수 이전인 1995년 4~5월경이라고 주장하기도 한다.[17] 이러한 배경 때문에 일부에서 북한의 재난이 자연 재해가 아니라 북한 당국의 의도적인 살인이라는 비판까지 나오고 있고, 자연 재해를 구실로 식량 지원을 받기 위해 식량난과 기근 실태를 부풀려 발표했다는 의혹이 나오기도 하였다.

이처럼 자연 재해가 반복되고 주민들의 삶이 위협받는 배경에는 자연 재난이 그 중요한 원인의 한 축을 형성하고 있으나, 북한의 다락밭 정책과

---

16 김병로, 『북한의 지역자립체제』(통일연구원, 1999).

17 김병로, 「북한의 분절화된 시장화와 정치사회적 함의」, 《북한연구학회보》 제16권 제1호, 2012, 103-104쪽.

주체 이데올로기, 식량 배급 정책, '고난의 행군'의 정치적 선택 등의 요소가 복합적으로 작용했기 때문이라 할 수 있다. 북한과 같은 사회주의 체제는 국가주권 의식이 강한 데다 문화적 침투를 두려워하여 국제 사회와 원활한 교류가 이루어지지 않기 때문에 재난이 발생할 경우 주민들의 피해가 심각해진다. 또한 경제 발전 수준이 열악하고 경직된 관료 문화가 자리 잡고 있어서 대응 체계가 매우 취약하며, 발생한 재난에 효율적으로 대처하지 못하여 그 피해가 더 확대된다. 재난은 최근에 이를수록 단순형 재난에서 복합형 재난으로 변하고 있고, 우발적 재난으로부터 사회 시스템이 구조적으로 양산하는 '조직 재난'의 유형으로 전이되고 있다.[18] 이런 점에서 1990년대 북한의 재난도 단순한 피해로 끝날 수 있는 자연 재해가 제도와 문화의 취약성, 정책과 대응 체계의 부실, 그리고 정치적 문제 때문에 피해가 증폭된 재난의 전형적인 특성을 보여 주고 있다.

3. 재난의 확산과 국가의 대응

1) 재난의 확산과 파장

북한의 재난은 여러 측면에서 북한 사회의 구조와 주민들의 삶에 영향을 미쳤다. 무엇보다 먼저 대규모 재난은 주민들의 지리적 이동을 촉진하였다. 재해와 기근으로 직접적인 피해를 입은 사람들은 생존과 식량 구입을 위해 이동을 시작했기 때문이다. 앞에서 언급한 바와 같이 북한은 지

---

18 이재열 외, 『한국사회의 위험구조 변화』(정보통신정책연구원, 2005), 78-212쪽.

역 자립 체제에 의해 시·군 안에서 기본적인 생활을 하도록 되어 있어서 시·군 경계를 벗어나 타 지역으로 이동하려면 통행증 허가를 받아야 한다. 그러나 기근이 악화되어 식량 배급이 중단되자 도시 지역 빈민층이 기근을 모면하기 위한 이동을 시작했다. 특히 평야 지대로 이루어진 황해도의 식량 사정이 비교적 나은 편이라는 생각에서 함경도 주민들의 일부는 수산물과 공산품을 가지고 황해도 지방에서 쌀, 옥수수 등과 교환해 가져오는 등 함경도와 황해도 간의 주민 이동이 늘어났다.[19]

1990년대 북한의 재난이 기근을 겪는 빈민층의 지리적 이동을 증가시켰다는 것을 수치로 증명하기는 쉽지 않다. 이 시기 식량 구입을 위해 중국으로 탈출한 사람들을 대상으로 조사한 자료에 따르면 고난의 행군 시기에 식량을 구하러 다른 지역으로 다녔다고 응답한 사람은 1.9%로 많지 않으며, 실제 인구 이동률은 770명의 면담자 중 37명이 응답하여 3.9% 정도에 그친다.[20] 절대 수치로는 높지 않지만 지리적 이동의 자유를 허용하지 않는 북한이라는 점을 고려하면 이 정도의 유동성도 적지 않은 규모다. 이러한 경향은 2000년대에도 지속되어 유동성이 50% 이상으로 증가했음을 볼 때 고난의 행군 재난이 주민 유동성에 큰 영향을 미쳤음을 알 수 있다.[21] 특히 국경 인근에 거주하는 주민들이 식량 구입을 위해 중국으로까지 이동했음을 볼 때 북한 내부에서의 이동은 훨씬 높았을 것으로 짐작된다.

둘째로 주민들의 지리적 이동은 국경을 넘는 '탈북'으로 발전하였다. 많

---

19 박형중, 『90년대 북한체제의 위기와 변화』(민족통일연구원, 1997), 46쪽.

20 우리민족서로돕기 불교운동본부, 앞의 책.

21 탈북자 조사에 따르면 2000년대 후반의 주민 유동성은 55.8%(2008년)→62.4%(2009년) →62.9%(2011년)→69.2%(2012년)→63.9%(2013년)로 상승하였다. 송영훈·김병로·박명규, 『북한 주민통일의식조사 2008~2013: 북한이탈주민에게 묻다』(서울대 통일평화연구원, 2014), 82쪽.

은 북한 주민들이 북한 안에서 이동을 하였지만 기근 때문에 국경을 넘는 탈북이 대량으로 확산된 것이다. 대부분의 국경 탈출자들은 중국에 단기 또는 장기간 체류하면서 식량을 구입한 후에는 북한으로 돌아갔지만, 그중 북한 체제를 영구히 탈출하여 남한과 제3국으로 망명을 시도하는 '탈북자'가 발생하였다. 고난의 행군 시기에 식량을 구하기 위해 중국으로 탈출한 유동 인구는 20만 명 정도로 추정된다.[22] 이후 중국으로의 탈출자가 30~50만 명까지 늘어났다는 평가도 나왔으나 정확한 숫자를 파악하기는 어려운 실정이다.

셋째로 남한과 제3국으로 망명한 탈북자들은 북한의 인권 실태와 문제점을 국제 사회에 환기하는 계기를 마련하였다. 1997년 유엔 인권소위원회에서 북한 인권 문제가 처음으로 논의되었는데, 여기에는 인권소위원회 위원으로 활동하는 프랑스 출신 위원이 탈북자의 증언에 충격을 받고 북한의 인권 문제를 적극적으로 거론했다고 한다. 이 탈북자들의 증언이 바탕이 되어 2003년에는 유엔 인권위원회로 북한 인권 문제가 옮겨졌고 2014년에는 유엔 안보리에서 논의하는 상황으로 발전하였다. 재난이 주민들의 탈북을 촉진하였으나 그 탈북 현상이 또 다른 인권 문제를 야기하며 파장을 일으켰다. 식량 부족으로 발생한 20~30만 명의 대량 탈북은 지리적 이동과 국경 이동이 철저히 차단되어 오던 북한 사회에 심대한 충격을 주었고 인권 문제와 체제의 억압성을 폭로하는 파급 효과를 가져왔다. 탈북자를 통해 북한 재난의 국제적 확산, 즉 재난의 국제화가 촉진된 것이다.

넷째로 북한의 재난은 정보 유통의 증대와 불신의 확대를 촉진하였다. 앞에서 언급했듯이 주민 유동성과 국경 탈출이 증대하면서 자연스럽게 외

---

22 우리민족서로돕기 불교운동본부, 앞의 책, 12쪽.

부 정보의 유통과 문화 접촉이 늘어났다. 통신 시설이 미비하고 외부의 정보를 접할 기회가 많지 않은 상태에서 유동 인구와 탈북자를 통해 정보와 문화의 유입이 급격하게 늘어난 것이다. 그 동안 조선족 보따리장수와 해외 교포들의 북한 방문, 해외 유학생 및 해외 파견자들의 북한 귀환 등을 통해 외부 정보가 유입되었으나 그 범위는 제한적이었다. 그러나 수십만의 탈북자와 국내 이동자를 통해 중국 및 한국의 발전상을 처음으로 접하게 되었고, 한국의 방송을 비밀리에 청취하는 사람들이 늘어났다. 중국의 발전상과 한국의 소식을 들은 북한 주민들은 식량을 구하기 위해 더 적극적인 탈북을 시도하였고 생존을 위한 생계형 탈북은 점차 더 나은 삶을 위한 생활형 탈북으로 진화하였다. 이 모두 북한의 재난이 촉발한 사회적 결과라 할 수 있다.

정보 유통의 증가와 함께 나타난 현상은 각종 루머와 소문, 유언비어가 빠르게 퍼졌다는 점이다. 국가와 정부, 언론에 대한 신뢰가 낮은 상황에서 재해와 기근, 재난이라는 사회적 혼란이 초래되자 공식 발표를 신뢰하지 않고 주변 사람들의 말과 회자되는 소문에 귀를 기울이고 더 신뢰하게 된다. 북한 당국도 대외적으로는 당시의 대홍수와 기근으로 30만 명 정도가 사망했다고 발표하면서도 내부 학습을 통해서는 250만 명이 사망했다는 식의 입장을 취하여 정보를 신뢰하기 어려웠던 점도 있다. 지역과 지역을 오가며 장사하는 사람들과 탈북자들은 외부의 소식을 처음으로 접하면서 한국이 일본보다 잘산다는 등 과대 평가를 하였고, 인육을 먹는다는 소문도 신빙성 있게 떠돌았다. 북한과 같이 폐쇄되고 통제된 사회에서 정부와 국가, 언론에 대한 신뢰가 낮기 때문에 재해와 기근으로 사회적 혼란 상황에서 믿을 수 없는 소문과 유언비어, 사적 정보가 빠르게 확산되었고 사회적 불신이 더 확대되었던 것 같다.

다섯째로 재난은 생존을 위한 주민들의 사적 경제 활동과 시장 활동을 촉진하였다. 고난의 행군 이전에도 북한에서 장마당은 오랫동안 지속되어 왔지만 극심한 재해와 기근을 겪으면서 이를 모면하기 위해 장사와 장마당이 번창하였다. 협동농장 농민들은 물물 교환을 하거나 텃밭 등에서 생산한 식량과 식료품을 사고파는 비공식적이고 사적인 활동을 시작함으로써 장마당과 시장이 급성장하였다.[23] 원래 장마당에서는 쌀과 주류 등의 물품은 거래가 금지되어 있었으나 기근 때문에 국가의 규제가 이를 막을 수 없었다. 고난의 행군 기간 동안 수많은 사람들이 굶주림으로 사망하는 것을 목격하면서 북한 주민들은 비로소 생존에 대한 강한 욕망이 생겨났다고 한다. 북한의 한 경제 간부는 "이대로 있다가는 우리만 붉은기를 지키다가 굶어 죽고 만다는 공포에 백성은 정신이 버쩍 들었다. 당과 국가의 본색을 깨달은 인민은 장마당으로 달려갔다. 수십 년간 잠들고 있던 백성의 장사귀신(장사의 넋)이 깨여났다"고 말한다.[24]

2) 재난 극복을 위한 국가의 대응

재난은 북한 정부의 대응과 태도에도 영향을 미쳤으며 북한 정부는 재난 극복을 위한 몇 가지 활동을 시작하였다. 북한 정부는 1995년 재해를 기점으로 '정보의 공개'를 시작하였다. 북한은 홍수 피해 상황을 비교적 상세히 유엔에 보고하였을 뿐 아니라 북한의 경제 실정에 대해서도 비교적 정확히 평가하여 보고하였다. 그 한 예로, 북한이 1997년 6월 유엔에 보고한 자체 경제 평가에는 1989년 1인당 GNP 911달러를 정점으로 하강 국면

---

23 박형중, 앞의 책, 17-23쪽.
24 「인터뷰—우리나라의 경제형편(상)」, 《림진강》(2007. 11), 54쪽.

에 접어들어 1995년의 1인당 GNP가 239달러에 불과한 것으로 보고했다.[25] 그 이전까지 1인당 국민소득을 2600달러로 발표했던 관례에 비추어 보면 파격이라 아니할 수 없다. 때문에 1인당 GNP를 239달러로 공개했다는 것을 어떻게 이해해야 할 것인가를 두고 의견이 분분하였다. 북한이 외부의 원조를 받기 위해 피해 상황을 부풀린 반면, 경제 사정이 어렵다는 것을 부각시키려고 의도적으로 낮게 보고했다는 의심을 받기도 하였다. 정보 공개를 극도로 꺼리는 북한이 홍수 정도, 수치, 지명, 특성까지 일일이 보도하고 있는 것은 이런 점에서 특이한 일이다.[26] 북한의 정보 공개가 어느 정도 정확한가, 외부의 식량 지원을 받기 위해 정보 외교를 하는 것은 아닌가라는 의구심은 여전히 남아 있으나, 재난을 계기로 북한이 국제 사회와 교류하기 위해 국제적 기준에 맞게 정보를 정확히 평가하고 비교적 정확한 정보를 제공하게 된 것은 재난이 야기한 중요한 결과라 할 수 있다.

둘째로, 북한 당국은 식량난과 기근을 극복하기 위한 국가 정책 수립을 추진하였다. 재난을 극복하기 위해 국가적 차원에서 종합 시장을 제도화하여 장마당과 시장 활동을 활성화한 것이다. 2002년 7월 북한 당국은 장마당을 시장으로 양성화하는 이른바 '7·1경제관리개선조치'를 취하고 전국적으로 300여 개 이상의 종합 시장을 신설하며 화폐 경제와 시장적 교환에 입각한 새로운 경제 체제를 도입하였다. '7·1조치'로 농민 시장이 종합 시장으로 개편되면서 오랫동안 북한에서 사회적으로 부정적인 것으로 인식되었던 '장사 행위'가 또 다른 능력으로 인정받을 수 있게 되었다.[27] 재

---

25 통일원, op. cit.

26 2007년 여름 홍수로 평양이 모두 침수되었을 당시에도 7월 7일부터 18일까지 580mm의 비가 내렸고 강원도 지역에서는 처마 밑까지 잠길 정도로 피해를 입은 모습을 즉각 공개하였다.

27 최수영, 『'7·1경제관리개선조치' 이후 북한경제 변화전망』(통일연구원, 2004), 55–56쪽.

해와 기근이라는 대재난을 겪지 않았다면 사회주의 체제의 경직된 경제 관리 시스템을 시장 체제로 전환하는 모멘텀의 형성은 거의 불가능했을 것이다. 이런 점에서 북한의 재난은 정부로 하여금 기존 정책을 비판하고 새로운 국가 정책 방향을 수립하는 데 결정적인 역할을 했다고 할 수 있다.

셋째로, 북한 당국은 유엔 등 국제 사회에 적극 협력하는 정책으로 전환하였다. 앞에서 설명했듯이 북한은 홍수 피해를 입은 1995년 8월 즉각 유엔에 지원을 요청하였다. 사회주의권 붕괴 이후 바짝 긴장하던 북한이 1991년 9월 유엔에 가입하였으나 유엔과 교류를 하게 된 계기는 이때부터이다. 유엔이 북한의 지원 요청을 받고 적극적으로 대응하며 대북 지원 캠페인을 전개한 이유는 북한의 홍수 피해 자체가 크고 심각했기 때문이었겠지만, 폐쇄적이고 극단적인 은둔을 고집하던 북한에 대한 호기심과 정치적 필요성도 있었을 것으로 생각된다. 당시 북한은 미국 및 서방 세계와 핵 문제로 갈등을 빚다가 1994년 10월 제네바합의로 대화의 국면에 있었다. 유엔은 북한의 재난을 계기로 서방 세계와 관계 개선을 도모할 수 있다는 외교적 의도도 갖고 있었을 것이다. 북한으로서도 유엔 가입 이후 첫 번째로 유엔과 관계를 맺는 사건이어서 북한의 유엔 지원 요청은 은둔 상태였던 북한이 '커밍아웃'을 결행한 계기라 할 수 있다. 북한 당국의 이러한 정책 변화로 유엔의 북한에 대한 관여(engage)가 시작되는 계기가 마련되었다.

4. 재난의 사회적 결과: 불평등 구조의 심화와 트라우마 형성

북한의 재난은 구조와 심리의 두 차원에서 북한의 사회 변화를 가져왔다. 하나는 사회적 불평등 구조를 심화시킨 것이고, 다른 하나는 재난이 개인적·사회적 트라우마를 형성했다는 점이다.

1) 불평등 구조의 심화

재난이 발생하면 가장 먼저 일차적 피해의 대상인 취약 계층의 생존을 위협한다. 이런 점에서 사회의 빈민층이나 취약 계층은 특히 재난에 일차적인 희생자가 되기 쉽다. 재난 초기에 식량을 구입하기 위해 국내 및 국경 이동을 시작한 사람들은 대다수 빈곤층이었다. 빈곤 계층 주민은 중앙 정부로부터 식량 공급을 받지 못하는 상황에서 식량 구입을 위해 친인척이 거주하는 타 지역으로 이동하거나 생계를 위해 아예 주택 및 기타 생계 수단을 처분하고 유민 상태로 도시나 국경 지역으로 이동하는 경우가 많았다. 빈곤 계층은 가족들이 생존을 위해 각자 살길을 찾아 이동을 시작한 결과 가족이 해체되고 와해되는 상황에 이르렀다. 재해나 기근으로 재난이 발생하는 경우에 취약 계층이 가장 심각한 위기에 처하게 됨을 알 수 있다.

국내의 생활 기반을 완전히 포기하고 나라를 떠난 탈북자들도 대부분 빈곤층이었다. 남한으로 입국하여 거주하고 있는 탈북자들의 사회적 지위가 대부분 빈민층이나 중하층이라는 사실이 이를 증명한다.[28] 재난 발생으로 사회 질서가 붕괴되고 지원 체계가 작동하지 않으면 재난에 직접적으로 타격을 입는 집단에서는 가족이 해체된다. 북한의 빈곤층도 사회적 지원 시스템이 붕괴된 상태에서 재해와 기근으로 가장 큰 피해를 입었다. 빈곤층 가운데 극한의 굶주림을 견디지 못해 부모와 자녀, 남은 가족을 위

---

28 송영훈·김병로·박명규, 앞의 책.

해 거주지를 떠나지 않을 수 없는 사람들이 생겨났고 가족의 이산과 해체를 경험하였다. 특히 생존을 위해 국경을 탈출한 탈북자들은 굶주림 때문에 가족을 떠나 더 혹독한 경험을 함으로써 마음에 깊은 상처를 갖게 되었다.[29] 생존의 위협과 가족 해체로 빈곤층의 삶은 고난의 행군 재난을 거치면서 더욱 피폐해졌다.

그뿐 아니라 재난을 극복하기 위해 국가가 도입한 시장 제도는 빈익빈, 부익부 현상을 촉진함으로써 구조적 불평등을 심화시켰다. 앞에서 설명했듯이 식량난과 기근이 지속되면서 개인들은 생존을 위한 장사 활동에 나서게 되었고, 국가적으로는 시장을 제도화하여 시장과 장사, 개인 사업이 활성화되었다. 서울대학교 통일평화연구원의 조사에 따르면 북한 주민들의 80~90%가 시장을 이용하며 장사나 개인 사업을 하고 있고, 대다수의 북한 주민이 이러한 부업으로 필요한 생활비를 충당하고 있는 실정이다.[30] 탈북자들 가운데도 장사 경험이 있는 사람들이 최근 5년 동안 56.8%(2008년)→66.7%(2009년)→71.6%(2011년)→69.2%(2012년)→75.9%(2013년)로 꾸준히 증가하여 현재 약 76% 수준에 이르렀다. 이러한 시장 활동은 대부분 직업을 가진 주민들이 부업 형태로 하고 있으며, 탈북자 조사를 근거로 볼 때, 장사를 전업으로 하는 북한 주민들은 약 10% 정도인 것으로 판단된다.[31]

그 결과 계층 간 소득 편차가 크게 벌어졌다. 북한의 공식 임금이 월 3000~5000원 수준이지만 시장을 통해 벌어들이는 총수입은 평균 10만

---

29 건국대 통일인문학연구단, 『고난의 행군시기 탈북자 이야기』(박이정, 2012).

30 서울대 통일평화연구원, '서울대학교 통일평화연구원 학술회의: 북한 주민통일의식과 북한 사회변동—2012 북한이탈주민 조사 결과발표'(서울대 호암교수회관, 2012. 8. 29).

31 김병로, 「북한의 시장화와 계층구조의 변화」, 《현대북한연구》 제16권 제1호, 2013.

원이 넘는다. 탈북자 면접 조사를 근거로 보면, 월 소득 1만 원 미만이 32.4%, 1~10만 원이 15.2%, 10~30만 원이 30.5%, 30~50만 원 8.6%, 50~100만 원이 8.6%, 100만 원 이상이 4.8% 등으로 주민들의 소득 격차가 매우 크게 벌어졌다. 『북한주민 통일의식조사』에 따르면 북한 주민의 생활 수준이 '고난의 행군' 시기와 비교했을 때 현재 어느 정도인가를 묻는 질문에 대해 '좋아졌다'는 응답이 66.9%, '나빠졌다'는 응답이 33.0%로 '좋아졌다'는 응답이 두 배 많았다.[32] '고난의 행군' 이후 시장화가 진행되는 과정에서 빈익빈, 부익부 현상이 심화되었음을 알 수 있다.

사회적 불평등은 지역 간 격차의 확대로도 나타난다. 북한이 지역 자립 체제라는 구조에 기대어 지역 단위로 주민 생활을 유지하는 나머지 지역 간 불평등이 커졌다. 북한 당국은 각 지역의 자연 환경과 공장·기업소의 수준에 따라 생산량의 차이가 생기고 인민 생활에서 불균형이 발생한다는 사실을 잘 인식하고 있으며, 특히 상품 유통 조건의 차이 때문에 격차가 발생한다고 설명한다.[33] 그러나 중앙 정부의 분배·조절 기능이 떨어져 지역 간 차이를 해소하지 못함으로써 격차가 벌어지고 있는 것이다. 북한 당국은 중앙의 조절 기능을 통해 격차를 메우려는 시도 대신 지역별 자력갱생을 강조하며 각 지역에 책임을 떠넘기고 있다. 경제 수준이 높은 지역이 낙후된 지역을 도와준다거나 낙후된 지역에 국가적인 자원을 집중시키는 식의 정책은 자력갱생의 원칙에서 벗어난다고 주장하고 있다.[34] 중앙 정부

---

32 송영훈·김병로·박명규, 앞의 책, 76쪽.

33 원종문, 「우리 나라에서 군들 사이의 경제적 차이와 그 소멸의 조건」, 《경제연구》 1998.

34 "앞선 군이 뒤떨어진 군을 도와주는 식으로는 언제 가도 군 자체 소득을 끊임없이 늘여 나갈 수 없으며 군 자체의 소득수준도 부단히 높여 나갈 수 없다. 국가적인 지원을 집중시키는 것만으로도 군경제의 락후성을 완전히 극복할 수 없다… 이것은 군 자체의 힘으로 소득 수준을 높이는 것이 군들 사이에 존재하는 차이를 없애나가기 위한 결정적 조건으로 된다

가 재난을 극복할 능력이 없고 지역에서 자구책을 찾도록 하는 정책을 통해 지역 간 불평등이 심화된 것이다.

재난은 사회의 어떤 집단과 지역, 계층에 더 많은 피해를 준다. 재난으로부터 직접적인 타격을 더 많이 입는 사람과 집단이 있게 마련이고 재난이 지속되면서 발생하는 구조적 불평등의 문제도 있다. 북한에서도 재난이 발생하고 확산 효과가 지속되면서 재난에 취약한 계층은 더 소외되고 그렇지 않은 집단은 혜택을 받는 빈익빈, 부익부 현상이 심화되었다. 재난의 초기에는 생존을 위한 이동과 탈출로 빈곤층이 가장 먼저 타격을 입었으며, 점차 중산층까지 영향을 미치게 되었다. 2000년대 이후 주민 유동성이 50~60%로 증가한 데서 재해와 기근의 심각성을 엿볼 수 있다. 그와 동시에 장사와 시장 활동으로 부를 축적하는 사람들도 생겨났다. 경제적으로 열악한 빈곤층, 여성과 어린이, 노인 등 취약 계층이 재난의 위협에 상대적으로 더 쉽게 노출되는 반면, 재난 극복의 과정에서 기득권층은 더 많은 수혜를 받음으로써 사회 전체적으로 볼 때 계층 간 격차와 불평등은 더 심화되는 결과를 낳았다.

2) 재난 트라우마 형성

기근과 재난이 남긴 또 다른 사회 변화는 정서적·심리적 트라우마이다. 재해와 기근은 40만 명 또는 80만 명의 아사자를 발생시켰고 수백만의 영양 불량자와 병약자를 양산했다. 이들의 죽음과 질병의 고통을 가까이서 지켜보는 가족과 친지, 직장 동료의 심리적·정신적 충격은 매우 컸다. 식

는 것을 말하여 준다." 원종문, 앞의 글, 23쪽.

량난과 기근이 처음 시작될 때만 해도 북한 주민들은 국가를 신뢰하며 배급을 기다리고 있었던 것 같다. 그러나 국가의 배급을 기다리다 끝내 사망하는 가족들과 직장 동료들을 지켜보는 것은 고통스러운 경험이었다. 굶주림이 지속되는 가운데 단순히 먹을 것이 없어 부모와 자녀, 남편과 아내, 친지와 이웃의 죽음을 지켜봐야 했던 아픈 경험, 아이의 죽음에 직면하여서도 자신의 굶주림을 채워야 하는 상황에서 느끼는 자괴감과 기억은 이들에게 엄청난 상처와 고통으로 남아 있다.

사실 처음부터 그러지는 않았다. 오로지 "배급제밖에 몰라 온 인민"은 고난의 행군 초기 "미공급"의 충격에 맥없이 쓰러지게 되자 덮어놓고 국가에 매달리었다. 그런데도 인민을 등진 선군 정치는 그 민중을 싸늘하게 걷어찼다. 숱한 사람이 굶어 죽었다. 심지어 핵심 계층이 내미는 애원의 손길에까지 묵묵부답한 권력자들은 너나없이 다 개인 축재에만 열중하였다. 사회에는 "뼈젓이" 부익부빈익빈이 "판치였다". 이제는 아무도 "제 나라"를 사회주의국가라고 보지 않는다.[35]

「자강도사람들」이라는 영화는 이 시기의 아픈 기억을 생생하게 그려 내고 있다. 2000년에 제작된 이 영화는 '고난의 행군'이라는 사회적 고통을 감동적 서사로 옮겨 놓는다. 주인공이 자강도에 9개의 중소형 발전소를 세울 계획을 하나하나 이루어 나가는 과정에서 자재와 노동자들에게 배급할 식량마저 부족한 현실이 드러난다. 식량 사정의 심각함은 노동자의 점심으로 국과 옥수수 40알이 배급되는 장면에서 극치를 이룬다. 병이 들거나

---

35 「인터뷰—우리나라의 경제형편(상)」, 앞의 책, 53-54쪽.

죽어 가는 사람들도 그대로 묘사한다. 풀죽으로 끼니를 때우다 폐병에 걸려 죽는 주인공의 아내, 눈보라 속에서 대용 식량을 구하다 얼어 죽는 후방 참모, 거의 쓰러져 가도록 몸에 병이 든 사람 등 기근의 실태를 적나라하게 보여 준다. 물론 이 영화가 '강계 정신'을 만들어 내며 자강도에서 어떻게 고난의 행군을 '성공적으로' 극복했는지 보여 주고자 했지만 당시 북한 사람들이 겪었을 시련과 고난은 충분히 드러난다.

특히 1990년대 식량난과 기근이 심각한 시기에 성장기를 보낸 아이들은 '고난의 행군 세대'로 불리는데, 이들을 바라보는 가족과 사회의 아픔도 크다. 1990년대 출생 세대, 그리고 2000년대 출생자들까지도 성장기에 영양 부족으로 신체 발육이 이전 세대와 비교할 때 현저한 차이를 보이기 때문이다. 이들은 신체 발육이 부진하여 10~20대의 평균 신장이 150cm에 못 미치는 사람이 많다. 북한은 2012년 3월 말부터 징집되는 북한군 신병, 즉 1995년 출생자들의 키 하한 기준을 145cm에서 142cm로 낮춘 것으로 보도되었다.[36] 1995~1999년 출생자들은 영양 부족과 의료 공백, 교육과 가치관의 공백에서 자란 세대로 북한에서는 '잃어버린 세대'로 지칭되기도 한다. 이러한 문제는 단지 신체의 왜소뿐 아니라 뇌 발달에도 손상을 가져와 지능 장애, 정신 지체를 야기할 수도 있다는 점에서 충격적이다.[37] 1990년대의 '고난의 행군'이라는 국가적·사회적 재난이 북한 사람들의 마음에 큰 고통과 아픔으로 기억되고 있다.

고난의 행군 재난을 고통으로 기억하는 세대들은 고난의 행군을 연상하는 노래를 듣는 것만으로도 눈물을 흘리는 사람들이 많다. 필자는 2002년

---

36 《동아일보》 2012년 4월 2일자.
37 이정희, 「북한 어린이 영양실태 비교: 1998~2012년 북한 어린이 영양조사 보고서 분석」, 《KDI북한경제리뷰》 2014.

방북 당시 "가는 길 험난하다 해도 시련의 고비 넘으리…"로 시작되는 「동지애의 노래」를 듣고 눈물을 흘리던 북한 안내원의 모습에서 그들의 마음속에 자리 잡고 있는 '고난의 행군'의 트라우마를 가까이에서 느낄 수 있었다. "고난의 행군을 락원의 행군으로 이어나가자!", "가는 길 험난해도 웃으며 가자!"라는 구호를 외치며 트라우마 극복을 위해 애를 쓰고 있으나 '고난의 행군'이라는 국가적·사회적 재난은 북한 사람들의 마음속에 큰 상처를 남겼다.[38] 고난의 행군 기간 동안 개인이 직접 생존의 위기를 겪는 것은 물론, 기근과 집단 죽음을 목격하는 것 자체가 고통이었다. 고난의 행군 재난으로 가족과 이웃, 직장 동료의 죽음을 직간접으로 보고 듣는 과정에서 자신도 생계에 대한 두려움을 갖게 되고 그 상황을 벗어날 방법이 없고 가능성도 없다는 사실에 부닥쳐 상실감과 삶에 대한 깊은 회의를 경험한 것이다.

대개 천재지변이나 전쟁, 신체적 폭행, 고문, 강간, 인질 사건, 대형 사고 등을 겪으면 이후 정신적 외상(外傷) 또는 '영구적인 정신 장애를 남기는 충격'을 받는다. 이러한 트라우마는 특정 사건과 상황을 직접 경험한 개인에게 형성되지만 직접 겪지 않았다 하더라도 공포스런 사건을 목격했다거나 TV 시청 등을 통해 간접적으로 체험한 경우에도 생겨난다. 이러한 경험을 사회적 트라우마 또는 집단적 트라우마라고 부르는데, 이러한 경우에는 대개 사회의 다수 구성원이 집단적으로 사건을 경험함으로써 특정 지역 또는 국가적 범주에서 집단적으로 두려움과 무기력, 분노를 야기하게 된다.[39] 북한 주민들도 대규모 기아 참사를 목격하고 깊은 상실감을 체험함과 동시에 생존에 대한 두려움과 불안에 휩싸이게 되었다. 엄청난 기근

---

38 건국대 통일인문학연구단, 앞의 책.

39 Carolyn Yoder, *The Little Book of Trauma Healing*(Good Books, 2005), pp. 10-13.

과 재난을 겪으면서 한편으로는 생존 의지가 발동하여 어떻게든 혼자서라도 살아남아야 한다는 의지가 강해졌고, 다른 한편으로는 삶의 회의와 상실감, 분노로 바뀌어 심리적·정서적 장애를 형성하였다.

5. 재난 구호와 관리 능력 및 복원력 강화의 문제

북한의 재난 문제를 다룰 때는, 앞에서도 논했듯이 재해와 기근이 얼마나 심각하였는가도 중요하지만 그것을 어떻게 처리하고 관리하였는가 하는 대응 방식과 복원력이 더 중요하다. 홍수와 가뭄으로 심각한 기근이 발생하여 많은 사람들의 목숨을 앗아 갈 수는 있다. 그러나 그 사회의 제도와 관리 능력이 취약하고 복원력이 없으면 그 재난은 그야말로 더 큰 재앙으로 이어진다. 사회의 취약성과 복원력은 마치 건물의 내진 설계와 같다. 건물의 내진 설계가 잘 되어 있으면 지진의 큰 흔들림에도 건물이 잘 유지되고 큰 피해로 이어지지 않는다. 재난 대응과 관리 능력이 취약한 사회는 작은 재해에도 엄청난 피해를 초래하게 된다. 북한이 1990년대에 많은 인명 피해를 입으며 대재난을 초래했던 이유는 당시 북한 사회가 재난을 관리하는 능력과 복원력이 매우 취약했기 때문이라 할 수 있다. 일반적으로 북한의 체제 내구력(sustainability of the system)은 어느 정도 유지되고 있지만 자원의 부족과 경제력 취약, 그리고 사회주의 제도의 경직성 등으로 재난 대응 능력과 복원력이 현저히 약한 것이 사실이다.

앞에서 설명했듯이 2000년대 들어 1995~1996년과 같은 홍수 피해가 빈발함에도 불구하고 심각한 재난으로 발전하지 않은 이유는 그만큼 북한 사회의 재난 대응에 대한 취약성과 복원력이 보강되었기 때문이다. 2002년

7·1조치로 경제 제도를 제한적으로나마 개혁하였고 사회 통제력을 강화하는 한편, 대외 원조와 구호를 적절히 활용하는 노하우를 터득한 것이다. 2007년 8월에도 1995년에 버금가는 홍수 피해가 있었지만 1990년대와 같은 재난으로 발전하지는 않았다. 이런 점에서 북한이 재난을 극복하기 위해 실시한 구호·지원 활동을 살펴볼 필요가 있다. 북한은 1995년 8월 홍수 피해를 입자마자 처음으로 유엔에 구호와 지원을 요청하였다. 자주와 폐쇄의 노선을 견지해 온 북한이 그러한 요청을 하리라고는 전혀 예상치 못했다. 때문에 북한의 구호 요청 자체가 국제적 관심을 끌었으며, 북한의 이러한 행보를 두고 북한이 외부의 식량 지원을 받기 위해 의도적으로 피해를 과장했다는 의혹이 일기도 했다. 이러한 국제 구호 활동이 반복되면서 국제 구호 체계가 형성되었고, 2000년대 들어서는 긴급 구호와 대외 원조를 적절히 활용함으로써 심각한 재난의 피해를 방지할 수 있었다.

북한 정부는 대내외에 재난과 대기근이 자연 재해로 야기되었다는 사실을 일관되게 부각시키고 있다. 북한은 언론 보도를 통해 홍수와 가뭄, 식량 부족이 지구 온난화와 기상 이변에 기인하고 있다는 사실을 줄곧 강조하였다. 북한의 조선중앙통신은 지난 100년간 전 세계 평균기온은 10년에 평균 0.074도씩 올라갔지만 북한의 경우 0.2도씩 상승했다며 "지난 5년간 조선의 연평균 기온은 8.5도로 평년에 비해 0.3도 높아졌다"고 설명했다.[40] "온난화의 영향으로 앞으로도 폭우에 의한 큰물(홍수)과 태풍, 해일 등 재해성 이상 기후 현상의 피해를 받을 위험성이 커지고 있다"는 설명을 하고, 세계적으로 식량 부족은 심각한 문제가 되고 있다고 주장하였다. 북한 정부가 부각시킨 또 다른 부분은 대기근과 집단 아사자의 발생이 미국의

---

40 《연합뉴스》 2013년 7월 17일.

경제 봉쇄 때문이라는 점이다. 북한은 이처럼 많은 사람들이 사망한 도의적 책임이 미국의 '조선 적대시 정책' 때문이라고 비판하며 국제 사회에 미국의 대북 정책에 대한 부당성을 호소하였다.

물론 북한 당국의 이러한 의도가 얼마나 설득력 있게 영향을 미쳤는가는 다른 문제다. 북한의 식량난과 경제적 어려움이 왜 발생했는가를 묻는 질문에 1998년에는 38.6%가 자연 재해를 꼽아 압도적으로 높은 비중을 차지하였다.[41] 이런 조사 결과로 보면 고난의 행군 당시에는 북한 주민들의 상당수가 이상 기온과 홍수 등 자연 재해가 기근을 초래한 것으로 인식하고 있었음을 알 수 있다. 이런 점에서 보면 고난의 행군 재난은 자연 재해로 촉발되었다는 것이 객관적인 사실일 가능성이 높고, 북한 당국의 정당화 논리가 북한 주민들에게 설득력 있게 전달되었던 것으로 보인다. 하지만 2000년대 이후에는 북한의 경제난과 기근이 자연 재해에 기인한다는 응답이 현저히 줄었으며 2008년에는 4.6%에 그쳤다.[42] 또한 기근과 재난이 미국의 경제 제재 때문이라는 응답은 3.2%(1998년) 또는 2.9%(2008년)밖에 되지 않는다는 점에서 북한의 경제난과 기근이 미국의 경제 제재 때문에 심각해졌다는 데 대해서는 처음부터 정당성이나 설득력이 없었던 것으로 보인다.[43]

북한의 재난 구호와 관련하여 남한의 반응도 흥미롭다. 남한은 북한의 홍수 피해 소식을 접하였음에도 불구하고, 그리고 북한이 대외적으로 도움을 호소했음에도 불구하고 구호나 지원에 선뜻 나서지 못했다. 그것은 정부도 그랬고 민간도 크게 다르지 않았다. 그만큼 북한에 대한 불신과 두

---

41 강정구·법륜 편, 『1999 민족의 희망찾기』(정토출판, 1999), 200쪽.

42 송영훈·김병로·박명규, 앞의 책, 96쪽.

43 강정구·법륜 편, 앞의 책; 송영훈·김병로·박명규, 앞의 책.

려움이 컸던 시기인지라 정부건 민간이건 간에, 북한을 돕자는 얘기를 먼저 꺼내기 어려웠던 것 같다. 국제기구나 중국을 통해 간접적인 방법으로 북한에 식량 지원을 해 오던 남북나눔운동과 월드비전, 국제기아대책기구 등 몇몇 종교 기반 NGO가 북한에 대한 긴급 구호의 필요성을 언급했지만 공개적·전면적으로 나서기에는 역시 부담스러운 분위기였다. 이런 분위기를 반전시킬 수 있었던 것은 유엔의 반응이었다. 유엔이 국제 사회에 대북 지원을 호소하며 캠페인을 벌이자 남한 정부는 민간단체의 대북 지원을 허용하는 조치를 취하였다. 유엔 인도지원국(UNDHA)이 1995년 9월 12일 북한 지원 캠페인을 전개하자 한국 정부는 9월 14일 민간단체의 대북 지원을 허용했고 대한적십자사로의 창구 단일화 방식으로 민간단체의 대북 지원 참여가 시작되었다.

북한의 재해와 기근, 재난을 보는 시각은 남북한 사이에 큰 차이가 있고 그것은 국제 사회의 시각과도 약간의 차이가 있다. 재난 구호를 둘러싼 외교적 신경전은 핵 문제나 6자회담 등 정치적 사안 못지않게 논쟁적 주제가 되고 있다. 지난 이명박 정부에서는 구호와 지원 문제가 첨예한 갈등의 이슈로 떠올랐다. 북한이 국제 사회에 식량 지원 요청을 한 데 대해 그것을 저지하는 남한의 외교전이 펼쳐지면서 재난과 구호의 문제는 매우 복잡해졌다. 2011년 3월 28일부터 31일까지 영국을 방문한 최태복 북한 최고인민회의 의장이 영국 정부 관리들과 의원들에게 식량 지원을 요청하였다. 북한은 2011년 북한을 강타한 최악의 한파와 2010년의 수확량 부족으로 몇 달간 심각한 위기에 놓였다고 주장했다. 이에 대해 유엔의 구호 기구는 북한 편을 들었고 프랑스, 영국, 미국, 러시아 등의 지원 단체도 대북 지원에 대한 입장을 밝혔다.[44] 그러나 북한과 유엔의 이러한 움직임에 대해 남한 정부는 재외 공관 등 외교 경로를 통해 북한에 식량을 지원하려는 국가들에 대해 신중을 기해 줄 것을 요청했다. 남한 정부는 WFP 보고서 내용을 제대로 평가한 뒤 지원 여부 판단이 필요하다는 것과 식량의 (군량미 등) 전용 가능성이 크기 때문에 모니터링 시스템 강화가 필요하다는 사실을 부각하며 신중을 기하도록 요청했다.[45] 북한이 2012년 태양절 100주년을 준비하기 위해 전략적으로 식량을 비축하고 있다고 판단하고, 북한의 식량난은 다소 과장되었고 북한이 외국에 식량 원조를 요청하는 것은 더 많은 대외 지원을 확보하고자 하는 전략의 일환이라고 비판했다.

인도주의 원칙에 입각하여 논의되어야 할 구호와 지원 문제가 남북한 및 국제 사회에서 외교적 경쟁과 다툼의 장이 되고 있는 것이 현실이다. 북한은 식량 지원을 무조건 더 많이 받으려고 하고, 한국은 체제 변화나 개방, 민주화 등 조건을 붙여서 주고자 하는 전략과 계산을 깔고 있기 때문에 첨예한 외교전이 전개되고 있는 것이다. 이러한 경쟁과 다툼의 배경에는 감정적 문제도 있을 것이며 불신과 지원에 대한 피로감도 작용했을 것으로 보인다. 이러한 경향은 최근 들어 경계해야 할 대상 또는 서로를 위협하는 적이라는 의식이 커지고 있는 남북 관계의 현실을 고스란히 반영하고 있는 것 같다.[46] 온 인류가 함께 극복하고 협력해야 할 재난의 주제가 현실에서는 체제 경쟁과 대결의 이슈가 되기도 하고 정치적·전략적 의제로 다루어지고 있는 것도 부인할 수 없는 현실이다.

44 유엔 식량농업기구(FAO), 세계식량계획(WFP)과 유니세프는 "국내 생산량과 식품 수입, 국제 지원 등이 급감함에 따라 2400만 명의 북한 주민들 가운데 4분의 1 이상이 굶주림의 위협을 받고 있으며 북한 전체가 '식량 위기에 대단히 취약한 상황'에 처해 있다"며 지원 사격을 했다. WFP·FAO·UNICEF, 『특별보고서: WFP/FAO/UNICEF 북한 식량안보 실태 조사 긴급보고서』(2011. 3. 24).

45 「'北 식량 지원 신중해야' 정부, 국제 사회에 권고」, 《서울신문》 2011년 4월 4일자.

46 송영훈·김병로·박명규, 앞의 책, 57−58쪽.

재난 관리 측면에서 북한 정부가 국제 사회의 구호와 지원 활동을 적극적으로 도왔는가 하는 문제를 들 수 있다. 일반적으로 독재 국가의 재난 피해가 커지는 이유는 피해를 당한 정부가 국제 사회의 구호 활동을 정치적 개입으로 판단하여 거절하거나 제한하기 때문인 경우가 허다하다. 이런 점에서 보면 북한 정부도 유엔과 국제 사회의 구호 활동을 자유롭게 허용한 것은 아니다. 구호 물자를 현장에 분배하는 과정에서 투명성을 검증하는 모니터링 활동이 제한적으로 이루어졌다. 특히 남한 정부 및 민간의 지원 활동에 대해서는 유엔이나 국제 NGO보다 훨씬 엄격하게 통제하며 제한하는 조치를 취함으로써 원활한 재난 구호 활동이 이루어지지 못했다. 북한에 대한 구호와 지원 과정에서 국경없는의사회(MSF)처럼 북한 당국과 마찰을 빚어 활동을 중단한 경우도 있었다. 북한은 국경없는의사회가 북한이 요구한 가이드라인을 지키지 않고 독자적으로 행동했기 때문이라며 '추방' 조치를 취했다며 정당성을 주장하였다. 재난 구호 과정에서 정치적 문제가 개입하지 않도록 신중을 기하는 것은 필요하나 국제 사회와 NGO의 협력을 통한 재난 관리 체계는 개선해야 할 점이 많다.

북한의 1990년대 재난과 관련하여 책임 소재를 따질 때 북한 당국에 일차적인 책임이 있겠지만, 어느 국가나 사회도 재난에 대해 완벽하게 관리하고 있다고 말할 수 없다는 점에서 책임 소재를 더 큰 맥락에서 짚어 볼 필요도 있다. 북한이 기근의 중요한 요인으로 공식적으로 주장하는 논리 중 하나는, 유엔의 제재이다. 물론 유엔 제재를 초래한 원인이 북한 정부에 있기 때문에 궁극적인 원인은 북한 당국에 돌릴 수 있겠지만, 유엔의 대북 제재도 북한의 기근과 재난의 중요한 원인이라 할 수 있다. 북한은 경제개발구와 신의주경제개발특구를 신설(2013. 11)하고 투자를 기대하고 있지만, 유엔의 경제 제재가 해제되지 않는 한 북한의 경제 개발과 발전은 어려운 상황이다. 북한의 재난은 식량난 및 기근과 밀접한 관련이 있으며 유엔의 대북 경제 제재는 북한 재난의 중요한 한 축을 이루고 있다. 또한 실제로 북한의 인도주의 재난을 해결하기 위해 미국 정부 차원의 지원이 다분히 정치적 목적을 띠고 진행되었음도 부인할 수 없다. 북한의 핵문제 해결 과정에서 핵 활동 동결이나 핵 시설 봉인 등의 반대급부로 인도주의 지원이 이루어졌기 때문이다. 경제 개발과 발전권은 국가가 향유해야 할 보편적인 권리이며 인권이다. 이런 점에서 대기근을 초래한 북한 재난의 책임은 미국과의 정치적 갈등 및 유엔의 대북 경제 제재에도 상당 부분 귀결된다고 할 수 있다.

북한의 재난을 관리하고 대비하기 위해 북한적십자사도 많은 관심을 갖고 있다. 그러나 북한적십자사는 재난 관리 체계와 제도 구축에 대한 설비와 노하우 결핍으로 많은 애로를 겪고 있다. 재난 관리와 대응 체계에 필요한 역량 강화를 위해 남한 및 국제 사회와의 협력을 필요로 하고 있다. 지식 협력과 교육, 역량 강화는 모든 사람에게 주어져야 할 기본적인 권리이다. 교육권과 지식 협력(knowledge sharing)은 보편적 인권이라 할 수 있다. 이런 점에서 북한에 대해 재난 관리와 대응 체계를 교육하고 지식을 전달하는 역량 증진(capacity building) 프로그램을 지원함으로써 북한의 재난 극복 능력과 복원력 강화에 협력해 나갈 필요가 있다.

6. 결론

북한이 겪은 1990년대의 재난은 수십만의 인명 손실과 막대한 물적 피해를 야기한 초대형 참사다. 이 재난은 지구 온난화와 이상 기후로 인한 자연 재해와 주체 농법, 경제 사회 정책, 취약한 보건 의료 시설 등 자연과 정책, 문화가 만들어 낸 복합 재난이다. 지역 간 이동과 해외 여행이 차단된 지극히 패쇄적인 북한 사회에 생존을 위한 지리적 이동이 촉발되고 국경을 넘는 탈북이 시작됨으로써 재난은 사회적·국제적 확산을 가져왔다. 재난 극복을 위해 북한 정부는 시장 개혁을 실시했고 주민들은 변화된 시장 체제에서 장사와 사적 경제 활동을 통해 스스로 생존하는 자구책을 마련하였으며 자활 의지를 갖게 되었다. 재난은 가장 먼저 취약 계층의 생존을 위협하며 재난이 지속되는 과정에서도 빈익빈, 부익부 현상이 심화되어 사회적 불평등이 심화되는 결과를 초래한다. 다른 한편에서 북한 주민은 재난을 겪으면서 내면의 깊은 충격과 상처를 받아, 재난의 경험은 사회적·집단적 트라우마로 남아 있다.

최근 우리 사회에서도 세월호 침몰 사고로 재난에 대한 관심이 높고, 특히 대응 시스템 구축 필요성도 심각하게 느끼고 있다. 이처럼 우리 사회의 재난 대응 체계가 취약한 상황에서 통일을 걱정하는 사람들이 많다. 우리 사회에서 발생한 작은 사건에도 이처럼 속수무책인데 정치 사회적·경제적으로 엄청난 위험을 초래할 통일이라는 사회적 대사건에 어떻게 대응하며 통일을 '대박'으로 이어갈 것인가 하는 데 대해 회의가 들기 때문이다. 통일 과정에서가 아니라 당장 북한 지역에서 재난이 발생하면 그 영향이 북한에만 그치지 않고 물리적으로 남한에까지 미치는 것은 물론, 경제적 충격과 정치적·심리적으로 심대한 파장을 일으킬 것이다.

때문에 북한의 재해와 기근에 대해 좀 더 진지한 관심과 대책이 필요하다. 사실 북한의 핵 문제도 지금까지는 핵무기에만 관심을 두었지 핵 시설이 얼마나 안전한가에 대해서는 관심 밖이었다. 북한의 핵 시설과 원자로가 재해나 재난으로 타격을 입는다면 대재앙이 될 것은 당연하며, 한국의 원자력 발전소도 자연 재해나 남북 간 전쟁이 발생하면 매우 위험한 시설이 된다는 것은 자명한 사실이다. 국제적으로도 기후 변화와 신종 플루, 구제역 같은 전염병 등에 대처하기 위해 글로벌 협력 체제가 강화되고 있는 만큼, 남북한 간에도 이러한 재난과 위험, 생태·기후 문제를 공동으로 해결하기 위한 남북 간 재난·재해 협력 증진이 매우 필요한 시점이다.

21세기 들어 인간의 생명과 생태, 환경에 대한 관심이 높아지고 있는 것도 바로 이 까닭이다. 군사력 중심의 전통적인 안보 개념에서 굶주림과 빈곤, 질병, 환경과 생태, 재난, 테러 등 인간의 생명을 위협하는 각종 위험으로부터 인간의 생명을 보호해야 한다는 인간 안보(human security)의 필요성에 점점 더 많은 사람들이 공감하고 있다. 갈수록 예측 불가능한 이상 기후와 자연 재해의 거대한 위력 앞에 인류가 공동으로 대처하지 않으면 공멸한다는 불안이 존재한다. 재난·재해 및 환경 재앙으로부터 인류를 보호하기 위한 이러한 노력은 어떤 사상이나 이념, 종교, 인종을 초월하여 지구 사회가 함께 지혜를 모아야 할 시대가 된 것이다.

참고 문헌

국문

강정구·법륜 편, 『1999 민족의 희망찾기』, 정토출판, 1999.

건국대 통일인문학연구단, 『고난의 행군시기 탈북자 이야기』, 박이정, 2012.

김대환, 「돌진적 성장이 낳은 이중 위험사회」, 《사상》 1998, 가을.

김병로, 「북한의 시장화와 계층구조의 변화」, 《현대북한연구》 제16권 제1호, 2013.

김병로, 「북한의 문화·생태적 상황」, 박명규·김성철·이찬수 외, 『녹색평화란 무엇인가?』, 아카넷, 2013.

김병로, 『북한의 지역자립체제』, 통일연구원, 1999.

노진철, 「위험사회학: 위험과 사회의 관계에 대한 사회이론화」, 《경제와 사회》 제63호, 2004.

대북협력민간단체협의회·대북지원민관정책협의회, 『대북지원 10년 백서』, 대북협력민간단체협의회, 2005.

민화협, '2011 남남대화 제6차 화해공영포럼: 인도적 대북지원과 남북관계─구조, 쟁점, 추진방향', 한국프레스센터, 2011. 10. 27.

박명규, 「녹색평화의 관점에서 본 남북재난협력」, '민화협 긴급 정책토론회: 북한의 자연재해와 재난, 남북협력을 모색한다', 한국프레스센터, 2011. 5. 26.

박형중, 『90년대 북한체제의 위기와 변화』, 민족통일연구원, 1997.

서울대 통일평화연구원, '서울대학교 통일평화연구원 학술회의: 북한 주민통일의식과 북한 사회변동─2012 북한이탈주민 조사 결과발표', 서울대 호암교수회관, 2012. 8. 29.

송영훈·김병로·박명규, 『북한 주민통일의식조사 2008~2013: 북한이탈주민에게 묻다』, 서울대 통일평화연구원, 2014.

우리민족서로돕기 불교운동본부, 『북한 식량난의 실태』, 1998. 5.

원종문, 「우리나라에서 군들 사이의 경제적 차이와 그 소멸의 조건」, 《경제연구》 1998년 제4호.

윤지현, 「통합적 통일준비와 서울대 연구네트워크 구축 방안: 영유아 지원 영역」, '서울대 통일연구네트워크 구축 회의: 경계를 넘어선 평화구축과 통일구상', 서울대 호암 교수회관, 2014.4.28.

이금순, 『대북 인도적 지원의 영향력 분석』, 통일연구원, 2003.

이금순, 『남북한 재난 관리 협력방안』, 통일연구원, 2001.

이금순, 『국제기구 및 비정부 기구의 인도적 지원사례』, 민족통일연구원, 1997.

이재열 외, 『한국사회의 위험구조 변화』, 정보통신정책연구원, 2005.

이정희, 「북한 어린이 영양실태 비교: 1998~2012년 북한 어린이 영양조사 보고서 분석」, 《KDI북한경제리뷰》 2014. 4.

이종운·홍이경, 「북한 환경문제의 실태와 국제 사회의 지원방안」, 《KIEP 지역경제 포커스》 제6권 제38호, 2012. 11. 19.

장경섭, 「복합위험사회의 안전문제」, 《녹색평론》 제33호, 1997.

정지범·김근세, 『위기 관리의 협력적 거버넌스 구축』, 한국행정연구원, 2009.

정지범·이재열 편저, 『재난에 강한 사회시스템 구축: 복원력과 사회적 자본』, 한국행정연구원, 2009.

정태석, 「위험사회의 사회이론: 위험을 어떻게 이론화할 것인가?」, 《문화과학》 2003, 가을.

최수영, 「'7·1경제관리개선조치' 이후 북한경제 변화전망』, 통일연구원, 2004.

최수영, 『북한의 농업정책과 식량문제 연구』, 민족통일연구원, 1996.

통일원, 《주간 북한동향》 제336호, 1997. 6. 21~27.

「인터뷰—우리나라의 경제형편(상)」, 《림진강》 2007. 11.

《문화일보》 1998. 5. 21.

「우리는 지금 식량 때문에 무정부 상태가 되고 있다」(1996년 12월 김정일 위원장의 김일성 종합대학 창립 50주년 기념 연설문), 《월간조선》 1997. 4.

울리히 벡, 『위험사회』, 홍성태 옮김, 새물결, 1997.

영문

Council on Foreign Relations(CFR), *Managing Change on the Korean Peninsula*, June 1998.

Natsios, Andrew S., *The Great North Korean Famine: Famine, Politics, and Foreign Policy*(Washington. D.C.: United States Institute of Peace, 2001).

Spoorenberg, Thomas and Daniel Schwekendiek, "Demographic Changes in North Korea: 1993~2008," *Population and Development Review*, 38-1(March 2012).

Response to the Food Shortage in the DPRK and Int'l Cooperation for Economic Development(2011 International Conference on Humanitarian and Development Assistance to the DPRK, 한국프레스센터, 2011. 11. 2).

UNEP, *DPRK Environment and Climate Change Outlook*, UNEP, 2012.

UNEP, *DPR Korea: State of the Environment 2003*, UNEP, 2003.

UNEP and DPRK Ministry of Land and Environment Protection, *Democratic People's Republic of Korea Environment and Climate Change Outlook*, UNEP, 2012.

WFP·FAO·UNICEF, 『특별보고서: WFP/FAO/UNICEF 북한 식량안보 실태 조사 긴급보고서』(2011. 3. 24).

Yoder, Carolyn, *The Little Book of Trauma Healing*, Good Books, 2005.

USA Today, July 25, 1997. http://www.undp.org(검색일: 2014. 4. 30)

4

재난과 인간 안보

8장

후쿠시마와 인간 안보의 위기: 건강권을 중심으로

시미즈 나나코

1. 들어가며 – 후쿠시마 원전 사고 이후의 일본과 안보

2011년 3월 11일 발생한 동일본 대지진은 지진과 쓰나미, 그리고 후쿠시마 제1 원자력 발전소 사고(후쿠시마 원전 사고)라는 세 가지의 재해가 동시에 발생했다는 점에서 일본뿐 아니라 세계 역사에 남을 대재앙이었다. 이 사고는 7단계로 이루어진 국제 원자력 사고 평가 척도(INES)에서 가장 심각한 수준인 7단계로 판정되었으며,[1] 대량의 방사능 물질 방출이라는 점

---

[1] 평가 척도는 국제원자력기구(IAEA)와 경제협력개발기구 원자력기구(OECD/NEA)가 설정하며 1992년부터 여러 나라에서 사용 중이다. 7단계는 요오드-131 등가 선량으로 몇만 테라베크렐 이상의 방사성 물질이 사업소 외부로 방출되는 중대 사고를 말한다. 2013년 시점까지 7단계로 판정을 받은 것은 체르노빌 원전 사고와 후쿠시마 제1원전 사고 두 건뿐이다. IAEA, *The International Nuclear and Radiological Event Scale, User's Manual*, 2008 Edition(Vienna: International Atomic Agency, 2013), p. 17. http://www.pub.iaea.org/

에서 1986년 체르노빌 사고를 잇고 있기도 하다.

그리고 2014년 8월, 현재에도 여전히 방사성 물질 방출은 멈추지 않고 있다. 뿐만 아니라 원전 시설에서 나온 오염수는 후쿠시마 주변뿐 아니라 태평양으로 확산되고 있다.[2] 게다가 향후 원자로를 폐기하기까지 수십 년의 세월이 필요할 것으로 예측되며, 지진과 쓰나미 때문에 취약해진 원전 시설 내의 연료 풀에서 연료봉을 추출하는 것과 같은 위험한 작업도 여전히 이어지고 있다.[3] 이러한 상황을 고려할 때 원전 사고는 아직 수습되지 않았으며 현재 진행형으로 계속되고 있다.

미증유의 복합적 재해를 마주하면서 일본 사회는 '인간 안보(human security)'라는 문제에 주목하고 있으며, 이미 일본의 안팎에서 몇몇 연구가 진행되었다. 이들 선행 연구가 공통적으로 지적하는 것처럼, 그동안 일본에서는 '인간 안보'를 개발 도상국의 문제로 파악하였고 그것을 일본의 문제로 인식하지 않고 있었다.[4] 그러나 3·11로 인해서 일본 등 '선진국'에서도 인간 안보를 위협하는 상황이 발생할 수 있으며, 다양한 이해가 엇갈리

MTCD/publications/PDF/INES2009_web.pdf(검색일: 2014년 8월 1일).

2 Tokyo Electric Power Company, Inc., "Status of the Fukushima Daiichi Nuclear Power Station : With Focus on Countermeasures for Contaminated Water," January, 2014. http://www.tepco.co.jp/en/nu/fukushima-np/water/images/140127_01.pdf(검색일: 2014년 8월 1일).

3 Secretariat of the Team for Countermeasures for Decommissioning and Contaminated Water Treatment, "Summary of Decommissioning and Contaminated Water Management," June 27, 2014.

4 Paul Bacon and Christopher Hobson, "Human Security Comes Home: Responding to Japan's Triple Disaster," eds. Paul Bacon and Christopher Hobson, *Human Security and Japan's Triple Disaster: Responding to the 2011 Earthquake, Tsunami and Fukushima Nuclear Crisis*(London/New York: Routeledge, 2014), pp. 12; 長有紀枝, 『入門人間の安全保障: 恐怖と欠乏からの自由を求めて』(東京: 中央公論新社, 2012), pp. 234-250.

는 사회 구조 속에서 안보가 정책 수립에서 최우선적인 고려 사항이 아니라는 점도 명백해졌다. 이 글은 후쿠시마 원전 사고로 발생한 방사능 오염 때문에 시민들의 건강권(right to health)이 침해되는 상황을 사례로 삼아서, 원전 사고 후 일본 사회에서 인간의 안전이 보장받지 못하고 있는 요인을 구조적으로 밝히고자 한다.

인간 안보라는 개념을 처음 제시한 1994년 유엔개발계획(UNDP)의 『인간개발 보고서』에는 "핵폭발은 나카사키와 히로시마를 철저히 파괴했지만, 인류는 세계적인 핵 참화를 방지할 수 있는 최초의 힘든 시련을 극복할 수 있었다. 50년이 지난 지금 우리에게는 '핵 안보로부터 인간 안보로'라는 새로운 사고를 향한 중요한 전환이 요구된다"라는 언급이 있다. 여기에서도 드러나듯 인간 안보 개념은 냉전 시기 핵 억지론에 기초한 군사적이고 국가 중심적인 안보관으로부터 사람들의 안전을 중시하는 안보관으로 전환하는 과정에서 요청되었다.[5] 이 점은 후쿠시마 원전 사고 이후 일본의 사례를 고찰하는 데에도 시사하는 바가 적지 않다.

핵 안보가 중요하던 냉전 시기에는 핵 개발 경쟁하에서 핵 실험이 반복되었고, 이에 따라 실험에 참가한 병사나 실험장 지역 주민, 핵무기 관련 시설 종업원, 주변 주민, 그리고 우라늄 채굴장 노동자 등 관계자 다수의 인간 안보가 희생되어 왔다.[6]

냉전 종식을 맞아 국가 중심적 안보관의 극복을 호소했던 『인간개발 보고서』는 '공포에서부터의 자유'와 '결핍에서부터의 자유'를 인간 안보 개념

5 UNDP, *Human Development Report 1994*(New York/Oxford: Oxford University Press, 1994), p. 24.

6 Ernest J. Sternglass, *Secret Fallout: Lowlevel Radiation from Hiroshima to Three Mile Island*(New York: McGrawHill, 1981); Eileen Welsome, *The Plutonium Files: America's Secret Medical Experiments in the Cold War*(New York: Delta, 1999).

의 중심에 두었고, 동시에 그 구성 요소로 경제, 식품, 건강, 환경, 개인, 공동체, 정치의 7개 영역에 대한 안보를 들었다.[7] 삶과 관련한 다양한 영역에서 인간의 안전이 보장되어야 한다는 UNDP의 요청은 이후 수많은 논의를 거치게 되며, 이는 2012년 채택된 인간 안보에 관한 유엔 총회 결의(66/290)에서도 반복되었다. 총회의 의결에서는 인간 안보를 "평화, 개발 및 인권의 상호적 연관성을 인식하고 시민적·정치적·경제적·사회적 및 문화적 권리를 골고루 고려하는 것"으로 정의하였다.[8] 사람들의 생활에 관한 넓은 범위의 권리 보장이 있고 나서야 비로소 인간의 안전이 보장될 수 있다는 이러한 인식의 태도는 선진국과 개발 도상국을 불문하고 전 지구적으로 적용 가능하다. 아울러 현대 세계의 평화를 사고하는 데에서도 필수적인 인식의 태도이다.

　이 글은 후쿠시마 원전 사고 이후의 건강권에 주목하고자 한다. 하지만 인간 안보의 한 영역인 건강 안보는 앞에서 언급한 다른 여섯 가지 요소로부터 많은 영향을 받는다. 실제로 원전 사고가 초래한 식품 및 환경 분야의 심각한 방사능 오염은 건강에 대한 불안이 높아지는 데 직접적인 원인이 되고 있다. 나아가 경제, 정치, 개인, 그리고 공동체와 관련된 분야에서도 방사선 피폭을 둘러싼 문제가 많이 발생하고 있다. 제2절에서는 방사선 피폭의 문제가 7개 영역 전반에 걸쳐 일본 사회에서 인간 안보의 위기를 초래하는 상황을 설명하고자 한다. 이어서 제3절에서는 일본 정부의 대응이 늦어지면서 시민들이 방사능으로부터 스스로를 보호하기 위해 실천

---

7 UNDP, op. cit., pp. 24 - 25.

8 United Nations General Assembly, *Follow—Up to Paragraph 143 on Human Security of the 2005 World Summit. Outcome*, UN. Doc. A/RES/66/290, 25 October 2012, paragraph 3(c).

하고 추진한 활동과 정책 제언을 살펴본다. 제4절에서는 전국적인 시민들의 대응이 있었지만, 아직도 건강권이 보장되지 않는 이유를, 그 배경에 존재하는 전 지구적인 문제의 구조를 통해 고찰하고자 한다. 이 같은 작업으로 3·11 이후의 세계에서 인간 안보와 평화 사이의 관계를 고찰하는 것이 이 글의 최종 목적이다.

2. 방사능 오염과 인간 안보 위기

1) 인재로서의 원전 사고와 광역 오염

일본 사회에서 인간 안보 위기가 발생하는 이유를 고찰하기 위해서는 우선 후쿠시마 원전 사고가 가져온 방사능 오염의 심각성을 이해해야 한다. 일본 행정부뿐 아니라 국회와 도쿄전력, 나아가 관련 학회나 독립적인 민간 사고 조사 위원회 등이 이 사고의 원인, 과정, 영향 등을 분석하여 각각의 보고서에 정리하였다.

여러 보고서가 밝힌 것처럼 2011년 3월 11일 지진과 쓰나미로 인해 후쿠시마 제1 원자력 발전소에서 원자로 냉각에 필요한 전원 공급 장치가 멈추었다. 그 결과 압력 용기 내의 냉각수 수위가 내려갔고, 이는 심각한 사고로 이어졌다. 정기 점검을 위해 정지되어 있던 4~6호기를 제외한 1~3호기에서 냉각수의 수위가 내려가 연료봉이 노출되었고, 이로 인해 노심 융해(멜트 다운)가 발생하였으며, 고온의 연료는 수증기와 반응해 수소를 발생시켰다. 또한 연료봉이 들어 있던 압력 용기와 격납 용기가 손상되면서 건물에 가득 차 있던 수소가 폭발하였고, 방사성 물질이 건물 밖으로 빠져나오는 대형 사고가 발생하였다. 3월 12일에는 1호기에서, 14일에는 3호기에서 수소 폭발이 발생했고, 15일에는 2호기, 그리고 3호기와 배관이 연결되어 있던 4호기에서 수소 폭발이 발생해 건물이 파손되었다. 그 뒤 원전 주변에서 관동 지방에 이르는 넓은 지역에서 공간 방사선량이 급격히 상승했다. 수소 폭발의 결과 원전 건물에서 누출된 방사성 물질이 확산되었기 때문에 이러한 현상이 발생한 것으로 추측할 수 있다.[9]

방출된 방사성 물질 중 양이 많아 건강에 영향을 미칠 것으로 우려되는 것은 요오드-131, 세슘-134와 137, 세 종류의 방사성 동위 원소이다. 요오드-131은 반감기가 8일로 짧은 편이지만 갑상선에 축적되기 쉽고 주변의 세포를 파괴할 위험이 있다. 체르노빌 사고에서도 세포 분열이 활발한 아이들의 갑상선에 요오드-131이 축적되어 갑상선 암이 발생했다는 기록이 있다.[10] 반감기가 2년 정도인 세슘-134와 반감기가 30년 정도인 세슘-137은 그 대부분이 토양 및 바다로 방출되었고, 장기적으로 먹이 사슬을 통해 인체에 유입되어 내부 피폭을 일으킬 위험이 있다. 이들 세 종류 외에도 반감기가 약 29년인 스트론튬-90이 있는데, 이 물질은 칼슘과 화학적 성질이 비슷하여 뼈에 유입되기 쉬워 장기적인 체내 피폭을 가져올 수 있다는 우려가 있다.[11]

9 Investigation Committee on the Accident at Fukushima Nuclear Power Stations of Tokyo Electric Power Company, *Fukushima Nuclear Accident Analysis Report(Interim Report)*, December 26, 2011, pp. 8-95; The National Diet of Japan, *The Official Report of the Fukushima Nuclear Accident Independent Investigation Commission*, 2012, pp. 12-50; Tokyo Electric Power Company, *Fukushima Nuclear Accident Analysis Report(Interim Report)*, December 2, 2011, Sections 6 to 9.

10 Alexey V. Yablokov, et. al., *Chernobyl: Consequences of the Catastrophe for People and the Environment*(New York: New York Academy of Science, 2009), ch. 5.

11 環境省, 「放射線による健康影響等に関する統一的な基礎資料, 平成25年度版 ver. 2013001」,

2011년 8월 경제산업성 원자력안전·보안원이 발표한 추산에 따르면, 동위 원소 방출량이 가장 많다고 알려진 세슘-137은 1만 5000테라베크렐인데, 히로시마 원폭 투하로 방출된 세슘-137의 양과 비교하면 후쿠시마의 경우가 히로시마 원폭의 168배에 해당한다. 원폭에서 요오드-131은 6만 3000테라베크렐인데, 후쿠시마의 경우는 16만 테라베크렐이며, 또한 원폭에서 스트론튬-90은 58테라베르크렐인 데 반해 후쿠시마에서는 140테라베크렐이다. 이처럼 후쿠시마 사고는 모든 면에서 히로시마 원폭을 훨씬 뛰어넘는 수치를 보이고 있다.[12]

많은 양의 방사성 물질이 사고 이후 대기와 비에 섞여 들어갔으며, 방사능이 섞인 비는 후쿠시마 현뿐 아니라 동북 지역과 관동 중부 지역의 광범위한 지역에 내렸다. '그림 1'에 나타난 것처럼 후쿠시마 현뿐 아니라 인근의 이와테, 미야기, 도치기, 군마, 이바라키, 지바의 6개 현에서 현재까지도 공간 방사선량이 높게 계측되고 있다. 이것은 세슘을 비롯한 방사성 물질이 비바람을 통해 퍼지고 있기 때문이다. 방사성 물질의 제거 업무를 담당하는 환경부는 후쿠시마 현과 이들 6개 현, 그리고 사이타마 현 등 8개 현의 104 시정촌(市町村)을 "오염 상황 중점 조사 지역"으로 지정하였다. 이처럼 오염은 후쿠시마에 국한되지 않고, 광역화되고 있다.[13]심각하고 광범

2013, 第1章.

12 経済産業省, ニュースリリース,「東京電力株式会社福島第一原子力発電所及び広島に投下された原子爆弾から放出された放射性物質に関する試算値について」別表1, 2011年8月26日. http://www.meti.go.jp/press/2011/08/20110826010/20110826010-2.pdf(검색일: 2014년 8월 1일).

13 環境省, 報道発表資料,「放射性物質汚染対処特措法に基づく汚染状況重点調査地域の指定について(お知らせ)」, 2012年2月24日. http://www.env.go.jp/press/press.php?serial=14879(검색일: 2014년 8월 1일). 이후 네 개의 시정촌이 지정 해제되어 2014년 8월 현재 100개 시정촌이 중심 조사 지역으로 남아 있다.

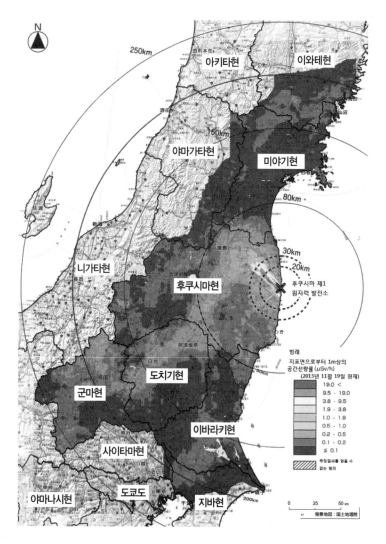

그림 1. 2013년 11월 19일 현재(사고에서 32개월 후) 후쿠시마 현 및 인근 현의 지상 1m 공간 선량률의
측정 결과
* 출처: 일본 원자력규제위원회 홈페이지.
http://radioactivity.nsr.go.jp/ja/contents/9000/8909/24/362_20140307.pdf.

위한 방사능 오염을 초래한 원전 사고는 인재(人災)로서의 측면이 강하다. 도쿄전력은 물론 감독 책임을 가진 일본 정부는 재건축 연한인 40년을 경과하여 노후화가 진행되고 있는 후쿠시마 제1 원자력 발전소의 재해를 예측하거나 적절한 예방 조치를 강구하지 못하였다. 또한 이들 기관은 심각한 사고에 대한 대책과 대비 훈련을 충분히 하지 못하였고 이 때문에 피해가 확대되었다.[14]

도쿄지방검찰청은 도쿄전력 간부 세 명에 대해 불기소 처분을 내렸지만, 검찰 심사회는 2014년 7월 30일 이들에 대하여 업무상 과실 치사 상해죄로 '기소 상당'이라는 의결을 내렸는데, 기소의 주된 이유는 이 간부들이 적절한 대책을 마련하지 않은 과실이 인정된다는 것이었다.[15] 예방의 책임이 있는 기관이 적절한 책임을 다하지 못했을 뿐 아니라, 사고 초기에 많은 혼란과 지연이 발생하여 발전소 주변에 사는 많은 주민들은 피폭을 당하게 되었다.

---

14 Investigation Committee on the Accident at Fukushima Nuclear Power Stations of Tokyo Electric Power Company, *Final Report*, July 23, 2012, pp. 396–431; The National Diet of Japan, op. cit., ch. 1.

15 *The Japan Times*, "Indict Tepco execs over disaster: judicial panel," July 31, 2014. 검찰 심사회는 검찰의 기소권 독점을 견제하고 범죄 피해자를 구제하기 위해 1948년 도입된 일본의 민간 기구이다. 투표권자 중 무작위로 선정된 시민 11명으로 구성되며, 검찰관의 불기소 처분에 대한 심사나 검찰 사무의 개선에 관한 건의 또는 권고를 담당하고 있다. 초기에는 심사회의 의결이 검찰관에 대한 법적인 구속력을 갖지 않았지만, 2009년 5월 21일부로 시행된 법에 따라 현재는 법적인 구속력을 가져 의결 결과에 따라 기소를 강제할 수 있다. 지방 법원을 중심으로 전국에 165곳의 검찰 심사회가 설치되어 있다(2010년 기준).

2) 정치 안보 문제

　사고 직후 피해 지역 주민들은 높은 선량의 피폭을 당하였고, 그들은 피폭이 자신들의 건강에 미칠 영향에 대하여 현재까지도 불안감을 강하게 내비치고 있다. 사고 직후에 피폭을 막지 못한 이유로는 정부의 초기 대응 지연, 적절한 정보 제공 및 피난 지시가 이뤄지지 않았다는 점, 거버넌스를 둘러싼 정치적 문제 등을 지적할 수 있다.

　가장 큰 문제는 총리 관저, 행정 기관, 도쿄전력 등 중요 책임 주체들 사이에 잘못된 정보가 안내되거나 정보가 충분하지 못하였고, 사고 상황도 불확실하게 파악되었으며, 그로 인해 초기의 위기 대응이 지연되었다는 점이다. 사고 소식이 전해진 뒤 간 나오토 당시 총리를 중심으로 사고 대책 본부가 총리 관저에 설치되긴 하였지만, 관련 부처나 도쿄전력은 적절한 정보를 제공하지 않았다. 초기의 사고 대책 본부는 TV 보도를 통해서 수소 폭발 정보를 얻었을 정도였다.[16] 당시 대책 본부에는 원자력 발전 행정을 관할하는 경제산업성의 산하 기관인 원자력안전·보안원의 차장이나 내각부의 심의 기구로서 안전 확보를 위한 정책 제언을 실시하는 원자력안전위원회의 위원장뿐 아니라, 도쿄전력의 부사장 등 관계자들도 참여하고 있었다. 그러나 이들은 수소 폭발은 있을 수 없다고 예측하는 등, 멜트다운을 초래할 수 있는 심각한 사고 발생을 예상하지 못하였다. 그 결과 이들은 현장의 사고에 관해서도 또한 사고의 수습 및 대응을 위한 법적·제도적 상황에 대해서도 충분히 설명하거나 대비할 수 없었다.[17]

---

16 Investigation Committee on the Accident at Fukushima Nuclear Power Stations of Tokyo Electric Power Company, *Final Report*, p. 224.

17 Investigation Committee on the Accident at Fukushima Nuclear Power Stations of

당시 도쿄전력 사장 시미즈 마사타카(清水正孝)는 수소 폭발이 계속되는 3월 14일부터 15일 사이에 관계 부처 장관과 관방장관에게 계속 전화를 걸어 제1원전 직원들을 12km 남쪽에 있는 후쿠시마 제2원전으로 대피시키겠다는 계획을 전달했다. 원자로 격납 용기 내 압력이 설계상의 한계를 넘으며 압력을 줄이기 위한 조작이 실패했기 때문에, 원자로가 폭발하는 최악의 사태를 예측했기 때문이다.[18] 그러나 간 나오토 총리는 이 요청에 강력히 항의했다. 원자로를 제어하지 못하면 후쿠시마 제1 원자력 발전소 부지 내에 있는 원자로가 차례로 폭발하는 최악의 사태가 발생하여, 수도 도쿄를 포함한 동일본 전체가 피난 대상 지역이 될 것으로 우려했기 때문이다. 피해 지역이 확장되면 일본 국가의 존속이 위태로울 수 있다고 판단한 총리는 도쿄전력에 대해 계속 사고에 대응할 것을 지시했다고 한다.[19] 실제 총리가 원자력위원회에 지시해 작성한 '최악의 시나리오'는 사고가 수습되지 못할 경우 후쿠시마 제1 원자력 발전소에서부터 170km 권역 이내는 강제 이전 구역이 되고, 도쿄를 포함하는 250km 권역은 희망자들의 이전을 인정하는 구역이 되는 등, 약 5000만 명이 피난하는 사태를 상정하고 있었다.[20]

이처럼 사고 초기에 책임 주체들 사이의 협력이 부족하였고, 그 때문에 발전소 주변 주민들이 피폭을 피하기 위해 꼭 필요한 방사성 물질 확산 예측 데이터나 방사선량 모니터링 데이터의 수집, 분석, 공유 및 활용은 어렵

Tokyo Electric Power Company, *Interim Report*, pp. 68-70; 菅直人, 『東電福島原発事故　総理大臣として考えたこと』(幻冬舎, 2012), pp. 62-75.

18 Investigation Committee on the Accident at Fukushima Nuclear Power Stations of Tokyo Electric Power Company, *Final Report*, pp. 230-237.

19 菅直人, 前揭書, pp. 107-116.

20 上揭書, pp. 20-29.

게 되었다. 주민 대피령을 발령할 때는 방사성 물질이 어떻게 확산되고 있는지 파악하는 것이 가장 중요하다. 일본 정부는 사고 전부터 120억 엔의 예산을 투입하여 긴급 상황 시에 활용할 수 있는 신속 방사능 영향 예측 네트워크시스템(SPEEDI)을 정비했다고 한다. 사고 발생 후에도 문부과학성, 원자력안전·보안원, 원자력안전위원회의 담당자들이 각각 독자적으로 SPEEDI를 통해 예측 계산을 하고 있었다. 하지만 각각의 정보는 공유되지 않았고, 그들은 피난 지시 구역 결정권을 가진 총리 관저의 본부에 이를 전달하지도 않았다. SPEEDI를 관할하는 문부과학성은 외무성을 경유하여 미군기를 활용하여 항공기 방사선량의 모니터링 결과를 알게 된 것으로 알려져 있다. 그러나 문부과학성은 자신들이 관할한 데이터가 아니라는 이유로 이 데이터를 총리 관저에 신고하지도, 대비에 활용하지도 않았다. 사태를 심각하게 한 것은 수직적 행정 조직의 폐해뿐만이 아니었다. 위기 상황에서 국민의 생명을 보호하는 능동적인 구조가 부재했던 것도 사태를 더욱 심각하게 만들었다.[21] 오히려 주일 미군사령부는 SPEEDI의 예측 데이터를 요청하였고, 외무성은 미군에 3월 14일 정보를 제공했다고 한다.[22]

결국 피폭을 막고 스스로를 지키기 위해 꼭 필요한 정보인 SPEEDI의 확산 예측 정보는 3월 23일까지 국민에게 공개되지 않았다. 세 번째 문제는 이 지점에 있다. 중요한 정보가 원활하게 공개되고 활용되지 못하면서, 적절한 피난 구역 설정이 어려워졌고 그 결과 주민들은 피할 수 있었던 피폭을 강제당하는 결과가 생겼다. 3월 12일부터 15일까지 총리 관저 대책

---

21 The National Diet of Japan, op. cit., pp. 71-74.

22 朝日新聞社特別報道部, 『プロメテウスの罠: 明かされなかった福島原発事故の真実』(学研パブリッシング, 2012年), pp. 188-190.

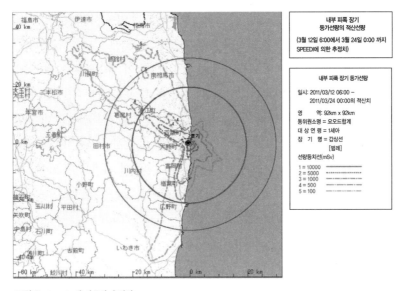

그림 2. SPEEDI에 기초한 추정치
 * 출처: 원자력규제위원회 홈페이지.
 http://www.nsr.go.jp/archive/nsc/mext_speedi/0312-0324_in.pdf.

본부는 주민에 대한 대피령을 원전 기준 3킬로미터 권역에서 단계적으로 20킬로미터 권역까지 확대했다. 나아가 가옥 내 대피 구역도 30킬로미터 권역 내로 넓혔는데, 이들 대피령은 모두 대피 또는 대피 구역을 동심원 형태로 설정하고 있었다. 하지만 방사성 물질은 원전에서부터 거리에 비례하여 동심원형으로 퍼지는 것이 아니라, 비바람과 지형의 영향을 받아 균일하지 않게 확산되고 오염을 일으키는 것으로 알려져 있다. 사고 후 원자력 안전·보안원이 설치한 긴급상황시대응센터(ERC)는 SPEEDI 데이터와 다른 데이터를 조합하여 확산을 예측하고, 피난 구역안을 작성하고 있었다. 그러나 이 정보는 대책 본부가 있는 관저에 전해지지 않았고, 관저는 독자

적인 판단으로 동심원형으로 피난 지시를 내리기에 이른 것이다.[23]

　일부 주민들은 방사성 물질의 확산 루트를 모른 채 피난을 갈 수밖에 없었고, 결국 20킬로미터 밖이지만 높은 방사선량이 계측되었던 나미에초의 쓰시마 지구, 이다테무라, 가와마타초 일대로 피난을 간 주민들은 지역 주민들과 더불어 고선량의 피폭을 당했다.[24] 피난자들과 주민들은 이 지역이 원자력 발전소에서 거리가 떨어져 있기 때문에 고선량 상태이리라 예측하지 못하였고, 무방비 상태로 야외에서 식사 준비를 하거나 평소처럼 생활했다. 고선량 지역으로 피신한 뒤 피폭을 당한 피난자들의 비율은, 나미에초에서 약 50퍼센트, 후타바초에서 30퍼센트, 도미오카초에서 25퍼센트에 달하였고, 그 밖에 기타 지역에서도 10~15퍼센트에 이르렀다고 한다.[25] 대책 본부는 3월 16일 시점에 이미 20킬로미터 권역 바깥 지역에도 고농도의 오염이 확산된 사실을 파악하였지만, 1개월 이상이 지난 4월 22일에야 이들 지역을 '계획적 피난 구역'으로 지정하고 주민들에게 대피를 권고하였다. 대피 권고가 지연된 것은 관계 기관의 의견 조율에 시간이 소요되었고, 피난 구역 설정 기준이 확정되지 않았기 때문이다.[26] 더구나 내각관방장관은 사고 상황이나 피난 지시 등을 정기적으로 발표하는 기자 회견에서 자세한 근거를 제시하지도 않은 채, 사고 당시의 방사선량을 언급하며 "당장 건강에 영향을 미칠 만한 수치가 아니다"라는 말만 거듭 강조하였다. 그 결과 대부분의 주민은 피폭의 위험성을 인식하지 못한 채 가

23 上揭書, pp. 60 - 75.

24 Investigation Committee on the Accident at Fukushima Nuclear Power Stations of Tokyo Electric Power Company, *Final Report*, pp. 255 - 257

25 The National Diet of Japan, op. cit., pp. 22 - 24.

26 Ibid., pp. 24 - 27.

장 높은 방사선량이 기록된 2011년 3월의 시기를 보내게 되었다.[27]

덧붙여 정부의 재해 대책 본부나 후쿠시마 현은 방사성 요오드에 의한 피폭을 막기 위한 요오드제 투여에서도, 적절한 시간 안에 주민들이 복용하도록 하는 데 실패했다. 방사성 요오드가 체내에 유입되기 24시간 전부터 피폭 직후 사이에 요오드제를 복용하면 방사성 요오드의 갑상선 축적을 90퍼센트 이상 낮출 수 있다. 따라서 피폭 24시간 이후 갑상선 축적량을 10퍼센트 이하로 만들기 위해서는 시의적절한 복용 지시가 꼭 필요했지만, 국가도 후쿠시마 현도 복용 지시를 내리지 않았다. 지자체의 자체 판단으로 복용을 결정한 것은 4개 도시였으며. 그 밖의 지역에는 요오드제가 비축되어 있었지만 지시가 없어서 주민들은 복용하지 않았다.[28]

이처럼 초기의 대응 과정에서 정부 행정 기관과 도쿄전력의 적절한 거버넌스는 없었다. 이는 방사선 피폭의 적절한 방호를 어렵게 만들었고, 많은 주민들은 피할 수 있었던 피폭을 당하게 되었다. 거버넌스를 둘러싼 정치적 안보 문제는 차후 환경과 식품 안보를 둘러싼 문제에도 계속 등장하게 된다.

3) 환경 안보 문제

원전 사고로 방출된 대량의 방사성 물질은 환경, 식품, 경제 분야에서도 사람들의 안전을 위협하는 많은 문제를 유발하였다. 다양한 분야에 걸친 문제들은 피폭 선량 한도 기준치, 즉 어느 정도의 피폭 선량을 허용할 수 있을지를 둘러싼 논쟁에서 시작되었다. 후쿠시마 제1원전 사고 전 일본

---

27 Ibid., pp. 82-84.
28 Ibid., pp. 78-85.

의 공중 피폭(public exposure) 선량 한도는 1990년 국제방사선방호위원회(ICRP)의 권고와 국제원자력기구(IAEA)가 제안한 보호·관리 기준을 준용해 왔으며, 다른 여러 나라와 마찬가지로 연간 추가 피폭 선량을 1밀리시버트로 정해 왔다.[29] 그러나 사고 발생 후 정부는 사고 전의 20배인 연간 20밀리시버트까지 기준을 높였고, 새로운 기준을 바탕으로 생활 환경의 기준도 결정하였다.

연간 20밀리시버트라는 기준은 ICRP와 IAEA가 정한 긴급 피폭 상황의 방사선 보호 기준치인 20~100밀리시버트 범위 중 가장 낮은 수치를 채택한 것으로 알려져 있다. 실제로 정부는 2011년 4월 22일 이후 이 수치를 적용해 피난 구역을 수정하고 있다. 우선 원전에서부터 20킬로미터 권역 내의 지역을 출입이 금지되는 '경계 구역'으로 정하였고, 원전에서 20~30킬로미터 권역 내의 5개 시정촌을 '계획적 피난 구역'으로 설정하였다. '계획적 피난 구역'은 '경계 구역' 바깥이지만 사고 발생 1년 내 누적 선량이 20밀리시버트에 달할 우려가 있기 때문에 약 1개월의 기간 동안 주민에게 피난할 것을 요청하는 구역이다.[30] 그리고 2013년 8월 이후에 구역을 개편하면서 연간 추가 피폭 선량이 50밀리시버트를 넘는 지역을 '귀환 곤란 구역'으로, 20밀리시버트 이상 50밀리시버트 이하의 지역을 '주거 제한 구역'으로, 그리고 20밀리시버트 이하의 지역은 '피난 지시 해제 준비 구역'으로 설정하였다. 이 세 번째의 '피난 지시 해제 준비 구역'에서는 실

---

29 放射線審議会, 「ICRP1990年勧告(Pub.60)の国内制度等への取入れについて(意見具申)」, 1998年6月. http://www.nsr.go.jp/archive/mext/b_menu/shingi/housha/sonota/81009.htm(검색일: 2014년 8월 1일).

30 経済産業省原子力被災者生活支援チーム, 「計画的避難区域」及び'緊急時避難準備区域'の設定について」, 2011年4月22日. http://eti.go.jp/press/2011/04/20110422004/20110422004-2.pdf(검색일: 2014년 8월 1일).

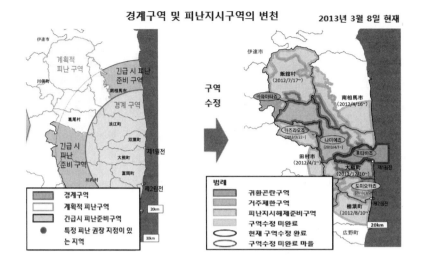

그림 3. 내각부 원자력 재해자 생활 지원팀, '피난 지시 구역 재검토에 대하여', 2013년 10월.
*출처: http://www.meti.go.jp/earthquake/nuclear/pdf/131009/131009_02a.pdf.

제로 2014년 4월부터 피난 지시 해제가 시작되어 주민의 귀환 촉진이 이미 개시되었다.[31] '그림 3'은 피난 지시 구역이 변화되는 양상을 나타낸 것이다.

그러나 전문가와 주민들은 정부가 사고 전에 정해져 있던 공중 연간 추가 피폭 선량 한도를 20배나 높여 기준을 설정한 것을 호되게 비판하였다. 특히 체르노빌 원전 사고를 당한 우크라이나가 1991년에 채택하고 시행한 법률 '체르노빌사고에 의한 방사능 오염 지역의 법적 취급에 대하여'와 비교하더라도, 일본의 기준은 매우 높은 수치라는 것이 지적되고 있다. 우크

---

31 内閣府原子力被災者生活支援チーム, 「避難指示区域の見直しについて」, 2013年10月. http://www.meti.go.jp/earthquake/nuclear/pdf/131009/131009_02a.pdf(검색일: 2014년 8월 1일).

라이나에서는 세슘-137, 스트론튬-90, 플루토늄의 토양 축적량을 가지고 연간 추가 피폭 선량을 계산해 연간 추가 피폭 선량이 5밀리시버트 이상인 지역을 '이주 의무 지역'으로, 1밀리시버트 이상인 지역을 '이주 권리 지역'으로 지정했다. 그러나 일본에서는 20밀리시버트 이하의 지역에서는 거주가 가능하다고 보고 있으며, 현재 귀환까지 촉진하고 있는 것이다.[32]

일본 정부가 연간 추가 피폭 선량을 20밀리시버트로 높게 설정하자, 정부가 피난 지시를 하지 않은 지역에 살고 있었지만 피난을 결정한 사람들, 즉 '자주 피난자'[33]가 다수 생겨났다. 일본 정부가 설정한 기준인 20밀리시버트보다는 낮지만 공중 연간 추가 피폭 선량인 1밀리시버트보다는 높은 선량이 관측되는 지역 거주자 중 일부는, 선량이 낮은 지역으로 대피할 수밖에 없었던 것이다. 정부가 지정한 피난 구역에 살다가 피난한 사람들에게는 도쿄전력이 배상금과 위자료를 지불하지만, 자주 피난자들에게는 충분한 배상이 주어지지 않았다. 따라서 자주 피난자 중에서는 피난 생활의 경제적 부담을 견디지 못하고 부득이 원래 거주지로 돌아간 가구도 적지 않다. 후쿠시마 현의 피난자 수는 2012년 6월 최대 16만 2000명에 이르렀으며, 2014년 6월 현재 후쿠시마 현 바깥에 약 4만 5000명, 후쿠시마 현 내 피난 구역 이외 지역에 약 8만 1000명 등 모두 12만 6000명 이상이 피난 생활을 계속하고 있다.[34] 정확한 통계는 없지만, 행정 당국은 이중 약

32 尾松亮, 『3·11とチェルノブイリ法: 再建への知恵を受け継ぐ』(東方書店, 2013), pp. 72-91; 河崎健一郎他, 『避難する権利, それぞれの選択: 被曝の時代を生きる』(岩波書店, 2012), pp. 50-54.

33 '자주 피난자'라는 명칭은 피난자가 자발적으로 피난을 간 인상을 준다. 그래서 실제로는 원전 사고 이후 방사능 오염으로 인해 원치 않는 피난을 마지못해 가는 상황을 은폐한다는 비판을 받을 수 있다. 이 글은 이런 비판을 수용하면서도 정부가 설정한 피난 구역 내에서 피난을 나온 피난자들과 구별하기 위해 이 용어를 사용하고자 한다.

34 福島連携センター, 「福島県避難者情報」. http://f-renpuku.org/fukushima/evacuee_

표 1. 일본과 우크라이나 피난 구역의 차이

연간 피폭 선량	일본의 구분	우크라이나의 구분
50밀리시버트 이상	귀환 곤란 구역	
20밀리시버트 이상 50밀리시버트 미만	거주 제한 구역	소거 지역(거주불가)
20밀리 시버트 미만	피난 지시 해제 준비 구역 거주 가능	퇴거 대상 지역(거주불가)
5밀리 시버트 이상	거주 가능	
1밀리시버트 이상 5밀리시버트 미만	거주 가능	이주권이 인정되는 거주 지역 (거주 가능)
0.5밀리 시버트 이상 1밀리 시버트 미만	거주 가능	특혜적 사회·경제 지위가 인정되는 거주 지역 (거주 가능)

* 출처: 尾松(2013년), 河崎 외(2012년)를 참고하여 필자 작성.

3만 5000명 정도를 자주 피난자로 추산하고 있다. 그러나 행정 당국이 파악하지 못한 자주 피난자 수가 더 많을 것으로 예측되며,[35] 후쿠시마 현 외의 오염 지역에서 피난한 자주 피난자도 있기 때문에 정확한 인원은 알려지지 않고 있다.

20밀리시버트라는 기준은 학교 교육 현장에서도 큰 문제를 낳았다. 2011년 4월 오염 지역의 학교 재개 문제를 검토하던 문부과학성은 교정에

information(검색일: 2014년 8월 1일).

35 日本農業新聞,「現場から賠償なく厳しい生活福島原発事故の自主避難者」, 2014年7月2日. http://www.agrinews.co.jp/modules/pico/index.php?content_id=28528(검색일: 2014년 8월 1일).

서 공간 선량이 매 시각 3.8마이크로시버트 이상이 계측된 학교에서만 학
생들의 야외 활동을 제한하기로 했다. 매 시각 3.8마이크로시버트는 연간
추가 피폭 선량의 기준을 20밀리시버트에 맞춘 것이다. 그리고 문부과학
성은 재해 대책 본부를 통해 매 시각 3.8마이크로시버트 미만의 학교 등
에 대해서는 교사와 학생들이 교정을 평소대로 이용해도 무방하다고 발표
하였다. 아이들의 건강에 대해 불안감을 갖고 있던 보호자들뿐 아니라 국
내외 전문가들도 이 결정에 대해 방사선의 영향에 취약한 어린이들의 건
강을 충분히 고려하지 않았다고 하면서 매섭게 비판했다.[36] 전 ICRP 위원
이자 방사선 보호 전문가로 내각관방 참여 직에 있던 도쿄대학교의 고사
코 도시소(小佐古敏莊) 교수는 2011년 4월 29일 기자 회견을 열고 "약 8만
4000명의 원자력 발전소 방사선 업무 종사자 중에서도 연간 20밀리시버트
가까이 피폭을 당하는 사람은 극히 드뭅니다. 이 수치를 유아, 아동, 초등
학생에게 요구하는 것은 학문적 견지뿐만 아니라 휴머니즘에 비추어 보아
도 받아들이기 어려운 것입니다"라고 눈물을 흘리며 항의하며 참여 직을
사임해 화제가 되었다.[37]

　방사성 폐기물을 처리하는 과정도 환경 안보 차원에서 많은 문제를 야
기하였다. 우선 문제가 된 것은 지진과 쓰나미로 인해 발생한 방사성 물질
이 포함된 잔해 처리 문제였다. 후쿠시마 현 내에서 발생한 잔해는 현 안
에서 처리하는 것을 목표로 하였다. 하지만 인근 현인 이와테 현의 잔해는
약 414만 톤으로 이와테 현 일반 폐기물의 약 9년분에 달했고, 미야기 현

---

36 The National Diet of Japan, op. cit., pp. 97 – 100; PSR, *Statement on the Increase of
　Allowable Dose of Ionizing Radiation to Children in Fukushima Prefecture*, April 29,
　2011.

37 NHK'かぶん'ブログ, 「小佐古敏莊 内閣官房参与の辞任にあたって(辞意表明)」, 2011年4月
　29日. http://www9.nhk.or.jp/kabun-blog/200/80519.html(검색일: 2014년 8월 1일).

의 잔해도 약 1121만 톤으로 일반 폐기물의 약 14년분에 달해, 현 내에서 처리하는 것은 곤란하였다. 환경부는 이들 지역의 잔해를 다른 도도부현(都道府県)으로 운반하여 소각하고 매립하거나 재활용한다는 '광역 처리' 방침을 결정했고, 도쿄 도와 오사카 부 및 여타 16현은 이를 수용하겠다고 발표했다. 하지만 방사성 물질이 포함된 잔해들을 소각하면 그 과정에서 방사능이 농축되거나 재에 남게 된다. 따라서 결정 당시부터 방사성 오염이 전국에 확산될 위험이 있다는 우려가 제기되었고, 수용 지역의 주민들은 반대 운동을 전개했다.[38] 이 과정에서도 방사성 물질에 관한 기준치 완화는 문제가 되었다. 종래에는 세슘 환산으로 1kg당 100베크렐 이상의 폐기물은 저준위 방사성 폐기물로 분류하고, 일반 폐기물과는 구별되어 처리하고 있었다. 그러나 2011년 8월 환경부는 1kg당 8000베크렐 이하의 폐기물과 소각 재를 일반적인 폐기물과 같이 처리하기로 결정하였다.[39] 이는 1kg당 8000베크렐 이하였던 종래의 기준보다 훨씬 높은 농도의 방사성 폐기물이 잔해 처리를 수용한 지역에 매립된다는 것을 의미한다.

나아가 환경부 및 각 지자체의 책임 아래에서 방사능 오염이 확산된 광대한 지역의 오염 제거 작업을 진행하였지만, 제거된 오염토의 처분 장소를 두고도 어려운 점이 많다. 환경부는 고농도의 방사성 물질을 함유한 흙을 30년간 중간 저장 시설에 보관하고, 이후에 최종 처분장으로 옮기려

---

38 Michael Mcateer, "Japan's Latest Nuclear Crisis: Getting Rid of the Radioactive Debris," *The Atlantic*, June 4, 2012. http://www.theatlantic.com/international/archive/2012/06/japans-latest-nuclear-crisis-getting-rid-of-the-radioactive-debris/257963/(검색일: 2014년 8월 1일).

39 環境省,「災害廃棄物の広域処理の推進について(東日本大震災により生じた災害廃棄物の広域処理の推進に係るガイドライン)」, 2011年8月11日. http://www.env.go.jp/jishin/attach/memo20120111_shori.pdf (검색일: 2014년 8월 1일).

고 계획하고 있다. 그러나 각 지역에서 중간 저장 시설 건설 반대 운동이 발생하였고, 2014년 현재에도 입지 선정은 난항을 겪고 있다. 그 결과 이미 제거한 오염토를 제대로 관리하지 못하고 임시 시설에 보관하거나, 오염 제거를 마친 토지의 아래에 매립한 상황이다. 거주 지역의 오염물을 제거한 경우에도, 태풍과 폭우로 인해 오염물이 제거되지 않은 산림으로부터 방사성 물질이 흘러들어 토양 오염이 반복되고 공간 방사선량이 다시 상승하는 사태도 발생하고 있다.[40]

4) 식품과 경제 안보 문제

환경 분야에서 나타난 방사성 물질의 안전 기준 문제는 식품 안보에서도 발생했다. 후생노동성은 사고 직후 식품 속 방사성 물질의 잠정 규제치를 설정했지만, 그 기준은 방사성 세슘에 대한 실효 선량 연간 5밀리시버트였다. 공중 연간 추가 피폭 선량인 1밀리시버트의 다섯 배 수치로 설정된 것이다. 게다가 2011년 3월에 있던 식품 검사에서 15개 도도부현의 780개 검사 대상물 중에서 시금치를 비롯한 잎채소 및 비가공 유제품 등 136개 품목이 방사선 규제치를 초과하여 섭취 제한과 출하 제한이 결정되는 사태가 발생하였다.[41] 그 후 주변 주민의 모유에서 요오드-131이 검출되고 소변에서 세슘이 검출되는 등 식품이나 물, 호흡기 등을 통해 체내에 유입된 방사성 물질로 인한 피폭이 문제가 되고 있다.[42]

40 The National Diet of Japan, op. cit., pp. 110–115.

41 Ibid., pp. 87–92.

42 N. Unno, et. al., "Effect of the Fukushima Nuclear Power Plant Accident on Radioiodine([131] I) Content in Human Breast Milk," *Journal of Obstetrics and Gynaecology Research*, Vol. 38, No. 5, May 2012, pp. 772–779; *The Japan Times*,

후생노동성은 사고로부터 약 1년 후인 2012년 4월에야 연간 1밀리시버트를 기준으로 한 새로운 식품 기준치를 설정했지만, 그에 대한 평가 역시 전문가 사이에서 엇갈리고 있다. 특히 기준치가 된 1밀리시버트의 추가 피폭은 음식을 통한 내부 피폭만을 상정하고 있기 때문에, 체외에서 일어나는 외부 피폭이나 호흡을 통한 내부 피폭은 고려의 대상에서 제외되어 있다. 앞에서 보았듯 오염물이 효과적으로 제거되지 못하고, 오염토가 임시 시설에 보관된 상황이기 때문에, 다양한 피폭의 경로를 감안하여 1밀리시버트 이하로 한도를 설정할 필요가 있다는 지적이 제기된다.[43]

식품 검사 체제에도 문제가 있었다. 우선 검사 기기가 부족하였고, 정부는 검사 계획을 각 지자체에 맡겼기 때문에 자치 단체마다 대응이 달랐다. 지자체들은 지역의 생산품 전체가 방사성 물질에 오염되었다는 이미지를 덮어쓸까 두려워하면서 검사에 그다지 적극적이지 않았다. 오히려 방사능 오염 지역이라는 이미지가 고착화되는 것을 '낭설 피해'라고 부르면서 그것을 잠재우는 데만 주력했다.[44] 후쿠시마 현을 비롯하여 오염이 심각한 도치기 현, 미야기 현, 이바라키 현, 지바 현, 군마 현 등은 농업, 축산업, 어업, 임업 등 1차 산업이 활발한 지역이자 관광 산업 역시 발달한 곳이었다. 따라서 자세한 검사 결과를 공표하기보다는 이른 시기에 '안전·안심 선언'을 하는 것에 더 관심을 기울였다. 예를 들어 후쿠시마 현의 이웃 현인 도치기 현은 지진 재해 직후인 2011년 4월 5일에 현 지사 이름으로 '도치기 관광 안전 선언'을 발표하면서 도치기 현은 "후쿠시마 제1 원자력

"Fukushima Residents' Urine Now Radioactive," June 27, 2011. http://www. japantimes.co.jp/news/2011/06/27/national/fukushima-residents-urine-now-radioactive/#.U-MxQPl_uCk(검색일: 2014년 8월 1일).

43 The National Diet of Japan, op. cit., pp. 94-95.

44 Ibid., pp. 92-94.

발전소 사고 등에 따른 직접적인 피해는 거의 없으며, 물과 공기와 음식물 등도 안전하고, 안심할 수 있는 것을 제공하고 있습니다"라고 선언하였다. 그러나 그해 7월 도치기 현에서 생산된 소고기에서 세슘이 검출되어 출하가 제한되기도 하였다.[45] 하지만 정부 부흥청의 예산을 이용하여 '낭설 피해'를 불식시키는 데 주력하는 정책은 이후에도 계속 진행 중이며, 재해지 식품의 판로 확대나 개발 지원, 그리고 국내외 관광객 유치 사업이 계속되고 있다.[46]

자치 단체나 정부의 재해지 산업 지원책은 이른바 경제 안보 분야와도 밀접하게 관련되어 있다. 방사성 물질의 영향이 사라지고 있는데도 '위험하다'는 이미지가 남아 재해지의 산업에 타격을 준다면, 많은 재해지에서 정당한 이유 없이 수입이 감소되고 일자리를 잃는 사태가 초래될 수 있다. 경제적 생활 궁핍이 개인의 안보를 사고하는 데 매우 중요한 요소임은 두말할 필요도 없다.[47] 하지만 한편으로는 정부가 원전 사고 후 피폭 선량에 관한 기준을 완화한 것이 정부나 자치체들의 '안전·안심 선언'에 대한 시민들의 불신을 낳은 중요한 원인이기도 하다. 또한 식품 검사 방법이 대개 샘플 검사라는 점, 스트론튬-90처럼 베타 선을 발생시키는 동위 원소는 검사 대상에 넣지 않았다는 점, 4년이 지난 지금도 버섯 등의 식품 오염이 계속되고 있다는 점 등으로 인해 이재민을 포함한 소비자들 사이에서는

---

45 *Mainichi Shinbun*, "Tochigi Begins Radiation Tests on Beef From All Farms," July 28, 2011. http://fukushimanewsresearch.wordpress.com/2011/07/28/japan-tochigi-begins-radiation-tests-on-beef-from-all-farms/(검색일: 2014년 8월 1일).

46 復興庁, 「原子力災害による風評被害を含む影響への対策パッケージ」, 2013年4月. https://www.reconstruction.go.jp/topics/20130402_fuhyopkg.pdf(검색일: 2014년 8월 1일).

47 UNDP, op. cit., pp. 25-27.

식품의 안정성에 대한 불안이 계속되고 있는 것이다.[48]

5) 개인과 공동체 안보 문제

정치, 환경, 식품, 경제 안보가 복잡하게 맞물리면서 원전 사고 이후 사회적인 문제가 발생하였고, 그 결과 개인 안보와 공동체 안보 사이에도 갈등이 발생하였다. 정부가 연간 추가 피폭 선량 기준을 20밀리시버트까지 완화하여 피난 지시 구역을 설정했기 때문에, 해당 구역의 바깥에 있긴 하였지만 종전의 연간 1밀리시버트보다는 높은 선량의 지역에 남겨진 많은 주민들은, 자신이 후쿠시마의 안팎 어디에 있든 상관없이 방사선으로부터 자신과 가족을 보호하는 책임을 져야 했다. 특히 방사선에 영향을 받기 쉬운 영유아와 임산부가 있는 세대는 방사선 방호에 대한 충분한 지식이 없는 상태에서 피난 지시 구역 바깥이라 하더라도 자주적으로 피난을 갈 것인가, 아니면 그대로 머물 것인가에 대해 판단해야 했다.

필자가 소속한 우쓰노미야 대학교 국제학부의 '후쿠시마 영유아·산모 지원 프로젝트(FSP)'는 2011년 9월 후쿠시마 현 내 NGO와 공동으로 후쿠시마 현 내 육아 세대를 대상으로 설문을 실시했는데, 응답한 238가구 중 92%가량인 218가구가 "방사능 오염으로 육아에 불안을 느낀다"라고 대답하였다. 이처럼 불안은 강했지만, 실제 피난을 고려하는 응답자는 41%에 불과했다. 피난지에서의 취업과 자녀 교육에 관한 불안, 경제적 사정 등의

---

48 The National Diet of Japan, op. cit., p. 93; Aoki, Mizuho, "Food Not Checked for Radiation Poses Risk in Fukushima: Study," *The Japan Times*, June 17, 2014. http://www.japantimes.co.jp/news/2014/06/17/national/food-checked-radiation-poses-risk-fukushima-study/#.U-NCq_l_uCk(검색일: 2014년 8월 1일).

이유로 피난을 생각하지 않거나 피난을 하고 싶어도 할 수 없는 세대가 적지 않기 때문이다.[49]

피난 여부가 개인의 선택에 맡겨진 상황에서, 그동안 지역이나 공동체에서 쌓아 온 인간관계를 뒤로 하고 피난을 선택한 사람들은 "고향을 버렸다", "자기들만 도망쳤다", "경제적 여유가 있는 사람이라 자기 좋을 대로 한다", "정부가 안전하다고 말하는데도 과민 반응하고 있다"라는 비난을 받기도 하였다. 자주 피난을 한 사람들은 이전에 자신이 속한 공동체로부터 심한 공격을 받았을 뿐 아니라, 피난처에 도착해서는 지인도 없이 경제적으로도 어렵고 고립된 환경 속에서 생활하게 되었다. 또 차량 번호판으로 후쿠시마에서 온 것이 알려지면서 방사능을 옮길지도 모른다는 차별적인 시선을 감내하거나, 강제 대피자와 마찬가지로 자주 피난자들도 배상금을 받는다는 오해 속에서 "얼마나 받아요?"라는 호사가적인 질문에 노출되는 등, 피난처에서도 많은 스트레스를 받는 상황에 직면하게 되었다. 그렇기 때문에 적지 않은 수의 가구가 결국 낯선 땅에서 고립된 생활을 하는 것과 육아의 부담을 지는 것을 견디지 못하고, 불안이 가득한 마음으로 방사능 선량이 높은 고향으로 귀환하기도 하였다.[50]

한편 선량이 많은 핫스폿에 잔류한 사람들 사이에서도 여러 알력이 생겼다. 정부와 후쿠시마 현은 원전 사고 후 방사선이 건강에 주는 영향에 관한 리스크 커뮤니케이션 정책을 개시했다. 하지만 후쿠시마 현 건강 리

---

49 宇都宮大学国際学部附属多文化公共圏センター福島乳幼児·妊産婦支援プロジェクト, うつくしまNPOネットワーク, 福島乳幼児·妊産婦ニーズ対応プロジェクト, 「福島県内の未就学児をもつ家族を対象とする原発事故における'避難'に関する合同アンケート調査」, 2012年2月28日. http://cmps.utsunomiya-u.ac.jp/news/fspsyuukei.pdf(검색일: 2014년 8월 1일).

50 필자가 2014년 5월 19일 도치기 현 우쓰노미야 시에서, 그리고 같은 해 7월 5일 후쿠시마 현 니혼마쓰 시에서 실시한 피난자 청취 조사에 의거한 것이다.

스크 관리 어드바이저로 취임한 나가사키 대학의 야마시타 슌이치(山下俊一) 교수는 "연간 100밀리시버트 이하의 피폭에서는 뚜렷한 발암 리스크가 발생하지 않는다"는 발언만 되풀이할 뿐이었다. 방사선 피폭의 리스크를 경시하고 있다고 판단할 만한 상황이 계속된 것이다.[51] 정부의 입장과 다른 편에서는 의사나 방사선 방호 전문가들이 1밀리시버트 이상의 방사선도 위험하다고 지적하면서, 핫스폿으로부터 시민들이 이주할 권리를 인정해야 한다는 의견을 제시하고 있다.[52] 정부, 지자체, 전문가의 리스크 평가가 엇갈리자, 핫스폿 주민들 사이에서도 머무를지 대피할지 또는 방사선 피폭의 방호 방안을 어느 정도까지 강구할 것인지에 대해 의견이 엇갈렸다. 심지어 가족 내에서도 대립이 심화되어 '원전 이혼'에 이르는 사례도 늘어나고 있다.[53] 같은 후쿠시마 현 내에서도 도쿄전력에서 손해 배상을 받고 있는 피난 지시 구역 주민들과 충분한 배상을 받지 못한 그 외 지역 주민들 사이에서도 갈등과 단절이 발생하고 있다.[54]

설령 누군가 방사능 오염이 '걱정스럽다'라고 발언한다면, 1차 산업과 관광업에 미칠 영향을 우려하는 지역 주민들은 그 사람에게 "낭설 피해를 부추긴다" 하고 비판한다. 따라서 방사능 오염에 관해 자유롭게 발언하는

51 Yuri Kageyama, "Health Uncertainties Torment Japanese in Nuke Zone," *The Washington Times*, March 9, 2012. http://www.washingtontimes.com/news/2012/mar/9/health-uncertainties-torment-japanese-in-nuke-zone/?page=all(검색일: 2014년 8월 1일).

52 松井英介, 『脱ひばく'いのちを守る: 原発大惨事がまき散らす人工放射線』(花伝社, 2014年), pp. 158-167.

53 Abigail Haworth, "After Fukushima: Families on The Edge of Meltdown," *The Observer*, February 24, 2013. http://www.theguardian.com/environment/2013/feb/24/divorce-after-fukushima-nuclear-disaster(검색일: 2014년 8월 1일).

54 山下祐介·市村高志·佐藤彰彦, 『人間なき復興: 原発避難と国民の「不理解」をめぐって』(明石書店, 2013), pp. 125-152.

표 2. 도치기 현 북부 영유아 보호자 대상 설문 조사 결과 1(필자 작성)

"방사성 물질에 대한 대응에서 여성과 어머니의 목소리가 충분히 반영되지 않았다."

응답 선택지	그렇다	그런 편이다	그렇지 않은 편이다	그렇지 않다	무응답
응답 비율	25.9%	35.6%	19.3%	16.9%	2.5%

것은 어렵다고 전해진다.[55] 필자는 2013년 8월부터 10월까지 도치기 현 북부의 핫스폿에서 영유아 보호자를 대상으로 설문 조사를 실시한 적이 있다. 조사 결과 매일매일 아이의 건강과 식사에 신경을 쓰는 어머니들을 포함하여, 여성들의 불안과 우려가 충분히 고려되지 않고 있으며 여성들의 목소리가 정책에 반영되지 않고 있다는 의견을 접할 수 있었다. 설문 응답자 2202명 중 약 9할이 여성이었는데, 위의 표 2에 나타난 것처럼 방사성 물질에 대응하면서 여성과 어머니의 목소리가 충분히 반영되지 않았다고 응답한 사람들은 "그렇다"와 "그런 편이다"를 합쳐 약 60%였다.[56]

정부, 지자체, 전문가들의 피폭 리스크 평가가 엇갈리면서 개인은 스스로 알아서 방사선 방호에 관한 판단을 내려야 하는 과중한 부담을 떠안게 되었을 뿐만 아니라 공동체 내의 갈등과 단절도 심화되고 있다.

지금까지 살펴본 것처럼 3·11 이후의 일본 사회에서는 인간 안보에 깊

---

55 宇都宮大学国際学部附属多文化公共圏センター, 『福島乳幼児 · 妊産婦支援プロジェクト (FSP)報告書2011年4月-2013年2月』, 2013年3月, pp. 11-16.

56 宇都宮大学国際学部附属多文化公共圏センター(CMPS)·福島乳幼児·妊産婦支援プロジェクト(FSP)·清水奈名子·匂坂宏枝, 「2013年度震災後の栃木県北地域における乳幼児保護者アンケート集計結果報告(2013年8-10月実施分)」, 2014年2月8日. http://cmps.utsunomiya-u. ac.jp/fsp/2014.2.8.pdf (검색일: 2014년 8월 1일).

57 上掲書.

이 관련된 정치, 환경, 식품, 경제, 그리고 개인과 공동체의 안보에 관한 문제들이 서로 얽혀 있다. 그리고 다양한 문제들은 결국 사람들의 건강 안보를 위협하기에 이르렀다. 이어지는 제3절에서는 건강 안보 위협 상황을 인지한 시민들이 건강권의 보장을 요구하는 과정을 검토하고자 한다.

3. 건강 피해 불안과 시민의 권리 회복 운동

1) 복합적 문제로서의 건강 안보

제2절에서 살펴본 것처럼, 후쿠시마 제1 원자력 발전소 사고 후 방사선으로 인한 건강 피해를 둘러싼 문제는 다양한 분야에 걸쳐 복합적 요인으로 구성되어 있다. 이때 논쟁의 대상이 된 것은 100밀리시버트 이하 저선량의 피폭이 장기간 지속될 경우 건강에 어떠한 영향을 미치는지가 충분히 해명되지 않았다는 점, 즉 피폭 리스크의 '불확실성'이다.

일본 정부는 사고 이후 일관되게, 어린이와 임산부를 막론하고 100밀리시버트 이하 저선량 피폭의 영향은 미미하며 방사선 때문에 발암의 리스크가 증가한다는 것은 명백히 증명하기 어렵다고 주장하고 있다. 정부가 시민들에게 제공한 정보 역시 이와 같다. 이 견해는 방사선 영향에 관한 유엔 과학위원회(United Nations Scientific Committee on the Effects of Atomic Radiation: UNSCEAR), 세계보건기구(World Health Organization: WHO), 국제원자력기구(IAEA) 등 유엔 기구가 권고한 방사선 보호 기준에 따라 국제방사선방호위원회(International Commission on Radiological Protection: ICRP)라는 민간단체의 보고서에 의존하고 있다. 이 단체의 보고에 따르면 현재 일본에서 준용하는 기준인 20밀리시버트 이상을 피난 구역으로 설정하는 기준은 타당하다. 또한 이들은 체르노빌 사고 결과 소아 갑상선암만 증가하였다고 주장하며, 백혈병을 비롯한 다른 질환과의 관계는 증명되지 않았다고 주장한다.[58]

정부는 이 견해를 인정하였고, 정부 예산으로 후쿠시마 현 주민들을 대상으로 진행하는 '현민 건강 조사'에서는 한정된 항목만을 검사했다. 이 검사는 문진표의 기입을 통한 외부 피폭 선량 조사와 18세 이하 어린이를 대상으로 한 갑상선 초음파 검사가 주를 이루는 것이며, 피난 구역에서부터 피난한 사람 및 일부 외부 피폭 선량에 대한 조사 결과 필요하다고 인정된 사람들만을 대상으로 혈액 검사와 소변 검사를 진행하였다. 갑상선 초음파 검사를 받은 인원은 2014년 3월 현재 28만 7056명으로, 대상자의 약 8할이 검사에 응했다. 그중 2차 검사인 세포진 검사에서 악성 또는 악성 의심이 진단된 사람은 90명이며, 이중 악성 종양으로 수술을 한 사람이 51명, 갑상선 유두암 환자 49명, 미분화 갑상선암 의심자 1명, 그리고 양성 결절 1명인 것으로 알려져 있다.[59] 이는 보통 100만 명 중 1명의 발병률을 가진 소아 갑상선암 환자보다 높은 발생률이지만, 검사의 실시와 평가를 맡은 후쿠시마 현립 의과대학의 의사들은 이러한 상황은 이번 원전 사

---

58 Office of the Deputy Chief Cabinet Secretary, *Report: Working Group on Risk Management of Low-dose Radiation Exposure*, December 22, 2011.

59 県民健康調査検討委員会, 「第15回検討委員会資料2 '甲状腺検査の実施状況について'」, 2014年5月19日. http://www.pref.fukushima.lg.jp/uploaded/attachment/65174.pdf(검색일: 2014년 8월 1일); *The Japan Times*, "Number of Fukushima Kids with Thyroid Cancer Jumps by 17 From December," May 20, 2014. http://www.japantimes.co.jp/news/2014/05/20/national/number-fukushima-kids-thyroid-cancer-jumps-17-december/#.U-Oe4fl_tqs(검색일: 2014년 8월 1일).

고와 무관하다는 결론을 내리고 있다.[60]

그러나 저선량 피폭이 건강에 미치는 리스크를 심각하게 간주하는 의견도 안팎으로 산재한다. 특히 2009년 체르노빌 원전 사고 이후 건강 피해에 대한 상세한 역학 조사 결과가 발표되었는데, 그중 발암 리스크뿐 아니라 뇌 손상, 연소성 백내장, 치아와 입 이상, 혈액, 림프, 심장, 폐, 소화기, 비뇨기, 뼈 및 피부 질환, 내분비계 기능 장애, 유전적 손상과 선천성 이상, 면역 이상 등은 원전 사고와의 관련성이 널리 인정되고 있다. 나아가 병에 걸리기 쉬운 경향이나 노화가 빨라지는 경향도 지적되고 있다.[61] 국내에서도 후쿠시마 현의 갑상선 검사에서 악성 판정 사례가 많아진 것은 원전 사고 때문일 가능성이 높다고 보고 있다. 또한 일부 의사들은 많은 질환에 관한 검사와 예방의 필요성을 제기하고 있다.[62]

그러나 앞에서 보았듯 후쿠시마 현의 현민 건강 조사는 한정된 검사 항목만으로 실시되었다. 또한 갑상선 초음파 검사 화면 등 검사의 데이터를 피검자에게 공개하지 않고 결과만을 통보하고 있다. 또한 조사 결과 검토위원회가 공개 위원회 개최에 앞서 매번 비공개 비밀 회의를 가지고 조사 결과에 대한 평가를 사전에 조율한 것 역시 언론의 특종으로 밝혀져 큰 파문이 일기도 하였다.[63] 피폭이 건강에 주는 리스크에 관한 정보가 엇갈리는 상황에서 피폭을 입은 사람들은 건강에 대한 불안을 떠안게 되었다.

---

60 日野行介, 『福島原発事故 県民健康調査の闇』(岩波書店, 2013), pp. 47‑48.

61 Alexey V. Yablokov, et. al., op. cit., ch. 3‑5.

62 Sakiyama, Hisako, "Risk Assessment of Low Dose Radiation in Japan: What Became Clear in the Diet Fukushima Investigation Committee," April 2013. http://afaz.at/downloads/symp/sakiyama_tc_risiko_niedrigstrahlung.pdf(검색일: 2014년 8월 1일); 松井英介, 前揭書, pp. 45‑127.

63 日野行介, 前揭書, pp. 23‑42.

2) 건강 피해의 불안과 시민의 압력

후쿠시마 제1 원자력 발전소 사고로 방사능 오염은 후쿠시마 현 바깥으로도 확산되었다. 하지만 후쿠시마 현 바깥의 핫스폿에 대해서는 공공 자금에 근거한 건강 조사가 실시되지 못하였다. 그리고 후쿠시마 현의 현민 건강 조사에서도 갑상선의 초음파 사진을 피검자가 입수하지 못하는 등, 건강의 불안을 충분히 해소하지 못하였다. 한편 제2절에서 지적한 것처럼 후쿠시마 현 안팎에서 사람들은 거주 지역의 방사능 오염에 대해 "걱정스럽다"라고 발언하는 것 자체가 어려운 상황에 놓여 있으며, 특히 영유아 보호자들은 고독과 불안을 떠안고 있는 상황이다.

필자는 2013년 여름 핫스폿이 있는 도치기 현 북부 지역에서 무기명의 영유아 보호자를 대상으로 설문 조사를 실시하면서, 사고 이후 3년째 되는 시점에서 외부 피폭과 내부 피폭으로 인한 건강 불안에 관해 질문했다. 아래의 '표 3'에 드러난 것처럼, 사고 후 3년째 되는 시점에서 전체 응답자 2202명 중 피폭이 아이의 건강에 미칠 영향에 대해 "매우 불안하다"와 "다소 불안하다"라고 응답한 이들을 합하면 외부 피폭은 약 84%에, 내부 피폭은 약 85%에 이른다. 또한 건강에 대한 불안이 "커졌다"와 "변하지 않았다"를 합하면 외부 피폭은 약 70%, 내부 피폭은 약 81%로 조사되었다. 사고 후 시간이 경과하였지만, 다수의 영유아 보호자는 건강에 대한 불안을 떠안고 있으며 장기적 영향을 걱정하고 있다.

3·11 이후 일본 사회에 나타난 특징 중 하나는, 건강에 대한 불안을 떠안은 보호자들뿐 아니라 현상에 대한 문제의식을 가진 시민들이 피폭으로부터 아이들을 지키기 위해 각지에서 활동을 시작하였다는 점이다. 사고 이후 각지에서는 방사선이 건강에 미치는 영향이나 그로부터 보호를 받

표 3. 도치기 현 북부 영유아 보호자 설문 조사 결과 2(필자 작성[64])

"외부 피폭이 아이의 건강에 미칠 영향에 대해 현재 불안감을 느끼고 있습니까?"

응답 선택지	매우 불안하다	다소 불안하다	별로 불안하지 않다	거의 불안하지 않다	무응답
응답 비율	31.9%	51.7%	13.2%	3.1%	0.1%

"내부 피폭이 아이의 건강에 미칠 영향에 대해 현재 불안을 느끼고 있습니까?"

응답 선택지	매우 불안하다	다소 불안하다	별로 불안하지 않다	거의 불안하지 않다	무응답
응답 비율	36.9%	48.4%	11.2%	3.3%	0.2%

"사고 후 3년째를 맞아 외부 피폭이 건강에 미칠 영향에 대한 불안감에 변화가 있었습니까?"

응답 선택지	불안감이 커졌다	변화 없음	불안감이 줄어들었다	무응답
응답 비율	6.9%	63.1%	28.5%	1.5%

"사고 후 3년째를 맞아 내부 피폭이 건강에 미칠 영향에 대한 불안감에 변화가 있었습니까?"

응답 선택지	불안감이 커졌다	변화 없음	불안감이 줄어들었다	무응답
응답 비율	8.2%	71.8%	19.6%	0.4%

기 위한 공부 모임이 개최되었고, 시민들은 스스로 방사선을 계측하는 검사 기기를 구입하여 어린이 통학로, 놀이터, 자택 부근과 자택 내부 공간의 방사선량과 식품 방사선량을 측정하기 시작했다. 주변의 생활 환경이 어느 정도 오염되었는지를 스스로 확인하는 것으로부터 활동을 시작한 것

---

64 宇都宮大学国際学部附属多文化公共圏センター(CMPS)・福島乳幼児・妊産婦支援プロジェクト(FSP)・清水奈名子・匂坂宏枝, 前掲書.

이다. 2014년 8월 시점에서 시민들이 만든 측정소는 주요한 것만 해도 북쪽의 홋카이도에서 남쪽의 후쿠오카에 이르기까지 전국적으로 42곳에 이른다. 또한 방사선 방호에 대하여 일러스트가 들어간 안내문을 작성하는 방식으로 시민들이 쉽게 이해할 수 있는 활동을 전개하고 있다.[65]

나아가 획득한 데이터를 바탕으로 자치 단체나 정부에 정책을 제언하는 시민과 단체도 적지 않다. 어린이 보호자들이나 환경 NGO는 물의를 빚었던 학교의 교정 이용 재개 기준치인 20밀리시버트에 대하여 문부과학성에 강력히 항의하고 1밀리시버트로 기준치를 조정해야 한다는 성명을 발표하기도 했다.[66] 학교 급식 검사와 교정의 표토 제거, 통학로나 주택의 오염 제거, 건강 조사 실시, 자주 피난자 지원 및 배상 등을 요구하는 여러 운동은 이후 방사선 피폭으로부터 아이들을 지키기 위한 법률 제정 움직임으로 수렴하고 있다.

3) '아동 · 이재민지원법' 제정

여당과 야당은 심각한 상황에 이르고 있는 이재민 지원을 위해 초당파적으로 의원 입법을 추진하였다. 그 결과 2012년 6월 21일 '도쿄전력원자

---

65 핸드북 작성 주체인 '어린이미래측정소(こども未来測定所)'의 홈페이지 참조.

66 Green Action Citizens Against Fukushima Aging Nuclear Power Plants(Fukuro-no-Kai), Osaka Citizens Against the Mihama, Oi, and Takahama Nuclear Power Plants(Mihama-no-Kai), Friends of the Earth Japan, "Fukushima Nuclear Disaster: Meeting with Japanese Government to Demand Rescinding of 20msv/Y Radiation Exposure Standard for Children(Press Release)," May 16, 2011. http://www.foejapan.org/en/news/110526.html(검색일: 2014년 8월 1일); The National Diet of Japan, op. cit., pp. 97–100. 하지만 20밀리시버트를 상한 기준으로 하는 정책 자체에 변화가 있었던 것은 아니다.

력사고로재해를입은아이들을포함한주민등의생활보호를위한이재민생활지원에관한시책추진에관한법률'(이하 '아동·이재민지원법')은 중의원 본 회의에서 만장일치로 통과하였다. 이 법안이 통과되는 데는 아이들을 방사선으로부터 지키려는 어머니들과 피난자와 잔류자, 그리고 고향에 머무는 사람과 이주한 사람을 막론하고 정부 지원이 포괄적으로 실현되어야 한다고 주장하는 시민 단체의 압력이 큰 동인이 되었다.[67]

이 법은 제1조에서 "방사성 물질이 널리 확산되고 있다는 점", 그리고 "방사선이 사람의 건강에 미치는 위험에 대해 과학적인 규명이 충분히 이뤄지지 않았다는 점"을 인정한다. 그리고 이재민들에게 "건강상의 불안을 떠안고 생활상의 부담이 심해져 그 지원의 필요성이 생기고 있다는 점", 그리고 "해당 지원에 있어 특히 자녀에 대한 배려가 요구되고 있다는 점" 또한 인정한다. 이 법은 이재민의 생활을 지원하여 "이재민의 불안 해소 및 안정된 생활 실현에 기여하는 것"을 목적으로 하고 있다.

'아동·이재민지원법'은 "일정 기준 이상의 방사선량이 계측되는 지역에 거주하거나 거주하고 있던 사람 또는 피난에 관한 정부의 지시에 따라 불가피하게 피난을 간 자 및 이들에 준하는 자"를 '이재민'으로 정의하고 지원 대상으로 규정하고 있다(제1조). 피난 지시 구역의 안팎이나 피난 여부를 막론하고 지원을 받도록 한 것이다. 또한 '지원 대상 지역'을 "그 지역의 방사선량이 정부의 피난 지시 기준을 밑돌고 있으나 일정 기준 이상인 지역"으로 정의하였다(제8조 제1항). 그동안 충분한 지원을 받지 못한 후쿠시마 현 내외의 피난 지시 구역 바깥의 이재민들 역시 지원 대상임을 명기한 것이다. 여기에서 말하는 '일정 기준'에 관한 구체적인 수치는 명기되어 있

---

67 川田龍平, 『この国はなぜ被害者を守らないのか: 子ども被災と薬害エイズ』(PHP研究所, 2013), pp. 95-109.

지 않으나, 법안 관련 위원회의 질의 과정에서 "입법자의 의사는 1밀리시버트 이하로 하겠다는 것"이라는 설명이 있었다.[68]

그리고 제2조에서는 ① 정확한 정보 제공, ② 이재민의 선택 존중과 선택에 대한 지원, ③ 피폭에 따른 건강상의 불안 조기 해소, ④ 이재민에 대한 차별 예방, ⑤ 어린이와 임산부에 대한 특별 배려, ⑥ 장기간 지원 지속을 기본 이념으로 제시하였다. 제3조에서는 국가가 원자력 재해에 맞서 국민의 생명, 신체, 재산을 보호할 책임을 진다는 점뿐 아니라, 그동안 원자력 정책을 추진해 온 정부의 사회적 책임 또한 명기했다. 기본 이념에 따라 정부는 이재민의 생활 지원 등 정책을 결정하고 실시하는 책무를 지게 된 것이다. 아래의 '표 4'는 구체적인 지원 내용을 정리한 것이다.

이처럼 아동·이재민지원법은 원전 사고의 사회적 책임을 지는 정부에 피난 지시 구역 내외를 막론하고, 피폭이 건강에 미칠 영향을 불안해 하는 이재민에 대해 세심하게 지원할 책무가 있다는 점을 명기하고 있다. 원전 사고로 생긴 여러 분야의 안보 문제를 포괄한다는 점과 거주, 피난, 귀환 등의 문제에서 이재민의 선택을 존중하고 있다는 점에서 이 법은 이재민들의 권리 회복에 기여할 가능성을 지니고 있다. 나아가 아동들을 특별히 배려하는 태도와 방사선이 건강에 미치는 영향이 과학적으로 충분히 규명되지 않았다는 불확실성을 전제로 하면서, 예방 원칙[69]에 입각한 방사선 방호가 가능하도록 했다는 점도 획기적이다.

---

68 衆議院東日本大震災復興特別委員会議録第7号, 2012年6月19日. 가키자와 미토(柿澤未途) 위원에게 가와다 류헤이(川田龍平) 의원이 한 대답.

69 예방 원칙에 대한 일반적 정의로는 1992년 유엔 환경개발회의에서 채택된 '리우 선언'의 원칙 15, 즉 "심각한 또는 회복 불가능한 피해가 우려될 경우, 과학적 불확실성이 환경 악화를 지양하기 위한 비용 효과적인 조치를 지연시키는 구실로 이용되어서는 아니 된다"라는 문장이 활용된다.

표 4. '아동 · 이재민 지원법'이 규정하는 지원 내용

피난 지시 구역과의 관계	이재민 상황	이재민 상황별 시책	모든 이재민에 대한 공통 시책
구역 외	지원 대상 지역에 거주 (제8조)	① 의료 확보 ② 아동의 취학 등의 원조 ③ 가정 · 학교 등에서 음식 안전 · 안심 확보 ④ 방사선량 저감 및 생활상의 부담 경감을 위한 지역에서 대응 지원 ⑤ 자연 체험 활동 등을 통한 심신 건강 유지 ⑥ 가족과 떨어져 사는 자녀 지원	① 오염 상황 조사, 오염의 장래 상황 예측 조사 및 예측 결과 공표 (제6조) ② 오염 제거의 계속적이고 신속한 실시(제7조) ③ 강구되는 조치에 대하여 필요한 정보 제공(제12조) ④ 정기적 이재민 건강 진단 실시 (아동은 평생에 걸쳐 실시), 기타 건강 조사에 필요한 조치 실시(제13조) ⑤ 시책의 구체적 내용에 이재민의 의견을 반영, 내용을 정하는 과정의 투명화 (제14조) ⑥ 기타 필요한 시책(제8조 제1항, 제9조, 제10조, 제11조)
	지원 대상 지역에서부터 이주 ('자주 피난') (제9조)	① 지원 대상 지역에서부터 이주 지원 ② 이주지 주택 확보 ③ 이주지에서 학습 등을 지원 ④ 이주지에서 취업 지원 ⑤ 이주할 지방 공공 단체의 역무 제공 원활화 ⑥ 지원 대상 지역 지방 공공 단체와의 관계 유지 ⑦ 가족과 떨어져 사는 아동 지원	
	지원 대상 지역 바깥에서 귀환 (제10조)	① 원거주 지역으로 이주 지원 ② 원거주 지역의 주택 확보 ③ 원거주 지역에서 취업 지원 ④ 원거주 지역 지방 공공 단체의 역무 제공 원활화 ⑤ 가족과 떨어져 사는 아동 지원	
구역내	강제 피난 (제11조)	① 손해 배상의 지불 촉진 등 자금 확보 ② 가족과 떨어져 사는 아동 지원	

* 출처: '아동 · 이재민지원법' 조문을 토대로 필자 작성.

4) 건강권과 유엔 인권이사회 특별보고관의 권고

피폭으로부터의 보호를 요구하는 시민의 활동은 이재민의 인권 문제를 제기하며, 논의의 장을 전 지구적으로 확장하였다. 2012년 10월 31일 유엔 인권이사회는 일본 정부를 대상으로 보편적 정례 검토(Universal Periodic Review)를 개최했는데, 그 즈음 국제 NGO인 세이브더칠드런재팬과 일본 시민 단체 '아이들을 방사능으로부터 보호하는 후쿠시마 네트워크' 등 95개 시민 단체는 후쿠시마 아이들의 인권이 충분히 보장되지 않는 상황을 호소하는 보고서를 제출했다. 이 보고서는 일본도 '아동의 권리에 관한 협약'의 당사국이지만, 사고의 영향을 입은 아이들은 '생명에 관한 권리(Right to life, survival, development, 제6조)'와 '건강 및 의료에 대한 권리(Rights to health and health care, 제24조)' 등의 권리를 보장받지 못하고 있다고 호소하였다.[70]

일본을 거점으로 하는 인권 NGO 휴먼라이츠나우도 '건강권(right to health)'과 관련하여 식품 방사능 오염과 일본 정부가 설정한 잠정 규제치의 수준을 문제로 지적하였다.[71] 나아가 휴먼라이츠나우는 유엔 인권이사회에 건강권 특별보고관의 일본 방문 조사를 요청했다. 이들의 문제 제기를 수용한 유엔 인권이사회는 일본 정부에 "후쿠시마 지역 주민들을 방사

---

70 NGO, *Submission to the Universal Periodic Review of Japan*, November 2012. http://www.savechildren.or.jp/scjcms/dat/img/blog/864/1340084800334.pdf(검색일: 2014년 8월 1일).

71 Human Rights Council, *Summary Prepared by the office of the High Commissioner for Human Rights in Accordance with Paragraph 5 of The Annex to Human Rights Council Resolution 16/21*, UN. Doc. A/HRC/WG.6/14/JPN/3, July 20, 2012, paragraph 67; 伊藤和子, 「公衆の被ばくを年間1ミリシーベルト以下に: 国連'グローバー報告'が日本政府につきつけるもの」,《世界》2013年9月号, pp. 189-197.

능 피해로부터 보호하고, 건강권과 생명권을 보장하기 위해 필요한 모든 조치를 강구하며, 건강권 특별보고관과 이재민, 피난자, 그리고 시민 사회 단체들 사이의 면담을 확보할 것"을 권고하였다.[72]

2012년 11월 특별보고관 아난드 그로버(Anand Grover)는 일본을 방문하여 조사를 진행하였고, 2013년 5월 보고서를 인권이사회에 제출하였다. 이 보고서는 일본이 당사국인 '사회권 규약'의 제12조 "모든 사람이 도달 가능한 최고 수준의 신체 및 정신 건강을 향유할 권리"를 비롯한 국제적인 권리와 일본 헌법 제25조 "건강하고 문화적인 최저 한도의 생활을 영위할 권리"를 근거로 하여, 원전 사고로 영향을 입은 이재민의 '건강권' 보장을 위한 정책 실시를 일본 정부에 권고하고 있다.[73]

특히 주목할 것은 "리스크 대(對) 경제 효과라는 입장이 아닌 인권에 기초를 두어" 연간 추가 피폭 선량 1밀리시버트 이하를 기준으로 정책을 실시하도록 요구한 점이다[78(a) 단락]. 그리고 아동·이재민지원법의 실시 지연에 우려를 표한 뒤 연간 피폭 선량 1밀리시버트 이상의 지역을 지원 대상 지역에 포함시킬 것, 피난·거주·귀환을 선택한 이재민이 필요로 할 경우 재정 지원을 실시할 것, 방사선 피폭에 관련하여서는 모든 이재민들에게 무료로 평생 동안 건강 진단과 의료를 제공할 것을 요구했다(68, 69 단락). 게다가 아동·이재민지원법 실시를 위한 기본적인 사항을 설정할 때, 영향을 입은 주민의 참여 또한 보장할 것을 요구하고 있다[81(a) 단락]. 일본의 시민들은 이러한 보고서의 내용을 환영하고, 권고 내용의 조기 실현

72 Human Rights Council, *Report of the Working Group on the Universal Periodic Review: Japan*, UN. Doc. A/HRC/22/14, December 14, 2012, paragraphs 147, 155.

73 Anand Grover, *Report of the Special Rapporteur on the Right of Everyone to the Enjoyment of the Highest Attainable Standard of Physical and Mental Health*, Addendum, Mission to Japan, UN. Doc. A/HRC/23/41/Add.3, May 2, 2013.

을 일본 정부에 요구해 왔다.[74]

원전 사고 이후 방사선 피폭에 관한 기준은 차례로 완화되었다. 그러자 시민들은 특히 어린이들의 건강을 염려하면서, 정부가 책임을 지는 형태로 국내법을 제정하고, 이를 통해 지원 정책을 실현할 것으로 요구하였다. 또한 '건강권'을 중심으로 국제적인 인권 보장 역시 요청하고 있다. 하지만 해당 지역과 전 세계 차원에서 시민들의 요청과 압력이 존재함에도 불구하고, 현재까지 일본 국내의 이재민과 피난자를 둘러싼 상황은 크게 개선되지 못하고 있다. 이어지는 제4절에서는 사람들의 안전을 보장하기 위한 대책이 왜 추진되지 않는지에 관해 검토하고자 한다.

4. 대책의 미진함과 전 지구적 문제 구조

1) 대책의 미진함

그로버 보고서에 담긴 권고 내용에 따르면, 이재민의 '건강권' 보장을 위해서는 아동·이재민지원법의 기본 이념에 입각한 정책 실시가 필요하다. 하지만 일본 정부는 그로버 권고를 전면적으로 반박하고 수정 요구만을 제출했을 뿐, 현재까지 연간 추가 피폭 선량 1밀리시버트에 대한 재검토를 포함하여 권고된 조치를 실시하려는 의지를 전혀 보이지 않고 있다.[75]

---

74 FoEJapan, 「共同アピール: 原発被害者の'生きる権利'を: 国連'健康に生きる権利'特別報告者アナンド・グローバー氏の勧告を歓迎」, 2013年5月29日. http://www.foejapan.org/energy/news/130529.html(검색일: 2014년 8월 1일).

75 Anand Grover, op. cit..

또한 부흥청은 아동·이재민지원법에 대해서도 구체적인 시책을 추진하는 데 꼭 필요한 '기본 방침안'을 책정하지 않고, 2013년 8월 말까지 보류 상태로 두었다. 피해가 장기화되면서 이재민과 시민 단체들은 하루 빨리 기본 방침을 마련할 것을 정부에 요청하였고, 구체적인 정책의 내용을 제안하는 요청서도 여러 번 제출하였다. 또한 후쿠시마 인근의 현을 포함하여 각 지자체와 자치 단체장, 그리고 지방 의회에서도 180건 이상의 의견서를 제출하였다. 요청과 호소가 계속되던 2013년 8월 말 부흥청은 갑작스레 기본 방침안을 홈페이지에 게시하였다. 하지만 아동·이재민지원법 제5조 제3항에서는 "(중략) 영향을 입은 지역 주민, 해당 지역에서부터 피난해 있는 자들의 의견을 반영하기 위해 필요한 조치를 사전에 강구한다"라고 규정하고 있기 때문에, 이런 기본 방침안 제정은 법에 위배된다. 정부는 홈페이지를 통해 퍼블릭 코멘트를 받는 것으로 절차를 마치려 하였지만, 비판을 마주하게 되었다. 결국 정부는 당초 2주를 계획했던 퍼블릭 코멘트의 모집 기간을 10일 연장하였고, 짧게 두 번 예고한 뒤, 후쿠시마 시와 도쿄에서 설명회를 개최하였다. 그러나 결국 전국에 뿔뿔이 흩어져 있는 피난자를 비롯하여 많은 이재민들에게 충분한 정보와 설명을 제공하지 않은 채, 10월 11일 성급하게 기본 방침을 승인하였다.[76] 피해 지역 주민과 피난자를 대상으로 한 설문 조사 결과에서, 7할을 넘는 이재민과 피난자들이 이 법의 존재를 알지 못한다고 응답하였다.

당사자를 무시한 제정 과정에서도 추측할 수 있듯이, 기본 방침의 내용은 이재민이나 피난자들의 지원 요구에 충분히 대응할 수 없는 것이었다.

---

76 復興庁, 「被災者生活支援等施策の推進に関する基本的な方針」, 2013年10月. http://www. reconstruction.go.jp/topics/main-cat8/sub-cat8-1/20131011_betten1_houshin. pdf(검색일: 2014년 8월 1일).

표 5. 아동·이재민지원법의 인지도에 관한 설문 조사 결과

"원전 사고 아동·이재민지원법을 알고 계십니까?"
(5-1. 2013년 도치기 현 북부 설문 조사 결과를 바탕으로 필자 작성[77])

응답 선택지	들어 본 적 있고 내용도 알고 있다	들어 본 적 있다	들어 본 적 없다	무응답
응답 비율	3.1%	24.9%	70.9%	1.1%

(5-2. 2013년 후쿠시마 현에서 도치기 현으로 피난한 사람들을 대상으로 한 설문 조사 결과를 바탕으로 필자 작성[78])

응답 선택지	알고 있다	모른다	무응답
응답 비율	24.22%	77.72%	6%

(5-3. 2013년 군마 현 대상 설문 조사 결과를 바탕으로 필자 작성[79])

응답 선택지	잘 알고 있다	알고 있다	모른다	무응답
응답 비율	1.0%	16.0%	81.3%	1.7%

지원 대상 지역은 후쿠시마 현 내의 나카도리와 하마도리 중 피난 지시 구역 바깥 지역에 국한되었고, 후쿠시마 현 내 이들 이외 지역과 후쿠시마 현바깥의 핫스폿을 포함하는 지역은 법적 근거가 없는 '준지원 대상 지역'이되었다. 향후 지원 내용이 불분명하게 되어 버린 것이다. 자주 피난자의 이주를 위한 교통비 지원은 모자 피난 가정에 국한되었고, 아동이 있는 가구들이 강하게 요청했던 상세한 건강 조사도 후쿠시마 현이 현재 진행하고 있는 일부 검사 이외에는 실현되지 않고 있다. 그 결과, 현재까지도 이재민의 '건강권'은 충분히 보장되지 못하고 있으며, 이재민들 사이의 단절과 생활상의 곤궁이 심각해져 가는 사태가 이어지고 있다.

이 법의 제정에 주력해 온 '후쿠시마의 아이들을 위한 법률가 네트워크(SAFLAN)'는 법 제정 2년을 맞은 2014년 6월, 지원법 기본 방침의 개정을 촉구하는 성명을 발표했다. 그 내용 중에는 "지원법 제정 후 2년이 경과하고, 원자력 발전소 사고 이후 3년 이상이 경과한 현재까지도 이재민들의 생활 재건과 건강에 대한 불안은 가시지 않고 있습니다. 방사선이 건강에 입힐 영향을 막고 이재민들의 안정된 생활을 실현하기 위해 우리는 이제 다시금 지원법이 내세운 이념에 기초한 적절한 지원 방안의 실행을 요구합니다"라는 호소가 있다.[80]

다양한 차원에 걸친 시민들의 압력에도 불구하고 방사선 방호에 관한 대책이 부진하고, 건강에 대해 불안을 느끼는 이재민과 피난자들이 자신의 안전이 '보장되고 있다'라고 생각하지 않는 상황이 계속되는 이유는 무엇일까? 이 점을 이해하려면 이러한 상황의 배경에 있는 문제 구조를 분석할 필요가 있다.

2) 방사선 방호를 둘러싼 전 지구적 문제 구조

저선량 피폭이 건강에 마치는 리스크를 어떻게 평가하느냐가 일본 정부 방사선 방호 정책의 최대 쟁점이다. 사고 전 1밀리시버트였던 공중 연간 추

---

77 宇都宮大学国際学部附属多文化公共圏センター(CMPS)·福島乳幼児·妊産婦支援プロジェクト(FSP)·清水奈名子·匂坂宏枝, 前掲書.

78 上掲書. 설문 조사는 2013년 8월 실시되었고, 응답자 수는 107이었다.

79 群馬大学社会情報学部附属社会情報学研究センター·西村淑子, 「放射能に関する意識·行動調査アンケートの結果」, 2014年2月8日. http://cmps.utsunomiya-u.ac.jp/fsp/2014.2.8.pdf(검색일: 2014년 8월 1일). 2013년 10월부터 12월 사이에 실시되었으며, 군마 현 내에 거주하는 유치원·보육원아 및 초등학생의 보호자 1434명의 응답을 회수했다. 군마 현도 원전 사고로 방사능 오염이 진행된 후쿠시마 인근 현 중 하나다.

80 福島の子どもたちを守る法律家ネットワーク(SAFLAN), 「原発事故子ども·被災者支援法の基本方針改定を求める声明」, 2014年6月22日. http://www.saflan.jp/opi/879(검색일: 2014년 8월 1일).

가 피폭 선량의 기준은 20밀리시버트로 완화하였으며, 그 결정은 아직까지 이어지고 있다. 그리고 정부는 이들 방사선 방호 기준은 유엔 기구 보고서나 국제적 위원회들의 권고를 참조했다는 점을 반복해서 설명해 왔다.

유엔 기구의 하나인 유엔 과학위원회(UNSCEAR)가 2013년 5월 유엔 총회에 제출한 보고서에서 내린 평가 역시 관심을 모았다. 후쿠시마 제1 원자력 발전소 사고 후의 방사선 피폭은 건강에 곧바로 영향을 미치지 않았고, 앞으로도 일반 시민과 원전 작업 인력의 건강에 여하한 영향이 있으리라고 생각하기 어렵다고 평가했기 때문이다. 보고서는 후쿠시마 현 아이들의 갑상선 검사 결과 나온 악성 판정도 사고로 유래된 피폭의 영향을 입었기 때문은 아니라고 판단하고 있다. 오히려 건강에 가장 심각하게 미친 영향은 정신적인 것과 생활에 관한 것으로, 방사선 피폭에 대한 공포와 마음의 상처가 문제라는 것이었다.[81] 일본의 주요 신문과 TV를 비롯한 대중 매체들은 원전 사고가 건강에 미치는 영향은 없다고 밝힌 이 보고서의 평가를 보도하면서도, 같은 시기에 나온 그로버 보고서에 대해서는 거의 거론하지 않았다.[82]

UNSCEAR 보고서의 평가는 2012년 5월과 2013년 2월 WHO가 발표한 후쿠시마 제1 원자력 발전 사고 이후 피폭 선량 조사 보고서를 기초로 삼고 있는데,[83] 유엔 기관의 조사는 피폭의 리스크를 낮게 추정했다는 비판

---

81 UNSCEAR, *Report of the United Nations Scientific Committee on the Effects of Atomic Radiation*, General Assembly Official Records, Sixty-eighth session, Supplement No. 46, UN. Doc. A/68/46, May 27-31, 2013, paragraphs 38-42.

82 松井英介, 前揭書, pp. 44-45.

83 WHO, *Preliminary Dose Estimation from the Nuclear Accident after the 2011 Great East Japan Earthquake and Tsunami*, May 23, 2012. http://whqlibdoc.who. int/publications/2012/9789241503662_eng.pdf(검색일: 2014년 8월 1일); WHO, *Health Risk Assessment from the Nuclear Accident after the 2011 Great East Japan*

을 받아 왔다. 특히 '핵전쟁방지 국제의사회 (IPPNW)' 독일 지부를 중심으로 각국의 의사들이 만든 13개 단체가 공동으로 발표한 논평은 보고서를 다음과 같이 비판하고 있다.[84]

첫째, 원전 사고가 대형 참사가 되지 않은 것은 풍향으로 인해 방출된 방사성 물질의 약 80%가 태평양으로 옮겨져 대도시 지역에 대거 강하하지 않았기 때문이라는 점을 제대로 확인하지 않은 채, 건강에 미치는 영향이 없다는 것만 강조했다는 점을 지적했다. 그리고 이것이 장래 같은 형태의 원전 사고가 건강에 미칠 영향을 과소평가할 수 있다는 우려를 표명했다. 둘째로 논평이 지적한 사항은, 원전 사고가 수습되지 못했고 현재도 후쿠시마 제1 원자력 발전소에서부터 방사성 물질의 방출이 계속되는 상황을 고려하지 않은 채 피폭의 영향에 대해서만 보고서가 논의했다는 문제다. 셋째, 방사성 물질의 방출과 방사선으로 인한 피폭 추정은 중립적인 정보원에 근거해야 하는데, 보고서는 원자력 업계와 충분히 독립되지 못했다는 비판을 받고 있는 일본원자력연구개발기구(JAEA)의 데이터를 이용했다는 문제가 있다. 네 번째로 지적한 것은, 후쿠시마에서는 검사를 받은 시장 유통품이 아닌 자가 재배 채소를 식재료로 사용하고 있으며, 또 사고 직후 오염된 이 같은 주변 식재료들을 사람들이 먹었지만 이로 인한 내

Earthquake and Tsunami, Based on A Preliminary Dose Estimation, February 28, 2013. http://www.who.int/ionizing_radiation/pub_meet/fukushima_report/en/index.html(검색일: 2014년 8월 1일).

84 International Physicians for the Prevention of Nuclear War, *Annotated Critique of United Nations Scientific Committee on the Effects of Atomic Radiation(UNSCEAR) October 2013 Fukushima Report to the UN General Assembly*, October 18, 2013. http://www.ippnw.de/commonFiles/pdfs/Atomenergie/Ausfuehrlicher_Kommentar_zum_UNSCEAR_Fukushima_Bericht_2013_Englisch_.pdf(검색일: 2014년 8월 1일).

부 피폭 가능성을 고려하지 않았다는 점이다. 다섯 번째, 보고서는 전신 방사선 측정기(whole body counter) 데이터만으로 내부 피폭을 평가했는데, 이 측정기는 한계가 있다. 감마선은 측정 가능하지만 베타선과 알파선의 영향은 정확히 측정하지 못하며, 세슘-134와 137의 검출 한계치가 모두 300베크렐이기 때문이다. 따라서 내부 피폭의 영향이 과소평가되는 문제를 안고 있다. 여섯 번째, 보고서는 도쿄전력이 제공한 데이터를 바탕으로 "방사선이 원전 작업 인력의 건강에 영향을 미쳐 발병했다는 것을 식별할 수 있을 정도의 방사선 증가는 예상되지 않는다"라고 평가하고 있다. 하지만 도쿄전력의 데이터 조작이 여러 차례 문제가 되었음을 고려하지 않았다. 일곱 번째, 보고서는 태내 아이의 방사선 감수성이 1세 유아와 같다고 했지만, 이는 현재까지 밝혀진 신생아 생리학 및 방사선 생물학의 원리를 부정하는 입장이라는 점이다. 여덟 번째, 갑상선암이나 다른 암의 발생에 대해서는 보고서처럼 현 시점에서 판단할 것이 아니라, 체르노빌의 실태를 고려하여 향후 수십 년 동안의 모니터링이 필요하다는 지적이다. 아홉 번째, 보고서는 의학 문헌들이 지적해 온 비암질환이나 방사선의 유전적 영향에 대해 충분히 고려하지 않았는데, 이것들도 장기적으로 모니터링해야 한다는 지적이다. 마지막으로 열 번째, 보고서는 원전 사고로 인한 방사성 물질에서 온 방사선과 자연 방사선을 비교하며 설명하는데, 이는 방사선이 건강에 미치는 영향을 경시한 것이다. 자연 방사선도 암 발생률에 영향을 미치며, 국제적인 과학적 컨센서스에 따르면 방사선은 특정 한계치 이하에서 해가 없는 것이 아니다. 논평은 방사선량과 암 발병률 사이에 직선적 관계가 있다는 점을 지적한다.

IPPNW는 논평을 통해 유엔 기구들이 낸 보고서가 많은 비판을 야기하는 것은 이들 기구가 중립적이지 않기 때문이라고 지적하였다. IAEA는 "세계 전역에 걸쳐 평화와 건강과 번영을 위해서 원자력의 공헌을 가속화·확대"[85]하기 위해 설립되었으므로, 피폭 리스크를 중립적으로 평가하는 것이 어렵다는 것이다. 이 기구는 냉전 시기 강대국 미국과 소련의 핵 군비 확장 경쟁하에서 설립되었고, 원자력 업계와의 밀접한 관계가 문제로 지적되어 왔다. 뿐만 아니라 핵 실험을 거듭하기 때문에 핵 관련 시설에 많은 노동자를 고용해야 하는 핵 보유국의 입장을 강하게 반영하여, 피폭이 건강에 미치는 리스크를 과소평가해 왔다는 점도 지적되고 있다. 그 경향의 증거로 1959년 IAEA와 WHO 사이에 체결된 'WHA12-40'이라 불리는 협정이 있다. 이 협정은 제1조 제3항에서 "다른 한쪽 기관이 관심을 가지고 있거나 가질 가능성이 있는 분야에 대하여 한쪽 기관이 (조사·보고 등의) 프로그램에 착수할 경우, 상호 합의에 의거한 조정을 위해 전자는 항상 후자에 의견을 구하는 것으로 한다"고 규정하고 있다. 그 결과 WHO는 IAEA의 허가 없이는 조사 결과 공표가 불가능하게 되었고, 방사선이 건강에 미치는 위험에 대한 조사는 독립성을 잃게 되었다.[86] UNSCEAR도, 민간 NGO인 ICRP도 원자력에 대한 강대국들의 군사적·평화적 이용과 핵 전략에 영향을 받았으며, 이에 따라 중립적 입장이 아니라 이들 국가의 핵 개발을 추진하는 쪽으로 움직였다는 비판이 있다. 또 후쿠시마 제1 원자력 발전소 사고 이후 일본 정부를 비롯한 여러 기관에서 종종 참조하는 히로시마, 나가사키의 피폭자 데이터에도 문제가 있는 것으로 알려졌다. 이들 데이터는, 반핵 운동의 고조를 두려워한 미국이 핵무기가 전투와 관련이 없는 시민들

---

85 IAEA, op. cit.

86 IAEA, WHO, "Agreement between the World Health Organization and the International Atomic Energy Agency," May 28, 1959. http://en.wikisource.org/wiki/Agreement_between_the_World_Health_Organisation_and_the_International_Atomic_Energy_Agency(검색일: 2014년 8월 1일).

에게 장기간에 걸쳐 피해를 준 사실을 은폐하기 위해 저선량 피폭을 과소평가한 데이터로서, 참조하기에는 문제가 있는 것이다.[87] 방사선 피폭에서 보호받기 위해 이들 기관이 책정한 기준은 "핵·원자력 개발을 위해 피폭을 강제하는 측이, 그것을 강요당하는 측으로 하여금 피폭이 불가피하므로 참고 인정해야만 한다고 생각하도록 만들기 위해 '과학적'이라는 외피를 덧씌워 만든 사회적 기준이며, 원자력 개발 추진책을 정치적으로 지원하는 수단"인 것이다.[88]

제3절에서 다룬 야블로코프(Yablokov) 등이 작성한 체르노빌 사고 건강 피해 조사도 유엔 기구들이 원전 사고의 건강 피해를 과소평가해 왔다고 비판한다. 이 조사 역시 이들 기구의 평가를 두고, 방사선량의 영향을 매우 낮게 보고 체내에 유입된 방사성 동위 원소의 영향 또한 고려하지 않았기 때문에 부정확하다고 보고 있다. 나아가 원자력 산업과 연결된 전문가들과 조직들은 일반 시민보다 업계의 이익을 대변하고 있다고 지적하며, 'WHA12-40' 협정의 변경을 요청하고 있다.[89]

피폭 리스크를 경시하는 경향은 원자력 발전 등 '평화적 이용' 분야뿐 아니라 핵 억제론을 전제로 성립한 군사 분야에서도 마찬가지로 발견된다. 이와 같은 전 지구적인 문제의 구조가 배경이 되어서 저선량 피폭이 건강에 미치는 영향은 경시되어 왔다.

---

87 미국의 핵 전략과 방사선 피폭의 과소평가 문제에 대한 자세한 논의는 다음 문헌을 참조. 高橋博子, 『增補新訂版 封印されたヒロシマ·ナガサキ: 米核実験と民間防衛計画』(凱風社, 2013).

88 中川保雄, 『增補 放射線被曝の歴史: アメリカ原爆開発から福島原発事故まで』(明石書店, 2011), p. 306.

89 Alexey V. Yablokov, et. al., op. cit., ch. 2, 15.

3) '희생의 시스템'론

후쿠시마 원전 사고의 경우에도 시민의 입장보다는 원전 관련 산업의 사정이 정책 결정에 더 큰 영향을 미쳐 왔다. 사고 이후 고조된 원전 폐지 여론을 수용한 민주당 정권은 2030년까지 일본에서 원전을 폐지하겠다고 밝혔다. 하지만 2012년 12월 자민당으로 정권이 교체된 이후 폐지 방침은 전환되었고, 나아가 원전 재가동을 위한 준비도 다시 진행되고 있다.[90] 또한 아베 신조 총리는 '아베노믹스'로 불리는 경제 정책의 일환으로 아랍 에미리트와 터키, 베트남, 인도로 일본 업체들의 원자력 발전소 수출을 촉진하기 위해 직접 움직이고 있다.[91]

심각한 사고를 경험했고, 후쿠시마 제1 원전에서의 사고 처리는 아직 끝나지 않았다. 그러나 피해를 입은 사람들의 안전을 보장하지 않으면서 원자력 산업을 더욱 발전시키고자 하는 정책이 추진되는 이유는 무엇일까. 도쿄대학교 다카하시 데쓰야 교수는 원전 사고 후 이런 흐름을 설명하기 위한 개념으로 '희생의 시스템(Sacrificial System)'이라는 인식 틀을 제시하였다. 후쿠시마 현 출신인 다카하시는 후쿠시마 제1 원자력 발전소 사고를 도쿄에서 목격하고 큰 충격을 받았다. 후쿠시마 원전에서 만들어지는 전기는 후쿠시마에서 사용된 것이 아니라 도쿄를 중심으로 한 수도권

90 Chico Harlan, "In Japan, Two Years after Fukushima Nuclear Accident, Work Resumes on New Plant," *The Washington Post*, March 10, 2013. http://www. washingtonpost.com/world/ asia_pacific/in-japan-two-years-after-fukushima-nuclear-accident-work-resumes-work-on-new-reactor/2013/03/10/d572879c-83d6-11e2-a350-49866afab584_story.html(검색일: 2014년 8월 1일).

91 Jeff Kingston, "'Abe-genda': Nuclear Export Superpower," *The Japan Times*, January 25, 2014. http://www.japantimes.co.jp/news/2014/01/25/world/abe-genda-nuclear-export-superpower/#.U-S_5Pl_uCk(검색일: 2014년 8월 1일).

에서 소비되었다. 후쿠시마 현 자체는 동북 지방에 있으므로 동북 전력 관내에 있다. 하지만 도쿄에서 쓰는 전기를 만드는 도쿄전력은 위험을 수반하는 원전들을 후쿠시마 현과 니가타 현 등 수도권에서 떨어진 인구 과소지역에 건립하였다. 후쿠시마에서 만들어진 전기를 도쿄에서 소비하는 사람으로서 사고를 목격한 다카하시는 이 사태 속에서 '희생의 시스템'을 찾아낸 것이다. 이에 대하여 그는 다음과 같이 정의하고 있다.

희생의 시스템은 다른 이(들)의 생활(생명, 건강, 일상, 재산, 존엄, 희망 등)을 희생시키면서 어떤 이(들)의 이익을 만들고 유지한다. 희생시키는 자의 이익은 희생되는 자의 희생 없이는 생길 수 없고 유지될 수 없다. 이 희생은 통상 은폐되어 있지만, 공동체(국가, 국민, 사회, 기업 등)는 이를 '값진 희생'으로 미화하고 정당화한다. [92]

국가를 비롯하여 공동체 전체의 이익을 위해 일부 사람들이 희생되는 것은 "어쩔 수 없다"라는 논리가 일본의 원전 산업 관련 정책의 저류에 존재한다는 것이다. 원전 사고로 인해 막대한 피해를 입은 후쿠시마 현민을 필두로, 현재까지도 대량의 방사선 피폭을 당하면서 사고의 종료 작업을 진행하고 있는 원전 작업 인력, 원전 원료를 채굴하면서 피폭을 겪는 오스트레일리아, 캐나다, 나미비아, 니제르 등의 우라늄 채굴장 인부들, 방사성 폐기물 처리장이 되는 지역의 주민 모두가 희생되는 사람들에 포함

---

92 高橋哲哉, 『犠牲のシステム 福島·沖縄』(集英社, 2012), p. 42; Tetsuya Takahashi, "What March 11 Means to Me: Nuclear Power and the Sacrificial System," *The Asia-Pacific Journal*, Vol. 12, Issue 19, No. 1, May 12, 2014. http://www.japanfocus.org/-Takahashi-Tetsuya/4114(검색일: 2014년 8월 1일).

된다. 폐기물 처리장이라는 것은 일본 국내에 국한되지 않는다. 다카하시는 일본이 미국과 함께 몽골에 원전 건설 기술을 제공하는 대신 방사성 폐기물 저장·처분 시설의 건설도 함께 추진하고 있는 문제를 언급한다.[93] '희생의 시스템론'은 '중심'에서 풍요로운 소비 생활을 영위하는 사람들의 번영을 뒷받침하기 위해 '주변' 사람들의 희생을 전제하고, 일단 심각한 사고가 일어난다면 희생된 사람들을 구제하는 것은 어렵다고 말하는 현상을 비판적으로 묘사한 이론이다.

다카하시는 일본 내 미군 기지의 약 74%가 집중된 오키나와에 이 개념을 적용하면서 국가 안보를 위해 기지 주변의 주민들이 희생되는 문제도 언급하였다. '희생의 시스템'이라는 개념을 통해 여러 가지 문제를 부각할 수 있다. 그렇다면 현재의 일본 사회는 세계사에 남을 규모의 심각한 사고가 발생한 후에도 이 시스템을 유지하며, 방사선 피폭의 리스크를 과소평가하면서 사람들의 희생을 은폐하는 상황이라 할 수 있지 않을까.

실제로 연간 추가 피폭 선량이 20밀리시버트 이하로 떨어졌다고 간주된 후쿠시마 현 내 지역에 대하여, 정부는 피난 지시를 해제하고 주민의 귀환을 촉진하고 있다. 2014년 2월 부흥청은 "귀환을 위한 방사선 리스크 커뮤니케이션에 관한 시책 패키지"를 발표했다. 사람들 사이에 여전히 피폭으로 건강에 대한 불안이 존재하기에 불안을 해소시키기 위해 전문가를 파견하거나 소수의 좌담회를 통해 설명을 실시하는 것을 골자로 한 정책을 추진하고 있는 것이다. 이는 조기 귀환이 바람직한 것임을 전제로 하고 있으며, 건강 조사 결과를 통해서가 아니라, 방사선이 건강에 입힐 피해를 과소평가하는 정보를 제공함으로써 사람들을 설득하려는 내용인 것

---

93 高橋哲哉, 前揭書, pp. 43-75.

이다.[94]

이런 정책이 진행되면서, 건강에 대한 불안감은 점점 말하기 어려워지고 있다. 2014년 5월 장기 연재가 계속되던 인기 만화 『맛의 달인』에서는 후쿠시마를 방문한 주인공이 코피를 쏟는 장면이 포함되어 있었다. 이를 두고 후쿠시마 현 지사를 포함하여 총리, 관방장관, 환경장관 등은 한결같이 "피폭과 코피는 인과 관계가 없다"라고 비판하였다.[95] 그러나 후쿠시마 현 내 시민 단체를 비롯, 이재민을 진찰해 온 의사들은 코피 증상이 여러 차례 확인되고 있다고 주장하였다. 제대로 된 건강 조사도 하지 않고 인과 관계를 부정하기만 하는 정부와 현의 태도에는 문제가 있다.[96] 피폭 선량 한도 기준을 정치적으로 논의하면서 원전 사고로 인한 건강 피해 문제에 대해서는 유효한 대응이 이루어지지 못하고 있다. 이런 상태로 원전 사고는 4년째를 맞이하고 있다.

---

94 復興庁他, 「帰還に向けた放射線リスクコミュニケーションに関する施策パッケージ」, 2014年 2月. http://www.reconstruction.go.jp/topics/main-cat1/sub-cat1-1/20140218_risk_communication_package_all.pdf(검색일: 2014년 8월 1일).

95 RT, "Fukushima Radiation Message In Popular Manga Sparks Political Firestorm," May 13, 2014. http://rt.com/news/158656-japan-manga-fukushima-criticism/(검색일: 2014년 8월 1일).

96 ふくしま集団疎開裁判の会・会津放射能情報センター・子どもたちを放射能から守る福島ネットワーク・子どもたちの健康と未来を守るプロジェクト・郡山, 「漫画『美味しんぼ』への福島県の対応について(抗議)」, 2014年5月14日. http://kodomofukushima.net/?action=common_download_main&upload_id=715(검색일: 2014년 8월 1일); 松井英介, 前掲書, pp. 19-31.

5. 마치며 - 인간 안보의 입장에서 본 3·11 이후의 평화

이 글에서는 후쿠시마 원전 사고 이후 일본 사회에서 건강권을 비롯하여 인간의 안전이 제대로 보장되지 않는 사례와 원인을 살펴보았다. 원전 사고 이후 일본의 문제는 현대 세계의 평화를 생각하는 데에도 많은 시사점을 준다.

일반적으로는 평화는 전쟁의 부재를 뜻하는 용어로 이해되었다. 그러나 갈퉁은 물리적 폭력을 극소화하는 '소극적 평화'뿐 아니라, 사회적 구조하에서의 착취와 권리 박탈 같은 구조적 폭력을 극소화한다는 의미에서 '적극적 평화' 개념을 도입했다. [97] 평화는 전쟁 부재로만 달성되지 않는 중층적인 이념이다. 현대 일본은 전쟁을 수행하고 있지도 않으며, 선진국으로서 풍요로운 생활이 가능한 국가이다. 그러나 3·11 이후의 상황이 보여주듯 일본에서는 건강권을 비롯한 기본적인 인권이 보장되지 못하고 있으며, 사람들이 자신과 아이들의 안전을 보장할 수 없는 상황이 계속되고 있다. 심각한 피해 후에도 여전히 '경제 성장'과 '국가 안보' 등 국가 차원의 이익을 우선시하며, 이에 따라 일부의 희생은 '부득이하다'는 현실주의가 정책을 주도하는 것이다. '희생의 시스템'이 유지되는 이유는 원전 사고로 인한 피폭 리스크와 건강 피해를 과소평가하고, 피해를 호소하는 사람들이 오히려 비난받으면서 희생의 가시화를 가로막는 여러 정책이 추진되기 때문이다.

후쿠시마 현에서 피난한 사람들을 대상으로 한 구술 조사에서 여러 차례 들었던 인상적인 말은 "원전 사고는 전쟁보다 더 심하다"라는 것이

---

97 Johan Galtung, "Violence, Peace, and Peace Research," *Journal of Peace Research*, Vol. 6, No. 3, 1969, pp. 167–191.

었다. 전쟁의 참혹함은 그 누구도 부정할 수 없겠지만, 적어도 전쟁이 끝나면 고향에 돌아갈 수 있다. 그러나 원전 사고 이후 시민들은 몇 세대 전부터 살아 온 고향집에 돌아가지 못하며, 그곳에서 기르던 화초나 화분 하나도 꺼낼 수가 없다. 또한 피난 선택과 배상금을 둘러싸고 인간관계는 단절되고, 가족과 공동체는 붕괴하고 있다. 건강에 대한 불안을 호소해도 "인과 관계가 없다"는 대답만 돌아오며, 오히려 걱정하는 것이 잘못이라는 비난을 듣고 있다.

이러한 문제는 지역적(local)인 것으로 보이지만, 그 배경에는 전 지구적인 구조적 문제가 있으며, 특히 핵무기와 원자력 개발 정책과 정치가 깊이 관련되어 있다는 점에 유의해야 한다. 이것이 평화 연구의 몫이다. 의학과 과학 분야의 전문가들 중 많은 이들은 정치적 배경에 의해 데이터나 기준이 '구성되는' 측면, 그리고 피폭 리스크를 작게 보이도록 만드는 시도에 대해 비판하지 않고 있다. 그러나 3·11 이후 인간 안보 상황을 분석한 결과 알 수 있는 것은, 비록 선진국이고 사고 대응력이 있다 해도 시민들의 안전보다 우선시되는 집단의 이익이 있으면 일부 사람들을 희생시키기까지 한다는 점이다.

전 지구적 구조를 가진 '희생의 시스템'을 어떻게 극복해 나갈지는 일본뿐 아니라 세계 평화 연구에도 중요한 문제이다. 일본평화학회는 히로시마·나가사키의 피폭자뿐 아니라 전 세계의 핵 실험 지역 주민과 실험의 자리에 있었던 병사들, 원전 노동자, 우라늄 광산 노동자, 핵 관련 시설의 노동자와 지역 주민, 열화 우라늄탄 피해자 등을 '글로벌 피폭자'로 규정하였다. 또한 이들의 희생을 계속 강요하는 세계적인 핵·원자력 개발 체제를 비판적으로 검증하고 있다.[98]후쿠시마 원전 사고 이후 인간 안보를 둘러싼 문제는 선진국, 개발 도상국을 불문한 인간의 권리에 관한 것으로 신속하게 해결되어야 하며 피해자의 구제는 긴요한 과제임에 틀림없다.

* 한국어 번역판 확인에서, 우쓰노미야대학원 국제학연구과 박사후기과정인 김광일 씨의 도움을 받았다. 이에 감사를 표하고 싶다. 그리고 본 논문의 일본어판은 2015년 2월 간행되는 《宇都宮大学国際学研究論集》 제39호에 게재되어 있다.

98 グローバルヒバクシャ研究会 編著·前田哲男 監修, 『隠されたヒバクシャ: 検証 裁きなきビキニ水爆被災』(凱風社, 2005).

참고 문헌

일본어 문헌

朝日新聞社特別報道部, 『プロメテウスの罠: 明かされなかった福島原発事故の真実』, 学研
　　パブリッシング, 2012.

伊藤和子, 「公衆の被ばくを年間 1 ミリシーベルト以下に: 国連『グローバー報告』が日本政
　　府につきつけるもの」, 《世界》 2013年9月号.

宇都宮大学国際学部附属多文化公共圏センター福島乳幼児·妊産婦支援プロジェクト, う
　　つくしまNPOネットワーク, 福島乳幼児·妊産婦ニーズ対応プロジェクト, 「福島
　　県内の未就学児をもつ家族を対象とする原発事故における'避難'に関する合同
　　アンケート調査」, 2012年2月28日. http://cmps.utsunomiya-u.ac.jp/news/
　　fspsyuukei.pdf(검색일: 2014年8月1日).

宇都宮大学国際学部附属多文化公共圏センター, 『福島乳幼児·妊産婦支援プロジェクト
　　(FSP)報告書 2011年4月 - 2013年2月』, 2013年3月.

宇都宮大学国際学部附属多文化公共圏センター(CMPS)·福島乳幼児·妊産婦支援プロジ
　　ェクト(FSP)·阪本公美子·匂坂宏枝, 「2013年度 栃木県へ避難している方へのア
　　ンケート集計結果報告」, 2014年2月8日. http://cmps.utsunomiya-u.ac.jp /
　　fsp/2014.2.8.pdf(검색일: 2014年8月1日).

宇都宮大学国際学部附属多文化公共圏センター(CMPS)·福島乳幼児·妊産婦支援プロジ
　　ェクト(FSP)·清水奈名子·匂坂宏枝, 「2013年度 震災後の栃木県北地域における
　　乳幼児保護者アンケート集計結果報告(2013年8 - 10月実施分)」, 2014年2月8日.

http://cmps.utsunomiya-u.ac.jp/fsp/2014.2.8.pdf(검색일: 2014年8月1日).

FoEJapan, 「共同アピール: 原発被害者の'生きる権利'を: 国連'健康に生きる権利'特別
　　報告者アナンド・グローバー氏の勧告を歓迎」, 2013年5月29日. http://www.
　　foejapan.org/energy/news/130529.html(검색일: 2014年8月1日).

NHK「かぶん」ブログ, 「小佐古敏荘 内閣官房参与の辞任にあたって(辞意表明)」, 2011年4月
　　29日. http://www9.nhk.or.jp/kabun-blog/200/80519.html(검색일: 2014年
　　8月1日).

長有紀枝, 『入門人間の安全保障: 恐怖と欠乏からの自由を求めて』, 中央公論新社, 2012年.

尾松亮, 『3・11とチェルノブイリ法: 再建への知恵を受け継ぐ』, 東方書店, 2013.

河崎健一郎他, 『避難する権利, それぞれの選択: 被曝の時代を生きる』, 岩波書店, 2012年.

川田龍平, 『この国はなぜ被害者を守らないのか: 子ども被災と薬害エイズ』, PHP研究所,
　　2013.

環境省, 「災害廃棄物の広域処理の推進について(東日本大震災により生じた災害廃棄物の
　　広域処理の推進に係るガイドライン)」, 2011年8月11日. http://www.env.go.jp/
　　jishin/attach/memo20120111_shori.pdf(검색일: 2014年8月1日).

環境省, 報道発表資料, 「放射性物質汚染対処特措法に基づく汚染状況重点調査地域の指
　　定について(お知らせ)」, 2012年2月24日. http://www.env.go.jp/press/press.
　　php?serial=14879(검색일: 2014年8月1日).

環境省, 「放射線による健康影響等に関する統一的な基礎資料平成25年度版 ver.2013001」,
　　2013.

菅直人, 『東電福島原発事故, 総理大臣として考えたこと』, 幻冬舎, 2012.

グローバルヒバクシャ研究会編著・前田哲男監修, 『隠されたヒバクシャ: 検証 裁きなきビ
　　キニ水爆被災』, 凱風社, 2005.

群馬大学社会情報学部附属社会情報学研究センター・西村淑子, 「放射能に関する意識・行
　　動調査アンケートの結果」, 2014年2月8日. http://cmps.utsunomiya-u.ac.jp/
　　fsp/2014.2.8.pdf(검색일: 2014年8月1日).

経済産業省原子力被災者生活支援チーム, 「'計画的避難区域'及び'緊急時避難準備区域'の
　　設定について」, 2011年4月22日. http://eti.go.jp/press/2011/04/2011042200
　　4-2.pdf(검색일: 2014年8月1日).

経済産業省, ニュースリリース, 「東京電力株式会社福島第一原子力発電所及
　　び広島に投下された原子爆弾から放出された放射性物質に関する試
　　算値について」, 別表1, 2011年8月26日. http://www.meti.go.jp/pre

ss/2011/08/20110826010/20110826010-2.pdf(검색일: 2014年8月1日).

県民健康調査検討委員会, 「第15回検討委員会資料2 甲状腺検査の実施状況について」, 2014年5月19日. http://www.pref.fukushima.lg.jp/uploaded/attachment/65174.pdf(검색일: 2014年8月1日).

高橋哲哉, 『犠牲のシステム 福島·沖縄』, 集英社, 2012.

高橋博子, 『増補新訂版 封印されたヒロシマ·ナガサキ: 米核実験と民間防衛計画』, 凱風社, 2013.

内閣府原子力被災者生活支援チーム, 「避難指示区域の見直しについて」, 2013年10月. http://www.meti.go.jp/earthquake/nuclear/pdf/131009/131009_02a.pdf(검색일: 2014年8月1日).

中川保雄, 『増補 放射線被曝の歴史: アメリカ原爆開発から福島原発事故まで』, 明石書店, 2011.

日野行介, 『福島原発事故 県民健康調査の闇』, 岩波書店, 2013.

ふくしま集団疎開裁判の会·会津放能情報センター·子どもたちを放射能から守る福島ネットワーク·子どもたちの健康と未来を守るプロジェクト·郡山, 「漫画『美味しんぼ』への福島県の対応について(抗議)」, 2014年5月14日. http://kodomofukushima.net/?action=common_download_main&upload_id=715(검색일: 2014年8月1日).

福島の子どもたちを守る法律家ネットワーク(SAFLAN), 「原発事故子ども·被災者支援法の基本方針改定を求める声明」, 2014年6月22日. http://www.saflan.jp/opi/879(검색일: 2014年8月1日).

復興庁, 「原子力災害による風評被害を含む影響への対策パッケージ」, 2013年4月. https://www.reconstruction.go.jp/topics/20130402_fuhyopkg.pdf(검색일: 2014年8月1日).

復興庁, 「被災者生活支援等施策の推進に関する基本的な方針」, 2013年10月. http://www.reconstruction.go.jp/topics/main-cat8/sub-cat8-1/20131011_betten1_houshin.pdf(검색일: 2014年8月1日).

復興庁他, 「帰還に向けた放射線リスクコミュニケーションに関する施策パッケージ」, 2014年2月. http://www.reconstruction.go.jp/topics/main-cat1/ sub-cat1-1/20140218_risk_communication_package_all.pdf(검색일: 2014年8月1日).

放射線審議会, 「ICRP1990年勧告(Pub.60)の国内制度等への取入れについて(意見具申), 1998年6月. http://www.nsr.go.jp/archive/mext/b_menu/shingi/ housha/

sonota/81009.htm(검색일: 2014年8月1日).

松井英介, 『脱ひばく'いのちを守る：原発大惨事がまき散らす人工放射線』, 花伝社, 2014.

山下祐介·市村高志·佐藤彰彦, 『人間なき復興：原発避難と国民の'不理解'をめぐって』, 明石書店, 2013.

영어 문헌

Aoki, Mizuho, "Food Not Checked for Radiation Poses Risk in Fukushima: Study," *The Japan Times*, June 17, 2014. http://www.japantimes.co.jp/news/2014/06/17/national/food-checked-radiation-poses-risk-fukushima-study/#.U-NCq_l_uCk(검색일: 2014년 8월 1일).

Bacon, Paul and Christopher Hobson, "Human Security Comes Home: Responding to Japan's Triple Disaster," eds. Paul Bacon and Christopher Hobson, *Human Security and Japan's Triple Disaster: Responding to the 2011 Earthquake, Tsunami and Fukushima Nuclear Crisis*, London/New York: Routeledge, 2014.

Galtung, Johan, "Violence, Peace, and Peace Research," *Journal of Peace Research*, Vol. 6, No. 3, 1969, pp. 167-191.

Green Action Citizens Against Fukushima Aging Nuclear Power Plants(Fukuro-no-Kai), Osaka Citizens Against the Mihama, Oi, and Takahama Nuclear Power Plants(Mihama-no-Kai), Friends of the Earth Japan, "Fukushima Nuclear Disaster: Meeting with Japanese Government to Demand Rescinding of 20msv/Y Radiation Exposure Standard for Children"(Press Release), May 16, 2011. http://www.foejapan.org/en/news/110526.html(검색일: 2014년 8월 1일).

Grover, Anand, *Report of the Special Rapporteur on the Right of Everyone to the Enjoyment of the Highest Attainable Standard of Physical and Mental Health*, Addendum, Mission to Japan, UN. Doc. A/HRC/23/41/Add.3, May 2, 2013.

Harlan, Chico, "In Japan, Two Years after Fukushima Nuclear Accident, Work Resumes on New Plant," *The Washington Post*, March 10, 2013. http://www.washingtonpost.com/world/asia_pacific/in-japan-two-years-after-fukushima-nuclear-accident-work-resumes-work-on-new-reactor/2013/03/10/d572879c-83d6-11e2-a350-49866afab584_story. html(검색일: 2014년 8월 1일).

Haworth, Abigail, "After Fukushima: Families on The Edge of Meltdown," *The Observer*, February 24, 2013, http://www.theguardian.com/ environment/2013/feb/24/divorce-after-fukushima-nuclear-disaster(검색 일: 2014년 8월 1일).

Human Rights Council, *Report of the Working Group on the Universal Periodic Review: Japan*, UN. Doc. A/HRC/22/14, December 14, 2012.

Human Rights Council, *Summary Prepared by the Office of the High Commissioner for Human Rights in Accordance with Paragraph 5 of The Annex to Human Rights Council Resolution 16/21*, UN. Doc. A/HRC/WG.6/14/ JPN/3, July 20, 2012.

IAEA, *The International Nuclear and Radiological Event Scale, User's Manual*, 2008 Edition, Vienna: International Atomic Agency, 2013. http://www.pub.iaea. org/MTCD/publications/PDF/INES2009_web.pdf(검색일: 2014년 8월 1일).

IAEA, WHO, "Agreement between the World Health Organization and the International Atomic Energy Agency," May 28, 1959. http://en.wikisource. org/wiki/Agreement_between_the_World_Health_Organisationand_the_ International_Atomic_Energy_Agency(검색일: 2014년 8월 1일).

International Physicians for the Prevention of Nuclear War, *Annotated Critique of United Nations Scientific Committee on the Effects of Atomic Radiation (UNSCEAR) October 2013 Fukushima Report to the UN General Assembly*, October 18, 2013. http://www.ippnw.de/commonFiles/pdfs/Atomenergie/ Ausfuehrlicher_Kommentar_zum_UNSCEAR_Fukushima_Bericht_2013_ Englisch_.pdf(검색일: 2014년 8월 1일).

Investigation Committee on the Accident at Fukushima Nuclear Power Stations of Tokyo Electric Power Company, *Interim Report*, December 26, 2011.

Investigation Committee on the Accident at Fukushima Nuclear Power Stations of Tokyo Electric Power Company, *Final Report*, July 23, 2012.

Kageyama, Yuri, "Health Uncertainties Torment Japanese in Nuke Zone," *The Washington Times*, March 9, 2012. http://www.washingtontimes.com/ news/2012/mar/9/health-uncertainties-torment-japanese-in-nuke-zone/?page=all (검색일: 2014년 8월 1일).

Kingston, Jeff, "'Abe-genda': Nuclear Export Superpower," *The Japan Times*, January 25, 2014. http://www.japantimes.co.jp/news/2014/01/25/world/abe-genda-nuclear-export-superpower/#.U-S_5Pl_uCk(검색일: 2014년 8월 1일).

Mainichi Shinbun, "Tochigi Begins Radiation Tests on Beef From All Farms," July 28, 2011. http://fukushimanewsresearch.wordpress.com/2011/07/28/japan-tochigi-begins-radiation-tests-on-beef-from-all-farms/(검색일: 2014 년 8 월 1일).

Mcateer, Michael, "Japan's Latest Nuclear Crisis: Getting Rid of the Radioactive Debris," *The Atlantic*, June 4, 2012. http://www.theatlantic.com/international/archive/2012/06/japans-latest-nuclear-crisis-getting-rid-of-the-radioactive-debris/257963/.

NGO, *Submission to the Universal Periodic Review of Japan*, November 2012. http://www.savechildren.or.jp/scjcms/dat/img/blog/864/1340084800334.pdf(검색일: 2014년 8월 1일).

Office of the Deputy Chief Cabinet Secretary, *Report: Working Group on Risk Management of Low-dose Radiation Exposure*, December 22, 2011.

PSR, *Statement on the Increase of Allowable Dose of Ionizing Radiation to Children in Fukushima Prefecture*, April 29, 2011.

RT, "Fukushima Radiation Message in Popular Manga Sparks Political Firestorm," May 13, 2014. http://rt.com/news/158656-japan-manga-fukushima-criticism/(검색일: 2014년 8월 1일).

Sakiyama, Hisako, "Risk Assessment of Low Dose Radiation in Japan: What Became Clear in the Diet Fukushima Investigation Committee," April 2013. http://afaz.at/downloads/symp/sakiyama_tc_risiko_niedrigstrahlung.pdf(검색일: 2014년 8월 1일).

Secretariat of the Team for Countermeasures for Decommissioning and Contaminated Water Treatment, "Summary of Decommissioning and Contaminated Water Management," June 27, 2014.

Sternglass, Ernest J, *Secret Fallout: Low-level Radiation from Hiroshima to Three Mile Island*, New York: McGraw-Hill, 1981.

Takahashi, Tetsuya, "What March 11 Means to Me: Nuclear Power and the Sacrificial System," *The Asia–Pacific Journal*, Vol. 12, No. 1, May 12, 2014. http://www.japanfocus.org/-Takahashi-Tetsuya/4114(검색일: 2014년 8월 1일).

The Japan Times, "Fukushima Residents' Urine Now Radioactive," June 27, 2011. http://www.japantimes.co.jp/news/2011/06/27/national/fukushima-residents-urine-now-radioactive/#.U-MxQPl_uCk(검색일: 2014년 8월 1일).

The Japan Times, "Number of Fukushima Kids with Thyroid Cancer Jumps by 17 From December," May 20, 2014. http://www.japantimes.co.jp/news/2014/05/20/national/number-fukushima-kids-thyroid-cancer-jumps-17-december/#.U-Oe4fl_tqs(검색일: 2014년 8월 1일).

The Japan Times, "Indict Tepco execs over disaster: judicial panel," July 31, 2014.

The National Diet of Japan, *The Official Report of the Fukushima Nuclear Accident Independent Investigation Commission*, 2012.

Tokyo Electric Power Company, *Fukushima Nuclear Accident Analysis Report (Interim Report)*, December 2, 2011.

Tokyo Electric Power Company, "Status of the Fukushima Daiichi Nuclear Power Station: With Focus on Countermeasures for Contaminated Water," January, 2014. http://www. tepco.co.jp/en/nu/fukushima-np/water/images/140127_01.pdf(검색일: 2014년 8월 1일).

United Nations General Assembly, Follow-Up to Paragraph 143 on Human Security of the 2005 World Summit. Outcome, UN. Doc. A/RES/66/290, 25 October 2012.

UNDP, *Human Development Report 1994*, New York/Oxford: Oxford University Press, 1994.

Unno N. et. al., "Effect of the Fukushima Nuclear Power Plant Accident on Radioiodine ([131] I) Content in Human Breast Milk," *Journal of Obstetrics and Gynaecology Research*, Vol. 38, No. 5, May 2012.

UNSCEAR, *Report of the United Nations Scientific Committee on the Effects of Atomic Radiation*, General Assembly Official Records, Sixty-eighth session, Supplement No. 46, UN. Doc. A/68/46, May 27-31, 2013.

Welsome, Eileen, *The Plutonium Files: America's Secret Medical Experiments in the Cold War*, New York: Delta, 1999.

WHO, *Preliminary Dose Estimation from the Nuclear Accident after the 2011 Great East Japan Earthquake and Tsunami*, May 23, 2012. http://whqlibdoc.who.int/publications/2012/9789241503662_eng.pdf(검색일: 2014년 8월 1일).

WHO, *Health Risk Assessment from the Nuclear Accident after the 2011 Great East Japan Earthquake and Tsunami, Based on A Preliminary Dose Estimation*, February 28, 2013. http://www.who.int/ionizing_radiation/pub_meet/fukushima_report/en/index.html(검색일: 2014년 8월 1일).

Yablokov, Alexey V. et. al., *Chernobyl: Consequences of the Catastrophe for People and the Environment*, New York: New York Academy of Science, 2009.

9장

복합 재난, 난민, 강제 이주

송영훈

1. 자연 재해에 의한 복합 재난

전쟁과 마찬가지로 자연 재해(natural disaster)에 직면하면 어느 누구도 승자는 없으며, 정도는 다르지만 모두가 패자이다.[1] 1906년 4월 18일의 미국 샌프란시스코 대지진, 2004년 12월 26일 인도네시아 수마트라 섬 주변의 지진과 그에 따른 동남아시아 지역에서의 지진 해일(쓰나미), 2011년 3월 11일 일본 후쿠시마의 지진과 원전 사고, 2013년 11월 8일 필리핀의 태풍 하이옌 등의 사례에서 알 수 있듯이 대형 자연 재해 앞에 승자는 아무도 없었다. 이러한 이유는 자연 재해나 전쟁의 발생을 억제하는 데에 인간이 할 수 있는 것이 그리 많지 않기 때문이다. 그럼에도 불구하고 앞

---

1 Kenneth N. Waltz, *Man, the State and War: A Theoretical Analysis*(New York: Columbia University Press, 2001[1954]), p. 1.

에서 제시한 자연 재해들의 영향력이 미치는 범위가 지역적이지 않고 인간, 사회, 국가, 국제 차원에서 중층적으로 광범위한 영향을 미치기 때문에 국제 사회는 재난 예방(prevention), 구호(relief), 복구(recovery)와 재건(reconstruction)을 위한 국제 협력에 많은 노력을 기울이고 있다.

국제 사회가 자연 재해를 숙명론적으로 받아들이기보다 적극적으로 대응하려는 이유는 자연 재해로 인한 피해가 지역 차원을 넘어서는 심각한 인도적 위기를 초래하기 때문이다. 역사상 매우 강력한 태풍으로 알려진 하이옌은 2013년 11월 시속 약 250마일의 강풍과 엄청난 양의 비를 동반하여 필리핀 9개 주요 지역의 도시를 파괴하였고, 6000명 이상의 사상자를 발생시켰다. 이 태풍으로 피해를 입은 사람들의 숫자는 약 1500만 명에 이르며, 이들 중 400만 명은 삶의 터전을 잃고 고향을 떠나야만 했다.[2] 국제 사회는 초특급 태풍의 발생 원인을 지구적 기후 변화에서 찾으며, 이에 대한 국제 사회의 경각심을 고취하고 긴급 구호 중심의 인도적 지원을 전개하였다.[3] 그런데 11개월이 지난 2014년 10월 현재에도 이재민들(displaced persons)은 여전히 삶의 터전을 회복하지 못하고 열악한 긴급 대피 시설에 의존하며 생존해 나가고 있다. 그리고 다른 자연 재해, 질병, 범죄와 약탈, 식량 부족, 주거 시설 부족 등으로 인해 이들의 인도적 위기는 장기화되고 있으며, 이들의 인간 안보(human security)는 더욱 심각한

---

2 UN Office for the Coordination of Humanitarian Affairs(UNOCHA), "Typhoon Haiyan." http://www.unocha.org/crisis/typhoonhaiyan.

3 Quirin Schiermeier, "Did Climate Change Cause Typhoon Haiyan?" *Nature* 11(2013), doi: 10.1038/nature.2013.14139; Keshab Chandra Ratha and Sushanta Kumar Mahaptra, Sr., "Climate Change and Natural Disasters: Responding to the Philippines' Haiyan Tragedy," Social Science Research Networks Working Paper(April 29, 2014). http://papers.ssrn.com/sol3/papers.cfm? abstract_id=2430689(검색일: 2014년 9월 29일).

위협에 직면하고 있다.

최근 발생하는 자연 재해에 따른 인도적 위기는 단기간의 긴급 구호(emergency relief)에 의해서만 해결되기 어려운 복합적인 특성을 지니고 있다. 피해 지역과 피해자들의 정치적·사회적·경제적 조건에 따라 자연 재해로 인한 인도적 위기의 인적·물적 피해의 규모가 커지고, 인도적 위기의 기간도 예전보다 더 장기화되고 있다. 예를 들어 2010년 1월 13일 아이티에서 발생한 규모 7.2의 강진은 사회적 취약성으로 인해 피해 규모가 더욱 커져 약 30만 명의 사망자와 150만 명의 이재민을 낳았다. 그리고 4년이 지난 시점에도 아이티의 피해 지역에는 여전히 간이 텐트에서 물과 전기 없이 콜레라 등의 질병에 노출된 사람들이 20만 명에 달한다.[4] 국제 사회의 인도적 지원이 3억 8100만 달러에 이르고 있음에도 불구하고, 이것은 긴급 구호에만 이용될 뿐 복구와 재건을 위한 프로그램에 사용되지 않고 있기에 이재민들의 온전한 삶의 복원은 요원한 꿈으로 남아 있다.

이와 같이 자연 재해로 인한 인적 피해의 규모가 커지면서, 인도적 위기가 장기화되고 정치적·사회적 여건으로 인하여 인도적 위기가 더욱 심화되어 개별 국가의 정부 혼자만의 힘으로 지속 가능한 해결책을 제시하기 어렵게 만드는 재난을 복합 재난(complex disaster), 그로 인한 위기 상황을 복합 위기(complex crisis)라고 할 수 있다.[5] 복합 위기 개념은 다양한 상황에서 다양한 방식으로 이용될 수 있는데 이 글에서의 복합 위기는 사회적

---

4 UN Office for the Coordination of Humanitarian Affairs(UNOCHA), *Humanitarian Action Plan for Haiti 2014*(2013). http://reliefweb.int/sites/reliefweb.int/files/resources/HAP_2014_Haiti.pdf

5 복합 재난을 복합 위기의 원인으로 이해할 수도 있지만, 분석 수준과 상황적 맥락에 따라서 재난과 위기는 상호 교환적으로도 이용될 수 있다. 여기에서도 재난의 의미를 넓게 활용하는 상황에서는 위기를 포함하는 개념으로도 제한적으로 사용되고 있다.

핵심 가치 또는 생명 유지 시스템에 대한 인지된 위협(perceived threat)이 존재하고, 그 위협이 심각하게 불확실한 조건 속에서 긴급하게 처리되어야 하는 상황을 의미한다.[6] 이러한 개념적 정의는 무력 분쟁, 개발 사업, 자연 재해, 세계화 등에 의해 발생할 수 있는 위기를 설명할 수 있으며, 지방과 지역, 대륙, 지구적 차원 등의 차원에서 발생할 수 있는 위기를 포괄할 수 있다.

각국 정부와 국제 사회는 자연 재해 또는 인재로 인해 복합 위기가 발생할 시 위기 관리 및 대응을 위한 가이드라인을 마련하고 있지만, 위기 상황에서 실제로 이루어지는 인도적 활동은 종종 가이드라인의 내용과는 다르게 이뤄지기도 한다. 복합 위기를 촉발시키는 원인과 양상에 따라 국제 사회의 대응 방식과 수준이 달라지며, 원인과 결과가 복합적인 성격을 띠면서 국제 사회의 인도적 지원 체계도 다층적 협력 체계를 구축해야 하는 어려움에 직면하고 있다. 특히 대규모 이재민이 발생하는 복합 위기 상황에서 이들의 인도적 문제는 전통적인 법률적·제도적 장치들로써 관리되기 어려운 복합적인 성격을 띠기 때문에 전통적인 법률적 개념을 새로운 사례에 확대 적용하는 개념적 외연의 확장(conceptual extension)이 요구된다.

복합 재난 또는 복합 위기의 개념적 정의가 위협의 일반적 속성에 초점을 둔 것이라면, 복합 재난 또는 복합 위기의 조작적 정의는 재난에 따른

---

6 Uriel Rosenthal, Michael T. Charles, and Paul't Hart(eds.), *Coping with Crises: The Management of Disasters, Riots, and Terrorism*(Springfield, IL: Charles C. Thomas, 1989); Uriel Rosenthal, "Future Disasters, Future Definitions," in Enrico Louis Quarantelli(ed.), *What Is Disaster? Perspectives on the Question*(New York: Routledge, 1998), pp. 146-159; Arjen Boin, "From Crisis to Disaster: Towards an Integrative Perspective," in Ronald. W. Perry and Enrico Louis Quarantelli(eds.), *What Is Disaster? New Answers to Old Questions*(Philadelphia, PA: Xlibris, 2005), pp. 153-172.

결과와 대응 양상에 대한 관찰이 요구된다. 복합 위기로 인해 발생하는 가장 심각한 인도적 문제 가운데 하나가 복합 재난에 따른 강제 이주(forced migration)이다. 강제 이주는 개인의 생명, 신체적 안전, 건강과 근본적 생명권에 대한 실제적이거나 인지된 위협이 임박해서 발생할 수도 있고, 또는 이와 같은 위협이 개인들에게 가해질 것이라고 예상되기 때문에 나타나기도 한다.[7] 강제 이주는 좁은 의미의 강제 이주(forcible displacement), 예측 이주(anticipatory movement), 재정착(relocation) 등 세 가지 범주로 나눌 수 있다.[8] 좁은 의미의 강제 이주는 자신이 직접적으로 통제할 수 없는 사건으로 인해 강요된 이주를 의미하며, 이는 일시적일 수도 있고 장기화될 수도 있다. 예측 이주는 생명, 신체적 안전, 건강 등에 대한 위협이 발생할 것으로 예상되는 경우 나타나며, 공동체 전체 또는 가족이나 개인 단위로 이뤄지는 이동을 포함한다. 재정착은 신체적·재정적, 건강, 안보 등의 이유로 인도적 재난을 피해 이주할 수 없는 사람들을 새로운 곳으로 정착시키는 것을 의미한다. 이와 같은 강제 이주의 세 가지 범주는 완전히 상호 배타적인 것이기보다는 일부 중첩되는 현상을 포함하는 기술적 개념이다.

그런데 복합 재난으로 인한 강제 이주가 범주화하는 것은 학술적으로나 정책적으로 많은 딜레마 상황을 야기한다. 이는 복합 재난에 따른 대규모 인구 이동이 완전히 자발적인 것도 완전히 강제된 것도 아니며, 거의 대부분의 강제 이주는 다양한 정도의 강제성과 제한적이지만 선택과 예측이 개

---

7 Jane McAdam, "Conceptualizing 'Crisis Migration': A Theoretical Perspective," in Susan F. Martin, Sanjula Weerasinghe, and Abbie Taylor(eds.), *Humanitarian Crisis and Migration: Causes, Consequences, and Responses*(New York: Routledge, 2014), pp. 28-49.

8 International Crisis Management Project. http://isim.georgetown.edu//work/crisis.

입된 것이기 때문이다.[9] 미래 위협에 대한 인식 때문에 이주를 결정한 사람들도 제한된 조건과 소수의 가능한 대안 중에서 자신들의 선택에 따라 결정을 내린다. 강제 이주를 경험한 사람들도 제한된 몇 가지 가능성 중에서 어디로 갈 것인가에 대해서 선택을 한다. 그리고 일단 고향 또는 고국을 떠난 뒤 2차적 이주의 시기에는 대체적으로 더 나은 삶을 누릴 수 있는 곳에 재정착하기를 희망할 것이다. 심지어 아주 심각한 인도적 재난의 상황에서도 어떤 이들은 고향을 떠나기보다는 고향에 머무르며 위험을 감수하는 선택을 한다.[10] 즉 구조적 조건과 개인과 집단의 심리적 기대감 또는 예측을 통해 강제 이주와 인도적 위기의 양상이 달리 나타나는 것이다.

복합 재난에 따른 강제 이주는 두 가지 이상의 강제 이주 범주가 공존하는 혼합 이주(mixed migration)로 변화하면서 실증적 분석과 위기 대응 정책 개발에 어려움이 발생한다. 이로 인하여 자발적 이주와 강제 이주를 명확히 구분하는 일이 어려워졌으며, 강제 이주의 원인과 결과를 이론화하고 범주화하는 것이 매우 복잡해지고 있다. 예를 들면 2011년 리비아에서 비국적자들의 국내 피난(internal displacement)은 강제 이주와 예측 이주가 혼합된 이주 현상이었다. 그리고 리비아에서 이탈리아로 가는 선박에 몸을 싣는 사람들은 국내의 무력 갈등으로 인한 신변 위협 때문에 이주를 선

---

9 Young Hoon Song, "Conflict, International Response, and Forced Migration in Sub-Saharan Africa, 1980-2007," *The Korean Journal of International Studies*, Vol. 10, No. 1, 2012, pp. 1-36

10 Young Hoon Song, "Between and Beyond Borders: Conflict, International Response, and Beyond," Ph. D. Dissertation of the University of South Carolina(2011), pp. 63-78; Nicholas Van Hear, Rebecca Brubaker, and Thais Bessa, "Managing Mobility for Human Development: The Growing Salience of Mixed Migration," United Nations Development Programme(UNDP), Human Development Research Paper 2009/20(2009).

택한 사람, 위협이 예상되기 때문에 이주를 선택한 사람, 다른 경제적 목적으로 이주를 선택한 사람들로 구분될 수 있다. 이들은 다른 목적을 가지고 같은 경로와 수단을 함께 이용하는 복합적 강제 이주민들이다.[11]

이처럼 국제 사회에서 인도적 위기의 성격이 변화하고 있다. 전통적으로 인도적 위기는 자연 재해로 인한 것과 인재로 인한 것으로 구분되었지만, 최근의 인도적 위기는 이러한 경계가 모호하며 그 원인과 결과가 점차 복합적인 양상을 보인다.[12] 기후 변화에 따른 자연 재난은 더 이상 개별 국가의 자구 노력으로 해결될 수 있는 것이 아니다. 오늘날 자연 재난으로 발생한 인도적 위기는 대량 난민으로 이어져 해당 국가와 주변국의 정치 지형 변화를 초래하기도 하며, 국내 실향민을 포함하는 난민의 대량 이동은 자연환경을 황폐화시켜 또 다른 자연 재난의 영향력을 증가시키는 악순환을 초래한다.[13] 따라서 국제 인도주의 사회도 복합 재난에 따른 강제 이주에 더 포괄적인 방식으로 대응하기 위한 국제 협력 체계를 구축하기 위해 많은 노력을 기울이고 있다.

이 글은 복합 재난으로 인한 인도적 위기의 변화를 강제 이주의 측면에서 조명하고, 복합 위기에 효과적으로 대응하기 위한 국제 협력의 교훈을

---

11 UN High Commissioner for Refugees(UNHCR), *Mixed Migration: Libya at the Crossroads: Mapping of Migration Routes from Africa to Europe and Drivers of Migration in Post-revolution Libya*, December 2013. http://www.refworld.org/docid/52b443f594.html(검색일: 2014년 8월 14일).

12 Frederick M. Burkle, Jr., Gerald Martone, and P. Gregg Greenough, "The Changing Face of Humanitarian Crises," *Brown Journal of World Affairs*, Vol. 20, Issue 2, 2014, pp. 25-42.

13 Francesco Femia and Caitlin E. Werrell, *Syria: Climate Change, Drought, and Social Unrest*(The Center for Climate Change and Security, 2012); Rafael Reuveny, "Climate Change-Induced Migration and Violent Conflict," *Political Geography*, Vol. 26, No. 6, 2007, pp. 656-673.

설명한다. 전통적 강제 이주 개념을 복합 재난 또는 복합 위기 상황으로 외연적 확장을 하면 어떠한 유용성이 생기는가? 복합 재난에 따라 강제로 고향을 떠날 수밖에 없는 사람들의 인간 안보는 국제 사회의 인도적 지원에 대한 접근성에 따라 어떻게 달라질 수 있는가? 2000년대 이후 발생하는 복합 재난의 성격과 경향성은 무엇인가? 이와 같은 질문에 대한 답을 제시하기 위해 이 글은 개념 분석, 기술적 통계 분석, 그리고 2000년대 중반 이후의 사례 제시 등의 방법을 활용하고 있다. 그리고 이 글은 이러한 분석이 복합 위기 극복과 인간 안보의 증진, 그리고 적극적 평화의 연구와 실현을 위한 국제 협력의 시사점을 제시하며 결론을 맺고 있다.

2. 강제 이주의 개념적 확대: 복합적 강제 이주

복합 재난과 복합 위기는 분석적 개념이기보다 변화하는 인도적 위기의 속성을 반영하고 그 해결책을 모색하기 위한 기술적·정책적 개념이다. 복합 재난은 자연 재해, 무장 투쟁, 반정부 투쟁, 대량 이주 등을 통하여 개인의 삶의 터전을 파괴하거나 심각한 생명 위협을 초래한다.[14] 특히 복합 재난은 자연 재해, 전쟁과 같은 전통적 재난만이 아니라 기후 변화, 생물 다양성 위기, 대량 이주, 생태학적 위기 등과 같은 비전통 안보와 관련하여 전 지구적 현상으로 나타나고 있기 때문에 개념적 범위를 제한하는 데 어려움이 있다.[15] 개념의 대상을 특정하는 것이 어렵다면 분석의 타당도가 떨

---

14 B. Wisner and J. Adams(eds.), *Environmental Health in Emergencies and Disasters: A Practical Guide*(Geneva: World Health Organization, 2002).

15 Ralf Emmers, Mely‑Caballero‑Anthony, and Amitav Acharya, *Studying Non‑*

어질 우려가 있지만, 기존의 재난과 위기 개념이 새로운 현상의 본질을 왜곡시킬 수 있는 경우 개념적 확장(conceptual stretching)은 피할 수 없다.[16]

전통적 재난의 주요 원인은 자연 재해였으며, 특정 지역 범위로 국한되어 이해되었다. 그런데 최근 다양해진 재난의 원인, 그리고 재난 발생에 따른 인도적 위기의 파급 효과가 국경에 의해 제한되지 않고 지속적으로 존재하며 인류 전체의 생존을 위협할 수 있다. 따라서 이와 같은 현상을 복합 재난이라 할 수 있으며 국제적 의제로 다뤄진다. 뿐만 아니라 이로 인해 초래되는 위기를 복합 위기라고 할 수 있다. 복합 위기에서 '복합'의 의미는 쓰나미, 국제 하천의 범람, 그리고 2014년 9월 서아프리카에서 시작된 에볼라 발생 등으로 발생하는 재난과 위기에 대한 대응에서 구조적 측면과 인도적 측면을 동시에 고려해야 한다는 것이다. 그렇기 때문에 복합 재난 또는 복합 위기는 구조적 발생 원인과 더불어 발생 지역의 정치적·사회적 조건에 따라 인간 안보에 미치는 영향이 크게 달라질 수 있음을 주목하여야 한다.

인도적 재난이 국제적이고 복합적인 성격을 지니게 되면서, 심각한 자연 재해로 인한 이재민들에게 제공되는 국제 사회의 보호와 지원은, 분쟁으로 인해 인도적 위기에 처한 강제 이주민들에게 제공되는 보호와 지원만

Traditional Security in Asia(Singapore: Marshall Cavendish International Private Limited, 2006).

16 다음의 연구들은 이와 같은 사회 과학의 개념과 이론의 관계, 개념의 심화와 확장에 대한 분석 토대를 마련하고 개념의 형성과 활용에 대한 포괄적 설명을 하고 있다. Giovanni Sartori, "Concept Misformation in Comparative Politics," *American Political Science Review* 64(December), pp. 1033-1053; Gary Goertz, *Social Science Concepts: A Users' Guide*(Princeton, NJ: Princeton University Press, 2006); John Gerring, *Social Science Methodology: A Critical Framework*(New York: Cambridge University Press, 2001).

큼이나 중요해졌다. 자연 재해에 따른 이재민들도 분쟁에 의한 피난민들 만큼이나 기본적 생존을 위한 권리와 물적 자원 등에 대한 접근이 제한당하며, 심리적 스트레스로 인해 심각한 고통을 경험한다. 그럼에도 불구하고 최근까지 국제 사회는 분쟁으로 인한 인도적 위기 대응에는 많은 관심을 기울인 반면, 더 많은 이재민들이 고통을 받는 자연 재해로 인한 인도적 위기에는 상대적으로 관심을 덜 기울여 왔다. 이러한 현상과 관련하여 유엔 난민기구(UNHCR) 대표 안토니오 구테레스(António Guterres)는 "강제 이주의 본질적 속성은 빠르게 변화하고 있는데 국제 사회의 대응책들은 그러한 변화를 따라가지 못하고 있다"고 주장한다.[17] 홍수와 태풍 등으로 인한 복합 재난은 국제 관계에서 이제 더 이상 일탈적 현상이 아닌 '새로운 정상적 현상(the new normal)'이 되고 있다.[18]

일반적으로 자연 재해로 인한 강제 이주는 객관적으로 인지 가능한 위협, 즉 홍수, 태풍, 지진 등에 따른 이동 현상으로 이해되었다. 그런데 복합 재난에 따른 강제 이주는 개인이나 공동체가 얼마나 빠른 시간 안에 재해에서부터 어느 정도로 회복할 수 있는가의 문제와 아주 밀접하게 관련되는 사건이다. 자연 재해가 복합적 강제 이주의 직접적 요인이 아니라 사회의 구조적 문제들과 상호 작용하며 강제 이주 현상을 촉발하고 영향을

---

17 Statement by Mr. Anónio Guterres, United Nations High Commissioner for Refugees, Intergovernmental Meeting at Ministerial Level to mark the 60th anniversary of the 1951 Convention relating to the Status of Refugees and the 50th anniversary of the 1961 Convention on the Reduction of Statelessness, 7 December 2011, http://www.unhcr.org/4ecd0cde9.html.

18 Opening remarks by Sir John Holems, Under-Secretary General for Humanitarian Affairs and Emergency Relief Coordinator at the DIHAD 2008 Conference, 8 April 2008. http://reliefweb.int/report/world/opening-remarks-sir-john-holmes-usg-humanitarian-affairs-and-erc-dihad-2008-conference.

미치기 때문에, 복합 재난에 따른 강제 이주는 자연 재난의 성격과 자연 재난에 따른 사회적 문제의 표출이라는 측면을 동시에 지닌다.[19] 따라서 자연 재해의 발생에 따른 이주를 단순히 비정상적(abnormal)인 과정으로 이해하는 것은 강제 이주민 또는 이재민들에게 적절하고 효과적인 지원과 보호를 제공하기 어렵게 만든다.

특히 자연 재해는 선진국, 개발 도상국, 저개발 국가에서 공통으로 나타나는 일반적인 현상이다. 그런데 왜 어떤 재난은 복합 재난이 되는가? 그리고 왜 어떤 국가는 다른 국가들보다 복합 재난에 따른 복합 위기를 더 빈번히 경험하게 되는가? 이들 질문에 대해서 명확한 답은 없으나 일반적인 자연 재해가 인도적 위기 또는 복합적 재난 위기가 되기 위해서는 특정한 매개 변수가 존재해야 한다는 사실을 유추할 수 있다.[20] '그림 1'이 보여 주듯이 자연 재해는 강제 이주의 직접적 요인이 될 수도 있지만, 재해가 발생하는 지역이나 사회에 존재하는 선행 변수인 빈곤, 인구 과밀, 환경적 취약성, 개발 프로젝트 추진, 정치적 취약성 등에 따른 승수 효과 (multiplier effect)로 인해 주민들의 복합적 강제 이주가 발생하며, 그로 인해 복합 위기는 더욱 심각해진다.

일반적으로 자연 재해는 어떤 공동체 또는 개인들에게는 그냥 스쳐가는 것일 수 있지만, 다른 공동체 또는 개인들에게는 심각한 인도적 위기이자 복합 재난이 될 수 있다. 빈곤 국가의 취약 계층, 분쟁 국가의 국내 피난민 등은 재난의 위협에 심각하게 노출되어 있으며, 이들은 자연 재해에 직

---

19 Jane McAdam, "The Concept of Crisis Management," *Forced Migration Review 45*, February 2014, pp. 10-11.

20 Mats Lundahl, *Poverty in Haiti: Essays on Underdevelopment and Post Disaster Prospects*(New York: Palgrave Macmillan, 2011).

그림 1. 복합 재난에 따른 강제 이주의 원인과 매개 변수

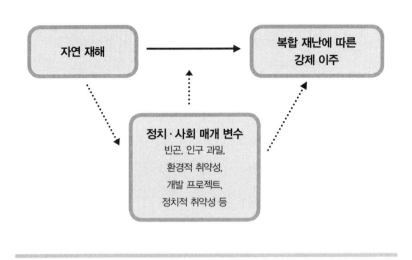

면하더라도 정부와 국제 사회의 무관심 때문에 인도적 지원을 받기가 매우 어렵다.[21] 그렇기 때문에 강제 이주민들은 복합 재난에 직면하여 심각한 재해로 인해 촉발된 사회적·정치적·경제적·환경적 요인에 대응할 수밖에 없다. 달리 말하면 강제 이주는 갑작스럽고 극단적인 위기 상황이 발생한다고 하여 필연적으로 나타나는 것이 아니다. 오히려 강제 이주는 재난 상황으로 인해 촉발된 극심한 사회적 스트레스가 개인 또는 그룹에 부과되면서 나타나는 것이다. 강제 이주는 자연 재해가 발생하였을 때 구조적인 불공정과 취약성에 상대적으로 더 많이 노출된 특정 개인들 또는 그룹들 사이에서 나타날 가능성이 더 높다.

21 Koko Warner, "Global Environmental Change and Migration: Governance Challenges," *Global Environmental Change*, Vol. 20, Issue 3, 2010, pp. 402–413.

이와 같은 분석적 접근은 2009년 5월 방글라데시를 강타한 태풍 에일라(Aila)로 인한 복합적 강제 이주 현상을 설명하는 데 유용하다. 에일라에 의해 330명의 사망자와 8208명의 실종자가 발생하였고, 100만 명 이상이 집을 잃은 것으로 추정된다. 피해 규모를 고려할 때 방글라데시 서부 지역의 많은 주민들이 이주를 선택하는 것은 당연할지 모른다. 특히 농장과 농작물의 황폐화, 집을 비롯한 재산의 파괴, 임시 거처의 부족, 임시 거처에 대한 지원 부족에 따른 불만, 아이들의 안전에 대한 우려, 미래에 대한 비관적 시각, 콜레라 등 질병의 창궐 등은 이주를 강요하는 요인으로 작용하였다.[22] 에일라 이후 방글라데시 5개 지역에서 발생한 강제 이주 현상에 대한 사례 연구는 특히 주변 지역에 대한 사전 정보가 있거나 사회적 네트워크가 있는 경우에 주로 발생하였으나, 새로운 곳으로 이주한 사람들도 저임금 노동과 열악한 위생 환경 탓에 삶이 불안정했다.[23] 이들의 주변 국가 이주는 인도와 파키스탄에 사회적·국가적 불안정을 유발하는 매개자로 인지되었기 때문에, 이들의 인권 보호와 안전은 충분한 고려 대상이 되지 않았다.[24]

그런데 임시 거처가 확보되고 정부와 국제 사회의 지원에 대한 접근성

22 Bishawjit Mallick, Khan Rubayet Rahaman, and Joachim Vogt, "Coastal Livelihood and Physical Infrastructure in Bangladesh after Cyclone Aila," *Mitigation and Adaptation Strategies for Global Change*, Vol. 16, No. 6, 2013, pp. 629‒648; Katha Kartiki, "Climate Change and Migration: A Case Study from Rural Bangladesh," *Gender & Development*, Vol. 19, No. 1, 2011, pp. 23‒38.

23 Ibid., pp. 33‒35.

24 Sanjay Chaturvedi and Timothy Doyle, "Geopolitics of Fear and the Emergence of 'Climate Refugees': Imaginative Geographies of Climate Change and Displacements in Bangladesh," *Journal of the Indian Ocean Region*, Vol. 6, Issue 2, 2010, pp. 206‒222.

이 높은 이재민, 해외에서 본국 송금이 가능한 가족이 있는 이재민은 일시적 이주 후 단기간에 재정착하는 경향이 강했다. 특히 방글라데시처럼 가난한 국가일수록 재해에 직면하여 임시 거처를 제공하는 것은 이재민들이 자신의 삶을 회복하는 데에 아주 중요한 역할을 한다. 2009년 에일라 이후 임시 거처를 제공하게 된 결정은 사회적·정치적 자산이 상대적으로 더 많은 이재민들에게 돌아간 것으로 나타났다. 소득과 주택 환경에 따른 사회적 취약 계층은 권리적 측면 또는 수요적 측면에서 평가했을 때에도 상당히 적은 지원을 받은 것으로 나타났다.[25] 그로 인하여 그들은 또다시 심각한 재난과 위기에 처할 상황에 직면하고 있다.

복합적 강제 이주를 자연 재해의 발생과 정치적·사회적 선행 조건의 상호 작용에 따라 발생 또는 심화되는 것으로 개념화하는 것은 분석적 개념의 외연을 확장할 뿐만 아니라 복합적 인도적 위기를 극복하기 위한 정책 개발에도 함의를 제공한다. 우선 복합 재난에 따른 강제 이주를 개인 또는 공동체가 자연 재해와 같은 외적 요인에 즉각 반응하여 나타나는 것으로만 단선적으로 이해함으로써 나타날 수 있는 문제점인 사회적·구조적 부정의와 사회적 취약성의 승수 효과를 간과하는 것을 지양할 수 있다. 물리적인 측면의 손실과 회복 문제에만 초점을 두거나 잠정적 긴급 구호에만 초점을 두기보다 삶의 회복과 사회적 재건이라는 측면에서 복합 재난을 극복하기 위한 개발 지원까지 고려하는 문제 해결 전략의 중요성이 부각될 수밖에 없다.[26] 복합 재난에 직면하여 사회적·경제적 능력의 회복을 위한

25 Bishswjit Mallick, "Cyclone Shelters and Their Locational Suitability: An Empirical Analysis from Coastal Bangladesh," *Disasters*, Vol. 38, Issue 3, 2014, pp. 654-671.

26 Anthony Oliver-Smith, "Theorizing Disasters: Nature, Power, and Culture," Susanna M. Hoffmann and Anthony Oliver-Smith(eds.), *Catastrophe and Culture: The Anthropology of Disaster*(Santa Fe, NM: School of American Research Press,

총체적 대응책을 마련하지 않고, 일시적이고 잠정적인 지원으로 국제 지원을 제한한다면 지속 가능한 해결(durable solution)을 마련하기 어렵다.

둘째, 이와 같은 강제 이주의 개념적 확장은 복합 재난에 따른 강제 이주도 지리적 특징과 역사적·문화적 특성에 따라 그 양상이 달리 나타날 수 있음을 반영할 수 있다. 복합 재난으로 인한 강제 이주의 양상에 대한 역사적·문화적 맥락을 정확히 이해하지 못한다면 적절한 정책을 통하여 복합적 위기 상황에 효율적으로 개입할 수 없다.[27] 예를 들어 태평양의 많은 섬에서 발생하는 인구 이동은 역사적인 현상이고 현재적인 현상이다. 해수면 상승과 태풍, 홍수로 인한 생존 환경 변화는 개인들의 이주 양상에 영향을 미친다. 이 경우 개인들의 이주는 역사적 연속선상에서 환경 순응적인 전략으로 이해된다. 이들에 대해 정책 개입을 효과적으로 하기 위해서는 재난에 따른 강제 이주에 대한 전통적 정책 결정 방식을 벗어나 정부, 국제 및 국내 인도주의 단체들, 비정부 기구 사이에 조정이 필요하며, 장기적인 회복을 위해서 국제 사회의 인도적 지원 단체들과 개발 협력 단체들 간의 긴밀한 협력이 요구된다.

복합 재난 또는 복합 위기의 속성을 전통적 강제 이주 개념의 확장적 적용이라는 측면에서 보았을 때, 복합 재난에 따른 강제 이주는 자연 재해라는 외적 요인이 발생한다고 하여 반드시 발생하는 것이 아니다. 외적 요인과 사회적·정치적 요인들 간의 승수 효과로 인해 복합 위기의 영향이 지역, 사회, 개인에 따라 달라진다. 이러한 현상은 강제 이주민들을 환경에 따라 이동할 수밖에 없는 피동적 존재로만 인식해서는 안 되며, 그들의 대

2002).

27 Ibid.

응 방식은 선행 조건에 따라 달라질 수 있다.[28] 다른 한편으로 자연 재해는 강제 이주의 직접적인 원인이 되기도 하지만 사회 구조적 문제로 인해 강제 이주의 과정과 양상을 변화시킨다. 따라서 각국 정부와 국제 인도주의 사회는 일시적인 긴급 구호 활동에만 머물 것이 아니라 장기적으로 지속 가능한 인적·사회적 자본의 회복과 향상을 위한 지원 프로그램을 개발해야 한다.

3. 이중적 복합 재난: 자연 재난의 정치화

복합 재난과 복합 위기에 대한 국제 사회의 관심과 지원 수준은 난민의 대량 발생 원인과 그 규모에 따라 달라진다. 특히 국제 사회는 '인종, 종교, 민족, 특정 사회단체의 회원, 정치적 의견 등으로 인하여 박해를 받을 합리적 근거가 있는 공포'로 인하여 고향을 떠나 다른 국가에서 피난처를 구하는 난민(refugee)들을 보호하고 지원하기 위해 국제 난민 레짐을 형성하고 발전시켜 왔다. 그런데 복합 재난으로 인해 발생하는 복합 위기와 강제 이주의 원인이 1951년 제네바난민협약에 제시된 것처럼 분명하게 규정되기 어려우며, 분쟁과 가뭄, 홍수와 분쟁, 자원과 분쟁 등 여러 요인이 혼합되어 복합 위기가 더 자주 발생한다. 그에 따라 주변국과 국제 사회는 고향을 떠나온 강제 이주민들을 난민으로 수용할 것인지 본국으로 송환할

---

28 무력 분쟁으로 인한 폭력 위협에 직면해서도 난민과 국내 피난민들은 자신들에 대한 위협의 가능성과 새로운 피난처에서 정부 또는 국제 사회로부터 지원받을 수 있는 가능성 등에 대한 자신들의 인식에 기초를 두고 목적지를 정하기도 한다. Young Hoon Song, "Conflict, International Response, and Forced Migration in Sub-Saharan Africa, 1980–2007," pp. 1–35.

것인지, 정책적 선택의 어려움에 직면하고 있는 것이 현실이다.

1951년 제네바난민협약에 기초해 전통적·인도적 지원 대상에 포함되지 않는 강제 이주민들은 난민들과 같이 비슷하거나 또는 더 심각한 인도적 위기 상황에 처해 있음에도 불구하고 국제 사회의 지원에 대한 접근성이 매우 제한된다. 자연 재해나 기후 변화에 의해 발생한 재난 사태로 인하여 국경을 넘어 이주한 사람들에 대한 보호 및 지원 체계와 분쟁에 의해 국경을 넘은 이들에 대한 실질적 보호와 지원 체계 사이에는 큰 차이가 존재한다.[29] 해외에 이주하게 되는 난민들은 국제 난민 레짐에 의거해 보호받을 권리가 부여되지만, 국내에서 대안적 피난처를 구하는 이재민들은 정부가 그들을 지원할 의지(willingness)와 역량(capability)이 어느 정도인가에 따라 위기 상황이 달라진다.

강제 이주민들이 삶의 터전을 떠나는 순간부터 그들의 인간 안보는 다양한 위험에 노출된다. 우선 노인, 여성 가장, 빈곤 계층, 고아, 인신 매매자 등은 재난 위기 시 또는 그에 따른 이주로 인해 사회적·경제적 보장 체계를 상실하게 함으로써 상대적으로 더 심각한 위협에 노출된다. 반면 다른 사람들은 외국인이거나 무국적자라는 신분 때문에 위험해지기도 한다. 법적인 지위에 따른 위험은, 이들이 재난 상황에서 국내에 머무르지 않고 대규모로 국경을 넘어 이주하는 경우에 더 커진다. 이러한 이주민들의 대량 유입을 수용국 정부가 국가 안보의 위협으로 인식하고 국경을 통제하거나 적극적인 지원을 하지 않는 경우가 발생하기도 한다. 이처럼 대량 이

---

29 Michael Barnett and Thomas G. Weiss, *Humanitarianism Contested: Where Angels Fear to Tread*(New York: Routledge, 2011); Roger Zetter, "More Labels, Fewer Refugees: Remaking the Refugee Label in an Era of Globalization," *Journal of Refugee Studies* 20, June 2007, pp. 172-192.

주를 안보 시각에서 바라보는 것은 정상적인 정책 결정 과정에서는 인정되지 않는 비정상적 정책을 인도적 위기에 처한 강제 이주민들을 대상으로 실행하게 만든다.[30]

안보화 현상은 강제 이주민의 이동에 대한 두려움에서 시작된다.[31] 2004년 인도양에서 발생한 쓰나미는 단순하게 인도적 피해를 야기할 뿐만 아니라, 한편으로는 무장 갈등의 구조를 변화시키기도 하였다.[32] 아체에서 인도네시아 정부는 아체해방운동(Free Aceh Movement)과 평화 협정을 맺었지만, 스리랑카에서는 쓰나미가 오히려 무장 갈등을 심화시키는 역할을 하였다.[33] 스리랑카 정부는 이재민들에 대한 지원 분배 과정을 독점적으로 진행하였으며, 무슬림과 반군이 지배적인 지역의 이재민들에게는 차별적으로 지원을 소홀히 하여 상호 간의 증오와 두려움을 정치적으로 이용하였다.[34] 추가로 발생할 가능성이 있는 쓰나미를 막기 위해 버퍼존을 지정하였는데, 반군 지역과 그렇지 않은 지역의 버퍼존은 크기가 달랐다. 반군의 영향력이 강한 지역에는 인구 밀도가 높고 자원이 부족함에도 불구하고 정부는 제한된 지원만을 제공하며 주민들의 월경을 조장하기도 하였다.

---

30 송영훈, 「테러리즘과 난민문제의 안보화: 케냐의 난민정책을 중심으로」, 《국제정치논총》 제54집 제1호(한국국제정치학회, 2014), 195–230쪽.

31 Scott Watson, "The 'Human' as Referent Object? Humanitarianism as Securitization," *Security Dialogue*, Vol. 42, No. 1, 2011, pp.3–20.

32 Philippe Le Billon and Arno Waizenegger, "Peace in the Wake of Disaster? Secessionist Conflicts and the 2004 Indian Ocean Tsunami," *Transactions of the Institute of British Geographers*, Vol. 32, Issue 3, 2007, pp. 411–427.

33 Jayadeva Uyangoda, "Ethnic Conflict, the Sri Lankan State and the Tsunami," *Forced Migration Review*, 24 Special Issue, 2005, pp. 30–32.

34 Jennifer Hyndman, "The Securitization of Fear in Post–Tsunami Sri Lanka," *Annals of the Association of American Geographers*, Vol. 97, No. 2, 2007, pp. 361–372.

이와 같이 자연 재해로 인한 인도적 위기는 더 이상 자연 재난으로만 인식되지 않는다. 자연 재해가 정치적 갈등, 분쟁 등과 결합되어 재난의 성격이 복잡하게 되고 자연 재난도 갈등과 분쟁도 인간의 선택과 행동에 의하여 동시에 악화되는 경향이 관찰된다.[35] 모든 사람이 재난으로 인한 정부와 국제 사회의 지원을 통하여 동등한 이익을 얻을 수 있는 것은 아니다. 재난으로 인해 삶의 터전인 토지가 유실되거나 또는 재해로 인하여 장애를 얻은 사람들은 고향으로 귀환하더라도 지속적으로 인도적 문제에 봉착할 수밖에 없다. 이들에게는 강제 이주의 종료가 반드시 심각한 고통의 종료 또는 위기의 종료로 이어지는 것이 아니다. 이러한 현상은 취약 계층에게 필요한 지원과 보호 내용에 대한 충분한 고려가 이뤄지지 않을 때 발생하며, 위험 해소를 위한 계획이 적절하지 못할 때, 정부의 정책이 제도적으로 엄격할 때, 정부와 국제 사회가 소득 향상을 위한 장기적 회복 프로그램 등을 효과적으로 추진하지 않는다면 이들에게 지속 가능한 인도적 위기의 해결이라는 국제 사회의 명분은 단순한 구호에 불과한 것이 된다.

강제 이주민들에 대한 국제 사회 보호 활동의 우선순위는 한정된 자원 때문에 여러 가지 요인을 고려하여 결정되어야만 한다. 전통적으로 국제 인도주의 사회에서 수용되는 '보호'의 개념은 인권법, 국제 인도주의법, 난민법 등에 나타난 개인들의 권리를 온전하게 실현하는 것을 목적으로 하는 모든 활동을 의미한다.[36] 그런데 분쟁과 재난으로 인한 강제 이주민들이 필요로 하는 보호는 다층적인 것들이다. 강제 이주민들은 물리적 안전

---

35 Jennifer Hyndman, *Dual Disasters: Humanitarian Aid after the 2004 Tsunamic*(Stering, VA: Kumarian Press, 2011).

36 Emma Haddad, *The Refugee in International Society: Between Sovereigns*(New York: Cambridge University Press, 2008).

과 생존을 위한 실질적 지원이 즉각적으로 필요하다. 그런데 어떤 강제 이주민들은 고향으로 안전하게 돌아갈 때까지 단기적 지원이 필요한 반면, 다른 이들은 좀 더 장기적으로 인적·사회적 자본을 회복하고 향상시키기 위한 실질적인 보호 활동이 필요하다. 그렇기 때문에 국제 사회는 난민을 포함한 강제 이주민 보호를 위해 전통적 접근 방식을 일괄적으로 적용할 수 없다.

국제 사회에는 자연 재해로 인해 발생한 강제 이주민들에 대한 지원과 보호 활동의 책임을 지는 기구가 없다. 일차적으로 각국의 정부가 이들의 생명과 안전을 보호하도록 되어 있다. 그렇기 때문에 정부 또는 국제 인도주의 사회는 어떤 이들이 국제 사회의 인도적 지원 활동의 대상이 되는지 결정하는 데에 어려움을 겪게 된다. 복합 재난에 따른 인도적 문제들을 해결하기 위해서는 개별 국가의 정부 능력만으로는 부족하다. 그런데 설상가상으로 해당 국가의 정부가 강제 이주민들에 대해 지원할 의지가 없다면 인도적 위기는 더욱 심각해질 수밖에 없다. 이러한 경우 유엔 난민기구(UNHCR)와 같은 전통적 국제기구들보다 현장 활동을 하는 국제 비정부기구 등의 역할이 커질 수밖에 없다.[37] 따라서 복합 재난에 대응하는 국제 사회의 인도적 활동 양상이 변화하고 지원 주체들 간의 경쟁이 발생하기도 한다.

강제 이주민들의 국제 인도주의 활동에 대한 접근성과 더불어 정부 의지와 능력도 그들의 인간 안보에 중요한 영향을 미친다. 정부의 의지와 능

---

37 Dorothea Hilhorst and Bram J. Jansen, "Humanitarian Space as Arena: A Perspective on the Everyday Politics of Aid," *Development and Change*, Vol. 41, Issue 6, 2010, pp. 1117–1139; Jock Stirrat, "Competitive Humanitarianism: Relief and the Tsunami in Sri Lanka," *Anthropology Today*, Vol. 22, Issue 5, 2006, pp. 11–16.

력을 감안하여 국제 사회의 지원 활동의 대상이 되는 강제 이주민들은 다음과 같이 세 가지 범주로 나눌 수 있다. 첫째, 선진 개발 국가에서 주로 나타나는 현상으로 정부가 강제 이주민을 직접적으로 지원할 의지와 능력이 있는 경우 강제 이주민들의 인도적 지원과 보호 활동에 대한 접근성은 높아진다. 따라서 다른 나라 정부와 국제기구들이 복합 재난에 대한 인도적 지원을 제공할 수 있지만, 그 역할은 상대적으로 제한적이다. 예를 들면 2004년 미국의 루이지애나 주 뉴올리언스를 강타한 허리케인 카트리나(Katrina)로 인해 엄청난 사망자와 재산 손실이 발생하였고, 대부분의 주민들이 다른 주로 피난을 가야만 했다. 그리고 도시가 다시 복구될 때까지 미국 정부는 총력을 기울였다. 재난 방지 대책 기구를 신설하였고, 다른 주에 정착하는 주민들이 원한다면 해당 주에 거주할 수 있도록 정착 지원을 제공하기도 하였다. 연방 정부의 책무로서 자연 재해로 인한 강제 이주민들에 대한 지원을 아끼지 않은 것이다.[38] 또한 일본의 경우 지진과 쓰나미, 그로 인해 발생한 원자력 발전소 사고 등의 복합 재난에 대해 일본 정부는 아직 효과성을 판단하기에는 이르지만 주도적으로 복구와 재건 사업을 진행하고 있다.

둘째, 개발 도상 국가에서 주로 나타나는 현상으로 정부가 강제 이주민들을 지원할 의지가 있음에도 불구하고 국가가 재정적·기술적으로 지원할 능력이 부족할 경우, 강제 이주민의 접근성은 해당 정부의 의지에 따라 크게 달라질 수 있다. 해당 국가의 정부는 국제 사회의 즉각적이고 포

---

38 David L. Brunsma, David Overfelt, and J. Steven Picou(eds.), *The Sociology of Katrina: Perspectives on a Modern Catastrophe*(Lanham, MD: Rowman & Littlefield, 2010); David J. Gottlieb, "Katrina Consequences: What Has the Government Learned?," *Loyola Law Review*, Vol. 52, 2006, pp. 1113–1126.

괄적인 지원을 요구할 수 있다. 필리핀 정부는 태풍 하이옌으로 인한 엄청난 규모의 재산 손실과 약 410만 명의 즉각적인 강제 이주 사태에 직면하여 국제 사회의 적극적인 개입과 지원을 요청하였다.[39] 이 경우 국제 사회의 지원은 강제 이주민들을 지원하고자 하는 필리핀 정부에 아주 중요한 자원이 된다. 심지어 2010년 아이티의 대통령은 자국의 지진으로 인한 재난 사태에 직면하여 국제 사회에 경찰 및 군 병력을 투입하여 치안 유지에 협조해 줄 것을 요청하기도 하였다.[40] 국제 사회가 긴급 인도적 지원에 국한된 활동을 펼칠 때 오히려 아이티 정부가 국제 사회의 군사적 보호 활동을 적극적으로 요청하고 나선 것이다.

셋째, 정부가 국민이든 외국인이든 또는 무국적자이든 상관없이 강제 이주민들에 대한 지원을 할 의지도 없고 능력도 없는 경우, 강제 이주민들의 국제 사회에 대한 접근성은 현저히 낮아진다. 이러한 경우는 내전 등으로 인하여 정부가 통제력을 상실했을 때 자주 발생한다. 그뿐만 아니라 정부는 때로 전략적인 이유 때문에 일부의 소수 민족 또는 국민들에 대한 보호와 지원을 제공할 의지를 보이지 않기도 한다. 미얀마에서 발생하는 복합 재난에서 정부는 상대 무장 세력의 능력을 약화시키기 위하여 소수 민족들에 대한 지원을 의도적으로 제공하지 않았다. 이러한 경우 국제 사회의 지원과 보호는 강제 이주의 원인이 분쟁이었든 자연 재해였든 상관없이 아주 핵심적인 역할을 할 수 있었다.[41] 반면 마찬가지로 북한은 집중 호우

39 USAID, "Philippines—Typhoon Yolanda/Haiyan," Fact Sheet #21, Fiscal Year(FY) 2014, February 18, 2014.

40 Rhoda Margesson and Maureen Taft‒Morales, "Haiti Earthquake: Crisis and Response," Congressional Research Service, February 2, 2010. http://fas.org/sgp/crs/R41023(검색일: 2014년 10월 1일).

41 Naim Kapucu, "Collaborative Governance in International Disasters: Nargis Cyclone

로 인해 홍수가 빈번하게 발생하고 국제 사회의 지원이 절실한 상황임에도 국제 관계 때문에 국제 사회로부터의 지원을 제한적으로 받을 수밖에 없으며, 국제 사회도 충분한 지원 활동을 해 나가기 어려운 상황이다.

국제 사회는 강제 이주민들의 국제적 지원에 대한 접근성의 차이, 인간 안보 수준의 차이를 고려할 때, 어떤 지원 및 보호 활동을 할 것인가 하는 문제에 직면하게 된다. 장기적이고 안정적인 재난의 해결을 위한 정책은 무엇인가? 국가들은 어떻게 국민 또는 강제 이주민의 보호를 위한 책임을 다할 수 있는가? 국제 사회는 어떠한 제도적·규범적 체계를 마련해야 하는가? 이와 같은 질문에 대한 답은 국제 사회의 강제 이주민들에 대한 인식에 따라 달라질 수 있다. 전통적으로 정부의 보호를 받거나 또는 난민으로서 국제 사회의 보호를 받는 경우에만 국내외적으로 인권이 보장될 수 있었지만, 점차 강제 이주의 원인이 다양해지고 중첩되는 경우 법률적 난민의 개념을 사회 과학적 분석의 개념으로 확장하여 다른 나라에 체류하는 강제 이주민들의 인권을 보호하기 위한 제도적 틀을 마련할 필요가 있다.[42] 또한 해외에서 피난을 구하지 않고 국내에서 피난을 구하는 국내 난민(internally displaced person: IDP) 지원을 위한 제도적 기초를 마련할 필요가 있다.

---

in Myanmar and Sichuan Earthquake in China Cases," *International Journal of Emergency Management*, Vol. 8, No. 1, 2011, pp. 1–25.

[42] Howard Adelman, "To Date or To Marry: That Is the Question," *Journal of Refugee Studies* 20, September 2007, pp. 376–380; Young Hoon Song, "International Humanitarianism and Refugee Protection: Consequences of Labeling and Politicization," *Journal of International and Area Studies* 20, December 2013, pp. 1–19.

4. 복합 재난의 글로벌 트렌드, 2008~2012

자연 재해로 인한 복합 재난 위기는 선진국이나 개발 도상국 모두에 도전적인 과제이다. 2008~2012년 전체 125개 국가에서 1억 4390만 명의 강제 이주민들이 자연 재해로 인해 촉발된 복합 재난에 의해 발생하였다.[43] 그리고 5년 동안 평균적으로 매년 1억 6500만 명의 새로운 강제 이주민이 발생하였다. 복합 재난을 경험한 국가 중 약 75퍼센트는 여러 차례에 걸쳐 자연 재해를 겪었다. 반복하여 발생하는 재난으로 인하여 회복과 복구에 어려움이 있었으며, 복구 및 개발 사업의 성과가 뚜렷하지 않았다. 공동체의 회복력 저하는 추가 자연 재해 발생으로 복합 위기에 처할 가능성이 더욱 높아졌다. 특히 아이티의 대지진과 필리핀의 태풍 하이옌, 방글라데시와 미얀마에서 반복되는 태풍 피해의 사례에서 알 수 있듯이, 복합 재난에 따른 강제 이주는 점차 장기화되고 있다. 그리고 홍수와 태풍, 지진이 반복하여 발생함으로써 강제 이주민의 고향 귀환과 지역의 사회적 회복이 2014년까지도 제대로 이뤄지지 않고 있다.

최근의 복합 재난은 메가트렌드의 속성을 보이며 다음과 같은 특징을 드러내고 있다. 첫째, 대부분의 대규모 강제 이주는 지질학적 요인보다 기후 또는 날씨와 관련하여 발생하였다. '그림 2'에 나타나듯이 2012년에 약 3240만 명의 강제 이주민이 발생하였는데, 이중 98퍼센트에 해당하는 사람들이 홍수, 태풍, 산불 등으로 인해 강제 이주를 할 수밖에 없었으며, 68만 명이 지진과 화산 폭발 같은 지질학적 이유로 강제 이주를 하였다. 5년 동안에는 평균 83퍼센트에 해당하는 사람들이 기후 또는 날씨와 관련

---

43 Internal Displacement Monitoring Center, *Global Estimates 2012: People Displaced by Disasters* (Geneva, Switzerland: IDMC, 2013), p. 11.

그림 2. 자연 재해로 인해 새롭게 발생한 강제 이주민(2008~2012년)

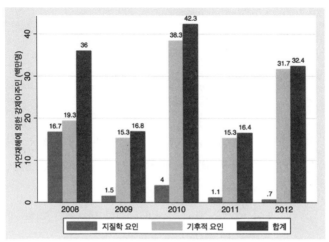

* 출처: Internal Displacement Monitoring Center(IDMC).

된 원인으로 고향을 떠나야 했다. 2008년 중국의 쓰촨성 지진에 의한 강제 이주자가 1500만 명에 이르는 경우를 제외하면 거의 대부분의 경우가 지질 학적 요인보다는 기후적 요인으로 발생하는 복합 재난이라고 할 수 있다.

둘째, 최소 100만 명 이상의 강제 이주민을 발생시키는 메가급 복합 재 난이 빈번하게 발생하며 자연 재해로 인해 촉발되는 강제 이주 현상을 주 도하고 있다. '그림 2'에 따르면 2008, 2010, 2012년에는 평균의 두 배가 넘는 수의 사람들이 자연 재해에 의해 촉발된 복합 재난 위기로 인해 고향 을 떠난 것으로 보이는데, 이러한 현상의 원인도 2009년과 2011년을 제외 한 다른 시기에 대규모의 복합 재난 위기가 발생하였기 때문이다. 5년 사 이에 가장 많은 강제 이주민이 발생한 사건은 2010년 중국의 홍수 사태로 1520만 명이 고향을 떠나야만 했다.[44] 그 다음으로 2008년 중국의 쓰촨성 지진 사태로 1500만 명이 고향을 떠났다. 그리고 2010년 파키스탄의 집중

표 1. 메가급 복합 재난 사례(2008~2011년)

구 분	2008	2009	2010	2011	2012	합계
메가급 재난 사태 사례	8	3	7	3	8	29
전체 강제 이주 비율	80%	38%	80%	41%	68%	68%

*출처: IDMC(2013), p. 12.

호우로 인한 홍수는 1100만 명, 2012년 인도 북부 지방의 집중 호우로 인한 홍수는 690만 명, 같은 해 나이지리아에서 발생한 홍수는 610만 명의 강제 이주민을 발생시켰다.

'표 1'은 5년 동안 메가급 재난 사태가 발생한 빈도와 그러한 재난으로 인해 발생한 강제 이주민들의 비율을 보여 준다. 5년 동안 모두 29회에 걸쳐 메가급 재난이 발생하였고, 이로 인해 발생된 강제 이주민은 전체 강제 이주민의 약 68퍼센트에 해당한다. 특히 2008년과 2010년에는 그 비율이 80퍼센트에 이를 정도로 메가급 복합 재난 사례는 자연 재해로 인한 강제 이주 현상을 주도하고 있다. 5년 동안 10만 명 이상의 강제 이주민을 발생시킨 대형 재난은 전체의 26퍼센트에 해당한다. 이러한 현상은 자연 재해로 인한 복합 재난이 발생하는 경우 강제 이주의 규모가 전통적 자연 재난으로 인한 규모보다 훨씬 크다는 점을 보여 준다.

셋째, 아시아에서 메가급 복합 재난이 반복적으로 빈번하게 발생하고 있다. '그림 3'은 복합 재난으로 인해 발생한 강제 이주민의 규모를 지역별로 보여 준다. 유럽과 오세아니아 국가는 대부분 10만 명 미만의 강제 이주민을 발생시키고 있으며, 미주 국가들도 대체적으로 100만 명 미만의

44 Ibid., p. 13.

그림 3. 지역별 복합 재난에 의해 발생한 강제 이주민(2008~2012년)

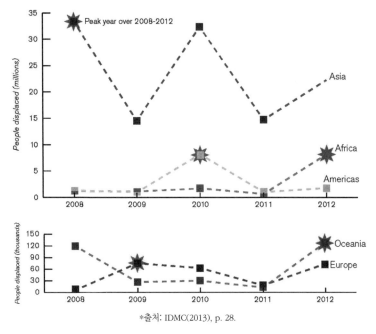

*출처: IDMC(2013), p. 28.

강제 이주민을 발생시키고 있다. 반면 아시아에서는 메가급 복합 재난이 빈번하게 발생하고 있을 뿐만 아니라 그 규모도 다른 지역과는 아주 큰 차이를 보이고 있다. 아시아 국가에서 발생한 강제 이주민은 2012년 2220만 명으로 같은 해 전체 강제 이주민의 약 69퍼센트이다. 2008~2012년에는 이보다 높은 전체 강제 이주민의 약 81퍼센트를 차지한다. 아프리카에서도 2010년과 2012년에는 나이지리아에서 발생한 홍수로 인하여 약 800만 명이 넘는 사람들이 강제 이주를 경험하였다. 자연 재해로 인해 촉발된 강제 이주민들의 숫자는 5년 동안에 전체 강제 이주민의 약 9퍼센트를 차지하고 있다.

넷째, 복합 재난으로 인한 강제 이주가 개발 도상국가에서 더 빈번히,

그림 4. 강제 이주민 발생 규모가 큰 20개 나라(2008~2012년, 단위: 천 명)

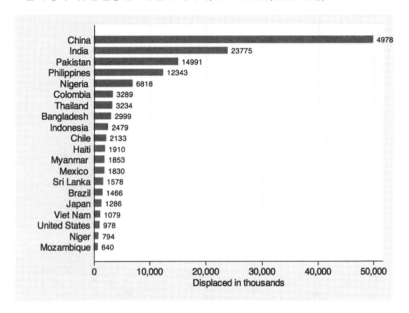

*출처: IDMC.

그리고 큰 규모로 발생하고 있다. 5년 동안 강제 이주민을 발생시킨 나라
의 순위는 '그림 4'에서 볼 수 있듯이 중국, 인도, 파키스탄, 필리핀, 나이지
리아가 상위 1~5위를 차지하고 있다. 상위 20개 국가 중에는 일본과 미국
만이 기록되어 있지만 226만 명으로 비중이 그리 크지 않다. 자연 재해에
따른 복합 재난이 고소득 국가라고 하여 비껴갈 수 없는 것이기 때문에 재
난이 존재하지 않을 수는 없지만, 상대적으로 아주 적은 수의 강제 이주민
이 발생하고 있을 뿐이다. 약 98퍼센트가 넘는 강제 이주민들은 개발 도상
국가에서 발생하고 있다. 특히 일본을 제외한 아시아 국가들이 10개국이
며, 아이티, 스리랑카, 인도네시아, 필리핀 등은 섬나라에 해당한다.

　다섯째, 가난한 국가와 섬으로 이뤄진 개발 도상 국가에서 더 많은 강제 이주민들이 발생하고 있다. 특히 최빈국들(Least Developed Countries: LDCs)은 외부 지원이 없다면 재난을 관리하거나 재난을 극복할 능력이 제한적이고 사회의 취약성이 높다. 이들 국가는 내전 등으로 인한 난민들의 대량 이동으로 사회적 부담이 가중된 상태이기 때문에 자연 재해가 발생할 경우 일반 주민들의 취약성은 심각한 인도적 위기를 야기할 수 있다.[45] 5년 동안 최빈 국가들은 1170만 명의 복합 재난에 따른 이재민을 발생시켰다. 아프리카에서는 차드, 마다가스카르, 말리, 니제르, 수단 등이 이에 해당하며, 아시아에서는 아프가니스탄, 방글라데시, 네팔, 미얀마와 예멘이 이에 해당한다. 2012년의 인구 대비 강제 이주민의 비율을 살펴보면 차드 1위, 사모아 3위, 니제르 5위, 남수단 6위, 코모로스 9위, 마다가스카르 10위 등을 기록하여 취약성이 심각함을 더 잘 알 수 있다.[46]

그리고 작은 섬나라 국가들(Small Island Developing States: SIDS)도 해수면 상승과 지반 침하로 인해 자연 재해에 대한 취약성이 지속적으로 높아지고 있기 때문에 국제 사회의 관심과 지원이 절대적으로 필요하다. 이러한 국가들에서는 2012년에 약 60만 6000명의 강제 이주민들이 발생하였으며, 5년 동안 약 270만 명의 강제 이주민들이 발생하였다. 이러한 국가들은 절대적인 숫자에서는 큰 비중을 차지하지 못하지만, 인구 대비 피해를 고려하면 취약성이 아주 높음을 알 수 있다. 5년 동안의 인구 대비 강제 이주민 비율은 아이티가 1위, 피지가 7위를 기록하였다. 그리고 2012년으로 국한하여 살펴보면, 사모아 3위, 쿠바 7위, 피지 8위, 코모로스 9위, 파푸아뉴기니가 11위를 기록하였다.[47]

45 Young Hoon Song, "Between and Beyond Borders: Conflict, International Response, and Beyond."

46 IDMC, op. cit, p. 31.

이러한 지구적 현상은 국제 사회의 재난 구호 및 재난 복구를 위한 인도적 지원이 일시적 긴급 구호 활동에 초점을 맞추고 사회적·구조적 원인을 해결하기 위한 노력을 기울이지 않는다면, 복합 재난으로 인한 복합 위기를 해결하기 어려울 수 있음을 시사한다. 제네바난민협약에 기초한 난민의 정치적 의미가 쇠퇴하면서 국제 사회는 분쟁으로 발생하는 난민을 수용하는 것마저도 주저할뿐더러 자연 재해로 인해 발생한 인도적 위기의 해결에도 소극적이다. 국제 사회는 인도적 위기 또는 재난 극복을 위해서 해당 국가의 정부가 일차적 책임을 다할 것을 요구한다. 물론 분쟁으로 인한 강제 이주와 달리 자연 재해로 인해 발생하는 인도적 위기에 대한 지원과 보호 활동은 그것이 지니는 정치성이 희박하기 때문에 정부가 지원을 요청하는 경우 국제 사회는 적극적으로 개입할 수 있다. 하지만 자연 재난에 대한 국제 사회의 개입도 해당 국가의 정부가 이재민 또는 강제 이주민들을 보호할 의지가 있고 국제 협력을 추진할 의지가 있을 때 가능한 일이다. 따라서 국제 사회는 저개발 국가에서 발생하는 자연 재해가 내부적 분쟁과 갈등 상황으로 치닫거나 사회 구조적 부정의가 확대 재생산되지 않도록 긴급 구호, 복구 및 개발 지원을 동시에 진행할 필요가 있다.[48]

요약하면 자연 재해에 대한 복합 재난으로 인한 강제 이주민의 발생과 그 영향은 단순히 지질학적이거나 기후 환경에 따른 것만으로 이해되기에는 복잡한 양상을 띤다. 가장 중요한 특징으로 최근의 복합적 강제 이주는 기후 환경 변화에 따른 것이 거의 대부분에 해당한다. 따라서 환경적 요인으로 인한 재난 사태는 개발 도상 국가와 개발 선진 국가를 구분하여 발

---

47 Ibid., p. 34.
48 Dennis B. McGilvray and Michele R. Gamburd(eds.), *Tsunami Recovery in Sri Lanka: Ethnic and Regional Dimensions*(New York: Routledge, 2010), pp. 163–166.

생하는 것은 아니다. 다만 현재는 개발 도상국, 저개발 국가, 작은 섬나라 국가들에서 반복적으로 발생하는데, 이로 인하여 이들 국가의 취약 계층은 복합 재난의 위험에 지속적으로 노출되고 있어 인도적 위기가 장기화되거나 반복된다. 특히 아시아 지역은 메가급 복합 재난만이 아니더라도 대규모 자연 재난을 상대적으로 많이 경험하고 있다. 이는 높은 인구 밀도와 지리적 환경 요인을 무시할 수 없지만, 적절한 재난 대응 체계가 부재하고 취약 계층의 회복을 위한 장기적인 지원 프로그램의 부재에서 비롯되는 현상이라고 볼 수도 있다. 따라서 복합 재난으로 발생하는 난민 또는 강제 이주민에 대한 지원 활동은 사회 구조적 측면의 요인에도 관심을 기울일 필요가 있다.

5. 복합적 강제 이주와 국제 협력: 발전과 교훈

현재 복합 재난에 따른 강제 이주민들을 보호하기 위한 체계적인 지원 체계는 국제 사회에 존재하지 않는다. 국제 사회로부터 위임을 받은 국제 기구가 없다는 사실이 복합적 강제 이주의 변화에 맞추어 새로운 제도적 거버넌스를 반드시 마련해야 한다는 뜻은 아니다. 특히 복합 재난으로 발생한 이주민들이 국경을 넘어 주변국 또는 다른 국가의 정부로부터 난민 인정을 받지 못하고 국내에서 대안적 이주를 선택하는 국내 피난민들이 대부분인 상황에서 인도적 활동 관련 국제 레짐을 중첩해서 활용하고 적용 대상 범위를 적극적으로 확대하는 것이 더욱 효율적일 수 있다.[49]

49 Alexander Betts, "Institutional Proliferation and Refugee Regime," *Perspectives on Politics* 7, March 2009, pp. 53–58; Karen J. Alter and Sophie Meunier, "The Politics

새로운 국제 레짐을 만드는 것보다 기존의 국제 레짐을 변화하는 상황에 맞게 진화시키는 것이 상대적으로 수월하다. 최근까지 국제 사회는 무력 분쟁으로 발생하는 강제 이주민들을 보호하기 위한 국제 인도주의 체계를 자연 재해에 의한 복합 재난 사태에 적용해 왔다. 복합 재난이 무장 갈등에 의해서만 발생하지 않고 정부의 개발 프로젝트와 자연 재해에 의해서도 빈번하게 발생하는 최근에는 제네바난민협약에 의거해 지위를 인정받은 협약상의 난민들보다 난민들과 비슷한 상황에 처해 있으면서도 인도적 지원을 받지 못하는 국내 난민의 수가 급증하고 있다. 따라서 국제 사회는 국제 난민 레짐과 더불어 국내 난민들을 보호하기 위한 국제 제도를 발전시켜 왔으며, 이를 통하여 자연 재해로 인해 삶의 터전을 떠날 수밖에 없었던 강제 이주민들을 지원하고 보호해 오고 있다.

복합적 강제 이주의 문제에 직면하여 국제 레짐의 확장적 적용은 국제 레짐의 복합성(complexity)과 확장성(expandibility)이라는 측면을 이해할 수 있다. 국제 레짐의 복합성은 복합적 강제 이주 문제를 관리하고 해결하기 위해서 다양한 정책적 국제 레짐이 동시에 중첩적으로 가동되는 현상을 의미한다.[50] 즉 문제의 해결을 위해 난민, 인권, 이주, 국내 피난민, 개발, 관광 관련 국제 레짐들이 중첩적으로 인도적 지원 활동에 개입하는 것을 설명한다. 국제 레짐의 확장성은 기존의 국제 인도주의 기구들이 복합적 강제 이주와 관련하여 새로운 위임을 부여받거나 또는 새로운 절차와 기구를 제도화하는 것을 의미한다. [51] 이러한 현상은 유엔 난민기구와 국

of International Regime Complexity," *Perspectives on Politics* 7, March 2009, pp. 13-24.

50 Alexander Betts, "The Global Governance of Crisis Migration," *Forced Migration Issue* 45, February 2014, p. 76.

51 Ibid., p. 77.

제 이주 기구의 협력 속에서 자주 관찰된다.

특히 국내 난민들을 보호하기 위해 인도주의적 원칙과 실제 지원 활동의 가이드라인을 제공하는 지도 원칙(Guiding Principles)이 제정되면서 국제 사회는 복합적 재난에 대한 대응 범위를 확대해 나가고 있다.[52] 인도주의적 기구들 간 협력 체제를 조직하고 원칙, 규범, 규칙, 정책 결정 과정 등을 공유하는 전통적 시각의 레짐을 형성하기 위해 국제 사회는 많은 노력을 기울였다. 일반적으로 국제 레짐은 시간이 지나면서 자기 진화를 한다.[53] IDP 레짐도 국제 인도주의 사회의 변화를 야기하면서 자기 진화를 하고 있다. 국내 난민들을 지원하고 보호하기 위하여 인식 공동체 형성, 법 제도 정비, 기구 정비 등을 위하여 국제 인도주의 사회가 노력을 한 것은 긍정적으로 평가할 만하다.[54] 그런데 국제 사회는 점차 난민의 대량 유입을 안보 문제로 인식하면서 서구 난민 수용 국가들은 피난민들이 자국을 떠나지 않으면서도 보호 지원을 받을 수 있도록 하는 대안적 국내 보호(alternative internal protection) 정책을 선호하게 되었다. 따라서 복합 재난으로 인한 복합적 강제 이주 문제를 해결하기 위해서 국제 난민 레짐 못지않게 IDP 레짐의 중요성도 커지게 되었다.

이와 같은 제도적 발전과 확장, 그리고 복합 재난과 복합적 강제 이주에 대한 적극적 대응에도 불구하고, 국제 인도주의 사회는 전통적 위기

---

52 Roberta Cohen, "The Guiding Principles on Internal Displacement: An Innovation in International Standard Setting," *Global Governance*, Vol. 10, No. 4, 2004, pp. 459–480.

53 Robert O. Keohane, *After Hegemony: Cooperation and Discord in the World Politics*(Princeton, NJ: Princeton University Press, 1984).

54 Thomas G. Weiss and David A. Korn, *Internal Displacement: Conceptualization and Its Consequences*(New York: Routlege, 2006).

관리의 다른 측면들, 즉 예방(prevention)과 준비(preparedness)에는 상대적으로 소홀하였다는 비판을 받고 있다. 2004년 인도양의 쓰나미 사태, 2010년 아이티에서 발생한 지진과 파키스탄의 대홍수 등은 국제 사회의 협력적 대응이 필요한 사건이었음에도 불구하고 국제 인도주의 사회의 대응 전략에는 조정 메커니즘 부재, 책임성 부재, 전문성 부재, 그리고 부패 문제까지 발생하여 복합 재난에 효율적으로 대응하기 위한 준비가 부족했다는 지적이 끊임없이 제기되고 있다. 이러한 현상은 국제 인도주의 사회가 관료화되고 또한 재정 충원을 위한 경쟁에 지나친 관심을 쏟으면서 나타나는 현상이다.[55]

국제 인도주의 사회가 복합 재난 또는 복합적 강제 이주에 대응하면서 지리적 특성에 더 많은 관심을 기울임으로써 학제 간 접근을 통한 인도주의 정책을 개발하고 실행하는 데에는 상대적으로 소홀하다는 비판을 받기도 한다. 학제 간 접근이 원활하게 이뤄지지 않는 데에는 개별 학문 분과별로 인도적 위기를 바라보는 시각에 차이가 존재하기 때문이다. 정치학 분야에서는 정책 결정자들의 정치적 결단을 내리는 과정과 그 결과에 초점을 맞추기 때문에 재난과 강제 이주의 속성 변화는 종종 간과된다. 반면 과학 분야에서는 재난 관련 데이터를 수집하고 분석하는 것은 중립적이고 비정치적이어야 한다고 주장한다.[56] 자료 분석의 과학적 중립성을 유지하는 것은 장기적 인도주의 정책을 개발하는 데 매우 중요한 토대를 제공한다. 그렇지만 복합 재난과 강제 이주의 영향은 즉각적인 것이기도 하기

---

55 Tony Waters, *Bureaucratizing the Good Samaritan: The Limitation of Humanitarian Relief Operations*(Boulder, CO: Westview Press, 2001); Michael N. Barnett, *The International Humanitarian Order*(New York: Routledge, 2010).

56 Brett Favaro, "Scientists Cannot Compete as Lobbysts," *Nature* 482, 2013, p. 162.

때문에 과학적 자료 분석을 바탕으로 긴급 정책 수립을 할 수 있도록 학제 간 협력 체계 구축이 중요하다.

복합 재난에 대한 국제 사회의 대응 과정에서 가장 어려운 과제는 전쟁으로 인한 난민이 아닌 자연 재해 또는 전염병 등에 의한 '환경 난민 (environmental refugee)'을 국제법적으로 인정할 수 있는가이다.[57] 추산하기에 따라서는 2억 명이 넘는 이들을 국제법적으로 보호하도록 명시하는 경우 각국 정부 및 국제 인도주의 사회의 부담이 가중되는 것은 피할 수 없다.[58] 그렇지만 예멘, 아프가니스탄, 이집트, 시리아 등에서 발생하는 식량과 물의 부족은 전쟁과 혁명만큼이나 일반 대중의 삶을 파괴하는 핵심 요인이 되고 있음을 간과할 수 없다. 따라서 일부 유엔 관련 기구들은 분쟁 지역의 평화와 질서 유지를 위한 블루헬멧(Blue Helmet)에서 아이디어를 착안하여, 환경에 따른 복합적 강제 이주의 발생을 최소한으로 예방하면서 신속하고 지속 가능한 해결을 모색할 수 있는 국제 협력의 상징적 수단으로 그린헬멧(Green Helmet) 창설을 주장한다.[59]

국제 사회에서 새로운 법과 제도를 합의하는 것은 어려운 일이다. 하지만 변화하는 복합 재난의 속성으로 인하여 국제 사회는 인권과 인도주의, 그리고 인간 안보 측면에서 복합 재난 및 복합적 강제 이주의 장기화를 최대한 억제하려고 노력 중이다. 인도주의적·도덕적 규범이 국제 사회의 인도적 지원과 보호 활동의 정당성을 제공할 수 있지만, 복합 재난을 효율적

57 James C. Hathaway and Michelle Foster, *The Law of Refugee Status*, 2nd ed.(Cambridge: Cambridge University Press, 2014), p. 177.

58 Henk-Jan Brinkman and Cullen D. Hendrix, "Food Security and Violent Conflict: Causes, Consequences, and Addressing the Challenges," Occasional Paper no. 24(World Food Program, 2011).

59 Burkle, Jr., Martone, and Greenough, op. cit., pp. 38-39.

으로 관리하고 장기적 해결책을 마련하기 위해서는 정부와 국제기구의 정치적 의지 또한 중요하다. 현재까지 고유한 국제 레짐이 존재하지 않으면서도 레짐의 다층성과 확장성 측면에서 복합 재난에 대응할 수 있었던 것은 국제 사회의 도덕적 책무 의식에 기인한 것이라고 할 수 있다. 그런데 장기적으로 지속 가능한 해결을 위해서는 국제 무대 정책 행위자들의 정치적 협상과 타협이 요구된다.

6. 향후 연구와 정책 개발을 위한 함의

자연 재해로 인한 강제 이주의 발생과 대규모 난민 발생이 왜 국내 문제가 아닌 국제 문제로 인식되어야 하는가는 논쟁적인 질문이다. 이는 기후 환경으로 촉발된 인도적 위기가 국내적 문제인가, 아니면 국제적 지원이 필요한 사안인가, 만약 국제적인 사안이라면 복합 재난으로 인한 강제 이주민들에 대한 지원과 보호 책임은 누구에게 있는가의 문제와 연결된다. 자연 재난은 강제 이주의 발생, 이동, 정착 등 세 단계에 걸쳐 영향을 미칠 수 있기 때문에 단순히 한 국가의 사회적·정치적 문제일 뿐만 아니라 국제적 협력이 요구된다.

복합 재난은 순수한 자연 재해에 의해서만 발생하는 것이 아니라 자연 재해와 사회 구조적 특성과 결합되어 복합 위기로 나타난다. 따라서 자연 재해는 사회 구조적 취약 계층 또는 소수 민족 등에게 강제 이주의 압력을 상대적으로 더 강하게 제공할 수 있기 때문에 자연 재해와 사회적 문제가 어떻게 승수 효과를 가져오는지 지속적 관찰과 분석이 필요하다. 모든 자연 재난이 필연적으로 대규모 강제 이주를 야기하지는 않는다. 자연 재해가 반드시 아시아 또는 개발 도상국에서만 나타나는 것이 아님에도 불구하고 다른 지역 또는 다른 수준의 국가들보다 이 지역의 취약 국가에서 대규모 복합 재난이 반복적으로 발생하는 이유를 단순히 기후와 지리적 특성만으로 설명하기 어렵다. 특히 이러한 계층의 시민들이 강제 이주민이 되는 경우 이들의 인권과 인간 안보는 더 심각한 위기에 봉착할 가능성이 높다.

대규모 강제 이주가 발생하면 난민 또는 강제 이주민들이 국내의 다른 곳에서 대안적 피난을 구하거나 국경을 넘어 다른 곳으로 피난을 구하게 되는데, 이때 이들은 새롭게 정착하는 지역의 안보를 악화시키고 갈등을 유발시킬 가능성이 높다. 강제 이주민이 대거 유입되는 상황에서 이들에게 한정된 정부의 재정만으로 인도적 지원을 제공하는 경우 일반 국민들에 대한 공공 복지 서비스의 질적 저하를 초래할 수밖에 없다. 또한 새롭게 유입되는 강제 이주민들과 지역 주민들과의 취업 경쟁, 자원 경쟁 등이 촉발되어 심각한 사회 갈등으로 확산될 수도 있다. 만약 강제 이주민들이 국경을 넘지 않고 자국 내에 머무르는 경우에도 해당 지역 정주민들과의 갈등은 다양한 형태로 표출될 수밖에 없다. 정부가 취약한 국가에서 만일 이러한 상황이 발생한다면, 그것은 반드시 국가만의 문제로 치부할 수 없기 때문에 적절하고 충분한 국제적 지원이 필요하다. 이를 위하여 인간 안보와 국가 안보, 국제 안보의 연계에 대한 종합적 연구도 이뤄져야 할 것이다.

복합 재난에 따른 강제 이주가 발생한 이후에 강제 이주민들이 고향으로 귀환하더라도 지속적으로 국제적 지원이 유지되어야 한다. 그 이유는 복합 재난이 반복적으로 특정 지역, 특정 계층을 대상으로 발생하는 경향이 있기 때문이다. 재난으로 인해 삶의 터전을 완전히 잃은 이들, 장애를 얻은 사람들, 가족이 해체된 사람들이 다시 삶을 회복하기 위해서는 장기적인 개발 지원 프로그램이 필요하다. 그리고 특정 지역은 자연 재해가 반복되고 강제 이주와 재정착의 역사적 경험을 가진 지역적 정체성을 발전시켜 왔기 때문에 국제 사회는 지역의 국가 또는 다른 행위자들이 복합 재난에 대응하는 역사적 특성과 문화를 고려한 지원 프로그램을 개발해야 한다.

자연 재해로 인한 복합 재난을 극복하는 과정에서도 좀 더 장기적 접근을 할 수 있는 제도적 장치를 마련하기 위한 노력이 병행될 필요가 있다. 국제 사회에는 자연 재해가 촉발하는 복합 재난으로서 강제 이주의 문제를 다룰 책임과 권한을 인정받은 기구 또는 행위자는 존재하지 않는다. 다만 현재까지 국제 사회는 국제 분쟁으로 발생한 난민과 국내 피난민 문제를 해결하기 위한 국제 인도주의 체계를 자연 재해로 인한 복합 재난 위기에 적용하고 있다. 그런데 국제적 지원과 보호 활동이 긴급 구호 활동에 그치는 경우가 많아 취약 계층에 속하는 강제 이주민들의 삶은 차별적으로 장기간 인도적 위기에 매몰되는 경우가 빈번하게 발생하고 있다.

복합 재난의 예방 또는 피해의 최소화를 위한 준비에 대한 분석과 정책 개발이 필요하다. 인재이든 자연 재해이든 간에, 모든 재난은 복합 재난이 될 수 있다. 그렇지만 이러한 현상은 정부, 시민 단체, 그리고 국제 사회가 재난의 피해를 최소화하기 위한 준비를 얼마나 잘하는가에 따라 복합 재난으로 증폭될 수도 있고, 그렇지 않고 시간의 흐름 속에서 극복될 수 있다. 2014년 4월 16일 한국 사회는 심각한 충격을 입었고 슬픔에 잠길 수밖에 없었다. '세월호' 침몰로 한국 사회의 재난 대응 체계가 얼마나 부실한지, 재난에 얼마나 무감각했는지 그 민낯을 온전히 드러내고 말았다. 복합 재난에 대한 이해 부족, 대비 부족, 비체계적 대응, 사후 관리 미흡 등으로 인하여 사망자와 실종자, 구조자와 유가족, 그리고 그들을 바라보는 일반 시민들이 경험하지 않아도 되었을 고통을 감당하고 있다. 한국 사회가 항상 재난의 발생과 그에 따른 대응에만 관심을 둔 나머지 발생할 수밖에 없는 개인적·사회적 비극이다. 따라서 앞으로 재난의 예방, 긴급 구호를 위한 대응, 회복과 재건, 그리고 치유와 개발 등의 연계에 대한 프로그램을 개발하는 것이 중요하다.

참고 문헌

단행본

Barnett, Michael and Thomas G. Weiss, *Humanitarianism Contested: Where Angels Fear to Tread*, New York: Routledge, 2011.

Barnett, Michael N, *The International Humanitarian Order*, New York: Routledge, 2010.

Brunsma, David L., David Overfelt, and J. Steven Picou(eds.), *The Sociology of Katrina: Perspectives on a Modern Catastrophe*, Lanham, MD: Rowman & Littlefield, 2010.

Emmers, Ralf, Mely-Caballero-Anthony, and Amitav Acharya, *Studying Non-Traditional Security in Asia*, Singapore: Marshall Cavendish International Private Limited, 2006.

Femia, Francesco, and Caitlin E. Werrell, *Syria: Climate Change, Drought, and Social Unrest*, The Center for Climate Change and Security, 2012.

Gerring, John, *Social Science Methodology: A Critical Framework*, New York: Cambridge University Press, 2001.

Goertz, Gary, *Social Science Concepts: A Users' Guide*, Princeton, NJ: Princeton University Press, 2006.

Haddad, Emma, *The Refugee in International Society: Between Sovereigns*, New York: Cambridge University Press, 2008.

Hathaway, James C., and Michelle Foster, *The Law of Refugee Status*, 2nd ed. Cambridge: Cambridge University Press, 2014.

Hyndman, Jennifer, *Dual Disasters: Humanitarian Aid after the 2004 Tsunami*. Stering, VA: Kumarian Press, 2011.

Internal Displacement Monitoring Center(IDMC), *Global Estimates 2012: People Displaced by Disasters*, Geneva, Switzerland: IDMC, 2013.

Keohane, Robert O., *After Hegemony: Cooperation and Discord in the World Politics*, Princeton, NJ: Princeton University Press, 1984.

Lundahl, Mats, *Poverty in Haiti: Essays on Underdevelopment and Post Disaster Prospects*, New York: Palgrave Macmillan, 2011.

McGilvray, Dennis B., and Michele R. Gamburd(eds.), *Tsunami Recovery in SriLanka: Ethnic and Regional Dimensions*, New York: Routledge, 2010.

Rosenthal, Uriel, Michael T. Charles, and Paul't Hart(eds.), *Coping with Crises: The Management of Disasters, Riots, and Terrorism*, Springfield, IL: Charles C. Thomas, 1989.

Waltz, Kenneth N., *Man, the State and War: A Theoretical Analysis*, New York: Columbia University Press, 2001(1954).

Waters, Tony, *Bureaucratizing the Good Samaritan: The Limitation of Humanitarian Relief Operations*, Boulder, CO: Westview Press, 2001.

Weiss, Thomas G., and David A. Korn, *Internal Displacement: Conceptualization and Its Consequences*, New York: Routlege, 2006.

Wisner, B., and J. Adams(eds.), *Environmental Health in Emergencies and Disasters: A Practical Guide*, Geneva: World Health Organization, 2002.

논문

송영훈, 「테러리즘과 난민문제의 안보화: 케냐의 난민정책을 중심으로」, 《국제정치논총》 제54집 제1호, 2014.

Adelman, Howard, "To Date or To Marry: That Is the Question," *Journal of Refugee Studies*, Vol. 20, September 2007.

Alter, Karen J., and Sophie Meunier, "The Politics of International Regime Complexity," *Perspectives on Politics*, Vol. 7, March 2009.

Betts, Alexander, "Institutional Proliferation and Refugee Regime," *Perspectives on Politics*, Vol. 7, March 2009.

Betts, Alexander, "The Global Governance of Crisis Migration," *Forced Migration Review*, Vol. 45, February 2014..

Boin, Arjen, "From Crisis to Disaster: Towards an Integrative Perspective," in Ronald. W. Perry and Enrico Louis Quarantelli(eds.), *What Is Disaster? New Answers to Old Questions*, Philadelphia, PA: Xlibris, 2005.

Brinkman, Henk-Jan, and Cullen D. Hendrix, "Food Security and Violent Conflict: Causes, Consequences, and Addressing the Challenges," Occasional Paper no. 24, World Food Program, 2011.

Burkle, Frederick M., Jr., Gerald Martone, and P. Gregg Greenough, "The Changing Face of Humanitarian Crises," *Brown Journal of World Affairs*, Vol. 20, Issue 2, 2014.

Chaturvedi, Sanjay, and Timothy Doyle, "Geopolitics of Fear and the Emergence of 'Climate Refugees': Imaginative Geographies of Climate Change and Displacements in Bangladesh," *Journal of the Indian Ocean Region*, Vol. 6, Issue 2, 2010.

Cohen, Roberta, "The Guiding Principles on Internal Displacement: An Innovation in International Standard Setting," *Global Governance*, Vol. 10, No. 4, 2004.

Favaro, Brett, "Scientists Cannot Compete as Lobbyists," *Nature* 482, 2013.

Gottlieb, David J., "Katrina Consequences: What Has the Government Learned?," *Loyola Law Review*, Vol. 52, 2006.

Hilhorst, Dorothea, and Bram J. Jansen, "Humanitarian Space as Arena: A Perspective on the Everyday Politics of Aid," *Development and Change*, Vol. 41, Issue 6, 2010.

Hyndman, Jennifer, "The Securitization of Fear in Post-Tsunami Sri Lanka," *Annals of the Association of American Geographers*, Vol. 97, No. 2, 2007.

Kapucu, Naim, "Collaborative Governance in International Disasters: Nargis Cyclone in Myanmar and Sichuan Earthquake in China Cases," *International Journal of Emergency Management*, Vol. 8, No. 1, 2011.

Kartiki, Katha, "Climate Change and Migration: A Case Study from Rural

Bangladesh," *Gender & Development*, Vol. 19, No. 1, 2011.

Le Billon, Philippe, and Arno Waizenegger, "Peace in the Wake of Disaster? Secessionist Conflicts and the 2004 Indian Ocean Tsunami," *Transactions of the Institute of British Geographers*, Vol. 32, Issue 3, 2007.

Mallick, Bishswjit, Khan Rubayet Rahaman, and Joachim Vogt, "Coastal Livelihood and Physical Infrastructure in Bangladesh after Cyclone Aila," *Mitigation and Adaptation Strategies for Global Change*, Vol. 16, No. 6, 2013.

Mallick, Bishswjit, "Cyclone Shelters and Their Locational Suitability: An Empirical Analysis from Coastal Bangladesh," *Disasters*, Vol. 38, Issue 3, 2014.

McAdam, Jane, "Conceptualizing 'Crisis Migration': A Theoretical Perspective," in Susan F. Martin, Sanjula Weerasinghe, and Abbie Taylor(eds.), *Humanitarian Crisis and Migration: Causes, Consequences, and Responses*, New York: Routledge, 2014.

McAdam, Jane, "The Concept of Crisis Management," *Forced Migration Review*, Vol. 45, February 2014.

Oliver-Smith, Anthony, "Theorizing Disasters: Nature, Power, and Culture," Susanna M. Hoffmann and Anthony Oliver-Smith(eds.), *Catastrophe and Culture: The Anthropology of Disaster*, Santa Fe, NM: School of American Research Press, 2002.

Ratham, Chandra Keshab, and Sushanta Kumar Mahaptra, Sr., "Climate Change and Natural Disasters: Responding to the Philippines 'Haiyan Tragedy'," *Social Science Research Networks Working Paper*, April 29 2014.

Reuveny, Rafael, "Climate Change—Induced Migration and Violent Conflict," *Political Geography*, Vol. 26, No. 6, 2007.

Rosenthal, Uriel, "Future *Disasters*, Future Definitions," in Enrico Louis Quarantelli(ed.), *What Is Disaster? Perspectives on the Question*, New York: Routledge, 1998.

Sartori, Giovanni, "Concept Misformation in Comparative Politics," *American Political Science Review*, Vol. 64, No. 4, 1970.

Schiermeier, Quirin, "Did Climate Change Cause Typhoon Haiyan?" *Nature*, November, 2013.

Song, Young Hoon, "Between and Beyond Borders: Conflict, International

Response, and Beyond," Ph. D. Dissertation of the University of South Carolina, Columbia, SC, 2011.

Song, Young Hoon, "Conflict, International Response, and Forced Migration in Sub-Saharan Africa, 1980-2007," *The Korean Journal of International Studies*, Vol. 10, No. 1, 2012.

Song, Young Hoon, "International Humanitarianism and Refugee Protection: Consequences of Labeling and Politicization," *Journal of International and Area Studies*, Vol. 20, December 2013.

Stirrat, Jock, "Competitive Humanitarianism: Relief and the Tsunami in SriLanka," *Anthropology Today*, Vol. 22, Issue 5, 2006.

Uyangoda, Jayadeva, "Ethnic Conflict, the Sri Lankan State and the Tsunami," *Forced Migration Review*, Vol. 24, Special Issue, 2005.

Warner, Koko, "Global Environmental Change and Migration: Governance Challenges," *Global Environmental Change*, Vol. 20, Issue 3, 2010.

Watson, Scott, "The 'Human' as Referent Object? Humanitarianism as Securitization," *Security Dialogue,* Vol. 42, No. 1, 2011.

Zetter, Roger, "More Labels, Fewer Refugees: Remaking the Refugee Label in an Era of Globalization," *Journal of Refugee Studies*, Vol. 20, June 2007

기타

Holemes, John., Sr, Opening remarks by Sir John Holems Under-Secretary General for Humanitarian Affairs and Emergency Relief Coordinator at the DIHAD 2008 Conference. April 8.

International Crisis Management Project, Nd. http://isim.georgetown.edu//work / crisis.

Margesson, Rhoda, and Maureen Taft-Morales, "Haiti Earthquake: Crisis and Response," Congressional Research Service, February 2, 2010. http://fas. org/ sgp/ crs/R41023.

Statement by Mr. Anónio Guterres, United Nations High Commissioner for Refugees, Intergovernmental Meeting at Ministerial Level to mark the 60th anniversary of the 1951 Convention relating to the Status of Refugees

and the 50th anniversary of the 1961 Convention on the Reduction of
Statelessness, December 7, 2011. http://www.unhcr.org/4ecd0cde9.html.

UN High Commissioner for Refugees(UNHCR), *Mixed Migration: Libya at the
Crossroads: Mapping of Migration Routes from Africa to Europe and
Drivers of Migration in Post-revolution Libya*, December 2013. http://
www.refworld. org/docid/52b443f594.html.

UN Office for the Coordination of Humanitarian Affairs(UNOCHA), "Typhoon
Haiyan," http://www.unocha.org/crisis/typhoonhaiyan.

UN Office for the Coordination of Humanitarian Affairs(UNOCHA), *Humanitarian
Action Plan for Haiti 2014*, 2013. http://reliefweb.int/sites/reliefweb. int/
files/resources/HAP_2014_Haiti.pdf.

USAID, "Philippines—Typhoon Yolanda/Haiyan," Fact Sheet #21, Fiscal Year(FY)
2014, February 18.

Van Hear, Nicholas, Rebecca Brubaker, and Thais Bessa, "Managing Mobility for
Human Development: The Growing Salience of Mixed Migration," United
Nations Development Programme(UNDP), Human Development Research
Paper 2009/20.

필자 소개(차례순)

김성철

캘리포니아 대학교 얼바인에서 정치학 박사 학위를 받은 후, 통일연구원 선임연구위원 (1992-2003), 위스콘신 대학교 방문 교수(2002-2003), 히로시마평화연구소 교수(2003-2012)를 거쳐, 현재 서울대학교 통일평화연구원 HK교수로 재직하고 있다. 『겨울 봄 겨울의 패러독스: 제4공화국 정치변동의 체계론적 접근』(신유, 1999), *North Korea under Kim Jong Il: From Consolidation to Systemic Dissonance*(SUNY Press, 2006) 등 다수의 저서를 냈고, *Regional Cooperation and Its Enemies in Northeast Asia*(Routledge, 2006), *Engagement with North Korea*(SUNY Press, 2009), *State Violence in East Asia*(University Press of Kentucky Press, 2013) 등의 편저를 냈다. 최근에는 핵무기 확산, 원자력, 재난 등 위험의 문제를 연구하고 있다.

이찬수

서강대학교 화학과를 졸업하고 같은 대학원 종교학과에서 불교학과 신학으로 각각 석사 학위를, 칼 라너(Karl Rahner)와 니시타니 게이지(西谷啓治) 비교 연구로 박사 학위를 받았다. 강남대학교 교수, 일본 中央學術硏究所 객원 연구원 등을 지냈고, 현재 서울대학교 통일평화연구원 HK연구교수로 재직하고 있다. 『종교로 세계 읽기』, 『한국 그리스도교 비평』, 『일본정신』, 『평화인문학이란 무엇인가』(공저), 『녹색평화란 무엇인가』(공저) 외 다수의 책을 썼고, 『절대 그 이후』, 『화엄철학』 등의 책을 번역했으며, 「祭祀の政治学II : 明治時代の国家神道と公私観」, 「'侍'と'媒介' : 東学と京都学派の公共論理」 등의 논문을 발표했다.

이문영

서울대학교 제약학과를 졸업하고, 같은 대학 인문대 노어노문학과에서 석사 학위를, 모스크바국립대학교 인문학부 러시아문학이론분과에서 바흐친(M. Bakhtin) 연구로 박사 학위를 취득하였다. 고려대학교 평화연구소, 국민대학교 유라시아연구소, 한양대학교 비교역사문화연구소 등에서 연구교수로 근무하였고 현재 서울대학교 통일평화연구원 HK교수로 재직하고 있다. "Nostalgia as a Feature of 'Glocalization': Use of the Past in Post-Soviet Russia", 「평화의 문화, 문화의 평화: 평화인문학의 관점에서 본 문화」, 「폭력 개념에 대한 고찰」 외 다수의 논문, *Между жизнью и культурой: философско-эстетический проект М. М. Бахтина*, 『현대 러시아 사회와 대중문화』, 『평화인문학이란 무엇인가』(공저) 등의 책을 출판하였다. 문화 연구와 평화학의 만남을 통해 기존 평화학의 지평을 확대하고 평화인문학의 가능성을 탐색하고자 한다.

백지운

연세대학교 중어중문학과를 졸업하고 같은 대학원에서 량치차오(梁啓超) 계몽 사상과 중
국 근대성 담론 연구로 박사 학위를 받았다. 현재 서울대학교 통일평화연구원 HK연구교
수로 재직하고 있다. 「폭력의 연쇄, 연대의 고리 — 오키나와 문학의 발견」, 「민족국가의 개
조와 아시아 — 리따자오의 '연방론' 재독」, "East Asian perspective on the Taiwanese
identity", 「근대 중국 아시아 인식의 문제성」, 『제국의 눈』(공역), 『일본과 아시아』(공역),
『리저널리즘』(공역), 『교차하는 텍스트, 동아시아』(공저), 『대만을 보는 눈』(공저) 등, 동아
시아와의 연계 속에서 중국의 사상과 문화를 연구하고 있다.

주드 랄 페르난도(Jude Lal Fernando)

트리니티 칼리지(더블린) Irish School of Ecumenics(ISE)에서 박사 학위를 받은 후 인
권 및 평화 운동 현장에 있다가 현재 같은 대학교에서 종교 간 대화 및 다문화 신학 조교
수로 재직하고 있다. 주 연구 분야는 분쟁과 종교의 역할, 종족 민족주의, 인권 문제, 지
정학이며, *Religion, Conflict and Peace in Sri Lanka: The Politics of Interpretation
of Nationhoods* (Berlin, LIT Verlag, 2013), "Negotiated Peace vs. Victor's Peace: The
Geopolitics of Peace and Conflict in Sri Lanka"(*Cambridge Review of International
Affairs*, 2014), "Peace and Conflict in Asian Societies: Cases of Christian
Participation"(*Handbook of Christianity in Asia*, 2014) 등 다수의 저서와 논문이 있다.

정유선

서울대학교 중어중문학과를 졸업하고 같은 대학교 국제대학원에서 정치학 석사(중국연
구전공) 학위를, 미국 위스콘신-매디슨 대학교에서 정치학 박사 학위를 받았다. 현재 대
만 중앙연구원 정치학연구소 조교수로 재직하고 있다. 국가-사회 관계에 초점을 두고 중
국 및 동아시아 정치를 연구하고 있으며 "Pushing the Envelope for Representation
and Participation: The Case of Homeowner Activism in Beijing"(*Journal of
Contemporary China*, 2015) 등 다수의 학술 논문이 있다.

김병로

성균관대학교 사회학과를 졸업하고 미국 인디애나주립대학교에서 석사 학위를, 뉴저지주
립대학교(럿거스)에서 사회학 박사 학위를 받았다. 통일연구원 북한연구실장, 아세아연합

신학대학교 교수를 거쳐 현재 서울대학교 통일평화연구원 HK교수로 재직하고 있다. 북한 연구와 남북한 비교, 통일 문제를 연구해 왔으며, 주요 저서로는 *Two Koreas in Development*, 『북한의 지역자립체제』, 『연성복합통일론』, 『노스코리안 디아스포라』, 『북한 김정은 후계체제』 등이 있다.

시미즈 나나코(淸水 奈名子)

도쿄 국제기독교대학 행정대학원에서 국제법 및 국제기구를 전공하고 박사 학위를 받은 후 2007년부터 도치기 현 우쓰노미야대학 국제학부 부교수로 재직 중이며 국제 관계론, 국제 기구론에 대한 강의를 담당하고 있다. 현재 냉전 후 유엔 안전보장 체제의 평화 활동 변화, 원전 재해 이후 인간 안보 개념 재검토에 대한 연구에 중점을 두고, "Contemplating the Future of Collective Security in East Asia"(*Korean Journal of International and Comparative Law*, 2013), 『保護する責任と国連システム普遍的な規範形成とその実施をめぐる諸問題』, 『国連安全保障理事会と文民の保護—平和維持活動における任務化とその背景』 등 다수의 저서를 출간하였다.

송영훈

서울대학교 교육학과를 졸업하고 같은 대학교에서 교육학 석사 학위를, 미국 사우스캐롤라이나 대학교에서 정치학 박사 학위를 받았다. 서울대학교 통일평화연구원 선임연구원, 통일연구원 부연구위원을 거쳐 현재 강원대학교 정치외교학과 교수로 재직하고 있다. 주 연구 분야는 국제 안보, 국제 인권 및 인도주의, 난민과 강제 이주, 테러리즘, 연구 방법론, 남북 관계이며, 주요 저서로는 『2014 통일의식조사』(공저), 『시장화 및 빈곤감소형 경제질서 수립: 북한 변화와 통일을 위한 시사점』(공저), 『통일 이후 통합을 위한 갈등해소 방안: 사례연구 및 분야별 갈등해소의 기본방향』(공저), 『북한국제화 2017』(공저) 등이 있다.

재난과 평화

폐허를 딛고 평화를 묻다

1판 1쇄 찍음 | 2015년 3월 6일
1판 1쇄 펴냄 | 2015년 3월 16일

편저자 | 김성철
펴낸이 | 김정호
펴낸곳 | 아카넷

출판등록 2000년 1월 24일(제2-3009호)
413-120 경기도 파주시 회동길 445-3
전화 031-955-9511(편집) · 031-955-9514(주문) | 팩스 031-955-9519
책임편집 | 이경열
www.acanet.co.kr

ⓒ 김성철 외, 2015

Printed in Seoul, Korea.

ISBN 978-89-5733-404-1 94300
ISBN 978-89-5733-269-6 (세트)

이 도서의 국립중앙도서관 출판시도서목록(CIP)은
서지정보유통지원시스템 홈페이지(http://seoji.nl.go.kr)와
국가자료공동목록시스템(http://www.nl.go.kr/kolisnet)에서 이용하실 수 있습니다.
(CIP제어번호: CIP2015005631)